当代人力资源管理系列教材

培训与开发

王　忠　主编

科　学　出　版　社
北　京

内 容 简 介

本书是一本体系结构合理、理论逻辑严密、可读性强且联系实际的培训与开发教科书，系统地介绍了员工培训与开发的基本内容，全面地阐述了员工培训与开发的基本概念、理论、方法及其发展实践。本书以人力资源管理和培训与开发的相关理论为基础，阐述如何进行培训需求分析、如何进行培训与开发规划，以及培训与开发的媒介与种类，为管理人员和公共部门的培训与开发提供指导，并且系统地分析培训效果评估及培训成果转化，最后对职业开发及未来培训开发与组织发展的问题进行探讨。本书广泛吸收国内外的相关研究成果，反映新的研究进展，并且融入作者自己的研究所得。

本书通过内容提要、学习要点、开篇案例及习题，把理论与实际相结合，可使读者真正掌握员工培训与开发的知识，并运用于实践。本书适用于高等院校本科生教学，也可供企业管理人员阅读参考。

图书在版编目（CIP）数据

培训与开发/王忠主编. —北京：科学出版社，2015
当代人力资源管理系列教材
ISBN 978-7-03-044701-2

Ⅰ. ①培… Ⅱ. ①王… Ⅲ. ①职业培训-教材 Ⅳ. ①C975

中国版本图书馆 CIP 数据核字（2015）第 124208 号

责任编辑：张　宁／责任校对：李　影
责任印制：赵　博／封面设计：蓝正设计

科学出版社 出版
北京东黄城根北街 16 号
邮政编码：100717
http://www.sciencep.com
北京凌奇印刷有限责任公司印刷
科学出版社发行　各地新华书店经销

*

2015 年 6 月第　一　版　　开本：787×1092 1/16
2025 年 1 月第五次印刷　　印张：17 1/4
字数：409 000

定价：38.00 元
（如有印装质量问题，我社负责调换）

Series Preface 丛书序

人力资源管理是企业管理的重要职能。与财务管理等其他职能管理相比，人力资源管理的效果会更多地受到雇员主观能动性的影响，因而具有更大的不确定性。这需要人力资源管理者充分理解雇员个性的多样性，根据雇员不同的需求特点，设立具有针对性的激励制度和约束机制，最大程度地激发雇员的工作热情和工作潜能，以实现雇员利益目标和组织绩效目标的一致。人力资源管理者一定是企业绩效的追求者，也一定是雇员利益的守护者。

与土地、资本、技术等企业生产要素相比，知识的重要性越来越突出，知识管理已成为人力资源管理的重要内容。设计知识创新机制、实现企业知识编码、构建知识共享平台是人力资源管理者面临的重要任务。这需要将人力资源管理的重点从绩效管理拓展到创新管理、从雇员的工作技能管理拓展到雇员的学习能力培养。人力资源管理者不仅是监督者，同时也应该是教育者。

与作业管理等需要严格的时间控制和空间界限的管理活动相比，人力资源管理具有长期性和渗透性。价值观、行为模式、道德规范等企业文化要素对人力资源管理制度的设计和人力资源管理活动的效果起关键作用。企业文化的设计与修炼、传承与发展是人力资源管理者的重要责任。只有升华雇员的社会责任、提高企业的信用资本，人力资源管理才能达到维持企业持续经营的长远目的，才能实现企业提高社会福利的使命和愿景。

人力资源管理是华南师范大学经济与管理学院重要的教学和科研领域。长期以来，一批年富力强的中青年教师在该领域辛勤耕耘，取得了可喜的成效。在科学出版社的精心组织下，学院组织力量撰写了这套丛书，试图反映人力资源管理的主要内容及人力资源管理的新趋势，并就教于同行专家和社会各界人士。

彭璧玉

二〇一五年一月十九日于广州

前言

人力资源管理是一个新兴而又永恒的话题，人力资源管理理论和实践也在不断发展。随着我国经济全球化及知识经济时代的快速发展，国与国、企业与企业之间的经济竞争，已经不仅仅是单纯的产品质量和市场占有率的竞争，更是国与国、企业与企业之间综合实力的竞争，特别是人力资源方面的竞争。当面临世界经济快速发展的这一严峻的挑战时，我国企业在物质资源竞争优势不算很明显的条件下，若想提高企业的竞争力，将企业做大做强，就必须高度重视人力资源的管理，使企业在人才资源竞争中取得优势。同时，在全球化背景下，为了适应新经济对企业组织生存和发展的要求，人力资源管理和实践也要发生一系列新的变化。我国加入WTO以后逐步融入全球化，企业为了克服环境中的不确定因素并保持竞争优势，就需要从人力资源管理职能的角度再造，运用全球战略和政策解决自身遇到的新问题。

培训与开发作为人力资源管理的一个核心要素，是现代组织管理的一个重要手段和方法。在当前纷繁复杂的竞争环境下，组织必须扩充和增强人力资本，才能获得竞争优势。而企业人力资本的扩充和增强有两种主要途径：第一，招募到具有较强人力资本的员工；第二，对现有的员工进行培训和开发。而实际上，从市场中招收具有一定难度，因为市场并不一定有足够符合企业条件的人才储备，而且搜寻成本较大，也要承担一定的风险。因此，对企业现有的员工进行培训与开发是更普遍的选择。企业对员工进行培训与开发的目的在于为组织内部成员创造学习的机会，通过对他们进行系统的培训与开发，从而提高组织和内部成员的工作绩效。换句话说，企业只有不断地进行培训与开发，才能从根本上保持其竞争优势。

本书系统、全面地介绍了员工培训与开发的理论和方法，分为十二章。具体来看，第一章人力资源开发与管理理论概述，第二章培训与开发的理论基础，第三章培训的需求分析，第四章培训与开发规划，第五章培训与开发的媒介，第六章培训与开发的种类，第七章管理人员培训与开发，第八章公共部门培训与开发，第九章培训效果评估，第十章培训成果转化，第十一章职业生涯管理，第十二章培训开发与组织发展。

本书系统地介绍了员工培训与开发的基本内容，阐述了完整而全面的员工培训与开发的基本概念、理论、方法及其发展实践。具体来说，本书有如下三大特色。

第一，系统概述了关于员工培训与开发的理论基础，有步骤、有层次地引入员工培训与开发的基础理论的系统阐释，又有工具方法与实际操作的详细介绍，还有结果应用的具体展示，使读者对员工培训与开发的理解比较透彻。

第二，详细介绍了员工培训与开发的各种方法，从过程的视角阐述了员工培训与开发的具体操作，使读者在系统掌握各种员工培训与开发方法的同时，能够开展员工培训与开发的实际操作过程，全面深入地理解员工培训与开发。

第三，规范编写了培训与开发的内容。每一章开始有本章内容提要、学习要点，以便让读者在每一章伊始就知道该章的知识框架。每章还选择了与之相关的开篇案例，并穿插学科背景知识、最新进展等，以增加可读性，也可更好地理论联系实际。另外，每章结尾有习题以便于读者巩固每章所学内容。

为了使本书在使用中不断提高和日益完善，我们衷心希望广大同行专家学者和读者给予指正。

王　忠

2015年4月

丛书序
前言

第一章　人力资源开发与管理理论概述 1

　　第一节　人力资源开发与管理的发展历程 2
　　第二节　人力资源开发与管理的任务及职能 7
　　第三节　人力资源开发与管理的意义 8
　　第四节　学习和研究人力资源开发与管理的方法 12
　　习　题

第二章　培训与开发的理论基础 19

　　第一节　培训与开发的概述 21
　　第二节　培训与开发的流程 24
　　第三节　战略性培训 29
　　第四节　学习理论与培训开发 31
　　习　题

第三章　培训的需求分析 40

　　第一节　培训需求分析概述 41
　　第二节　培训需求分析层次 48
　　第三节　培训需求分析方法工具 62
　　第四节　培训需求分析程序 71
　　习　题

第四章　培训与开发规划 ... 76

第一节　培训与开发规划概述 ... 77

第二节　培训与开发长期规划 ... 80

第三节　培训与开发年度规划 ... 85

第四节　培训与开发短期规划 ... 89

第五节　培训与开发经费预算 ... 92

习　题

第五章　培训与开发的媒介 ... 99

第一节　传统的培训与开发媒介 ... 101

第二节　现代的培训与开发媒介 ... 105

第三节　传统与现代培训开发媒介的比较和选择 ... 109

习　题

第六章　培训与开发的种类 ... 117

第一节　培训与开发的分类 ... 118

第二节　新员工入职培训 ... 120

第三节　在职员工的培训开发 ... 125

第四节　咨询式培训 ... 129

习　题

第七章　管理人员培训与开发 ... 137

第一节　管理人员培训与开发概述 ... 138

第二节　管理人员培训与开发的流程 ... 142

第三节　管理人员培训与开发的内容 ... 146

第四节　管理人员培训与开发效果评估与检验 ... 153

习　题

第八章 公共部门培训与开发 162

第一节 公共部门培训与开发概述 164
第二节 公共部门培训与开发的需求分析 168
第三节 公共部门培训与开发的实施 171
第四节 公共部门培训与开发的效果评估 174
习 题

第九章 培训效果评估 185

第一节 培训效果评估概述 186
第二节 培训效果评估模型 190
第三节 培训评估方案设计与选择 193
第四节 培训评估程序 195
习 题

第十章 培训成果转化 205

第一节 培训成果转化概述 206
第二节 培训成果转化的相关理论 210
第三节 影响培训成果转化的因素 211
第四节 促进培训成果转化的途径 214
习 题

第十一章 职业生涯管理 223

第一节 职业生涯理论概述 226
第二节 职业选择理论 230
第三节 职业生涯管理 236

第四节 常见的几种职业生涯管理实践 238

习 题

第十二章 培训开发与组织发展 246

第一节 组织发展理论 249

第二节 本尼斯的组织发展理论 256

第三节 人力资源培训开发与组织发展 260

习 题

主要参考文献 266

HAPTER 1
第一章 人力资源开发与管理理论概述

[内容提要]

人力资源是一切资源中最宝贵的资源,是现代管理的核心。本章介绍了人力资源开发与管理的发展历程、任务及职能和发展趋势,以及本门课程的学习方法。

[学习要点]

1. 人力资源开发与管理的概念;
2. 人力资源开发与管理的内容;
3. 人力资源开发与管理的任务;
4. 人力资源开发与管理的职能;
5. 了解人力资源开发与管理的趋势和学习方法。

培训与开发

开篇案例：某公司的培训工作

某公司是一家主要从事建筑排水工程设计和安装的专业性公司。公司的培训活动主要由人力资源部负责，人力资源部主要根据外部市场环境的变化和企业内部员工的绩效情况，以调查问卷的方式，结合各部门主管申报的培训项目或计划，制订培训计划。由于公司每年都有大量新员工加入，公司对新员工的培训投入力度较大，而对老员工，尤其是高层管理者的培训相对较少。另外，公司的培训方式基本以"师带徒"模式和授课方式为主，培训内容的重点是传授岗位操作的基本知识和技能，培训时间也大多时候在周末进行，在培训课程结束后，除偶尔会对受训者进行例行的考试外，并没有对培训效果进行实质性的评估，即使公司在培训活动上花费了很多人力和物力，效果却不如预期。

案例中人力资源管理部制订的培训方案之所以无法取得预期的效果，主要是缺乏建立"有效培训"的理念。仔细分析可知公司培训工作中主要存在以下问题：第一，培训理念偏差。重视基层人员的培训而忽视高层人员的培训，重视新员工的培训忽视老员工的培训。第二，培训体系不健全，培训需求分析不足。公司虽然已经意识到培训的必要性，投入大量的人力、物力组织培训，但培训需求分析的角度不全面。第三，培训活动实施不当。培训活动的实施主要包括培训对象的选拔、培训内容的确定、培训方式的选择及培训时间的安排等。公司把培训都安排在周末或者节假日，受训者有抵触心理，必然导致培训效果不理想。第四，不做培训效果评估。培训效果评估是培训工作最后的也是最重要的一个环节。由于公司没有建立培训效果评估指标和标准体系，对员工培训是否达到了预期的目标、培训计划是否有效实施等不做全面的检查、分析和评估，只是偶尔在培训后以考试方式检验员工对学习内容的掌握程度，根本无法了解员工参加培训后的满意度和培训的实用性，也无法为下一轮的培训需求分析提供重要的依据。为更好地掌握培训与开发的内容，首先需要了解人力资源开发与管理的理论概述。

资料来源：2012年人力资源管理师考试案例分析：变"培训"为有效培训.
http://www.5/test.net/show/2300461.html[2012-07-26]

第一节 人力资源开发与管理的发展历程

一、人力资源开发与管理的含义

（一）人力资源与人力资本

1. 人力资源

人力资源是一切资源中最宝贵的资源，是现代管理的核心。人力资源是指在一定时空范围内能够创造物质财富和精神财富、具有智力劳动和体力劳动能力的人的总和。要正确理解人力资源的概念，必须把握：第一，与其他资源，如自然资源等不同，人力资源是一种具有主观能动性的活的资源；第二，人力作为一种资源，其本身不仅具有价值性，而且在经济活动中能够带来新价值；第三，人力资源是质和量的统一；第四，人力资源，通常是一定时间、一定地域内的人力资源。

2. 人力资本

人力资本是指通过人力资本投资形成的、凝结在劳动者身上并能够为其使用者带来持久性收入来源的劳动能力，是以一定的劳动者的数量和质量为表现形式的非物质资本。一般地，劳动者的知识、经验、技能和健康状况等构成了人力资本。

3. 人力资源与人力资本的关系

人力资本是指凝结于劳动者身上的知识、经验、技能和健康等，是对劳动力资源质的概括，而人力资源是劳动力质和量的统一，人力资源概念的外延宽于人力资本，也就是说，人力资本应包含于人力资源之中，两者之间是一种包含与被包含的关系。区别在于：第一，概念的含义不同。资源为存量概念，而资本则兼有存量和流量的性质，人力资源和人力资本也同样如此。第二，研究的视点或关注点不一样。人力资本是所投入的物质资本在人身上的价值凝结，是从投入-产出角度来研究人力在获益和经济增长中的作用，它所关注的是收益问题。人力资源是将人力作为财富的源泉看待，是从人的潜能与财富间的关系的角度研究问题。第三，人力资源或劳动力资源概念的外延要宽于人力资本。第四，两者在量的规定上有区别。劳动力资源量的规定性表现为一定时空范围内劳动力人口的数量，而人力资本量的规定性则表现为投入于教育、培训和健康等的资本在人身上凝结的多少，换言之，是指被投资者知识的多少、技能的高低、健康状况的优劣等。从某种程度上讲，人力资源开发就是开发人力资本。

（二）人力资源开发与管理

人力资源开发与管理是指一个组织为有效利用其人力资源而进行的活动，即对组织的人力资源进行有效开发、合理利用和管理的过程。这些过程包括：制订企业的人力资源管理战略和人力资源计划，并在其指导下进行人员安排、业绩评定、员工激励、管理培训及决定报酬和劳资关系等。实际上，人力资源开发与管理包括人力资源开发与人力资源管理两方面的内容。

人力资源开发是指组织通过各种方式使全体员工具备完成现在或者将来工作所需要的知识、技能、智力、体力及创造力，以积极的工作态度，提高员工现有或将来职位上的工作业绩，最终提升组织整体绩效的一种计划性和连续性的活动。人力资源管理是指通过对人力资源的获取、开发、保持和利用等方面的计划、组织、领导、协调和控制活动，以充分发挥人的主观能动性，提高工作效率，最终实现组织目标的管理过程。

人力资源开发与人力资源管理在实践中是紧密相关的。第一，从实践来看，人力资源开发工作要求不断改善人力资源管理工作，通过管理合理安排和使用人力资源，充分发挥劳动者的生产积极性，在提高组织效益的前提下为人力资源的深度开发创造条件；第二，人力资源管理也需要通过人力资源开发来提高组织员工的知识水平及技能水平，改善员工的知识结构、工作态度及体制，以实现人力资源质量不断提升的目的，从而为组织人力资源的有效管

理和有效使用创造基础条件；第三，人力资源管理是实现人力资源开发战略的一个重要环节，人力资源开发的许多子目标要通过人力资源管理来落实、监控和优化。

二、人力资源开发与管理的内容

一般而言，人力资源管理服务于企业的总体战略目标，是一系列管理环节的综合体。人力资源管理的内容主要有人力资源战略、人力资源规划、工作分析与岗位设计、人力资源招聘和配置、绩效管理、职业生涯管理、培训与开发、激励、薪酬管理、劳动关系管理和组织文化建设等方面。

（1）人力资源战略。人力资源战略是科学地分析预测组织在未来环境变化中人力资源的供给与需求状况，制定必要的人力资源获取、利用、保持和开发策略，确保组织在需要的时间和需要的岗位上满足对人力资源在数量上和质量上的需求，使组织和个人获得不断的发展与利益，是企业发展战略的重要组成部分。人力资源战略是企业战略的核心，可提高企业的绩效，有利于企业形成持续的竞争优势，对企业管理工作具有指导作用。

（2）人力资源规划。人力资源规划是一项系统的战略工程，内容包括晋升规划、补充规划、培训开发规划、人员调配规划、工资规划等，基本涵盖了人力资源的各项管理工作。人力资源规划是企业建立战略型人力资源管理体系的前瞻性保障，通过对企业人力资源的供需分析，预见人才需求的数量和质量要求，以此确定人力资源工作策略。 人力资源规划咨询服务从企业战略出发，详尽分析企业所处行业和地域等外部环境，透彻了解企业现有的人力资源基础，结合强大的数据基础，准确预测企业未来发展所需的各类人力资源的数量、质量、结构等方面的要求，结合市场供需确定企业人力资源工作策略，制订确实可行的人力资源规划方案。人力资源战略规划是企业人力资源开发与管理活动的重要指南，是企业发展战略的重要组成部分，也是企业发展战略实施的有效保障。

（3）工作分析与岗位设计。工作分析与岗位设计是企业人力资源管理的基础工作。工作分析就是对企业所有工作岗位的特征和任职要求进行界定和说明，工作分析的结果是形成每一个工作岗位的职位描述、任职资格要求、岗位业务规范；岗位设计，又称工作设计，是指根据组织需要，并兼顾个人的需要，规定每个岗位的任务、责任、权力，以及与组织中其他岗位关系的过程。它是把工作的内容、工作的资格条件和报酬结合起来，目的是满足员工和组织的需要。岗位设计问题主要是组织向其员工分配工作任务和职责的方式问题，岗位设计是否得当对于激发员工的积极性，增强员工的满意感及提高工作绩效都有重大影响。岗位设计的主要内容包括工作内容、工作职责和工作关系的设计三个方面。

（4）人力资源招聘和配置。招聘是人力资源管理核心业务的首要环节，它是企业不断从组织外部吸纳人力资源的过程，它能保证组织源源不断的人力资源需求，招聘与配置包括招聘需求分析、工作分析和胜任能力分析、招聘程序和策略、招聘渠道分析与选择、招聘实施、特殊政策与应变方案、离职面谈、降低员工流失的措施。

（5）绩效管理。绩效管理是指各级管理者和员工为了达到组织目标共同参与的绩效计划制订、绩效辅导沟通、绩效考核评价、绩效结果应用、绩效目标提升的持续循环过程，绩效管理的目的是持续提升个人、部门和组织的绩效。

（6）职业生涯管理。职业生涯管理主要包括组织管理及自我管理两种：组织管理是指由组织实施的、旨在开发员工的潜力、留住员工、使员工能自我实现的一系列管理方法。自我管理是指社会行动者职业生命周期（从进入劳动力市场到退出劳动力市场）的全程，由职业发展计划、职业策略、职业进入、职业变动和职业位置的一系列变量构成。

（7）培训与开发。培训开发是人力资源管理的一个重要职能。主要目的是为长期战略绩效和近期绩效提升作贡献，确保组织成员在组织战略需要和工作要求的环境下，有机会、有条件进行个人绩效提升和经验阐释。

（8）激励。激励是指激发人的行为的心理过程。激励这个概念用于管理，是指激发员工的工作动机，也就是说用各种有效的方法去调动员工的积极性和创造性，使员工努力去完成组织的任务，实现组织的目标。

（9）薪酬管理。薪酬管理是企业人力资源管理的一个极为重要的方面，它主要包括薪酬制度与结构的设计、员工薪酬的计算与水平的调整、薪酬支付等内容，它是企业对员工实施物质激励的重要手段。

（10）劳动关系管理。劳动关系管理是对人的管理，对人的管理是一个思想交流的过程，在这一过程中的基础环节是信息传递与交流。通过规范化、制度化的管理，使劳动关系双方（企业与员工）的行为得到规范，权益得到保障，维护稳定和谐的劳动关系，促使企业经营稳定运行。企业劳动关系主要指企业所有者、经营管理者、普通员工和工会组织之间在企业的生产经营活动中形成的各种责、权、利关系：所有者与全体员工的关系；经营管理者与普通员工的关系；经营管理者与工人组织的关系；工人组织与职工的关系。

（11）组织文化建设。组织文化是指组织成员的共同价值观体系，它使组织独具特色，并区别于其他组织。这种价值观体系是组织所重视的一系列关键特征，即本质所在。

三、人力资源开发与管理的形成及发展历程

人力资源管理形成于20世纪初，人力资源开发与管理的形成及发展历程大致可分为以下三个阶段。

（一）科学管理

19世纪末至20世纪初，管理开始成为一门科学，在这一时期称为科学管理，代表人物是泰勒。泰勒在《科学管理原理》一书中主张通过"时间-动作研究"，使生产过程细化、专门化、标准化和合理化。泰勒进一步提出了科学管理的四个原则：第一，对员工工作的每一个要素开发出科学方法，在实际运用中用来代替陈旧的方法；第二，科学地挑选工人，对他们进行培训和教育并使工人拥有其工作所需的技能；第三，与员工齐心合作，以保证一切工作按已形成的科学原则去做；第四，管理者与员工在工作和职责的划分上几乎是相等的，管理者自己承揽比员工更胜任的那部分工作。

就人事管理而言，泰勒倡导以下几点：第一，管理人员和工人合理分担工作和承担责任；第二，实现劳资双方合作，提高劳动效率；第三，制定标准的操作方法和工作定额；第四，实行有差别的、有激励的计件工资制度，激励工人完成较高的工作定额。

（二）行为科学

随着社会的进步和人们受教育程度的提高，管理实践和管理观念也开始逐步发生改变。20世纪初到第二次世界大战前，工业化国家逐渐增多，这一时期形成了从"经济人"跃至"社会人"的行为科学思想。行为科学重视社会环境和人们之间的相互关系对提高工作效率的影响，强调从心理学、社会学的角度进行人性研究、需求研究、激励研究、组织行为研究、团队动力研究、领导行为研究等。行为科学重视人的因素，重视组织中人与人之间的关系，主张用各种方法调动人的工作积极性和主动性。就人事管理而言，行为科学学派强调以下四点：第一，管理人员应不只注重完成工作任务，更应该把精力放在关心员工、满足员工的需要上；第二，管理人员应不只注重计划、控制、组织和监督，更应该重视员工之间的关系，培养员工的归属感和整体感；第三，管理人员应不只注重个人奖励，更应该重视团队精神，实行集体奖励；第四，管理人员应不只独断，更应该加强沟通，重视员工参与企业决策和管理。

行为科学极大地丰富了现代人事管理的内容，扩大了现代人事管理的领域。除了加强对员工的招聘、调动、薪酬、福利、考核等研究之外，还注意对人的动机、行为和目的加以研究．力求了解工作人员的心理，激发实现他们的工作愿望，充分发挥他们的能动性和潜力。同时，又尊重员工个人的意志和愿望，在允许的范围内尽量考虑个性差异，使他们的工作成绩与其追求和利益相一致，最大限度地激发他们的劳动积极性，从而提高工作质量和效率。

（三）人力资源开发与管理

"人力资本"的概念由舒尔茨首次提出。舒尔茨认为，人力资本是体现在劳动者身上，通过投资形成并由劳动者的知识、技能和健康状况构成的资本。人力是社会进步的决定性因素，但人力的取得是以一定代价获得的，需要耗费资源。人力资本的形成是投资的结果，通过一定方式投资形成的人力资源也越来越发挥重要作用。

20世纪90年代以来，人力资源开发与管理开始在美国等一些经济发达国家形成热潮，传统的劳动人事部门逐渐被人力资源部门所代替。在管理理念、管理手段、管理方法和管理模式上也发生了明显的变化。

从人事管理走向人力资源开发与管理的过渡，这是一个演变的过程，两者有着明显的区别：第一，人力资源开发与管理比传统的人事管理更具有系统性。传统的人事管理通常被分为几大块，如由培训部门负责员工的培训，由人事部门负责员工的调配、晋升，等等。而人力资源开发与管理将企业现有的全部员工，甚至包括那些有可能利用的企业以外的人员加以规划，制定合理的选拔、任用、培养、调配、激励政策，以便更有效地实现企业的目标。第二，人力资源开发与管理内容比传统的人事管理更为丰富。传统的人事管理只是招聘新人、填补职位空缺，而人力资源开发与管理不仅包括招聘，还要负责工作流程规划和工作关系协调。第三，人力资源开发与管理比传统的人事管理的视野更开阔。传统的人事管理，主要包括员工的招聘、录用、考核、晋升、调动、薪酬、福利等内容，而人力资源开发与管理则还统一考虑对企业所有体力、脑力劳动者的管理。第四，人力资源开发与管理比传统的人事管理更注重人的潜能的开发。传统的人事管理的宗旨是节约成本，尽量少雇人、多干活。而人力资源开发与管理则首先把人看成是可以开发的资源，认为通过对人进行不断地开发与管理，可以创造出更大的，甚至意想不到的价值。其次，人力资源开发与管理非常重视如何从培训等方面来开发人的潜能，具有重大的现实意义。总之，人力资源开发与管理经历半个多世纪的发展，其功能经历了上升的过程，对企业的发展极为重要。

第二节 人力资源开发与管理的任务及职能

一、人力资源开发与管理的任务

人力资源开发与管理的目标是培养高素质的、全面发展的人，推动经济社会发展。人力资源开发与管理的任务主要包括以下三个方面。

1. 获得最大的使用价值

根据价值工程理论的方式 $V(价值) = F(功能) / C(成本)$，即价值等于功能成本比。若要使价值最大，可以通过功能提高而成本不变、成本降低而功能不变或者成本提高但是功能提得更高的方式。在人力资源方面，就是通过合理的开发和管理，实现人力资源的精干和高效，也就是说，只有当人的技能得到有效发挥时才能获得最大的使用价值。

2. 发挥最大的主观能动性

发挥人的主观能动性是人力资源管理十分重要的任务，影响人的主观能动性发挥的因素主要有三个方面。

（1）价值标准有需要才会有动机，有动机才有行为。人的需要带有客观性，但是，人的动机则是纯主观的，是行为产生的直接原因。而对人的行为动机产生深刻影响的是人的价值标准。价值标准包括社会价值观、群体价值观和个人价值观，价值标准是影响主观能动性发挥的一个基本因素。

（2）现实的激励因素。现实的激励因素对于主观能动性的发挥作用重大，现实的激励因素包括任用情况、信任程度、晋升制度、薪酬制度、奖励制度、处罚制度、福利状况等都会对主观能动性产生影响。

（3）偶发因素。偶发因素指在组织中发生的偶然事件，其会影响组织成员主观能动性的发挥。积极的偶发事件，会加强组织成员的满意感、归属感、成就感、责任感，激发出更大的主观能动性，如称赞和表扬。反之，消极的偶发事件，则会减弱或破坏组织成员的满意感、归属感，削弱主观能动性，如不公正的对待和不友好的举动等。

3. 促进人的全面发展

人类社会的发展，无论是经济的、政治的、军事的、文化的发展，最终都要落实到人的发展。随着市场经济的不断发展、经济全球化的到来，国家之间是综合国力的竞争，更是人才的竞争。因此，应该把培养高素质的人才促进人的全面发展当成首要任务，这也是现代组织的一个重要目标。

二、人力资源开发与管理的职能

现代人力资源管理以组织中的人为对象，主要有以下五种基本职能。

（1）录用。招聘工作的最终目的是录用企业所需人才，录用工作首先需要确定工作岗位的需求，其次提出人员补充的计划，最后采用科学方法确定符合岗位要求的最合适人选。

（2）保持。保持包括两个方面：一个方面是保持员工有效工作的积极性、主动性和创造性，并得以充分发挥；另一个方面是保持安全、健康、舒适的作业环境和良好的工作氛围。

（3）发展。发展指的是通过教育，培养促进员工知识、技巧、能力和其他方面素质的提高，不断保持和增强员工在工作中的竞争地位，使员工的综合素质得到全面提高和发展。

（4）评价。评价的内容主要包括两个方面：一方面是对员工的基本素质、劳动态度和行为、技能水平、工作成果等做出全面考核和评价；另一个方面是对组织气氛、管理状况和员工的满意度进行深入调查、分析与全面评价。

（5）调整。调整是指为保持员工良好的工作状态，通过定编定岗、定员定额、绩效考评、员工激励、培训开发和人事调动等一系列科学的方法和手段，使员工技能水平和工作效率达到并超过工作岗位的基本要求。

人力资源管理的五种基本管理职能是围绕着计划、组织、监督、激励、协调和控制等管理环节开展的。因此，要有效地完成这些职能，必须健全和完善组织人力资源管理的各项基础工作，包括建立畅通的信息沟通渠道与完善的管理信息系统，合理进行劳动分工协作，制定系统的工作岗位分析与评价制度，完善劳动人事规范、规章和规则，健全员工绩效管理体系等。

第三节　人力资源开发与管理的意义

一、人力资源的地位

1. 人力资源是财富的源泉

人力资源和自然资源一样不仅是社会财富的源泉，而且人力资源在社会财富的创造过程中，起着决定性作用。人们可以通过劳动即人力资源的消耗来引起、调整和控制人与自然之间的物质变换过程，使自然资源变成为财富。另外，人力资源是社会财富增值的决定性因素。一旦财富转化为商品，财富就不仅表现为有用物，而且表现为价值，即无差别的人类社会劳动的凝结。复杂劳动是倍加的简单劳动。提高劳动者的劳动技能，从而提高劳动的复杂程度，可以增加商品价值。

2. 人力成为资本

20世纪50年代末至60年代，人力资本理论开始形成，人力资本理论认为，资本有物质形态和非物质形态两种形态。非物质形态的资本即人力资本，向人力进行教育投资是提高劳动力的生产能力的活动，由此使得劳动力的知识、技能得以形成和得到积累，同样，卫生保健或者迁移等投资可以使之形成生产能力，从而增加经济效益。人力资本理论的产生，说明经济学家、政府和企业都看到了人力要素在经济和社会发展中的重要作用，他们高度重视人力资源，力图通过对人力的投资来取得更大收益，维持和促进经济的增长。

3. 人力资源成为战略资源

人力资源是关系着各国经济社会发展的重大问题，也是引起国际社会高度关注和重视的普遍性问题，研究人力资源问题的现实意义巨大。搞好人力资源的开发、利用和管理，成为关系到国民经济的发展、关系到经济现代化进程的一项战略性的任务。

二、人力资源管理的必要性

21世纪将是人力资源的世纪，人力资源问题将主导整个21世纪甚至更为遥远。当今世界，无论是发达国家还是发展中国家，对人力资源的战略性意义都有了极为深刻的认识，对于一个国家来说，人力资源管理已转化为一种政策导向，而对于企业或其他社会组织来说，人力资源管理开始转化为实际行动。人力资源管理的重要性体现在以下四个方面。

1. 竞争压力致使人力资源管理

目前，世界经济不断趋向全球化。世界经济的全球化过程和各个国家的开放过程，要求组织管理部门降低管理成本，一方面减少竞争压力；另一方面增强竞争能力。随着社会、经济，特别是科学技术的迅速发展，组织的人力资源成本已成为组织总成本的很大部分，而非人力资源成本在组织总成本中的比例相对减少。更为重要的是，人力资源成本不仅在总成本中的份额很大，而且还在迅速地增加。

此外，对于不同的组织而言，人力资源成本在总成本中的比例是不一样的，制造业的人力资源成本构成比服务部门稍低一些，而新兴科技企业里的人力资源成本构成比例则可以很高，大学甚至可达80%。因此，降低人力资源成本、提高组织效益已成为管理的当务之急。尤其是对学校、公共行政机关及服务性部门和机构而言就更为重要，因为它们的人力资源成本的构成比例更高。

2. 时代发展需要人力资源管理

（1）人力资源需求变化。在信息化、全球化的趋势下，知识、技能、责任的需求增加使企业对人的需求已经不再是简单的量的要求，更重要的是对知识、技能、责任的需求。企业也越来越强调员工的责任意识。

（2）企业与员工关系的转变。企业与员工由以前的契约关系到现在逐渐演变为利益共同体。企业的发展对员工自身的发展有着重大的影响。尤其在现在激烈的竞争环境中，企业不仅需要与其合作者建立利益共同体关系，更重要的是，还需要与员工建立利益共同体关系。采用什么样的利益机制，使企业与员工能更好地结合，使企业能够吸纳和留住人才，调动员工的积极性，以合适的方式进行合理淘汰，是现在人力资源管理的一项新课题。

（3）企业扁平化和虚拟化、业务流程再造、组织与员工心理承受力和适应力。在20世纪90年代，企业增强竞争力的关键在于品质、服务、团队精神和市场反应速度，其中市场的反应速度十分关键。现在，为了提高企业的市场反应速度，企业越来越扁平化，组织运行的程序也越来越少。另外，近几年虚拟企业的大量出现，这也是企业组织形式的一大变化。这就是组织的虚拟化。其次，业务流程重整再造成为企业提高反应速度的重要手段。传统的企业是根据目标和部门的各项功能来构建组织机构，强调专业化分工，而现代的人力资源管理要从业务流程的角度进行组织构建，通过组织的构建使业务流程更通畅、反应更快，这也是考核组织机构合理性的标准。通过对业务流程的分析，检验和筛选多余机构，是现代企业增强反应能力所必经的过程。随着组织的扁平化、虚拟化、业务流程再造，员工的心理承受能力

和适应能力也势必会发生变化。企业如何通过人力资源管理来提高员工的心理承受能力和适应能力，关系到企业能否适应市场并进行有效变革。

（4）企业文化和团队。企业文化、团队的重要性对于企业发展的重要性不言而喻，如何通过人力资源管理树立企业的文化，加强团队的管理已经成为必须研究的课题。

（5）品质与创新。企业要在竞争中取胜，必须不断提高创新能力，保证产品的品质，这就要求企业根据自身的发展目标，吸引并留住大量宝贵的人才，这也给人力资源管理带来新的研究课题。

（6）人力资源管理区域化、国际化。企业发展进入到区域化、国际化以后，必然会涉及跨文化的人力资源管理，即外派人员管理与本土人员管理的安排，包括企业员工被派往海外或其他地区，对外派人员与本土人员如何分别进行管理，这是企业跨区域发展对人力资源管理的基本课题之一。

3. 技术革新导致人力资源管理

21世纪是知识经济的时代，随着经济的不断发展，技术的发展也是日新月异。不管是现在还是以后，经济的发展越来越依赖于科学和技术、知识与技能。尤其对于现在蓬勃发展的高新科技产业更是如此。这不仅要求员工尤其是技术人员掌握新的科学知识和技术能力，而且更重要的在于要求员工深入而快捷地掌握和应用这些知识和技能。在这个过程中，随着技术革新的发展和知识更新速度的加快，人们可能有更多的职业选择机会，随着职业选择机会的增加，人力资源管理活动的频繁程度也会加剧，进而提高了人力资源成本。

4. 人口老龄化需要人力资源管理

按照联合国确定的"60岁以上人口占总人数的10%即为老龄化"的标准，我国于1999年10月已进入老龄化国家的行列。目前，我国人口正在以罕见的高速度进一步老龄化，其进程将持续几十年。21世纪我国的老龄化将更加迅速地、大规模地、高龄化地到来。据预测，到2040年，65岁以上老年人口的比例可能将达到20%以上，也就是说，每5人就有一位老人。因此，老龄化趋势将会对企业的人力资源管理带来越来越大的挑战。考虑到成人人口增加、平均寿命延长，社会老龄化问题对人力资源的开发也提出了新的要求。随着老年人人数的增加，他们退休后的生活安排，仍要对他们进行人力资源的开发，真正发挥充实、圆梦、休闲、继续工作四种功能。这就要求人力资源管理和开发能够有效地从理论和实践上支持和促进各方面的人员更好地参加工作，尤其是妇女、青年、少数民族者和离退休者。针对这些情况和要求，人力资源管理部门必须及时改革管理制度，制定相应的新型而灵活的管理制度，如强化岗前教育、提供良好的培训、实行弹性工作制、减少工作日、缩短工时和延长假日等。

三、企业人力资源管理存在的问题

新经济时代，中国企业所处的战略环境发生了很大的变化。中国企业在工业化和市场化的进程中，适逢经济全球化和信息技术迅猛发展，企业人力资源的现代管理也越来越被广泛关注。然而，由于各种条件的限制，我国企业的人力资源管理还存在着许多突出的问题，急需通过管理的优化，实现人力资源管理的现代化。这些问题主要表现在以下三个方面。

1. 重管理而轻开发

人力资源开发包括对人才的引进、培训、指导、激励、检查、整合等。在人力资源的管理工作中，不少企业对于员工的管理缺乏效率，解聘现象时有发生。企业解雇员工可能带来的结果是企业总是多为技能生疏的新员工。之所以会有这个问题是因为忽略了人力资源的开发，只是盲目地强调经济效益，而没有把员工的前期培训和继续教育开发工作做好，结果使许多专业的人力资源管理工作无法进行，最后导致人才匮乏，企业效益低下。

2. 对管理者素质的提高缺乏重视

我国企业对基层员工的培训相对而言比较重视，但却忽视了管理者的素质提高。然而，管理者的水平，直接影响到企业人力资源的开发与管理，最终关系到企业的生存与发展。大量事实证明，那些高素质和高管理水平的管理者对于企业的发展壮大有着不可忽视的作用。培养选拔优秀的专业经理人才是提高整个企业管理水平的有效措施和必要途径。

3. 人力资源管理与企业发展战略脱节

目前来看，我国一些企业的人力资源管理仍处于传统的人事管理阶段，其职能多为工资分配方案的制订和人员调配、晋升、培训等，还没有完全按照企业发展战略的需要将员工包括管理层作统一的规划，更谈不上制定出符合国家政策的选择、任用、激励等规定，以达到尽可能地利用人的创造力，增加企业及社会财富的目的。在我国，企业培训工作通常与人事部门分离，一般都由业务部门举办短期岗位培训班，这常见于企业引进先进设备和 ISO9000 系列达标验收等的应急培训。人力资源管理与企业发展脱节，企业人事部门没有从开发人的能力的角度，制订培养符合企业未来发展需要的、有潜质的经理人的规划。

4. 人力资本投资浪费

众所周知，人力资本的投资是企业最重要的投资，这已成为常识。然而，不少企业并没有根据企业本身的实际情况，而是盲目追求昂贵、高档次的培训机构，花重金聘请培训师等。但效果往往没有达到企业的预期，培训之后企业的效益并没有得到相应提高。这就是人力资本投资的浪费。

四、人力资源管理的优化策略

人力资源管理的优化，是现代企业管理的重要内容，在市场竞争激烈、企业面临生死存亡的背景下，深化改革，促成企业人力资源管理的优化，具有重要的意义。具体表现在以下三个方面。

1. 更新观念，突出对员工的人本关注

"以人为本"是人力资源管理的精髓，它把人看成是企业中最宝贵的、可以增值的资本。现代企业管理强调更新观念，以人为本，特别突出对企业人力资源的人本关怀。而人本管理的目标就是管理者充分发挥自己的人格三要素，即自身的知识、技能、人格动力，使之得到调动和提升，并从员工的反馈中得到收益。人力资源管理的重点是创造一个好的环境，让每个员工能够充分地发挥所长，做出更大的绩效。员工对于自身所处的企业自然有其要求，为了给职工的合理要求以最大的满足，同时又不忽视任何原则，不忘掉总体利益，企业领导者应经常把自己的最大能力发挥出来，加强员工的归属感。管理者要确立与现在社会相适应的

人事人才新观念，明确人是资源、人力资源是第一资源，树立人力资本投入优先的观念、员工与企业同步成长的观念、引才借智的观念、法制管理的观念等。任何一个企业，无论其规模大小，都应尽快制定出面向未来的人力资源开发战略，包括稳定人才队伍、提高员工素质、优化人力资源结构、增强员工的活力等。

2. 积累增值，强调人力资本的节约

由人力资源管理到人力资本管理，这是企业人本化现代管理的趋势，体现了企业人力资源管理的最终目的，也就是提升企业的核心竞争力。新增长理论强调，在经济的长期增长中，除了土地、资本、劳动力等传统生产要素的贡献外，还在于人力资本的不断积累，而且通过教育和培训所获得的专业化的人力资本和特殊的知识是保持经济长期持续增长的根本动力。企业的人力资本管理，可以通过投资节约、使用节约和管理节约，促成人力资本的积累和增值，实现企业的可持续发展。所以，企业的人力资源管理，应该提升到人力资本投资经营的高度，加强对投资的有效调控，包括企业员工培训考核、企业的教育投资、企业的人才流动，都必须注意节约，尽量减少开支，压缩成本。同时舍得激励投入，激励投资是人力资本支出受益最大的类别，其结果是留住人才，充分发挥人才的特殊作用。通过资本节约的办法来实现扩张，才能保证专业人员的价值积累和增值。

3. 整体创新，实现业务流程的重组

20世纪90年代开始，业务流程重组（business process reengineering, BPR）这一种新的管理思想迅速发展并被广泛实施。所谓业务流程重组就是对企业的业务流程进行根本性的再思考和彻底性的再设计，从而获得在成本、质量、服务和速度等方面业绩的改善。因此，业务流程重组强调以关心客户的需求和满意度为目标、以业务流程为改造对象和中心、对现有的业务流程进行根本的再思考和彻底的再设计，利用先进的制造技术、信息技术和现代化的管理手段，最大限度地实现技术上的功能集成和管理上的职能集成，以打破传统的职能型组织结构，建立全新的过程型组织结构，最终实现企业经营在成本、质量、服务和速度等方面的巨大改善。

业务流程重组的重组模式是：首先，以作业流程为中心，打破金字塔状的组织结构；其次，使企业能适应信息社会的高效率和快节奏、适合企业员工参与企业管理；最后，实现企业内部上下左右的有效沟通，使其具有较强的应变能力和较大的灵活性。业务流程重组强调过程，也就是如何将企业的各部门、各环节通过过程的重建组成一个有机的整体，使之成为一个具有共同目标的系统，实现资源共享，以及各部门之间的高度协调。成功实施业务流程重组必须重新设计组织结构框架、管理体系、业务流程等硬性因素，此外，还需要转变领导行为、组织文化、沟通方式等软性因素。

总之，企业人力资本管理的优化，需要建立专门的、完善的、高效的人力资源机构，通过观念的更新、服务精神的张扬，让企业员工和人才满意。只有这样，才能从根本上提升企业的核心竞争力，保证企业战略目标的实现。

第四节 学习和研究人力资源开发与管理的方法

学习和研究人力资源开发与管理的根本目的在于把握人力资源开发与管理的基本理论、

基本体系、基本内容及实际操作方法,并能有效地运用到人力资源开发与管理的实践中去。因此,掌握学习和研究人力资源开发与管理的方法,对于掌握人力资源开发与管理的理论,提升人力资源管理能力都具有重要意义。

一、学习人力资源开发与管理的方法

人力资源开发与管理的学习目的是着重培养应用人力资源管理各项技术的能力。人力资源开发与管理是一门实践性很强的课程,因此仅凭传统的学习模式难以实现学习目的和提高学习效果。所以,要根据不同的章节内容和特点,选择最适合的学习方法,不局限于单一的学习模式,将理论与实际结合起来,起到事半功倍的效果。

1. 情景模拟学习法

情景模拟学习法主要是通过对事件或事物发展与发展环境、过程的模拟或虚拟再现,让受教育者身临其境,理解教学内容。这种能力培训方法,要求教学者根据学习内容和背景材料设计场景,学生在假设而又逼真的场景中扮演相应角色,设身处地地进行实际操作。情景模拟式教学方法有助于学习者激发自身潜能,树立正确的自我观念,增强有效的时间管理能力,增进人际沟通能力,从而培养他们的综合领导才能。情景模拟学习法适用于学习内容适宜情景模拟化的课程,这种学习方法为学生提供了一个仿真的实践平台,在课堂学习中实现了知识向经验技能的转化。但是,教学者在采用这一学习方法时通常仅仅是凭自己的经验和理解设计学习过程,这并没有充分体现出情景模拟学习的优势。因此,为了保证情景模拟教学的效果,可以邀请管理者现场指导,这对提高学习效果有着积极作用。

2. 案例学习法

案例学习法采取一种很独特的案例形式的教学,案例大都是来自商业管理的真实情境或事件,透过此种方式,有助于培养和发展学生主动参与课堂讨论。案例教学方法有一个基本的假设前提,即学员能够通过对这些过程的研究与发现来进行学习,在必要的时候回忆出并应用这些知识与技能。案例教学法非常适合于开发分析、综合及评估能力等高级智力技能。

在应用案例学习法时,要注意案例学习与情景模拟学习在本质上的区别。情景模拟学习较案例学习具有更高的仿真度,但组织成本高、应用面窄,一般适用于知识点的学习,而情景模拟学习不论是对知识点还是知识面上的学习均可采用,综合性更强。相对于传统的课堂讲授,案例学习对教学者的知识及经验水平、课堂学习的组织和协调能力有更高的要求。运用这一学习方法时应做周密的准备和安排,才能收到良好的学习效果。

首先,准备案例。一般在正式开始集中讨论前一到两周,就要把案例材料发给学员。学员需要阅读案例材料,查阅指定的资料和读物,搜集必要的信息,并积极地思索,初步形成关于案例中问题的原因分析和解决方案。培训者可以在这个阶段给学员列出一些思考题,让学员有针对性地开展准备工作。要根据学习内容和学生掌握知识的情况选择合适的案例。教材中的案例不一定符合学习要求,因此应通过更加广泛的渠道精心挑选难易适中、具有代表性,并围绕学习目标,贴近学生的知识与生活经验,能激发学生兴趣的案例。案例问题应具有启发性,并留有讨论的余地。

其次,案例讨论。各个小组派出自己的代表,发表本小组对于案例的分析和处理意见。

发言完毕之后发言人要接受其他小组成员的询问并做出解释，此时本小组的其他成员可以代替发言人回答问题。小组集中讨论的这一过程为学员自由发挥的过程，此时培训者充当的是组织者和主持人的角色。培训者可以提出几个意见比较集中的问题和处理方式，组织各个小组对这些问题和处理方式进行重点讨论，发言和讨论其实是用来扩展和深化学员对案例的理解程度的。在这一过程中，教学者应通过启发式的提问激发学生思维，引导学生寻找正确的分析思路和对关键点的多视角观察，促进学生深入探讨问题的本质，而不是用自己的观点影响学生。

最后，总结归纳。在小组和小组集中讨论完成之后，培训者应该留出一定的时间让学员自己进行思考和总结。这种总结可以是总结规律和经验，也可以是获取这种知识和经验的方式。培训者还可让学员以书面的形式做出总结，这样学员的体会可能更深，对案例及案例所反映出来各种问题有一个更加深刻的认识，最后教学者进行总结。为了保证案例学习的效果，教学者可以为小组打分设计细化的评分标准，如案例准备是否充分、讨论时是否积极发言、语言表达是否清晰、小组成员参与合作情况等方面。多数案例并没有标准答案，教学者在总结时要充分肯定各种见解合理的一面并指出其不足之处，引导学生归纳出案例问题分析的理论思路，进一步巩固学生应用所学知识分析问题和解决问题的能力。

另外，在课堂理论讲授中穿插典型案例分析也是案例学习法的一种模式。教学者应积极参与人力资源管理实践活动，通过自己亲自操作和体验准确把握学习重点和难点，将其与课堂学习结合起来，只有这样才能充分调动学生听课的积极性，实现学习目标。

3. 实践作业法

实践作业法是一种有目的、有指导、有组织的学习活动，具有实践性、独立性、创造性，有助于学生对所学知识的巩固、深化，有益于学生技能、智力和创造才能的发展。实践作业法是检验学习效果的重要手段，也是提高学生素质的重要载体。人力资源开发与管理课程的学习应针对知识点，从提高学生综合素质考虑，选择与学习内容相关的实践作业，进一步巩固学生应用人力资源管理技术的能力，同时培养学生检索资料和写作的能力。

二、研究人力资源开发与管理的方法

在研究人力资源开发与管理时，应把握以下三个方法。

1. 夯实理论基础

理论来源于实践，但高于实践、指导实践。真正有益于实践并指导实践的是理论。学习和研究人力资源开发与管理，一方面要认真学习和研究经典的管理理论，了解人力资源开发与管理的发展历程；另一方面要紧跟时代发展，学习随着时代和实践的发展涌现出的许多新颖的理论。对理论的掌握有助于我们对现行人力资源开发与管理制度进行评价，对未来的人力资源开发与管理做出预测。

2. 注重案例分析

目前来看，很多的人力资源开发与管理的学习者和研究者并没有直接从事人力资源开发与管理的实践活动，缺乏实践经验。要深入领会人力资源开发与管理的操作方法，就必须借助学习和研究具有典型性的案例，在案例分析过程中提高自己的实践能力。

3. 加强实践训练

在学习好理论基础之后，学习者需要加强实践锻炼。一方面，学习者可以通过角色扮演等模拟实验方式感悟人力资源开发与管理的实际操作方法；另一方面，到组织调研实习，参与组织的人力资源开发与管理的具体实践。

习　题

一、单选题

1. 人力资源管理的核心概念是（　　）。
   A. 效率　　　　B. 成本收益　　　　C. 效果　　　　D. 效能
2. 狭义的人力资源规划实质上是（　　）。
   A. 企业人力资源开发规划　　　　B. 企业人力资源制度改革规划
   C. 企业组织变革与组织发展规划　　D. 企业各类人员需求的补充规划
3. 人力资源需求的影响因素不包括（　　）。
   A. 企业外部环境　　　　B. 企业内部环境
   C. 管理者个人偏好　　　D. 人力资源自身
4. 人力资源需求预测方法中的集体预测方法也称（　　）。
   A. 回归分析方法　　　　B. 劳动定额法
   C. 德尔菲预测技术　　　D. 计算机模拟法
5. 不属于人力资源规划目标的是（　　）。
   A. 为员工的发展提供条件
   B. 改进企业计划的全过程
   C. 提高各级企业对人力资源管理的重要性和必要性的认识水平
   D. 对人员及其结构的优化和调整
6. 与传统的人事管理相比，现代人力资源管理在管理策略上属于（　　）。
   A. 战术性管理　　　　B. 战略性管理
   C. 开发战略性管理　　D. 战术与战略相结合的管理
7. 传统人事管理的特点之一是（　　）。
   A. 以事为中心　　B. 把人力当成资本　　C. 对人进行开发管理　　D. 以人为本
8. 认为人工作的动机就是为了获得经济报酬的这种观点是基于（　　）。
   A. 自动人假设　　B. 社会人假设　　C. 经济人假设　　D. 复杂人假设
9. 人力资源是指在一定时间空间条件下，现实的和潜在的劳动力（　　）的总和。
   A. 数量　　　　B. 质量　　　　C. 数量和质量　　　　D. 人口
10. 企业在经过比较分析后选择最优结合的方案，并以最少的成本获得最大效益的人力资源管理原理称为（　　）。
    A. 优化原理　　B. 能位匹配原理　　C. 互补原理　　D. 激励强化原理

二、多选题

1. 企业解决人力资源过剩时可以采用的方法有（　　）。

A. 鼓励员工提前退休

B. 提高企业的技术水平

C. 合并或精简某些臃肿的机构

D. 减少员工的工作时间，随之降低工资水平

E. 制订全员轮训计划，使员工始终有一部分人在接受培训

2. 属于传统人事管理内容的是（ ）。

A. 发放薪酬　　　　　　B. 发布招聘通知　　　　　C. 管理人事档案

D. 规划员工职业生涯　　E. 人力战略规划

3. 工作说明书的主要内容包括（ ）。

A. 岗位名称　　　B. 岗位编号　　　C. 岗位说明　　　D. 工作规范

E. 岗位等级

4. 人力资源管理是一个有机系统，由（ ）所构成。

A. 劳动力的配置者　　　B. 劳动力的使用者　　　C. 劳动力的调节者

D. 劳动力的拥有者　　　E. 劳动力的供给者

5. 人力资源的内涵包括了劳动者的（ ）等方面的内容。

A. 体质　　　B. 智力　　　C. 知识　　　D. 经验　　　E. 技能

6. 人力资源具有的特点有（ ）。

A. 自有性　　B. 生物性　　C. 时效性　　D. 创造性　　E. 能动性

7. 人力资源管理是指组织为了实现既定的目标，运用现代管理措施和手段，对人力资源的（ ）等方面进行管理的一系列活动的总和。

A. 取得　　　B. 开发　　　C. 保持　　　D. 评价　　　E. 运用

8. 人力资本在其交易过程中，原先完整的人力资本产权可能会分解为（ ）。

A. 所有者产权　　B. 经营产权　　C. 收益产权　　D. 劳动权　　E. 剩余索取权

9. 人力资本投资的范围和途径有（ ）。

A. 学校正规教育　　　　　B. 职业培训　　　　　C. 医疗保健

D. 企业外组织举办的学习　E. 迁移

10. 人力资源管理经历的主要阶段有（ ）。

A. 人事管理阶段　　　　　　　　B. 人事管理与人力资源管理混合阶段

C. 人力资源管理阶段　　　　　　D. 家庭、工作、生活一体化发展阶段

E. 战略人力资源管理阶段

三、简答题

1. 简述人力资源所具有的基本特征。

2. 简述人力资源开发与人力资源管理的区别。

3. 简述人力资源开发与管理的形成及其发展历程。

4. 简述人力资源开发与管理的基本内容。

5. 简述人力资源管理的重要性。

习 题 解 答

一、1.B 2.D 3. C 4.C 5.B 6.D 7.A 8.C 9.C 10.A

二、1.ABCD 2.ABC 3.ABD 4.BCE 5.ABCDE 6.ABCDE 7.ABCE 8.AB 9.ABCDE 10.ACE

三、1. 人力资源，也称"劳动力资源"，是指在一定时空范围内能够创造物质财富和精神财富、具有智力劳动和体力劳动能力的人的总和。

要正确理解人力资源的概念，必须把握以下四点：第一，与其他资源，如自然资源、资本资源和信息资源等不同，人力资源是一种具有主观能动性的活的资源；第二，人力作为一种资源，其本身不仅具有价值性，而且在经济活动中能够带来新价值，即它是资财之源，从而将人口中那些根本不具有或已经失去了劳动能力的纯消费人口排除于人力资源之外； 第三，人力资源与其他资源一样，不仅具有量的规定性，而且更重要的是具有质的规定性，即人力资源是质和量的统一；第四，人力作为人的基本特征之一，它的计量应以一定的时间和空间作为统计范围，就是说，我们所谈论的人力资源，通常是一定时间、一定范围(如一定地域，某一具体企事业单位等)内的人力资源。

2. 人力资源开发与人力资源管理的区别主要在于：首先，两者的对象范围不同。人力资源开发面对的是广义的人力资源范围，即面对社会人才开放系统中所有的人，涉及人的整个生命周期。而人力资源管理面对的是狭义的特定的人力资源，对工作中的人进行管理。其次，两者包含内容的侧重点不同。人力资源开发侧重于对人力资源的培养和潜能的充分挖掘，侧重于对人力资源的合理使用及人力资源自身的发展；人力资源管理主要对员工的招募、录取、培训、使用、晋升、调动等活动过程进行规划、组织、协调和督理。当然，人力资源开发与人力资源管理在实践中是紧密相关的。

3. 人力资源开发与管理的形成及发展历程大致可分为以下三个阶段。

（1）科学管理，又名古典管理理论、传统管理理论。泰勒进一步提出了科学管理的四个原则：第一，对员工工作的每一个要素开发出科学方法，用以代替老的经验方法；第二，科学地挑选工人，对他们进行培训、教育并使之拥有工作所需的技能；第三，与员工齐心合作，以保证一切工作按已形成的科学原则去做；第四，管理者与员工在工作和职责的划分上几乎是相等的，管理者自己承揽比员工更胜任的那部分工作。

（2）行为科学，随着社会的进步和人们受教育程度的提高，人的价值观差别甚大，因而期望值越来越高，迫使管理实践和管理观念逐步发生改变。行为科学管理理论强调，要重视安排好使职工满意的工作条件，搞好与职工的关系，从而提升他们的士气，使他们自动地提高生产率。员工虽然有经济上的需求，但当经济需要被满足后，他们可能又觉得奖酬并非是自己需要的全部，他们更加强调社会方面的需求和愿望，如工人希望在自己的工作小组中成为有用且重要的人，希望自己在小组中受到他人的承认和尊重。

（3）人力资源开发与管理，人力是社会进步的决定性因素，但人力的取得不是无代价的，需要耗费资源。人力资本是体现在劳动者身上，通过投资形成并由劳动者的知识、技能和体力(健康状况)构成的资本。人力的形成是投资的结果，通过一定方式投资形成的人力资源，由

于掌握了知识和技能，成为一切生产资料中最重要的资源。现代管理理论把人看成是经济活动中最积极、最具能动性的战略性资源，不再把人视为成本，而是把人视为企业的第一价值资源，从投资视角看待人力资源。

4. 一般而言，人力资源管理服务于企业的总体战略目标，是一系列管理环节的综合体。人力资源管理的内容主要有人力资源战略、人力资源规划、工作分析与岗位设计、人力资源招聘与配置、绩效管理、职业生涯管理、培训与开发、激励、薪酬管理、劳动关系管理和组织文化建设等方面。

5. 人力资源管理的重要性体现在以下五个方面：①人力资源管理对组织中所有的管理人员极为重要；②人力资源管理对于组织管理目标的实现具有重要意义；③人力资源管理能够提高员工的工作绩效；④人力资源管理是现代社会经济发展的需要；⑤人力资源管理是组织竞争力的重要因素。

HAPTER 2

第二章 培训与开发的理论基础

[内容提要]

培训与开发是人力资源管理的重要职能之一,培训与开发效果的好坏直接关系到人力资源开发程度的深浅。培训与开发是企业为了实现企业目标和满足个人发展需要,使员工通过学习获得完成工作任务的知识、技能、动机、态度、行为。本章讨论的是培训与开发的理论基础,介绍了培训与开发的概念、内容、作用和原则,并且对培训与开发的大体流程进行了梳理,在接下来的几章,也大体是按照这种流程顺序来展开的。战略性培训是企业选择培训的着重点,尤其要注意的是不同战略背景下企业的不同培训需求。学习理论是培训开发的直接理论基础,只有掌握了学习理论才能更好地为培训开发服务。

[学习要点]

1. 培训与开发的概念;
2. 培训与开发的内容、作用和原则;
3. 培训与开发的流程;
4. 战略性培训的概念和不同战略的培训需求;
5. 学习理论与培训开发理论。

开篇案例：一次徒劳无功的培训

案例背景

W 先生是某国有机械公司新上任的人力资源部部长，在一次研讨会上，他了解到一些企业的培训搞得有声有色。他回来后，兴致勃勃地向公司提交了一份全员培训计划书，以提升人力资源部的新面貌。公司老总很开明，不久就批准了 W 先生的全员培训计划。W 先生深受鼓舞，踌躇满志地"对公司全体人员——上至总经理，下至一线生产员工，进行为期一个星期的脱产计算机培训"，为此，公司还专门下拨十几万元培训费。

培训的效果怎样呢？据说，除了办公室的几名人员和 45 岁以上的几名中层干部有所收获，其他人员要么收效甚微，要么学而无用，十几万元的培训费用只买来了一时的"轰动效应"。一些员工认为，新官上任所点的"这把火"和以前的培训没有什么差别，甚至有小道消息称此次培训是 W 先生做给领导看的"政绩工程"，是在花单位的钱往自己脸上贴金！而 W 先生对于此番议论感到非常委屈：在一个有着传统意识的老国企，给员工灌输一些新知识怎么效果不理想呢？W 先生百思不得其解，"不应该呀，在当今竞争环境下，每人学点计算机知识应该是很有用的呀"。

案例思考题

1. 该公司的培训过程中存在哪些问题？
2. 请帮助 W 先生解决该公司的培训问题。

案例分析

1. 案例中出现的培训问题

员工培训是企业提升员工素质与技能进而实现企业发展的重要手段，企业通过员工培训，不仅可以拓展员工职业发展空间，而且可以激励和稳定优秀员工。然而，在实施培训时，企业如果不重视培训自身的一些规律和原则，就不可能达到预期的培训效果。案例中出现的培训问题就与忽视这些规律和原则有关。

（1）培训与需求严重脱节。案例中，W 先生完全没有考虑员工的需求，以让老总看到人力资源部的新气象为培训目的，而不是以是否需要培训为出发点。没有深入基层进行培训需求调研分析，没有明确培训要达到什么目标，哪些人需要培训，需要什么样的培训，如何安排培训内容，培训的预期是什么，需要采取何种方式进行培训。而是凭着自己的热情振臂一呼"上至总经理，下至一线员工，进行为期一个星期的脱产计算机培训"。

（2）培训层次不清。根据岗位特色、员工层次，选择合适的受训人员和培训内容是企业培训成功的必要条件。

（3）培训没有评估。培训评估是监督和检查培训效果不可缺少的一个环节，只有重视培训的全面评估，才能改进培训质量、提高培训效果、降低培训成本。

W 先生所倡导的花费了十几万元的培训仅仅是买来了一时的"轰动效应"，培训是一项提高全员素质、团队精神的实务，而不应该是"花架子""走过场"，甚至是倡导者的"政绩工程"。

2. 如何把培训落到实处

（1）做好培训需求分析。有效的企业培训，必须事前做好培训需求分析。培训需求分析是培训活动的首要环节，既是明确培训目标、设计培训方案的前提，也是进行培训评估的基础。企业可以运用多种技术和方法进行培训需求分析，可通过数据调研、问卷调查、面对面访谈、员工申请等形式从以下三个方面来开展：一是我们为什么要培训？培训与企业效益、员工职业发展关联度有多大？二是我们要开展什么样的培训，需要培训哪些内容，是专业知识的培训，还是技能和素质的培训？新员工需要什么样的培训？老员工需要什么样的培训？三是对培训的组织实施有什么特别要求？从培训方式、培训时间、培训地点、培训教材、培训讲师等来了解员工对培训组织方式的信息。

（2）尽量设立可以衡量的培训目标。一项培训成功与否决定于是否确立了可衡量的培训目标。例如，可为一个新销售员设立这样的培训目标："在两周之内显示出介绍所在部门每种产品之功用的能力。"这一指标就可用作衡量内行化，即该员工培训后是否掌握了应掌握的东西的一个标准。

（3）设定一套硬性的培训考核指标体系。任何一项制度，离开了考核便形同虚设。培训的参与次数、培训考试成绩、课堂表现和结业证书都可作为考核指标。还可以把考核结果与加薪、晋升、持证上岗、末位淘汰相结合，这样的考核才具有真正的意义。只有这样，才会提高员工学习积极性，促使员工真正把培训当回事，使培训事半功倍。

（4）培训中要实现互动。在培训过程中，重点检查员工对培训内容、培训方式的满意度。可通过问卷调查或信息反馈卡（采取半开放式较好）及时了解员工对培训的意见和建议，了解培训的内容与实际问题的关联度，培训内容的难易程度是否适当等。通过了解这些信息可与培训机构或培训师沟通，避免员工学而无用或"消化不良"。

资料来源：杜勇，杜军. 人力资源管理——理论、方法与案例. 重庆：西南师范大学出版社，2011

第一节　培训与开发的概述

一、培训与开发的概念

培训的英文名称为"training"，意味着训练。培训的概念可以从狭义和广义两方面来定义。总的来讲，培训就是通过一定的手段（如课堂授课、案例研讨、游戏分享、角色扮演）使员工在知识、技能和态度方面达到改进并取得绩效提升的过程。从狭义上讲，培训就是课堂讲授、案例研讨、游戏分享和角色扮演这一系列的活动；从广义上讲，培训则是达到绩效提升的一个过程，不仅包括课堂讲授、案例研讨、游戏分享和角色扮演这一系列的活动，而且包括活动过后的行为改善和绩效提升的过程中的一系列工作。

开发是指组织为满足未来发展的需要而提供给员工的相应知识和技能的增加、个性特征的调适、观念和意识的转变以及对工作绩效起关键作用的行为改善的各项活动。

培训更多的是一种具有短期目标的行为，目的是使员工掌握目前所需要的知识和技能；而开发则更多的是一种具有长期目标的行为，目的是使员工掌握将来所需要的知识和技能，以应对将来工作所提出的要求。表 2-1 列出培训与开发的主要异同点。

表 2-1 培训与开发的主要异同点

项目		培训	开发
相同点		根本目的在于提高人力资源质量和工作绩效水平；对象是企业员工；是有计划、连续的工作	
不同点	目标	着眼于短期技能和知识的提高，强调短期目标	着眼于未来知识和能力的提高，强调长期目标
	关注焦点	现在	将来
	与当前工作的相关性	高	低
	持续时间	短，具有集中性和阶段性	长，具有分散性和长期性
	范围	窄	宽
	工作经验的运用程度	高	低
	收益	近期内见效	是人力资本投资，在未来取得收益

二、培训与开发的内容、作用与原则

（一）培训与开发的内容

员工培训与开发的内容必须与企业的战略目标、员工的职位特点相适应，同时考虑适应内外部经营环境变化。一般的，员工培训与开发包括五个方面的内容。

1. 知识培训与开发

知识学习是员工培训的主要方面，包括事实知识与程序知识学习。员工应通过培训掌握完成本职工作所需要的基本知识，企业应根据经营发展战略要求和技术变化的预测，以及将来对人力资源的数量、质量、结构的要求与需要，有计划、有组织地培训员工，使员工了解企业的发展战略、经营方针、经营状况、规章制度、文化基础、市场及竞争等。依据培训对象的不同，知识内容还应结合岗位目标来进行。例如，对管理人员则要培训计划、组织、领导和控制等管理知识，还要他们掌握心理学、激励理论等有关人的知识，以及经营环境如社会、政治、文化、伦理等方面的知识。其主要目的是解决"知"的问题。

2. 技能培训与开发

知识的运用必须具备一定技能。首先对不同层次的员工进行岗位所需的技术性能力培训，即认知能力与阅读、写作能力的培训。认知能力包括语言理解能力、定量分析能力和推理能力三方面。有研究表明，员工的认知能力与其工作的成功有相关关系。随着工作变得越来越复杂，认知能力对完成工作显得越来越重要。阅读能力不够会阻碍员工良好业绩的取得。随着信息技术的发展，不仅要开发员工的书面文字阅读能力，而且要培养员工的电子阅读能力。此外，企业应更多培养员工的人际交往能力。尤其是管理者，更应注重判断与决策能力、改革创新能力、灵活应变能力、人际交往能力等的培训。其主要目的是解决"会"的问题。

3. 态度培训与开发

态度是影响能力与工作绩效的重要因素。员工的态度与培训效果和工作表现是直接相关的。管理者重视员工态度的转变会使培训成功的可能性增加。通过培训可以改变员工的工作态度，但不是绝对的，关键是管理者工作本身。管理者要在员工中树立并保持积极的态度，同时善于利用员工态度好的时间来达到所要求的工作标准。管理者根据不同的特点找到适合每个人的最有效的影响与控制方式，规范员工的行为，促进员工态度的转变。其主要目的是解决"勤"的问题。

4. 思维培训与开发

思维培训与开发的主要任务是改变参训者固有的思维定势。所谓思维定势指人们在过去经验的影响下，解决问题的倾向性。思维培训与开发就是要让参训者超越原来的思维定势，以一种更具现代意识的崭新视野来观察问题、思考问题、解决问题。其主要目的是解决"创"的问题。

5. 心理培训与开发

心理培训与开发的主要任务是开发参训者的潜能，主要通过对参训者的心理进行调整，引导他们利用自己潜在的各种因素，开发出自己工作中的能力。其主要目的是解决"能"的问题。

（二）培训与开发的作用

企业之间的竞争表现在产品质量上，而产品质量的高低又与设备、工艺、员工操作水平有关，而这一切又都是由人来完成的。产品之间的竞争说到底就是人力资源的竞争，而培训与开发则是提高员工自身素质、开发人的潜能、降低产品成本、提高工作效率、实现自身价值的重要手段，因此，员工培训显得越来越重要。

1. 培训与开发是调动员工积极性的有效方法

组织中人员虽然因学历、背景、个性的不同而有不同的主导需求，但就其大多数而言，都希望不断充实自己、完善自己，使自己的潜力充分发掘出来。越是高层次的人才，这种需求就越迫切。在组织中得到锻炼和成长，已成为人们重要的择业标准。企业如能满足员工的这种自尊、自我实现需要，将激发出员工深刻而又持久的工作动力。国内外大量事实证明，安排员工参加培训、去国外子公司任职、去先进公司跟班学习、脱产去高等学校深造、去先进国家进修，都是满足这种需求的途径。经过培训的人员，不仅提高了素质和能力，也改善了工作动机和工作态度。应该说，培训是调动员工积极性的有效方法。

2. 培训与开发有利于生产率的提高

教育投资是一种生产性投资。教育投资是使隐藏在人体内部的能力得以开发增长，并能直接贡献于生产率的提高，教育投资比物力投资会带来更多的利润，具有更大、更长期的经济和社会效益。例如，1900~1957年美国的教育投资增长速度远远超过物力资本增长速度，其所获利润结果为：物力资本投资所赚回的利润增长了3.5倍，同时由教育投资增加的利润则达到17.5倍。从世界范围来看，有资料表明，第二次世界大战以来，由于人力资源开发、教育投资增长所创造的经济增长的比例占到国民经济增长总额的41%，有的国家甚至达到60%以上。对企业来说，通过员工培训，使人力资源的整体水平在培训的基础上不断提高，其成果迟早会在企业经济效益指标上反映出来，从而增强企业的竞争力。美国155家制造企业的调查结果表明，对雇员进行培训的企业，劳动生产率比没有培训的企业有明显提高。

3．培训与开发是建立优秀组织文化的有力杠杆

人类社会进入 21 世纪，管理科学正经历从科学管理到文化管理的第二次飞跃。在激烈的市场竞争中，有越来越多的企业家发现文化因素的重要作用。韩国著名企业家郑周永说："一个人，一个团体，或一个企业，它克服内外困难的力量来自哪里？来自它自身，也就是说来自它的精神力量，来自它的信念。没有这种精神力量和信念，就会被社会淘汰，这是资本主义社会最朴素的法。"

（三）培训与开发的原则

虽然培训与开发的形式和内容多种多样，但各种培训与开发都必须坚持一定的基本原则，严格遵循培训与开发的基本原则是保证培训与开发质量和效果的基本要素。

1．先培训后使用原则

现代社会科学技术突飞猛进，生产设备更新周期越来越短，国内外市场竞争日益激烈。在这种情况下，只有依靠高素质的员工生产高质量的产品才能取胜。因此，要求企业在员工走上新的职位之前，必须先进行培训，然后才能投入使用。这里要纠正员工随着时间的推延会逐渐适应环境从而自然而然地胜任工作的错误观念。如果企业对员工走上新的职位之前不进行培训或敷衍了事，将会使员工在长时间内不能提高绩效，同时会使员工的离职率居高不下。

2．战略性原则

员工培训是企业管理的重要一环，必须纳入企业的发展战略之中。企业战略指企业为了长远的生存和发展，根据外部环境和内部环境状况，选择目标市场和产品，统筹分配经营资源，革新经营结构决策和行动方案。人力资源管理的任务就在于为企业提供和培训执行企业战略所需要的合适人选。因此，企业在组织员工培训时，一定要从企业战略的角度去思考培训问题。为了达到企业人力资源的合理配置和使用，企业的培训部门必须首先调查企业现有人员的构成、素质状况和能力结构等，充分认识和了解企业战略，然后由此编制和开发与企业发展相匹配的人力资源培训和开发程序，提高组织的市场竞争能力。

3．反馈与强化原则

培训要注意对效果的反馈和结果的强化。反馈的作用在于巩固学习技能、及时纠正错误和偏差。反馈的信息越及时、准确，培训的效果就越好。强化是结合反馈对接受培训的人员做出的奖励或惩罚。这种强化不仅应在培训结束后马上进行，还应该在培训之后的上岗工作中对培训的效果给予强化。

4．成本效益原则

员工培训开发是企业的一种投资行为，和其他投资一样，也要从投入产出的角度来考虑问题。企业注重其经济效益，培训开发也不例外，尽量做到：在费用一定的情况下，使培训开发效果最大化；在培训效果一定的情况下，使培训的费用最小化。

第二节　培训与开发的流程

培训活动的整个过程按时间顺序可以大致分为培训需求分析、制订培训计划、实施培训、培训效果评估反馈四个过程。整个过程如图 2-1 所示。

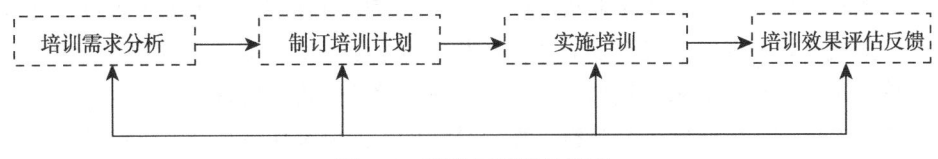

图 2-1　培训与开发的流程

一、培训需求分析

企业的培训开发活动并不是盲目进行的，只有存在相应的培训需求时，培训与开发才有必要实施。实践中大多数企业在进行培训时没有进行培训需求分析而导致培训效果不佳。培训需求分析是整个培训与开发工作的起始点，它决定着培训活动的方向，对培训的质量起着决定性的作用。

（一）培训需求的可能性和现实性

培训需求既要有可能性，也要有现实性。

培训需求的可能性是指企业目前出现了一些问题，或者将来可能会出现问题，要解决这些问题就可能需要企业采取培训的手段。这些问题就是产生培训需求的"压力点"，一般来说，培训需求的压力点出现的时机有：①新员工进入；②职位变动；③顾客要求；④引入新技术；⑤生产新产品；⑥企业或个人绩效不佳；⑦企业未来的发展。

培训需求的"压力点"主要来源于两个方面：①企业层面的问题；②个人层面的问题。一般来说，企业层面出现的问题需要进行普遍性的培训，而个人层面出现的问题只需进行特殊性的培训即可，当然，如果个人层面的问题具有共性，就变成了企业层面的问题。

培训需求的现实性是指引发企业培训需求的"压力点"经过培训确实能得到解决，培训活动具有现实可操作性。反之，如果问题不能通过培训解决，培训需求就不具备现实性，企业就没必要培训。例如，工资水平过低而导致员工的生产效率低下，这种情况下对员工进行培训是没有意义的，而是应当通过提高工资水平来解决这个问题。

从某种意义上说，培训需求的现实性就是培训需求分析的结果。通过培训需求分析，企业要能回答这样几个问题：是否需要培训?在哪些方面需要培训?企业培训的内容有哪些?哪些人员需要培训以及需要什么样的培训?

（二）培训需求分析的思路

对于培训需求的分析，最有代表性的观点是麦吉和塞耶于 1961 年提出的通过组织分析、任务分析和人员分析三种方法来确定培训需求。

1. 组织分析

组织分析是在企业层面展开的，它包括两个方面的内容：一是对企业目前的整体绩效做出评价，找出存在的问题并分析问题产生的原因，以确定企业目前的培训重点；二是对企业未来的发展方向进行分析，以确定企业今后的培训重点和培训方向。通过组织分析，可以确定在企业层面需要进行什么样的培训。

企业目前的培训重点主要是根据对企业目前的整体绩效分析来确定的。首先设定出企业绩效考核的指标和标准，然后将企业目前的绩效和设定的目标或者以前的绩效进行比较，当绩效水平下降或者低于标准时就形成了培训需求的"压力点"，接着要对这些"压力点"进行分析，提炼出现实的培训需求。例如，通过对企业绩效的评价，发现产品的合格率较低，那么就要对产生这一问题的原因进行分析，如果是由于员工的操作不规范而引起的，那么就要对员工重点进行操作规范的培训；如果是由于员工的质量意识不够而引起的，那么相应地就要重点进行质量意识的培训；但如果是由员工士气低落造成的，就需要采取其他的措施来加以解决。

企业今后的培训重点和培训方向，主要是依据企业的经营发展战略来确定的。企业的发展战略不同，经营的重点也不同，因此培训的重点和方向也是不同的。除此之外，企业的竞争战略、经营策略等都会影响到企业今后的培训重点和培训方向。

2．任务分析

任务分析就是前面所讲的职位分析，只是它比职位分析更详细。任务分析最主要的目的就是界定在个人层面进行培训时培训内容的范围，这是设计培训课程的重要依据。

任务分析的四个步骤如下。首先，选择有效的方法，列出一个职位所要履行的工作任务的初步清单。其次，对所列出的任务清单进行分析，确定完成这些任务所需要的技能。这需要回答以下几个问题：需要什么样的资格条件或者技能？技能的操作执行频率如何？完成每项任务所花费的时间是多少？成功完成这些任务的重要性和意义是什么？学会这些技能的难度有多大？再次，对每项任务需要达到的标准做出准确界定，尽量用可以量化的标准来表述，如每小时生产 20 个。最后，确定完成每项工作任务的 KSA，即知识、技能和态度，这也是企业在设计员工培训内容时的重要参考依据。

3．人员分析

人员分析是针对员工来进行的，与组织分析类似，它也包括两个方面的内容：一是对员工个人现在的绩效水平做出评价，找出存在的问题并分析问题产生的原因，以确定解决当前问题的培训需求；二是根据员工的职位变动计划，将员工现有的状况与未来的职位要求进行比较，以确定解决将来问题的培训需求。通过人员分析，要能够确定出企业中哪些人员需要接受培训，以及需要接受什么样的培训。

人员分析的第一个方面是基于对员工的绩效考核来进行的，这就需要首先设定出绩效考核的指标和标准，然后将员工目前的工作绩效和设定的目标或者以前的绩效进行比较，当绩效水平下降或者低于标准时就形成了培训需求的"压力点"，当然，这个"压力点"并不意味着就必须对员工进行培训，企业还要对员工绩效不佳的原因进行分析，以提炼出现实的培训需求。

影响员工绩效的因素主要有五个方面：个人特征、投入、产出、结果和反馈。个人特征指员工的知识、技能、能力和态度；投入指员工在工作过程中所获得的支持和资源，如上级的指导、设备、时间和预算等；产出指工作的绩效标准；结果指为了促使员工很好地完成工作而向他们提供的激励；反馈则是指员工在工作过程中得到的信息。

如果员工绩效不佳的原因在于个人特征，而其他几个因素还是令人满意的，那么就需要对员工进行培训；如果导致员工绩效不佳的原因不是个人特征，而是其他几个因素，那么对员工进行培训就没有效果，而要采取其他措施来解决问题。例如，缺乏必要的设备而导致员工的绩效不佳，那么就应当给员工提供相应的设备，而不是进行培训来解决这个问题。需要强调指出的是，不需要对员工进行培训，并不意味着就不需要培训，有可能是要对其他人员进行培训，如果员工绩效不佳是由缺乏有效的绩效反馈而造成的，那么员工可能不需要培训，但是他的上级管理人员却有可能需要接受如何进行绩效反馈的培训。

人员分析的第二个方面则是基于员工的职位变动计划来进行。按照人力资源规划，员工将来可能会调配到其他的职位上工作，由于不同的职位工作任务不同，所要求的知识、技能和态度也不同，即使员工在当前职位上不需要培训，但是为了适应将来调配的职位，也可能需要接受培训。在具体做法上，首先要确定出哪些员工在未来的一段时期内会进行职位的变动；然后把员工目前所具备的知识、技能和态度与将来职位的要求进行比较，由此确定出培训的需求。

（三）培训需求分析的方法

进行培训需求分析的方法有很多，其中最为常用的方法有四种：观察法、问卷调查法、资料查阅法和访问法。这几种方法各自都有自己的优缺点，在实践中，企业要根据实际情况来选择合适的方法。

二、制订培训计划

在进行培训需求分析，确定培训目标以后，就需要根据培训的需求和目标制订培训计划。企业人员培训计划是根据需求预测的结果，具体确定企业人员培训的形式、内容、步骤等。

1. 确定培训内容

企业的培训要结合企业现实的生产经营管理需要或长远发展的需要，内容必须是该领域最新的研究成果或是同行业最新的经验，坚持针对性、实用性、超前性，培训工作才能适应企业需要。针对性就是指培训要面对问题，针对需求，不要搞形式主义，不要对牛弹琴。实用性就是指培训要围绕经济或管理上的难题或实际问题进行，而不是空谈理论。应该是讲理论能解惑、释疑、指明方向，讲实际能使人掌握方法、借鉴经验。超前性就是指培训的内容应当新鲜而不陈旧，先进而不落后。

2. 选择培训对象

在选择培训对象时必须考虑员工掌握培训内容的能力，以及他们在回到工作岗位以后应用所学内容的能力。这不仅是一个重要的激励问题，而且是一个重要的效率问题。如果员工在培训过程中没有获得应有的收获或者他们回到工作岗位无法应用所学内容，那么不仅在员工个人心理上会产生强烈的挫折感，同时是组织培训资源的浪费。在选择培训对象时，除了从培训候选人的学习能力来进行甄别以外，还可以从员工的学习动力的角度进行考虑。

3. 选择培训方式

企业培训对象的多样性决定了培训形式是多样的，而培训内容的针对性和实用性决定了培训形式必须是灵活的，既可以是脱产的，也可以是不脱产的；既可以是中长期的，也可以

是短期的。培训的形式没有固定的模式，一切要从本企业的需要出发，也就是说要根据企业的生产实际，合理安排培训的时间，区别不同对象，采取不同的培训形式。

4. 确定合理的培训层次

企业应当根据本企业产品结构的实际需要确定合理的培训层次，确定人才培养的合理规模，形成合理的结构，使得培养出来的人才真正为企业所用。具有竞争力的企业大致拥有三个梯队的人才储备：一是立足企业生产一线自身需要，解决生产难题的人才，从而为企业赢得国内市场；二是能使企业扩大国内市场的人才；三是能够研究国外同类产品的发展动态，进而改造本企业产品的人才，从而使企业产品打入国际市场。

三、实施培训

培训需求的调查、计划的制订都是为了能更好地实施培训。实施培训是培训的核心环节，培训效果的好坏也与培训实施的好坏直接相关。

1. 培训部门的职责

培训部门是培训活动的组织者，负责培训工作的全程管理。培训实施过程中，培训人员的主要职责是：①培训实施之前发放培训通知书，通知受训者具体时间和地点，以及培训过程中的注意事项；②准备培训师资和设备；③培训开展中为受训人员提供良好的学习环境；④培训结束后负责培训效果调查、培训签到等工作以及之后的培训考评工作。

2. 培训制度的制定和更新

每项活动的开展都需要以制度作为行动指南。培训是一个系统的工程，培训制度是培训工作的基础。培训制度的建立与健全，是考核培训体系完善与否的重要标准之一。企业培训制度包括岗前培训制度、培训考评制度、培训服务制度、培训奖惩制度四项基本内容。除这四项基本制度外，健全的培训制度还应该包括培训责任制度、培训经费单列规定、培训档案管理规定、培训合同制度等。这里要强调的是培训合同制度，培训需要花费一定的费用，特别是某些专项培训课程的费用可能比较高，企业为了留住人才，使企业的培训投资有所回报，通常要针对某些培训费用高的培训项目与受训员工签订培训合同，以避免员工完成培训后又发生流失。

3. 培训实施需要注意的事项

培训实施需要注意的事项主要有：①充分准备。充分的准备是成功的一半，只有准备工作到位，才能保证培训按计划进行。②培训效果。效果的好坏取决于培训师的能力、培训课程的设计及培训的合理性等因素。③学员参与。只有学员全身心地投入，才能让培训事半功倍。④培训考核。培训的最终目的是使员工学到知识、提高技能、改变态度。为了检验培训的真实效果，培训考核成为培训的必要环节。培训考核一般分为短期考核和长期考核，可以通过笔试，也可以通过实际操作进行考核。总之，考核方式根据培训性质而异。

四、培训效果评估反馈

培训效果评估是运用科学的理论、方法和程序，从培训结果中收集数据，并将其与整个组织的需求和目标联系起来，以确定培训项目的优势、价值和质量的过程。简而言之，培训效果评估是用培训成果衡量培训是否有效的过程。

对培训效果评估贡献最大的专家是柯克帕特里克（Kirkpatrick），他所确定的四个层次的评估是最知名的，也是被使用最广泛的，简称为柯氏评估模型。柯氏评估模型按照评估的深度和难度递进的顺序将培训效果评估分为四个层次：反映（reaction）评估、学习（learning）评估、行为（behavior）评估和成果（result）评估。

1. 反映评估：评估被培训者的满意程度

反映评估是指受训人员对培训项目的印象如何，包括对讲师和培训科目、设施、方法、内容、自己收获的大小等方面的看法。反映评估主要是在培训项目结束时，通过问卷调查来收集受训人员对于培训项目的效果和有用性的反应。

2. 学习评估：测定被培训者的学习获得程度

学习评估是目前最常见也是最常用到的一种评价方式。它是测量受训人员对原理、技能、态度等培训内容的理解和掌握程度。实际上要回答一个问题："参加者学到东西了吗？"学习评估可以采用笔试、实地操作和工作模拟等方法来考察。培训组织者可以通过书面考试、操作测试等方法来了解受训人员在培训前后，知识及技能的掌握方面有多大程度的提高。

3. 行为评估：考察被培训者的知识运用程度

行为评估指在培训结束后的一段时间里，由受训人员的上级、同事、下属或者客户观察他们的行为在培训前后是否发生变化，是否在工作中运用了培训中学到的知识。回答一个问题："人们在工作中使用了他们所学到的知识，技能和态度了吗？"尽管，这一阶段的评估数据较难获得，但意义重大。只有培训参与者真正将所学的东西应用到工作中，才达到了培训的目的。

4. 成果评估：计算培训创出的经济效益

成果评估即判断培训是否能给组织的经营成果带来具体而直接的贡献，这一阶段的评估要考察的不再是受训者的情况，而是从部门和组织的大范围内，了解因培训而带来的组织上的改变效果。即回答"培训为组织带来了什么影响？"例如，产品质量得到了改变，生产效率得到了提高，客户的投诉减少了，等等。可以通过一系列指标来衡量，如事故率、生产率、员工离职率、次品率、员工士气和客户满意度等。这一阶段评估的费用、时间和难度都是最大的，但对企业组织的意义也是最重要的。

以上培训评估的四个层次，实施从易到难，费用从低到高。一般最常用的方法是第一层次，而最有用的数据是培训对组织的影响。是否评估、评估到第几个层次，应根据培训的重要性决定。

第三节　战略性培训

一、战略性培训的概念和意义

战略性培训，是指企业为了适应经营战略和市场竞争的需要，有计划地帮助员工通过学习和训练，掌握好本职工作及满足未来工作要求所必需的知识、能力和技能的活动和过程。这一定义有两层含义：一是强调培训有特定的目的；二是阐明培训是一个过程。前者指培训

始终是为解决实现企业目标和人与岗位技能之间的差距而进行的学习,因此具有强制性;后者指培训是一个不间断的过程,具有长期性和系统性。认真了解和掌握这两方面的含义,对于指导企业的培训和增强培训效果具有重要的意义。

二、不同战略下的培训需求

迈克尔·波特(Michael E. Porter)将企业战略分为成本领先战略、差异化战略和集中化战略三种。当企业采用成本领先战略时,主要依靠低成本来取得市场竞争优势。配合成本领先战略时,人力资源策略应突出强调在人力资源取得、使用、调整等环节的有效性、低成本性和较小的不确定性,企业并不鼓励创造性与创新性,对员工的培训投入较少,因而人力资源的吸引策略应该是与成本领先战略较为匹配的一种人力资源策略。当企业采用差异化战略时,主要是争取在产品或服务等方面比竞争者有更好的独到之处,从而取得市场优势。因此,此类企业的一般特性是具有较强的营销能力,强调产品的设计和基本研究,企业以产品的品质优异而著称,与其相匹配的人力资源策略应突出体现创新性和弹性,所以,投资策略是采用差异化战略的企业较为理想的人力资源策略。当企业采用集中化战略时,其战略特征是结合了成本领先战略和差异化战略,因而与其相匹配的人力资源策略也将是上述人力资源策略的综合。

1. 成本领先战略下的人力资源管理战略

成本领先战略要求人们以更经济的方式工作,其主要目的是通过降低每个员工单位的产出成本来提高产量。这类战略要求减少员工雇用数,降低工资水平,雇用兼职员工,业务外包,采用自动化,改变工作规则,以及允许弹性工作制等措施。这类战略对员工的行为要求有:稳定的工作行为,对某一项工作短期而高度的关注,员工可以进行基本的自主管理和独立工作,在高度重视产量的同时对质量给予适度的关注,强调结果,保证工作的低风险。

值得注意的是,采取这种战略的企业往往处于各种各样的危机之中,如为了生存而战,它很少强调员工培训和员工发展。所以在这种战略下人力资源管理战略的重点在于通过对能够节省成本的行为给予激励,使员工对企业的战略目标产生高度认同感,认识到成本压缩对他们的意义,使他们感到自己所节省的成本对企业生存的重要性,与企业同甘共苦。

2. 差异化战略下的人力资源管理战略

差异化战略要求员工以创新的方式工作,这意味着员工必须对自己和其他人所掌握的不同技能进行重新组合,从而创造出新的技能组合。由于创新过程依赖于员工个体的专业能力和创造性,而员工的离职可能会给企业带来致命的损失,所以这一战略下的人力资源管理战略的重点在于提高员工技能和留住高技能的员工。提高员工技能主要通过培训来实现,保留人才则需要多种人力资源管理活动的支持,包括薪酬管理、晋升制度的建立、福利计划的完善、职业培训、适当的工作指导等。

因此,在采用差异化战略的企业中,要求更多地关注员工的技能提高和掌握关键技术的员工的稳定性,所以培训的重点在于以下三个方面。

(1)加强培训。为员工提供提高现有技能的机会,同时使员工在劳动力市场上具有更强的竞争力,提升员工的个人价值和企业的竞争力。

(2)为员工创新提供支持。即在时间、场所、资源等方面为有创新能力的员工提供足够的支持，使他们有发挥自己才能、实现自己价值的机会。

(3)给员工更大的自主权。由于这类创新型员工一般素质较高，所以可以在其工作所涉及的范围内赋予他们更大的自主处理权，实行弹性工作制，让员工自主管理，调动员工的积极性，便于他们进行创新性的工作。

3. 集中化战略下的人力资源管理战略

集中化战略要求人们以更严谨的态度工作。实施此类战略的企业要求员工具有相对稳定的行为方式，能长期集中精力做好一项工作，员工之间有适当协作和相互依赖的工作关系，在注重产量的同时对质量给予高度的重视，高度关注产品的制作和运送过程，保证各个环节的低风险，更重要的是促使员工树立视质量为生命的工作价值观。

由于这类战略的目标是以质量取胜，并不要求员工具有相同的生产率，所以需要加强对员工工作行为的控制，减少缺勤和员工流失（这主要是从熟练员工的重置成本和流失的损失来考虑），强调员工行为的稳定性和重复性。这就要求这类培训战略需要更注重质量控制和工作监督，促使员工掌握所需技术，并且能够理解工作中严格控制的意义，从而乐于接受工作控制，防止出现行为的不确定性和随意性。

在以上任何一种战略下，都有一个共同的重点：建设与企业战略相一致的企业文化，这是推动企业战略的重要支持。经济的进步给企业带来的影响远比我们所能想象到的更为深刻，企业的战略选择成为企业发展的决定因素，培训战略则是战略管理实施的重要保证。要起到推动企业战略的作用，培训战略必须与企业战略相匹配，这是培训战略发挥应有作用的"黄金法则"。

第四节 学习理论与培训开发

一、学习理论

学习理论是教育学和教育心理学的一门分支学科，描述或说明人类和动物学习的类型、过程和影响学习的各种因素的学说。学习理论是探究人类学习本质及其形成机制的心理学理论。它重点研究学习的性质、过程、动机、方法和策略等。学习是如何发生的，有哪些规律，学习是以怎样的方式进行的？近百年来，教育学家和教育心理学家围绕着这些问题，从不同角度，运用不同的方式进行了各种研究，试图回答这些问题，也由此形成了各种各样的学习理论。本节主要介绍斯金纳（B.F.Skinner）的强化理论和班杜拉（A.Bandura,1925—）的社会学习理论，并阐述学习理论在员工培训中的应用。

（一）强化理论

强化理论是由美国心理学家斯金纳提出的。这个理论是从动物的实验中得出来的。最初，斯金纳只是将强化理论用于训练动物，如训练军犬和马戏团的动物。后来，斯金纳又将强化理论进一步发展，并用于人的学习上，发明了程序教学法和教学机。他强调在学习

培训与开发

中应遵循小步子和及时反馈的原则，将大问题分成许多小问题，循序渐进；他还将编好的教学程序放在机器里对人进行教学，收到了很好的效果。现在，强化理论被广泛地应用在激励和人的行为改造上。斯金纳的强化理论主要讨论刺激和行为的关系，故又称为"刺激-反应"理论。

斯金纳认为，无论是人还是动物，为了达到某种目的，都会采取一定的行为，这种行为将作用于环境，当行为的结果对他或它有利时，这种行为就会重复出现，当行为的结果不利时，这种行为就会减弱或消失。这就是环境对行为强化的结果。

强化有几种类型，在管理中，应用强化理论改造行为一般有以下四种方式。

（1）正强化（positive reinforcement）。这是指用某种有吸引力的结果，使得员工好的行为重复出现。强化物包括组织中的各种奖酬，如认可、赞赏、增加工资、提升及创造令人满意的工作环境等。

（2）负强化（negative reinforcement）或回避（avoidance）。这是指预先告诉某种不符合要求的行为或不良绩效可能引起的不良后果，从而让员工通过按组织所要求的方式行事或避免不符合要求的行为来回避这些令人不愉快的后果。

（3）自然消退（extinction）。这是指对员工的某种行为不予理睬，以表示对该行为的轻视或某种程度的否定，从而减少员工的某种行为。

（4）惩罚（punishment）。这是指以某种带有强制性和威胁性的结果（如批评、降薪、降职、罚款、开除等）来创造一种令人不快甚至痛苦的环境，以表示对某些不符合要求行为的否定，从而消除这种行为重复发生的可能性。

在实际工作中，上述四种改造行为的方式可以简化为两种——正强化和负强化。我们可以把自然消退和惩罚看成负强化的手段。在管理上，正强化就是奖励那些组织上需要的行为，从而加强这种行为；负强化就是惩罚那些与组织不相容的行为，从而削弱这种行为。不要把正强化仅仅理解为给奖金，对成绩的认可、表扬、改善工作条件和人际关系、提升、安排担任挑战性工作、给予学习和成长的机会等都能起到正强化的作用。负强化的办法也有很多，如批评、处分、降级等，甚至有时不给予奖励或少给奖励也是一种负强化。

根据强化的方式，还可以把强化分为连续强化和间隙强化。连续强化是对每一个组织需要的行为都给予强化；间隙强化则是经过一段时间才强化一次。间隙强化还可按强化时间间隔的稳定性分为固定时间间隔强化和变动时间间隔强化。前者如给职工每月定期发放工资或学生定期考试，后者如职工不定期晋升或对学生不定期的抽查考试。间隙强化按反应比例又可分为固定比例强化和变动比例强化。前者如计件工资，后者如按销售货物的难易对销售人员进行奖励。

不同的强化形式所起的效果是不一样的。有的只要给予强化刺激，反应很快，立竿见影，但刺激消失后行动马上消失，如连续强化和固定比例强化。有的虽然不如前者反应快，但刺激消失后行为却不马上消失，如变动时间间隔强化和变动比例强化。虽然每种强化方式所引起的效果不是绝对的，但却说明在进行强化时，不仅要注意强化的刺激内容，也要注意强化的方式。

（二）社会学习理论

班杜拉是美国著名心理学家。班杜拉不同意斯金纳的外界刺激是行为的决定因素的观点，相反，他认为人的认知能力对行动结果的预期直接影响人的行为表现。他把强化视为个体对环境认知的一种信息，即强化物的出现等于告诉个体行为后果将带给他的是惩罚或奖赏，人们正是根据这种信息的预期决定自己的行为反应的。同时，班杜拉还认为人类的学习大多发生于社会情境中，只有站在社会学习的角度才能真正理解发展。他将自己的理论称为社会学习理论。

斯金纳认为学习是一个渐进的过程，在这个过程中，有机体必须主动学习。但班杜拉认为在社会情境下，人们仅通过观察别人的行为就可迅速地进行学习。当通过观察获得新行为时，学习就带有认知的性质。

在一个经典的研究中，班杜拉（1965年）让4岁儿童单独观看一部电影。在电影中，一个成年男子对充气娃娃表现出踢、打等攻击行为，影片有三种结尾。将孩子分为三组，分别看到的是结尾不同的影片。奖励攻击组的儿童看到的是在影片结尾时，进来一个成人对主人公进行表扬和奖励。惩罚攻击组的儿童看到的是另一成人对主人公进行责骂。控制组的儿童看到进来的成人对主人公既没奖励，也没惩罚。看完电影后，将儿童立即带到一间与电影中同样的充气娃娃的游戏室里，实验者透过单向镜对儿童进行观察。结果发现，看到榜样受到惩罚的孩子表现出的攻击行为明显少于另外两组，而另外两组则没有差别。在实验的第二阶段，让孩子回到房间，告诉他们如果能将榜样的行为模仿出来，就可得到橘子水和一张精美的图片。结果，三组孩子（包括惩罚攻击组的孩子）模仿的内容是一样的。说明替代性惩罚抑制的仅仅是对新反应的表现，而不是获得，即儿童已学习了攻击的行为，只不过看到榜样受罚，而没有表现出来而已。

根据研究的结果，班杜拉将认知因素引入行为主义观点中形成了一种新的理论：以观察学习为核心的社会学习理论。观察学习就是人们通过观察他人（或称"榜样"）的行为（这种行为对于观察学习者来说是新的行为），获得示范行为的象征性表象，并引导学习者做出与之相对应的行为过程。班杜拉认为，通过直接经验而进行的直接学习只是学习的一种形式，而通过观察他人的行为进行的间接经验的学习，是人类行为的最重要来源。他认为人类学习的实质应当是观察学习，大部分的人类行为是通过对榜样的观察而习得的。观察学习避免了尝试错误、暗中摸索的过程，从而缩短了学习过程。因此，对于人类来说，观察学习更为重要。

观察学习不一定必须有强化，也不一定产生外显行为，班杜拉认为观察学习包括四个子过程。

1．注意过程

注意学习的对象是观察学习的第一步，观察学习的方式和数量都由注意过程筛选和确定。什么样的榜样更容易引起人的注意从而加以模仿呢？班杜拉认为，应该从观察者的心理特征、榜样的活动特征和观察者与榜样的关系特征三方面来考虑。首先，观察者与榜样之间的关系在某些方面对注意的影响更重要。如果榜样与观察者经常在一起，或者两者相似，那么观察者就经常或容易学会榜样行为。例如，子女较多地模仿父母，学生较多地模仿教师，斗殴分子则更易于模仿电视剧中的攻击行为，其原因就在于此。其次，观察者的心理特征，如觉醒水平、价值观念、态度定势、强化的经验也会影响观察学习的注意过程。例如，观察者对榜样行为价值的认识直接影响他是否集中注意观察榜样的行为。如果他认为榜样行为非常重要，注意就会集中；反之，注意则容易分散。这显然是心理因素对行为的影响，班杜拉称之为自我调节。最后，榜样的活动特征，如行为的效果和价值、榜样人物具有的魅力、示范行为的复杂性和生动性等，也影响着注意过程。

2．保持过程

学习者对榜样行为的注意是观察学习的第一步，要使榜样行为对学习者的行为发生影响，学习者还必须记住榜样的行为，即将其保持在头脑中。班杜拉认为这种保持过程是先将榜样行为转换成记忆表象，然后记忆表象再转换为言语编码（形成动作观念），表象和言语编码同时储存在头脑中，对学习者以后的行为起指导作用。

3．动作再现过程

动作再现过程是将记忆中的动作观念转换为行为，这是观察学习的中心环节。动作再现过程主要包括动作的认知组织、实际动作和动作监控三步。动作的认知组织就是将保持中的动作观念选择出来加以组织。实际动作就是将认知组织的动作表现出来。动作监控是对实际动作的观察和纠正，分为自我监控和他人监控两种。观念在第一次转化为行为时很少是准确无误的，所以仅仅通过观察学习，技能是不会完善的，需要经过练习和纠正，动作观念才能转换为正确的动作。

4．动机过程

动机是推动人行动的内部动力。动机过程贯穿于观察学习的始终，它引起和维持着人的观察学习活动。班杜拉认为学习和表现是不同的。人们并不是把学到的每件事都表现出来。是否表现出来取决于观察者对行为结果的预期，预期结果好，他就会愿意表现出来；如果预期将会受到惩罚，就不会将学习的结果表现出来。因此，观察学习主要是一种认知活动。

班杜拉认为强化可以分为三种：直接强化、替代强化和自我强化。其中前两种属于外部强化，第三种属于内部强化。直接强化是学习者直接受到外部强化的影响。替代强化是指观察者不直接受到外部强化的影响，而是看到榜样受到强化，从而改变了自己的行为动机。学习者如果观察到别人的行为受到奖励，就会倾向于表现出这种行为；反之，如果观察到别人的行为受到惩罚，就会倾向于抑制这种行为。自我强化是指人根据自己设立的标准来评价自己的行为，从而影响自己的行为动机。一般而言，人们倾向于做出感到自我满足的反应，而拒绝做出自己不赞成的行为。

概而言之，班杜拉的社会学习理论关于学习的实质问题的基本看法就是：学习是个体通过他人的行为及其强化性结果的观察，从而获得某些新的行为反应，或已有的行为反应得到修正的过程。可以看出，班杜拉的社会学习理论，还是将学习看成形成新的行为反应的过程，这一点是与典型的联结派学习理论一致的。因此，心理学界多数人倾向于将他归属于联结派[①]。然

---

① 联结学习理论认为，一切学习都是通过条件作用，以刺激 S 和反应 R 之间建立直接联结的过程。强化在刺激–反应联结的建立中起着重要作用。在刺激–反应联结之中，个体学到的是习惯，而习惯是反复练习与强化的结果。习惯一旦形成，只要原来的或类似的刺激情境出现，习得的习惯反应就会自动出现。认知学习理论认为，学习不是在外部环境的支配下被动地形成刺激–反应（S–R）联结，而是主动地在头脑内部构造认知结构；学习不是通过练习与强化形成反应习惯，而是通过顿悟与理解获得期待；有机体当前的学习依赖于他原有的认知结构和当前的刺激情境，学习受主体的预期所引导，而不受习惯所支配。

而，需要强调的是，实际上班杜拉在学习问题上采取的更多的是一种融合学习的联结派与认知派的立场，他提出的观察学习与经典条件反射与操作条件反射的学习过程不同，在观察学习中，学习者不一定具有外显的操作反应，也不依赖于直接强化。班杜拉很注重行为形成过程中中介的认知活动的影响，在这方面又与学习的认知派理论一致。

二、学习理论在员工培训中的应用

员工培训也是一种教学，培训效果的好坏直接取决于在培训中是否遵循了学习理论和认识规律。为此，在培训中应注意做到以下五点。

（1）激发学习者的学习动机。建构主义学习理论认为，在教学中应以学习者为中心，发挥学习者的主体地位。如果学习者具有强烈的动机要求改变行为或获得知识技能，培训工作将更容易取得进展及成功。在培训的准备阶段，应激发学员的学习兴趣，帮助他们形成学习动机，变"要我学"为"我要学"。激发学员的学习动机，要树立一个适当的目标。好的培训目标要有一定的难度，让学员感到通过自己的努力能够达到，从而使其在培训过程中保持学习热情；同时，在培训的过程中要善于鼓励学员，使他们感受到培训学习的意义及可能带来的变化；另外，参加培训的学员的主管及其他管理层应对培训表示支持。

（2）遵循强化原则。行为主义学习理论强调强化在学习中的作用。按照强化原则，人们会保持那些受到强化的行为而避免那些没有受到奖励或受到惩罚的行为。在培训开发中，不断地强化那些对工作来说是好的行为，而对一些差错行为不予强化或给予惩罚，就可使学员们更好地保持那些对工作有效的行为，使培训效果更能迁移到真实工作情境中去。在进行强化的同时，把学习效果反馈给学员，从而提高其积极性。

（3）注重实践原则。认知学习理论和建构主义学习理论均提倡意义学习，即把学习者当前的学习内容和其已知道的事物相联系。在培训与开发中，应给学员练习的机会，让他们把培训中学到的知识、技能应用于实践，用来解决实践中的问题。同时，在培训与开发中也应提倡案例研讨、游戏等活动方式，以加深学员对某一事实、概念或理论的理解。

（4）注重发现学习和协作学习。根据认知学习理论流派的心理学家布鲁纳的观点，形成发现的态度和方法比了解一般的原理更重要，建构主义则提倡协作学习。在培训与开发中，不要使用讲授法等比较简单的方法将培训的内容告诉学员，而要通过生动活泼的启发式的培训形式，促使学员积极思考，自己发现问题、解决问题。同时，注重学员间的交流与协作，让他们共同收集与分析资料，共同提出假设和验证，共同对学习成果进行评价，充分发挥学员的主观能动性。

（5）注重因材施教。每个人都有各自的特点，在培训中应根据学员的不同特点、需要因材施教，有的放矢地进行培训。另外，还需考虑学员的"可培训性"，即要考虑学员是否具有一定的知识、技能及动机水平，培训对他是否有效。培训并非对每个人都有效果，如果忽视学员的"可培训性"，只能浪费培训的资源。

习　　题

一、单选题

1. 态度的培训与开发要解决的问题是（　　）。

A. 知 　　　　　　B. 会 　　　　　　C. 勤 　　　　　　D. 创

2. 下列关于知识的培训与开发的论述中正确的是（　　）。
A. 包括认知能力与阅读、写作能力的培训　　B. 改变参训者固有的思维定势
C. 使员工了解企业的发展战略、经营方针　　D. 开发参训者的潜能

3. 关于培训与开发的选择，下列说法中错误的是（　　）。
A. 员工在上岗之前都应该进行培训
B. 培训应该结合企业的战略需求
C. 能极大提高生产率的培训应该被实行
D. 在培训之后的上岗工作中应对培训的效果给予强化

4. 下列哪种方法不是确定培训需求的典型方法（　　）。
A. 组织分析　　　　B. 任务分析　　　　C. 人员分析　　　　D. 环境分析

5. 培训的核心环节是（　　）。
A. 培训需求分析　　B. 制订培训计划　　C. 实施培训　　　　D. 培训效果评估反馈

6. 柯氏评估模型中哪一阶段对企业的意义最重要（　　）。
A. 反映评估　　　　B. 成果评估　　　　C. 学习评估　　　　D. 行为评估

7. 下列哪项不是管理中应用强化理论改造行为的一般方式（　　）。
A. 自然强化　　　　B. 正强化　　　　　C. 负强化　　　　　D. 惩罚

8. 下列哪项不是班杜拉社会学习理论的基本观点（　　）。
A. 仅通过观察别人的行为就可迅速地进行学习
B. 学习是一个渐进的过程
C. 大部分的人类行为是通过对榜样的观察而习得的
D. 观察学习不一定必须有强化，也不一定产生外显行为

二、多选题

1. 下列对于培训与开发的理解正确的是（　　）。
A. 培训是一种具有短期目标的行为　　　　B. 开发是一种具有长期目标的行为
C. 培训与当前工作的相关程度程度低　　　D. 开发与当前工作的相关程度程度高

2. 下列哪些是培训与开发的作用（　　）。
A. 调动员工积极性　　　　　　　　　　　B. 有利于生产率的提高
C. 建立优秀组织文化　　　　　　　　　　D. 有利于提高市场竞争力

3. 培训与开发的流程包括（　　）。
A. 培训需求分析　　B. 制订培训计划　　C. 实施培训　　D. 培训效果评估反馈

4. 培训需求的压力点主要来源于（　　）。
A. 企业层面的问题　　　　　　　　　　　B. 个人层面的问题
C. 市场环境发生变化　　　　　　　　　　D. 科技革命

5. 制订培训计划包括（　　）。
A. 确定培训方向　　　　　　　　　　　　B. 选择培训对象

C. 选择培训方式　　　　　　　　D. 确定培训内容
6. 下列哪几项是柯氏评估模型的层次内容（　　）。
A. 反映评估　　B. 学习评估　　C. 成果评估　　D. 项目评估

三、简答题
1. 请列举出培训与开发的内容。
2. 简述培训与开发的基本原则。
3. 简述集中化战略下的企业人力资源管理战略。
4. 简述班杜拉的社会学习理论的基本观点。
5. 简述学习理论在员工培训中的应用。

习 题 解 答

一、1.D　2.C　3.C　4.D　5.C　6.B　7.A　8.B
二、1.AB　2.ABCD　3.ABCD　4.AB　5.BCD　6.ABC
三、1.员工培训与开发的内容必须与企业的战略目标、员工的职位特点相适应，同时考虑适应内外部经营环境变化。一般的，员工培训与开发包括五个方面的内容。

（1）知识培训与开发。知识学习是员工培训的主要方面，包括事实知识与程序知识学习。员工应通过培训掌握完成本职工作所需要的基本知识，企业应根据经营发展战略要求和技术变化的预测，以及将来对人力资源的数量、质量、结构的要求与需要，有计划、有组织地培训员工，使员工了解企业的发展战略、经营方针、经营状况、规章制度、文化基础、市场及竞争等。依据培训对象的不同，知识内容还应结合岗位目标来进行。例如，对管理人员则要培训计划、组织、领导和控制等管理知识，还要他们掌握心理学、激励理论等有关人的知识，以及经营环境如社会、政治、文化、伦理等方面的知识。其主要目标是解决"知"的问题。

（2）技能培训与开发。知识的运用必须具备一定技能。首先对不同层次的员工进行岗位所需的技术性能力培训，即认知能力与阅读、写作能力的培训。认知能力包括语言理解能力、定量分析能力和推理能力三方面。有研究表明，员工的认知能力与其工作的成功有相关关系。随着工作变得越来越复杂，认知能力对完成工作显得越来越重要。阅读能力不够会阻碍员工良好业绩的取得。随着信息技术的发展，不仅要开发员工的书面文字阅读能力，而且要培养员工的电子阅读能力。此外，企业应更多培养员工的人际交往能力。尤其是管理者，更应注重判断与决策能力、改革创新能力、灵活应变能力、人际交往能力等的培训。其主要目的是解决"会"的问题。

（3）态度培训与开发。态度是影响能力与工作绩效的重要因素。员工的态度与培训效果和工作表现是直接相关的。管理者重视员工态度的转变会使培训成功的可能性增加。通过培训可以改变员工的工作态度，但不是绝对的，关键是管理者工作本身。管理者要在员工中树立并保持积极的态度，同时善于利用员工态度好的时间来达到所要求的工作标准。管理者根据不同的特点找到适合每个人的最有效的影响与控制方式，规范员工的行为，促进员工态度的转变。其主要目的是解决"勤"的问题。

（4）思维培训与开发。思维培训与开发的主要任务是改变参训者固有的思维定势。所谓思维定式指人们在过去经验的影响下，解决问题的倾向性。思维培训与开发就是要让参训者超越原来的思维定势，以一种更具现代意识的崭新视野来观察问题、思考问题、解决问题。其主要目的是解决"创"的问题。

（5）心理培训与开发。心理培训与开发的主要任务是开发参训者的潜能，主要通过对参训者的心理进行调整，引导他们利用自己潜在的各种因素，开发出自己工作中的能力。其主要目的是解决"能"的问题。

2.（1）先培训后使用原则。现代社会科学技术突飞猛进，生产设备更新周期越来越短，国内外市场竞争日益激烈。在这种情况下，只有依靠高素质的员工生产高质量的产品才能取胜。因此，要求企业在员工走上新的职位之前，必须先进行培训，然后才能投入使用。这里要纠正员工随着时间的推延会逐渐适应环境从而自然而然地胜任工作的错误观念。如果企业对员工走上新的职位之前不进行培训或敷衍了事，将会使员工在长时间内不能提高绩效，同时会使员工的离职率居高不下。

（2）战略性原则。员工培训是企业管理的重要一环，必须纳入企业的发展战略之中。企业战略指企业为了长远的生存和发展，根据外部环境和内部环境状况，选择目标市场和产品，统筹分配经营资源，革新经营结构决策和行动方案。人力资源管理的任务就在于为企业提供和培训执行企业战略所需要的合适人选。因此，企业在组织员工培训时，一定要从企业战略的角度去思考培训问题。为了达到企业人力资源的合理配置和使用，企业的培训部门必须首先调查企业现有人员的构成、素质状况和能力结构等，充分认识和了解企业战略，然后由此编制和开发与企业发展相匹配的人力资源培训和开发程序，提高组织的市场竞争能力。

（3）反馈与强化原则。培训要注意对效果的反馈和结果的强化。反馈的作用在于巩固学习技能、及时纠正错误和偏差。反馈的信息越及时、准确，培训的效果就越好。强化是结合反馈对接受培训的人员做出的奖励或惩罚。这种强化不仅应在培训结束后马上进行，还应该在培训之后的上岗工作中对培训的效果给予强化。

（4）成本效益原则。员工培训开发是企业的一种投资行为，和其他投资一样，也要从投入产出的角度来考虑问题。企业注重其经济效益，培训开发也不例外，尽量做到：在费用一定的情况下，使培训开发效果最大化；在培训效果一定的情况下，使培训的费用最小化。

3. 集中化战略要求人们以更严谨的态度工作。实施此类战略的企业要求员工具有相对稳定的行为方式，能长期集中精力做好一项工作，员工之间有适当协作和相互依赖的工作关系，在注重产量的同时对质量给予高度的重视，高度关注产品的制作和运送过程，保证各个环节的低风险，更重要的是促使员工树立视质量为生命的工作价值观。

由于这类战略的目标是以质量取胜，并不要求员工具有相同的生产率，所以需要加强对员工工作行为的控制，减少缺勤和员工流失（这主要是从熟练员工的重置成本和流失的损失来考虑的），强调员工行为的稳定性和重复性。这就要求这类培训战略需要更注重质量控制和工作监督，促使员工掌握所需技术，并且能够理解工作中严格控制的意义，从而乐于接受工作控制，防止出现行为的不确定性和随意性。

4. 斯金纳认为学习是一个渐进的过程，在这个过程中，有机体必须主动学习。但班杜拉认为在社会情境下，人们仅通过观察别人的行为就可迅速地进行学习。当通过观察获得新行为时，学习就带有认知的性质。班杜拉的社会学习理论关于学习的实质问题的基本看法就是：

学习是个体通过他人的行为及其强化性结果的观察，从而获得某些新的行为反应，或已有的行为反应得到修正的过程。可以看出，班杜拉的社会学习理论，还是将学习看成形成新的行为反应的过程，这一点是与典型的联结派学习理论一致的。因此，心理学界多数人倾向于将他归属于联结派。然而，需要强调的是，实际上班杜拉在学习问题上采取的更多的是一种融合学习的联结派与认知派的立场，他提出的观察学习与经典条件反射与操作条件反射的学习过程不同，在观察学习中，学习者不一定具有外显的操作反应，也不依赖于直接强化。班杜拉很注重行为形成过程中中介的认知活动的影响，在这方面又与学习的认知派理论一致。

5. 员工培训也是一种教学，培训效果的好坏直接取决于在培训中是否遵循了学习理论和认识规律。为此，在培训中应注意做到以下五点。

（1）激发学习者的学习动机。建构主义学习理论认为，在教学中应以学习者为中心，发挥学习者的主体地位。如果学习者具有强烈的动机要求改变行为或获得知识技能，培训工作将更容易取得进展及成功。在培训的准备阶段，应激发学员的学习兴趣，帮助他们形成学习动机，变"要我学"为"我要学"。激发学员的学习动机，要树立一个适当的目标。好的培训目标要有一定的难度，让学员感到通过自己的努力能够达到，从而使其在培训过程中保持学习热情；同时，在培训的过程中要善于鼓励学员，使他们感受到培训学习的意义及可能带来的变化；另外，参加培训学员的主管及其他管理层应对培训表示支持。

（2）遵循强化原则。行为主义学习理论强调强化在学习中的作用。按照强化原则，人们会保持那些受到强化的行为而避免那些没有受到奖励或受到惩罚的行为。在培训开发中，不断地强化那些对工作来说是好的行为，而对一些差错行为不予强化或给予惩罚，就可使学员们更好地保持那些对工作有效的行为，使培训效果更能迁移到真实工作情境中去。在进行强化的同时，把学习效果反馈给学员，从而提高其积极性。

（3）注重实践原则。认知学习理论和建构主义学习理论均提倡意义学习，即把学习者当前的学习内容和其已知道的事物相联系。在培训与开发中，应给学员练习的机会，让他们把培训中学到的知识、技能应用于实践，用来解决实践中的问题。同时，在培训与开发中也应提倡案例研讨、游戏等活动方式，以加深学员对某一事实、概念或理论的理解。

（4）注重发现学习和协作学习。根据认知学习理论流派的心理学家布鲁纳的观点，形成发现的态度和方法比了解一般的原理更重要，建构主义则提倡协作学习。在培训与开发中，不要使用讲授法等比较简单的方法将培训的内容告诉学员，而要通过生动活泼的启发式的培训形式，促使学员积极思考，自己发现问题、解决问题。同时，注重学员间的交流与协作，让他们共同收集与分析资料，共同提出假设和验证，共同对学习成果进行评价，充分发挥学员的主观能动性。

（5）注重因材施教。每个人都有各自的特点，在培训中应根据学员的不同特点、需要因材施教，有的放矢地进行培训。另外，还需考虑学员的"可培训性"，即要考虑学员是否具有一定的知识、技能及动机水平，培训对他是否有效。培训并非对每个人都有效果，如果忽视学员的"可培训性"，只能浪费培训的资源。

HAPTER 3

第三章 培训的需求分析

[内容提要]

　　培训需求分析是培训与开发全过程的首要环节,是制订培训计划、设计培训方案、实施培训活动和评估培训效果的基础。没有培训需求分析的培训难以达到预期的培训效果。本章介绍了培训需求分析的内涵、主要模型及其影响因素,并从组织、任务和人员三个层面详细阐述了培训需求分析的内容,对比分析了培训需求分析的主要方法工具,阐述了培训需求分析的一般程序。

[学习要点]

1. 了解培训需求分析的内涵、主要模型及其影响因素;
2. 掌握组织、任务和人员层面的培训需求分析;
3. 了解传统培训需求方法;
4. 理解基于胜任力的培训需求方法;
5. 掌握培训需求分析的程序。

第三章 培训的需求分析

开篇案例：接近半数员工认为培训无效

2008 年，前程无忧网对我国一些不同行业的大型企业的具体培训情况进行了调研总结，包括快速消费品行业的太古可乐有限公司、金融行业的招商银行、电子通信行业的中兴集团和神舟数码、奶制品行业的伊利集团和惠氏集团等。调查结果显示：有 24% 的企业认为员工培训未达到预期效果，而从员工评价的角度，认为员工培训无效的比重大幅增长到 45%，即将近半数员工认为员工培训是无效的。

与员工培训有关的因素有很多，如培训课程设置、培训讲师和培训内容等，但是这些影响因素背后都间接与无效的或者缺失的培训需求分析相关。因为从前程无忧网的调查数据来看，约 52% 的员工认为培训并没有帮助他们解决实际工作中的问题，其中，34% 的员工认为培训的技能与工作关联不大，11% 的员工认为培训是企业的强制安排，并没有考虑员工兴趣。以上数据说明，很多企业在开展员工培训时没有考虑到多数员工的培训需求，盲目开展培训，导致培训效果很差，甚至引起员工反感。

增强培训效果，必须做好准确的培训需求分析。通过各种方法技术搜集与培训有关的各种信息资料的过程，并尽可能了解员工的基本情况，包括他们的兴趣爱好、特长、需求等，可以形成一个人力资源开发与培训的信息资料库。

例如，2008 年世界金融危机大背景下，外部环境带来的成本压力增大，诸多企业面临减少开支的压力，用于培训的资金也在缩减。而在这种关键时刻，中基层管理人员领导力对企业维持良好稳定的运营非常关键，员工对于领导力和管理能力的培训需求较大。结合企业实际情况，通过培训需求分析，企业可以减少商务礼仪与礼节、语言类培训和出国参观访问这三项与大多数员工本职工作绩效关联度不大的培训，而增加对基层主管经理领导力培训的投入，帮助企业渡过难关。

资料来源：《华商报》

第一节　培训需求分析概述

一、培训需求分析的内涵

（一）培训需求分析的概念

培训需求分析是指在规划与设计每项培训活动之前，由培训部门采取各种办法和技术，对组织及成员的目标、知识、技能等方面进行系统的鉴别与分析，从而确定培训必要性及培训内容的过程。

培训需求分析就是采用科学的方法弄清谁最需要培训、为什么要培训、培训什么等问题，并进行深入探索研究的过程。它具有很强的指导性，是确定培训目标、设计培训计划、有效实施培训的前提，是现代培训活动的首要环节，是进行培训评估的基础，对企业的培训工作至关重要，是使培训工作准确、及时和有效的重要保证。

有效的培训需求分析是建立在对培训需求成因有效性的分析基础之上的，培训需求形成原因的客观分析直接关系着培训需求分析的针对性和实效性。培训需求产生的原因大致可分为以下三类：① 由于工作变化而产生的培训需求；② 由于人员变化而产生的培训需求；③ 由于绩效变化而产生的培训需求。

（二）培训需求分析的特征

从不同的视角来看，培训需求分析包括以下四个特征。

1. 参与培训主体的层次性

培训需求分析主体具有层次性，主要体现在培训需求分析的组织者不仅包括人力资源部门的员工，参与需求分析的人员从上至下涵盖了公司高层领导、人力资源管理部门员工、其他部门总监和经理。培训需求分析是一种系统性的分析，不同的部门对培训的需求不一样，因此需要公司高层领导根据当前公司战略决定培训的主要方向，充当培训顾问的角色；各部门的总监根据公司战略和高层领导意见设计培训需求调查的内容，充当项目负责人角色；经理及其中层领导主要负责执行培训需求调查方案，充当执行者的角色。当然在员工培训需求设计和开展过程中，可以号召员工积极参与，形成自下而上的反馈机制，这也同样具有层次性，下属将信息反馈至上司，上司再逐层上报，形成一条完整的层级链。

2. 培训需求内容的丰富性

员工之由于工作性质、积累的人力资本等差异对培训的需求存在区别。从销售人员的角度，专业知识和销售技巧是他们所迫切需要掌握的，而对于财务部门的人员来说，做账和财务清算是他们的需求。企业的资源是有限的，短期内培训内容的安排应在员工多元化需求的基础上确定企业现有绩效与理想绩效之间的差距。

3. 需求分析方法的多样性

培训需求分析的方法和工具众多，其中主要包括调查问卷法、访谈法、观察法、小组讨论法、档案资料法、关键事件法、自我分析法。不同的企业培训需求分析方法的侧重点不同，如小微企业只要通过观察法和访谈法就可以知晓每个员工的培训需求，而一个超过千人的大企业则需要更加精密民主的方法，如调查问卷法和档案资料法，或者是多种方法的结合。因此，企业在实际操作中，需要结合自身特点，综合利用各种方法进行培训需求分析，得出培训需求结论。

4. 需求分析结果的指导性

有效的培训需求分析是建立在对培训需求成因有效性的分析基础之上的，培训需求形成原因的客观分析直接关系着培训需求分析的针对性和实效性，因而需求分析结果具有很强的指导性。培训需求分析贯穿于培训目标确定、培训规划制订和培训评估全过程，如果培训需求分析不准确，就会让随后的培训工作偏离轨道，做无用功，浪费企业的人力、物力和财力，却收不到应有的效果。

（三）培训需求分析的意义

培训需求分析是企业培训的出发点，也是至关重要的一个环节，其具有以下积极的意义。

1. 确认现实绩效和理想绩效的差距

培训需求分析的基本目标是确认现实绩效和理想绩效的差距，通过对企业员工现有的知识、技能和经验等因素分析，找出组织及其成员实际绩效水平与理想绩效水平差距的原因，从而有针对性地制订培训计划。

2. 测算员工培训的成本与价值

系统的培训需求分析，能够找出企业管理中存在的问题。培训需求分析越精准，就越能对每个培训项目进行成本收益测算，从中选择最有利于企业发展的培训方式，实现企业培训成本最小化和价值最大化。

3. 为获得组织的支持创造条件

组织的支持是员工培训能否开展的关键环节，没有组织的支持，任何好的培训计划都只是纸上谈兵，不能得到顺利开展。通过培训需求分析，可以让组织的高层领导或主要负责人意识到组织当前存在的问题，了解员工培训的价值，以获得组织的全力支持。

4. 丰富员工信息资料库的内容

培训需求分析同时也是通过各种方法和技术搜集与培训有关的各种信息资料的过程。经由这一过程，企业可以尽可能了解员工的基本情况，包括他们的兴趣爱好、特长、需求等，可以形成一个人力资源开发与培训的信息资料库。

5. 促进人事开发系统的建立

需求分析的另一个重要作用便是能促进人事分类系统向人事开发系统转换。人事分类系统在制定关于新员工录用、预算、职位升降、工资待遇、退休金等的政策方面非常重要，但在工作人员制订计划、培训、解决问题等方面用途有限。当培训部门同人事分类系统的设计与资料搜集密切结合在一起时，这种系统就会变得更加具有综合性和人力资源开发导向。

6. 提供可供选择的解决问题的方法

培训需求分析可以提供一些与培训无关的选择，如人员变动、工资增长、新员工吸收、组织变革或是几个方法的综合，选择的方式不同，培训的分类也不一样。现实中，最好是把几种可供选择的方法综合起来，使其包含多样性的培训策略。

二、培训需求分析主要模型

（一）Goldstein 三层次模型

Goldstein 分析模型是培训需求分析的经典模型，如图 3-1 所示。该模型是培训需求分析的重要理论基础，它最大的特点就是将培训需求分析看成了一个系统，进行了层次上的分类，它使培训需求分析的分析对象不再局限于员工或组织，而是从组织、任务、人员三个角度进行系统分析，使培训需求分析更加全面化，分析结果更加科学化。将培训需求分析分为组织分析、任务分析、人员分析三个部分，其分析重心、分析目的、分析方法各有侧重，这将使企业的培训计划更具有针对性。该模型是一个较为全面的培训需求分析模型，也是目前学术界普遍认同的培训需求分析模型。

在该模型中，组织分析是指在给定公司经营战略的条件下，分析和找出组织中存在的问题及其产生的根源，判断组织中哪些员工和哪些部门需要培训，以保证培训计划符合组织的

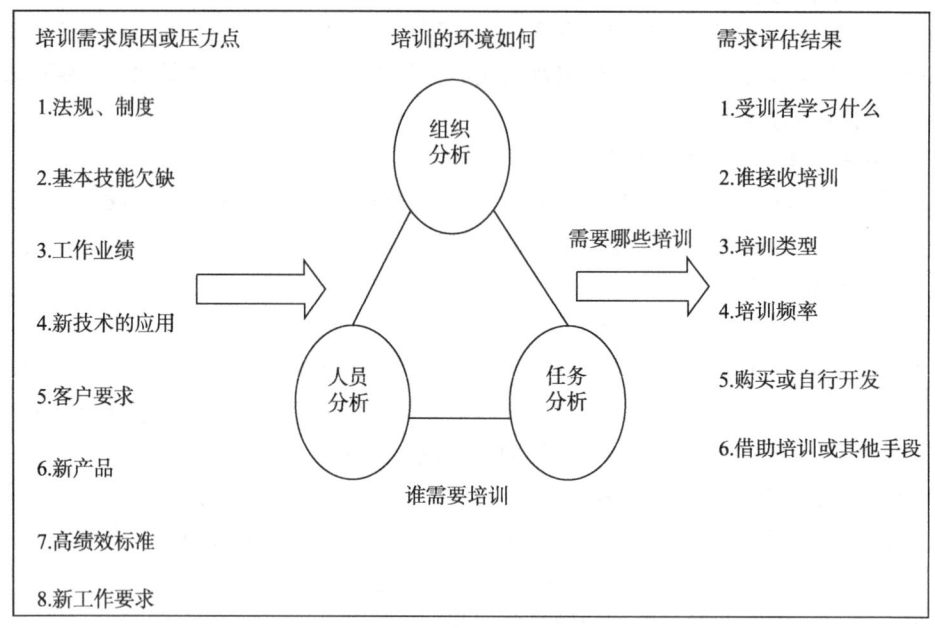

图 3-1　Goldstein 三层次培训需求分析模型流程图

整体目标与战略要求。任务分析是指通过查阅工作说明书或具体分析完成任务所需要的知识、技能和态度，找出差距，确定培训需求，由此确定与任务相关的各项培训内容，并定义各项培训内容的重要性和掌握的困难程度。人员分析是指从员工的实际状况的角度，着重分析组织成员目前所具备的知识、技术、能力和态度，找出员工现有情况与理想的任务要求之间的差距，即"目标差"，以形成培训目标和内容的依据。

通过组织分析、任务分析和人员分析三方面的评价结果的对比和综合，揭示被培训者最需要的知识、技能和态度。在这里，组织分析是任务分析和人员分析的前提，任务分析更侧重于职业活动的客观要求方面，即理想状况，而人员分析更侧重于员工个人的主观特征方面的分析。

企业绩效除了受组织、任务和人员等内部因素的影响，还受到外部环境因素的影响。而 Goldstein 分析模型主要从企业的各个层面对培训需求进行分析，在实际运用中存在一定的不足，具体表现在：首先，Goldstein 分析模型忽视了诸如行业动态、政府政策等组织外部环境因素的影响。例如，基于政府对房地产市场的调控和政府救市的两种不同的政策背景，对组织企业培训需求分析的侧重点也会存在差异。其次，该模型分析主要集中在如何提高组织的运营效率，强调员工需要学什么，而没有考虑员工的意愿。通常培训分为普通培训和特殊培训。在特殊培训体系中，培训对员工的经验技术积累作用不大，因而在培训需求分析中，如果不考虑员工的意愿，可能会导致培训开展但是无人听，导致培训效果变差。最后，无论组织分析、任务分析还是员工分析，这都是一个大的维度，怎样具体转化成为可测量的指标，是理论运用于实践的难题。我国大部分企业并不具备档案资料库，也缺乏数据支撑，所以操作难度大。

（二）培训需求绩效分析模型

培训需求绩效分析模型由美国学者汤姆·W.戈特最先提出。该模型主要是指通过寻找组织"现实状态"和"理想状态"的差距，来确定培训需求。组织理想技能水平即企业处在最优化运营中员工的状态，而现实技能水平是指当前组织内部员工的绩效。培训需求是因为绩效差距的存在而产生的，即培训需求=理想状态–现实状态。任何培训活动都旨在消除或缩小这种差距。

理想技能水平是一个目标值，为了接近或实现这一目标，就必须不断地和当前的技能水平进行对比分析。从培训对象的工作技能和工作态度的角度，对比分析的指标包括员工的知识、态度、能力和职业素养等，知识和能力表示能做，是"才"的体现，态度和职业素养是意愿做，是"德"的体现。德才兼备是最理想的技能水平，但是现实的组织中，往往会存在知识和技能过硬，但是工作态度和职业素养欠佳，抑或知识和技能欠缺，但是工作态度积极等各种组合。因而，通过对比分析员工当前状态与预期状态之间的差距，找出差距的根源是态度还是能力，这样才能有效制定员工培训需求。

培训需求绩效分析模型是一个具有可操作性的模型，通过对员工的绩效分析，能够较为准确地获取当前员工的绩效情况，针对员工所表现的不足，对症下药，提高培训需求分析的可行性（图3-2）。例如，当员工工作态度和职业素养有待加强时，培训可以主要从企业文化、团队合作、职业素养等角度进行开展，并且加大对该部分绩效考核的权重。

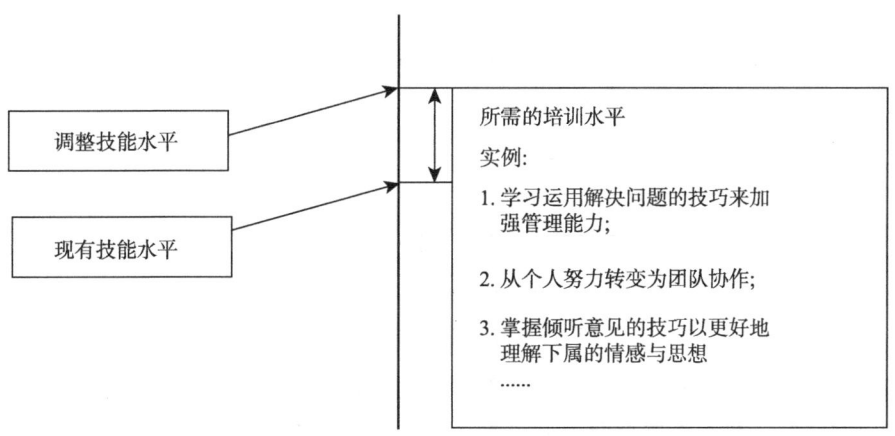

图 3-2　培训需求差距分析模型

然而，该模型在实际运用中也存在一定的不足，具体表现在：首先，该模型主要从员工层面和任务层面分析员工任职要求和业绩指标，没有考虑企业的发展战略、企业资源和企业的环境。其次，对员工绩效分析的指标有限，选取的指标主要有知识差距、能力差距、态度和职业素养的差距。但是现实组织运营中，影响员工绩效分析的因素是多元化的，如当前市场行情突变和员工非工作因素干扰等。

（三）前瞻性培训需求分析模型

前瞻性培训需求模型是指通过预测未来技能要求，提前对该项技能开展培训需求分析。

一般理论模型都是从当前的培训需求出发，而前瞻性培训需求模型将培训拓展至未来的需求，"前瞻性"是该模型的精髓。

科学技术日新月异，组织的发展不再是简单的扩大再生产，必须随着技术的变革，而迅速做出反应，才能立于不败之地。组织内部的员工，同样需要具备能应对环境变化的技能。即使当前员工的工作绩效是令人满意的，所掌握的技能是符合组织运营所需要的，但是也需要立足于当前，放眼未来的发展需要，为未来员工的工作调动、职位晋升或者工作要求变化制定培训需求分析，提早进入培训。

前瞻性培训需求分析模型通过对未来组织的人才需要来考核当前员工存在的技能缺陷，即"不充分的员工技能"，在确定员工的任职能力后，从员工职业发展的角度，为其量身定做培养需求方案（图3-3）。

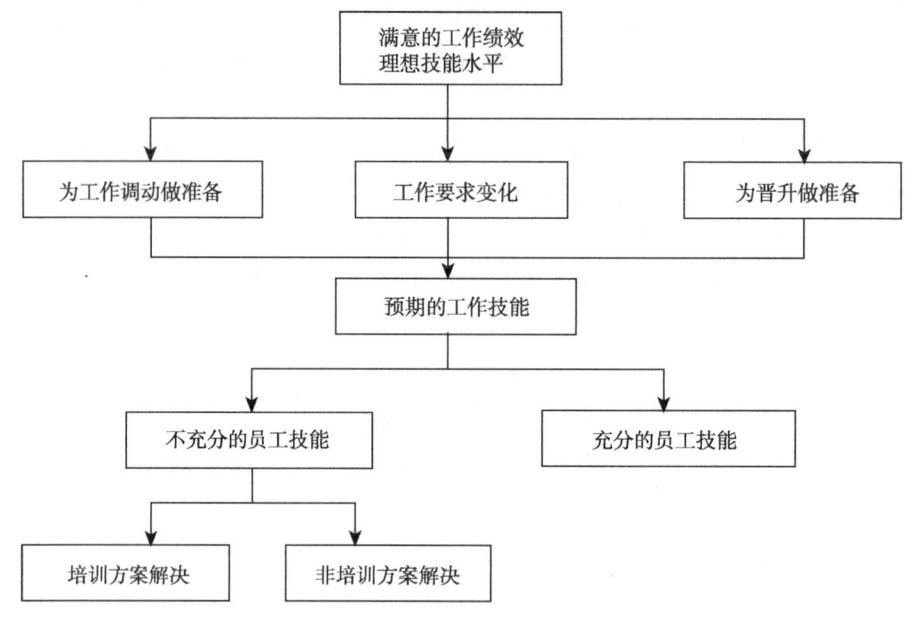

图 3-3　前瞻性培训需求分析模型

然而，该模型的缺陷在于对组织未来所需技能的考虑只是从员工工作调动、内容变化和晋升的角度来分析，没有考虑企业未来的战略对技能的需求。当组织发展战略发生改变，有可能会导致基于前瞻性的培训需求设计与企业战略目标脱节。如果当前企业战略规划并不明晰时，前瞻性培训需求分析风险更大。

（四）胜任力特征冰山模型

胜任力最早由哈佛大学教授戴维·麦克利兰（David McClelland）于1973年正式提出，是指能将某一工作（或组织、文化）中表现优异者与表现平庸者区分开来的个人表层特征与深层特征。它包括知识、技能、社会角色、自我概念、特质和动机等可以通过测量或计数来显著区分优秀绩效和一般绩效的个体特征。

胜任力特征冰山模型主要从微观层面，分析组织当中特定职务高绩效所应具备的一系列胜任特征，然后考虑员工对特定职务的胜任特征（图 3-4）。胜任力特征冰山模型是培训需求分析的新趋势之一，主要强调需求分析和培训结果应能提高受培训者对未来职务的胜任特征。

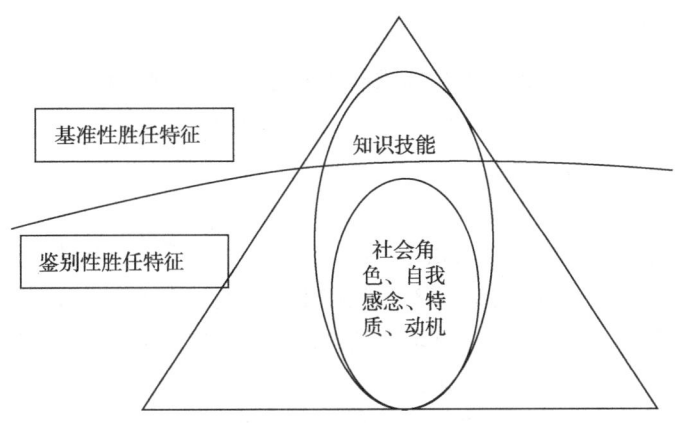

图 3-4　胜任力特征冰山模型

在培训需求分析中，引入胜任力特征冰山模型对量化培训需求分析做出了重大贡献。戴维·麦克利兰和明尼苏达大学的研究人员通过多年的研究和实践对胜任力特征的测量，提出了 20 多种胜任力特征，如获取信息的技能、分析思考的技能、概念思考的技能、策略思考的技能、人际理解和判断技能、帮助或服务定向的技能、对他人的影响技能、对组织的知觉技能、建立和管理人际关系的技能、发展下属的技能、指挥技能、小组工作和协作技能、小组领导技能等。这些胜任力特征指标的提出，使培训需求更加具体化和标准化，对于改进培训需求评价的内容结构设计有重要的价值。

胜任力特征冰山模型与 Goldstein 模型相比，后者对培训需求分析较为宏观，体现一种分析的思路，但是缺乏可操作性，而胜任力特征冰山模型拥有明确的能力指标，方便组织进行绩效评估，确定员工现有的素质特征，发现员工需要学习和发展哪些技能。此外，Goldstein 模型体现了企业发展战略，而胜任力特征冰山模型仅限于员工特征层面。

胜任力特征冰山模型与培训需求绩效分析模型相比，相同之处在于两者皆未能足够重视组织战略对培训需求的影响。不同之处是培训需求绩效分析模型主要从冰山上外显的员工特征诸如知识、能力、态度等方面考虑，但实际上影响员工绩效和生产率的因素大多藏在冰山下面，是隐性的，胜任力特征冰山模型对此进行了深入的分析。

胜任力特征冰山模型在实际运用中的缺陷在于：第一，由于未考虑组织层面的因素，组织经营战略的改变可能会改变原有的胜任力特征，甚至产生新的胜任特征需求，给企业员工培训需求带来变化。第二，胜任特征培训需求分析的覆盖面广，需要长时间的资料积累和丰富的专业经验来判断，因此建立胜任特征模型要求相当专业的调查技能和后期分析处理技巧，而且其所需成本较高，分析时间较长，从而导致该模型的运用对企业的人力资源管理水平提出了较高的要求。

三、影响培训需求分析的因素

影响培训需求分析的因素大致可以分为两大类：常规性因素和偶然性因素。常规性因素主要是指在确定培训需求时要考虑的一般性因素；偶然性因素是指具有一定偶然性和特殊性的影响因素。这两类因素又包括以下诸多种类。

（一）常规性因素

常规性因素，是指在确定培训开发需求时需要考虑的一般性因素，主要包括社会发展环境、组织战略和使命、同类组织培训情况、员工个人职业生涯设计、员工考核与评价，以及组织资源状况对培训需求的限制。这些因素是在分析、决定培训开发需求时必须考虑的因素。只有将培训开发需求与这些因素结合起来，才能保证培训开发有效、顺利地进行。例如，如果培训内容与员工个人职业生涯规划相悖，则可能导致培训开发工作不顺利。

常规性因素包括：①企业发展战略对培训需求的影响；②企业发展的长期、中期、短期目标对培训需求的影响；③社会发展环境对培训需求的影响；④同类企业发展对培训需求的影响；⑤员工个人生涯规划对培训需求的影响；⑥员工考核对培训需求的影响；⑦员工行为评估对培训需求的影响；⑧企业资源状况对培训需求的限制。

（二）偶然性因素

偶然性因素，是指在确定培训开发需求时需要考虑的意料之外的影响因素。偶然性因素广泛存在，具有不可预期性，如果在培训需求分析中完全忽视此类因素，可能导致最后培训需求分析结果与预期相差甚远。为了减少偶然性因素的影响，需要规划制定者运用头脑风暴法、关键事件分析法等手段，尽可能归纳影响培训的偶然性因素。

偶然性因素包括：①新员工加入对培训需求的影响；②员工职位调整对培训需求的影响；③企业内部损耗升高对培训需求的影响；④发生生产事故对培训需求的影响；⑤产品生产质量降低对培训需求的影响；⑥顾客抱怨对培训需求的影响；⑦产品销售量下降对培训需求的影响；⑧员工工作效率下降对培训需求的影响；⑨与企业相关事件发生后员工思想波动、士气低落对培训需求的影响。

第二节　培训需求分析层次

培训需求分析是在制订培训计划之前，通过对组织的发展、员工的绩效进行系统分析，从而确定培训的必要性和培训内容的过程。从全局性的视角，培训需求分析包括组织分析、任务分析和人员分析三个层次（表3-1）。

组织分析通常要考虑培训的背景，即组织的目标、资源、环境等因素对培训的影响，准确找出组织存在的问题，并确定具体培训需求的一种分析方法。在具体的分析过程中，需要考虑以下因素：①组织目标；②人力清单；③技术清单；④组织气候；⑤效率指数；⑥系统变化。具体的分析方法包括：①请求和询问；②问题访谈；③工作计划和复审。

任务分析通常是指对某一职务的任职要求和业绩指标进行评价。需要考虑的因素主要包括：①工作描述；②任务分析；③绩效标准；④工作表现。具体的分析方法包括：①观察法；②文献查询法；③问询法；④咨询培训委员会；⑤问题分析法；⑥分类卡片法。

表 3-1　三个层面分析

组织层面	任务层面	人员层面
1.组织目标	1.工作描述	1.绩效数据
2.人力清单	2.工作细分或任务分析	a.生产力
3.技术清单	3.绩效标准	b.缺勤
4.组织气候	4.工作表现	c.事故
a.劳动管理（罢工、停工）	5.工作观察	d.短期疾病
b.牢骚	6.工作相关的文献	e.牢骚
c.人事变动	a.行业研究	f.浪费
d.缺勤	b.专业期刊	g.送货迟到
e.建议	c.研究文献	h.产品质量
f.生产率	d.政府资料	i.停工时间
g.事故	e.博士论文	j.修理
h.短期疾病	7.针对工作的问询	k.设备使用
i.员工行为	a.对员工问询	l.顾客抱怨
j.态度调查	b.对主管问询	2.观察
k.顾客抱怨	c.对领导问询	3.访谈
5.效率指数	8.咨询培训委员会	4.问卷
a.劳动力成本	9.运行问题分析	5.测试
b.原料成本	a.停工时间报告	a.工作知识
c.产品质量	b.浪费	b.技能成绩
d.技术装备	c.修理	6.态度调查
e.分销成本	d.送货迟到	7.培训进度表
f.浪费	e.质量缺陷	8.员工申诉
g.停工时间	10.分类卡片	9.关键事件
h.送货迟到		10.日志
i.修理		11.设计情境
6.系统变化		a.角色扮演
7.请求和询问		b.案例分析
8.问题访谈		c.领导能力训练会
9.工作计划和复审		d.商务游戏
		e.文件筐
		12.问题诊断率
		13.评价中心
		14.辅导训练
		15.工作计划和复审

　　人员分析是针对员工具体开展调查，有助于了解谁需要培训。人员分析主要考虑的因素包括：员工个人绩效数据、顾客投诉和抱怨。具体分析方法包括：观察法、访谈法等方法（表3-1）。人员分析的目的包括：①弄清工作绩效不令人满意的原因，是缘于知识、技术、能力

的欠缺（与培训有关的事宜），还是属于个人动机或工作设计方面的问题；②明确谁需要培训；③让雇员做好接受培训的准备。

组织、任务、人员三个层面的培训需求分析是一个有机的系统，缺少任何一个层面都不能进行有效的分析。而在实际应用中，这三方面的需求往往并不完全一致，也不是按特定的顺序进行的，而是呈交叉现象。由于组织分析能够得出培训是否适合公司的战略目标以及公司是否应该在培训上投入时间与资金，所以通常是培训需求分析的第一步。而任务分析和人员分析经常是同时进行的。对一个组织而言，确立培训需求应取组织整体、工作任务及员工个人三方的交集，以三方的共同需求作为组织的培训目标。

一、组织层面的需求分析

（一）组织层面需求分析的含义

组织层面培训需求分析是指通过对组织目标、组织资源、组织环境、组织员工素质结构等因素进行分析，找出组织存在的问题，以及问题产生的原因，确定具体培训需求的一种分析方法。

组织层面培训需求分析能够影响培训规划中各个组成部分，常见的组织层面培训需求事项包括：①开拓新市场；②引进新技术；③推出新业务；④实现转岗和调岗；⑤晋升和提升；⑥提升工作业绩；⑦企业外部环境变化；⑧企业创新变革；⑨招聘新员工。

（二）组织层面需求分析的方法

组织分析的目的在于收集与分析组织绩效和组织特质，确认组织绩效问题及其病因，寻找可能解决的办法，为培训部门提供参考。一般而言，组织层面培训需求分析主要包括下列内容。

1. 组织目标分析

明确组织目标是确定培训目标的关键，组织目标决定人力资源培训的目标。明确、清晰的组织目标既引导组织的长远发展，也对员工培训计划和实施起积极的导向作用。如果组织目标不清晰，培训目标就不能进行有效界定，最终会影响培训实施及培训效果。例如，一个组织的目标是进入竞技体育行业，那么培训需求设计就必须与这一目标相匹配，在制订培训计划时，首先需要深入分析本企业的长期和短期规划，明确企业的优势、劣势、风险和挑战，在此基础上制订科学可行的培训需求规划。如果培训偏离组织发展目标，可能会导致培训无效，并浪费企业资源。

2. 组织资源分析

如何将培训目标转化成为培训规划，即将构思转化成为执行力，这需要对组织的资源进行分析。如果没有足够的或者相匹配的人力、物力和财力的支撑，培训工作只会是一句口号，不能付诸实践。组织资源分析主要包括对组织的资金资源、时间资源、人力资源进行阐述。

（1）资金资源。资金资源主要指组织支持培训工作开展所能承担的经费，经费额度将影响培训的广度和深度。对于组织而言，培训是基于投资回报大于成本的，因而在经费的分配上，组织将会权衡培训对企业发展的重要性，培训能够解决当前企业困境或者能够在短时间内带来企业运营状态的提升，组织愿意经费支持。相反，对于一些较长时间才能有投资回报的培训，企业往往不愿意投资。

（2）时间资源。是否能够投入足够的培训时间，是影响培训效果的重要因素。对组织而言，时间就是金钱，组织只有通过运营才能获取回报，因而培训时间的选择和培训时间的长短是组织需要考虑的重要问题。如果培训时间安排不当，极有可能造成培训流于形式，不能达到预期的目标。通常，培训时间设置以不干扰企业正常经营和业务的开展为前提。对于存在季节性的企业，往往选择淡季；还有一些企业选择利用下班或周末的时间，以上做法都是在规避培训对正常运营的干扰。

（3）人力资源。组织一次成功的培训，资金和时间当然起着很重要的作用，但是人力资源无疑是重中之重。人力资源包括两个层面：第一，分析企业目前的人力资源状况，有利于了解企业现有的员工结构，也可以判断凭借企业自身的人力资源能否组织成功的培训。从现有人力资源分析中，可以得出组织能够提供的培训讲师的数量、特点，能够担任的培训课程，以及工作人员的数量、工作人员的年龄、工作人员对培训工作的态度等。如果组织人力资源不足，而培训又十分必要，则要考虑从组织外部引进讲师或工作人员，与组织的相关人员配合共同完成培训工作。第二，分析组织未来人力资源的需求，通过对组织人力状况的了解，结合组织发展目标，决定是否需要培训及培训内容。

3. 组织环境分析

组织环境分析对培训也起着重要的作用。组织环境包括内部环境和外部环境。内部环境主要包括组织的硬件和软件设施、组织文化、运营方式及相关规章制度等。外部环境主要包括企业所在地区的经济发展状况、地域文化、政府政策、行业动态等。

在具体的环境分析中，主要包括组织的系统结构、组织文化、资讯传播速度三大维度，具体内容如下。

（1）系统结构。组织管理者通过对组织结构分析，可以系统全面地了解组织的整体情况，充分掌握组织的发展现状及特色，在开展培训需求分析中能够抓住重点，避免以偏概全。

（2）组织文化。组织文化包括组织的软硬体设施、组织哲学、组织理念、组织精神、组织道德、规章制度、组织经营运作的方式、组织成员待人处事的特殊风格。通过对组织文化的分析，管理者能够更加深入地了解组织，而不是仅仅停留在表面上，这样就可以挖掘出组织在培训方面的深层次需求，使培训工作切实解决企业存在的深层次问题。

（3）资讯传播速度。资讯传播是指组织部门和成员收集、分析和传递信息的分工与协助的过程。资讯传播速度越快，组织在短时间内就能获取大量的信息，而培训需求分析工作正是以大量相关信息为基础，因而资讯传播较快的特质可以使管理者了解组织信息传递和沟通的特性，从而迅速掌握收集信息、传递信息、反馈信息的各种渠道，提高培训需求分析工作的效率和效果。

4. 组织员工素质结构分析

员工素质结构分析是培训需求分析最为核心的一个环节，主要包括以下四个方面的内容：①员工受教育程度，主要分析员工受教育程度对岗位工作的影响；②员工专业结构，主要分析员工专业知识与岗位技能需求的匹配度；③员工年龄结构，主要分析岗位中年龄分布结构以及各个年龄结构在岗位中所展示的特点；④员工性格结构，主要分析不同的岗位特性对员工的性格要求。

（三）组织层面的信息来源

组织层面的信息来源如下。

（1）组织目标、目的和预算。通过评价组织目标和实际绩效的差距，确定培训重点、培训方向和经费预算。

（2）人力资源储备库。培训需要弥补因退休、离职等引起的人力资源储备不足。

（3）技能储备库。技能储备库包括每一技能群体包含的员工数量、知识、技能水平的级别，以及每项工作所需的培训时间等。通过技能储备库可以估算出对培训的特定需求量，并有助于人力资源开发项目的成本–收益分析。

（4）组织氛围指数。其反映组织层面的"工作环境"，有助于发现可能与培训有关的问题，有助于帮助管理者分析实际工作绩效和理想工作绩效之间的差距，从而设计出所需的培训方案，以及如何影响员工工作态度和行为方式。

（5）效率指数（劳动力成本、物料成本、产品质量、设备利用率、运输成本、浪费、交货延迟）分析。这些成本会计概念在一定程度上可以代表实际绩效与期望绩效或标准绩效之间的差距。

（6）系统或子系统的变化。设备的更新换代可能对培训与开发工作提出了新的要求。

（7）管理层要求的变化。这是最常用的培训需求指标之一。

（8）离职面谈。一些从其他途径无法得到的信息常常可以从离职面谈中取得，尤其是从中发现组织在哪些方面出现了问题以及需要对管理层进行的培训是什么。

（9）目标管理或工作规划与述职报告。可以从中获得工作绩效总结、潜力评价和长期经营目标方面的信息。以不断循环发展的观点了解实际工作绩效，分析绩效问题，力求改进。

综上所述，一个组织可以通过很多渠道和方法收集到需求分析所需的信息。有的信息可以马上获得（效率指标），但是有的信息可能需要进行调查（如组织特质和组织氛围）。麦肯锡咨询公司开发出的"7S"模型，是分析组织的有力工具。该模型包括：共享的价值观、结构、系统、领导风格、全体员工、技能和战略。

（四）有效的组织分析

为了保证组织分析的有效性，以下是一些常见的询问问题：

（1）组织的战略目标是什么？

（2）培训项目怎样与组织战略保持一致？

（3）培训活动能否得到组织资金资源、人力资源和时间资源的支持？

（4）组织资源是否应该投入到这个培训项目中？

（5）组织内部是否具有培训所需要的专家？

（6）培训内容将如何影响员工与客户的关系？

二、任务层面的需求分析

（一）任务层面需求分析的含义

任务分析是指通过查阅工作说明书或具体分析完成任务所需要的知识、技能和态度，找出差距，确定培训需求，由此确定与任务相关的各项培训内容，并定义各项培训内容的重要性和掌握的困难程度。

任务分析的主要内容包括员工执行的任务和完成任务所需的知识、技能、能力和其他素质，即 KSAOs。其中，K 是指执行工作任务需要的具体信息、专业知识、岗位知识；S 是指在工作中运用某种工具或操作某种设备以及完成某项工作任务的熟练程度，包括实际的工作技巧和经验；A 包括人的能力和素质，如空间感、反应速度、耐久力、逻辑思维能力、学习能力、观察能力、解决问题的能力、基本的表达能力等内容；O 主要是指有效完成某一工作需要的其他个性特质，包括对员工的工作要求、工作态度、人格个性及其他特殊要求。

任务分析的目的在于了解与绩效问题有关的任务的详细内容、标准和完成工作所应具备的知识和技能。任务分析的结果也是将来设计和编制相关培训课程的重要资料来源。任务分析需要富有工作经验的员工积极参与，以提供完整的工作信息与资料。任务分析依据分析目的的不同可分为两种。

1. 一般任务分析

一般任务分析的主要目的是使任何人能很快地了解一项工作任务的性质、范围与内容，并作为进一步分析的基础。一般任务分析的内容包括以下两项。

（1）任务简介。任务简介主要说明一项工作任务的性质与范围，使阅读者能很快建立一个较为正确的印象。其内容包括：工作任务的名称、地点、单位、生效及取消日期、分析者、核准者等基本资料。

（2）任务清单。任务清单是将工作任务内容以任务单元为主体，并以条列方式组合而成，使阅读者能对任务内容一目了然。而每项任务单元又可加注各任务的性质、任务频率、任务的重要性等补充资料，这对员工执行任务，管理层进行任务考核和进行特殊任务分析皆有益处。

2. 特殊任务分析

特殊任务分析是以任务清单中的每一任务单元为基础，针对各单元详细探讨并记录其任务细节、标准和所需的知识技能。由于各任务单元的不同特性，特殊任务分析主要包括：程序性任务分析、程式性任务分析、知识性任务分析。程序性任务就是具有固定的任务起点、一定顺序的任务步骤和固定的任务终点等特性。程序性任务分析主要强调任务者和器物间的互动关系。程序性任务分析就是通过详细记录任务单元的名称、特点、标准、应具的知识技能、安全及注意事项、完整操作程序等，为员工的培训和培训评估提供依据。程式性任务分析多无固定的任务程序，对任务原理的了解和应用程度要求也较高，其任务内容主要强调任务者和系统间的互动。知识性任务属于内在思维的任务行为，可以说是人与人，或人与知识间的交流互动，而且是以不具形体的知识为桥梁，进行理性的思考、沟通与协调，以达成任务需求。知识性任务分析是一种研究程序，它能够帮助管理者确认影响任务绩效的相关重要知识。

（二）重要性-水平的任务描述

在进行任务层面需求分析时，必须明确两个主要因素：任务的重要性和执行任务的水平。

重要性关系到工作任务的难度和频度,某一任务出现的频率越高,因而该任务对组织来说重要性越强。执行任务的水平则是指完成任务所需的技能,所需技能水平要求越高,说明完成此项任务的门槛较高。

在进行任务分析时,必须明确两个主要因素,即任务的重要性与水平。重要性关系到某项工作的具体任务、行为及这些行为发生的频率,某项任务发生的频率越高,说明此任务对于整个工作的重要性越高。水平则是员工完成这些任务的能力要求,这在一定程度上反映了从事此项任务的门槛高度。这两个因素构成了任务分析的主体,图 3-5 展示了任务的重要性和水平两者之间的组合关系及与培训之间的关系。

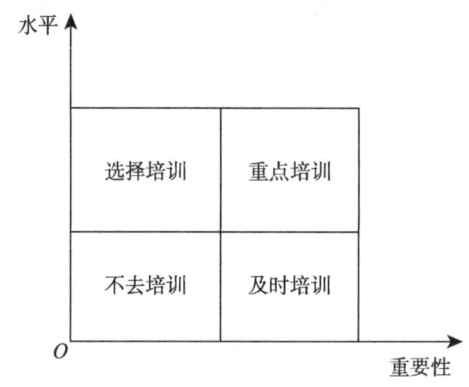

图 3-5　重要性-水平组合图

如图 3-5 所示,当任务的重要性和需要的技能水平处于双低的条件下,组织应该选择不开展培训,只需要引导员工自学技能即可。例如,办公室人员的资料整理工作,任务难度低,且不需要太大的技能水平,因而只需告诉其公司常用的整理方法,员工就能很好地完成这项任务。

当任务的重要性大,但需要的技能水平较低的条件下,组织应该及时培训,因为任务重要,不容有失,也没有太多时间给员工自我学习,因而组织选择立即培训,保证任务的顺利进行。例如,生产线某一关键环节新雇佣员工就需要及时培训,确保组织正常运营。

当任务的重要性不高,但是需求的技能水平较高的条件下,培训虽具有一定的价值,但是组织应该进行选择性培训。在资金资源、时间资源和人力资源皆充分的情况下, 组织可以视情况开展培训;但当企业资源紧缺的情况下,应优先分配至重点培训领域。

当任务的重要性和需要的技能水平处于双高的条件下,该领域的培训属于重点培训,不但应该及时培训,而且需要结合组织的发展方向,规划培训的内容和方式,在时间安排上,比及时培训的时间跨度要长。

在具体的实践操作中,对重要性和水平进行结合分析通常采用任务描述的方法,具体示例如表 3-2 所示。

(三)任务层面需求分析的步骤

根据组织层面的分析,能够判断一项培训是否值得开展。当企业愿意在培训上投入资金

表 3-2 任务描述示例

职位：餐厅服务员

任务描述	任务等级	
	重要性（发生频率）	水平（资格要求）
见到顾客要微笑着说"您好！"	0　1　2　3　4　5	0　1　2　3　4　5
及时给顾客倒水，递上菜单	0　1　2　3　4　5	0　1　2　3　4　5
耐心地帮顾客点完菜，适时地推荐本店特色菜	0　1　2　3　4　5	0　1　2　3　4　5
随时等候客人的服务要求，并及时满足客人要求	0　1　2　3　4　5	0　1　2　3　4　5
准确地帮助客人结账，开出发票，送客人出门，道"欢迎再来！"	0　1　2　3　4　5	0　1　2　3　4　5
处理一些与顾客有关的临时事件，如不小心打翻茶水等	0　1　2　3　4　5	0　1　2　3　4　5

资源、时间资源和人力资源时，接下来的工作就是进行任务分析和人员分析。任务分析需要投入大量的时间进行员工绩效分析数据的收集，这些数据来自组织内部的每一个成员，甚至诸如客户、供应商等相关企业外部人员。一般来说，任务需求分析的步骤主要包括以下四个方面。

1. 开展任务分析，撰写详细的任务说明书

任务分析是指通过对某一任务进行系统全面分析，将该项任务进行结构分析，得出其主要的构成体系。任务分析是任务描述的第一步，是信息收集处理和人力资源管理的基础性活动，其为之后的管理活动提供全方位的数据信息支撑，是现代组织实现管理科学化、制度化的基础。

任务说明书作为组织重要的文件之一，是指用书面形式对组织中各类岗位（职位）的工作性质、工作任务、责任、权限、工作内容和方法、工作环境和条件及本职务任职人资格条件所做的统一要求（书面记录）。它应该说明任职者应做些什么、如何去做和在什么样的条件下履行其职责。一个名副其实的任务说明书必须包括该项工作以区别于其他工作的信息，提供有关工作是什么、为什么做、怎样做及在哪里做的清晰描述。根据任务的构成，撰写详细的任务说明书，阐明工作任务、责任与职权，可以让员工清晰地了解工作概要，为员工培训提供依据。

任务说明书的主要内容如下：

（1）基本资料。主要包括岗位名称、岗位等级、岗位编码、定员标准、直接上下级、分析日期。

（2）岗位职责。主要包括职责概述和职责范围。

（3）监督与岗位关系。说明本岗位与其他岗位之间横向与纵向的联系。

（4）工作内容和要求。岗位职责的具体化，即对本岗位所要从事的主要工作事项做出说明。

（5）工作权限。为了确保工作的正常开展，必须赋予每个岗位不同的权限，但权限必须与工作责任相协调，相一致。

（6）劳动条件和环境。在一定时间空间范围内工作所涉及的各种物质条件。

（7）工作时间。包含工作时间长短的规定和工作轮班制的设计等两方面内容。

（8）资历。由工作经验和学历条件两个方面构成。

（9）身体条件。结合岗位的性质、任务对员工的身体条件做出规定，包括体格和体力两项具体的要求。

（10）心理品质要求。岗位心理品质及能力等方面要求，应紧密结合本岗位的性质和特点进行深入分析，并做出具体的规定。

（11）专业知识与技能要求。

（12）绩效标准。从品质、行为和绩效等多个方面制定员工应该达到的水平。

2. 根据绩效标准，寻找员工绩效差距及其原因

虽然绩效标准中给出了员工应该怎么做才是符合组织的需要，但是员工的实际绩效与绩效标准之间会存在差距，研究这种差距以及产生的原因对培训需求分析而言是至关重要的，员工在工作任务中的具体表现，能够揭示员工的实际绩效，对于培训人员而言，可以发现哪些行为规范是需要通过培训弥补，哪些受训者在培训结束后应该达到合格的水平。明确执行任务中员工的绩效，通常可以用以下方法进行考察：

（1）时间抽样法。在一定时间段内对观察时间进行随机抽样，由一个受过专门训练的观察员进行任务分析，由他来观察和记录员工工作的性质和频率。在抽取的时间段内对作业进行观察和记录，描绘出工作的线条。

（2）任务评价法。任务评价法是指通过调查问卷等方式，让参与某一任务的员工列出该项任务的重要性以及完成这项任务所需要花费的时间，这种方法的优点是：可以客观真实地反映员工对该项任务的看法，并且可以将有关任务的信息进行量化分析。

（3）工作-职责-任务法。这种分析方法与任务说明书存在一定的相似之处，主要是指将一项任务进行层层分解，包括确认职位名称、任务职责，以及完成每个任务所需具备的知识、技能、能力和其他特质。

（4）刺激-反应-反馈法。刺激-反应-反馈法认为工作任务应该分解成三个组成部分。第一部分是刺激，它揭示了员工在何时应该进行某项操作；第二部分是反应，指员工在执行任务中的反应以及反应所表现出的行为；第三部分是反馈，任务执行完毕后，员工对于自己行为表现的一种信息反馈。

（5）关键事件法。关键事件法是客观评价体系中最简单的一种形式，由美国学者弗拉赖根和贝勒斯在1954年提出，通用汽车公司在1955年运用这种方法获得成功。它是通过对工作中最好或最差的事件进行分析，对造成这一事件的工作行为进行认定从而做出工作绩效评估的一种方法。这种方法的优点是针对性比较强，对评估优秀和劣等表现十分有效；缺点是对关键事件的把握和分析可能存在某些偏差。

3. 明确任务性质，确定员工的任职资格条件

任务有重要任务和非重要任务之分，不同性质的任务对员工的任职资格条件要求不一样。但是每一项任务都要求相对应员工必须具备对应的知识、技能、态度及职业素养。培训开发工作必须确定每项工作任务的任职资格条件，明确要胜任各项任务所需的知识、技术或能力。这些能力是员工在培训中必须发展和学习的。培训开发的专业人员可以通过对主管、工作者、其他专家进行访谈或查阅相关文献资料确认工作所需的知识、技能、态度。

（1）知识。对成功完成某项任务所需的信息的掌握和了解，这些信息通常是陈述性或程序性的信息。

（2）技术。个人在某项作业上的熟练程度或胜任力水平（以量化形式给出）。

（3）能力。个人在执行任务之初，具备的更一般化、更持久的特质或能力。

4. 对培训需求的重要性排序，确定需要培训的任务

根据任务说明书、绩效标准、任职资格条件，综合对比分析各项任务，确认需要通过培训改进的任务，以及培训的主要内容。

此阶段需要对任务的重要性、时间成本，以及任务所需的知识、技术、能力，学习的难度等方面的因素进行考察并排序评定等级。此外，由于资源的稀缺性，还必须考虑需要用于培训过程中的各项资源，包括设备、物资、培训专家、费用等。按照这样的要求排列设计出的培训方案才更有可行性。

维特克提出一种计算培训需求的模式——需求优先指标（priority need index, PNI），其计算时运用量表评定等级的方法。其中，I 表示任务的重要性；D 表示任职者的工作熟练程度。公式为

$$PNI = I \times (I-D)$$

当 PNI 的值越大时，表明培训需求越大，在排序上优先考虑。例如，假设平均给予主管某工作的重要性评定等级为 $I=7$，工作熟练程度 $D=5$，那么 PNI$=7 \times (7-5) = 14$，主管的其他工作可以依此类推，最终比较各项工作的 PNI 数值，就可以得到培训需求的优先顺序。

因此，在设计培训项目时，应优先考虑在综合评价中排名靠前的任务和知识、技术、能力。依据各方面的等级评定结果选择培训内容的时候，必须注意各项目之间的平衡。不是所有的问题都适合用培训的方式去解决，有时候其他的管理方式可能更合适。

（四）任务层面的信息来源

任务层面的信息来源，如表 3-3 所示。

表 3-3　任务需求分析的信息来源

任务分析的信息来源	对培训开发的意义
1. 工作说明书	1. 描述此项工作的典型职责，有助于明确绩效标准
2. 人员的任职资格要求	2. 列举出工作的特定任务，可以明确任职者所需要的知识、技术和其他素质
3. 绩效标准	3. 明确完成工作任务的目标及其衡量标准
4. 执行具体的工作任务	4. 确定绩效的一个更好的方式，通常级别越高的职位，实际绩效与理想绩效的差距越大
5. 观察-抽样	5. 了解工作的实际情况
6. 查阅相关文献	6. 有助于分析比较不同的工作类型，但是可能出现和实际的特定组织环境或绩效标准无法比较的情况
7. 访谈（任职者、主管人员、高级管理者）	7. 通过向组织成员询问和工作有关的问题充分了解培训需求问题
8. 培训委员会或专题讨论会	8. 可以提供一些关于培训需求的看法和要求
9. 分析工作中出现的问题	9. 明确工作中存在的影响工作绩效的阻碍因素和外在环境因素

（五）注意事项

任务分析每一步骤下需要考虑的因素很多，为了更为有效地开展任务分析，在具体分析过程中，应该注意：

第一，任务分析必须与组织的战略相结合。

第二，任务分析是一个结构的过程，首先要将工作分解成职责和任务。

第三，任务分析不仅要明确应该做什么，还应该清楚现实中员工是怎么做的。

第四，收集信息要采用多种方法，这样才能保证所收集的信息的完整性、丰富性。

第五，为了使得任务分析更有效，应该多从专门项目专家那里收集信息，专门项目专家包括熟悉该项工作的在职人员、经理人员和雇员。

第六，任务分析过程中，沟通非常重要。良好的沟通有利于收集更为完整、真实的任务分析信息。

三、人员层面的需求分析

（一）人员层面需求分析的含义

人员分析是从培训对象的角度分析培训的需求，通过人员分析确定哪些人需要培训及需要何种培训。人员分析一般是对照工作绩效标准，分析员工的绩效水平，找出员工当前实际绩效与绩效标准之间的差距，以确定培训对象及其培训内容和培训后应达到的效果，主要从员工的工作背景、学识、资历、年龄、工作能力等进行分析。

人员分析的目的是确定员工个人的培训需求，主要作用是帮助组织管理者确定是否需要开展培训以及哪些雇员需要培训。其要解决的问题主要是能否通过培训提高员工的绩效，减少与绩效标准之间的差距。组织在整体人员分析中主要借助员工知识、专业、年龄、性别等方面的指标，以便更全面了解组织的人力资源素质。

1. 员工个性结构指标

员工个性因素决定了员工与所在的岗位匹配的程度。例如，销售工作需要推销组织的产品，偏向于选择性格较为外向且服务意识强的员工；财务工作需要认真谨慎，更适合性格内向、心思细腻的员工等。因而，员工本身的个性特征对培训方案的制订和工作岗位的安排都具有重大影响。

（1）员工综合素质。员工综合素质可以从知识、技能、能力和态度四个方面来分析。综合素质是人员分析的基本分析因素，随着工作的复杂程度增加，综合素质的重要性越来越凸显。如果员工达不到执行某项任务所必备的知识、技能、能力和态度，自然无法完成绩效目标。

（2）员工自我效能。雇员对自己能够胜任一项工作或学习一项培训内容的一种自信，它与培训项目的绩效水平成正相关。因此，了解怎样帮助员工提高自我效能，也是人员分析的内容。

（3）员工学习动机。学习动机的高低决定了在培训中获得的知识、技能的多少，进而也会影响行为方式改变的速度。因此，组织应致力于激发员工的学习动机，调动他们的培训积极性。

2. 员工工作性质指标

不同的工作岗位，不同的工作性质，工作的内容不一样，需要的技能也不一样。从专业性质分类，可以将员工分为技术研发型、生产型、销售型、后勤服务型，不同类别的员工所需的专业知识、技能和态度都不一样，培训也应有不同的侧重。在此基础上，按照技术含量进行划分，可以将员工培训分为三个层次：基本操作技能的培训、综合素质的培训和敬业精神的培训。在进行培训需求分析时，人员分析要根据结合组织任务制订相应的培训方案。

3. 员工年龄性别指标

企业培训也是一种投资。员工的年龄越小，相对来说，企业预期的投资回报期也就越长。同时，年龄的大小和个人的接受能力有着非常直接的关系，因此，在培训需求分析时应考虑合理的年龄搭配，并以此决定岗位的培训内容。另外，性别差异也会导致员工某些特质方面存在差异，如男性管理者与女性管理者在责任心方面存在显著差异，男性管理者与女性管理者在处理事务方面的做法也存在差异。因而，在进行培训需求分析中，性别结构方面的分析也是非常重要的。

（二）人员层面需求分析的过程

培训的目的之一就是发挥人的潜能。通过培训使组织的人力资源系统得到合理的利用和发挥。但这一切都要求对员工进行全面准确的分析。人员层面需求分析过程主要包括：①个体特征分析；②工作输入；③工作输出；④工作结果；⑤工作反馈。从以上步骤中得到相应的培训开发需求，如图3-6所示。

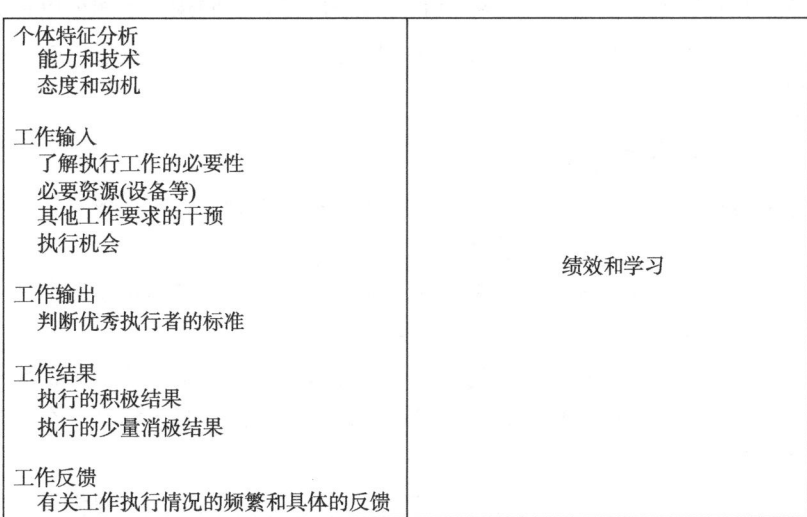

图3-6 人员分析过程

1. 个体特征分析

个体特征分析是指根据员工个性结构指标，包括员工的知识、技能、能力和态度等，利用收集的数据分析每一量化指标体系下员工的绩效和学习动机。对人员的知识、能力、素质和技能加以分析不仅是为了满足当前工作的需要，也是为了满足未来组织发展的工作需要。个人特征分析的依据有以下四项。

（1）员工自我评价。自我评价是以员工的工作清单为基础，由员工针对每一单元的工作成就、相关知识和相关技能真实地进行自我评价。

（2）员工上级评价。此项评价是由员工上级根据员工平时的工作表现、工作能力等做出的综合性评价。

（3）知识技能测验。以实际操作或笔试的方式测验工作人员真实的工作表现。

（4）员工态度评价。员工对工作的态度不仅影响其知识技能的学习和发挥，还影响同事间的人际关系，影响与顾客或客户的关系，这些又直接影响其工作表现。因此，运用定向测验或态度量表，就可帮助了解员工的工作态度。

2. 工作输入

工作输入是指通过了解任务执行的必要性、组织现有资源，分析其他工作任务的干扰及本次任务执行的机会，然后指导员工应该做些什么、怎样做以及什么时候做，还包括提供给员工以利于其完成工作的资源。

3. 工作输出

工作输出是指制定绩效标准，得出优秀执行者应具备的素质，给员工提供行动指南。

4. 工作结果

工作结果是指考核员工的绩效水平，奖惩并行。对业绩良好的员工给予正向激励，对于存在怠工、态度消极等少数业绩较差的员工负向激励。

5. 工作反馈

工作反馈是指根据员工在执行任务中的表现及所反映的问题，对频繁出现的一些操作技能进行归纳并形成经验，对于一些经常出现的问题进行总结，采取改进措施，有效防止再犯同样的错误。

（三）员工绩效需求分析

绩效评估可用于评估员工的能力。人员分析的最终落脚点在于绩效分析。员工绩效需求分析包括两类：判断型人员分析和诊断型人员分析。

（1）判断式人员分析。用来判断员工个人整体绩效水平。通过从总体上评估个体员工的绩效，将员工划分为业绩优秀者和业绩不佳者。

（2）诊断式人员分析。用来寻找隐藏在个人绩效表现背后的原因。确认导致员工行为方式的因素，了解员工的知识、技术和能力以及其他环境等因素是怎样结合在一起对工作绩效产生影响的。

对业绩优秀的员工进行分析，可以为如何改进或实现更高的绩效提供思路。通过研究绩效不佳的员工，可以找到需要采取培训的措施。若将判断式和诊断式人员分析结合起来，则可以评定绩效良好者和欠缺者。这就是所谓个体需求分析所呈现出的结果。可见，个体需求分析的重点在于了解员工的工作绩效、存在的问题以及为了达到这个目的需要怎样对员工进行深入的绩效评估。

人员分析过程中的一项重要工作是针对员工个人的绩效评估。绩效评估是进行人员个人分析的一个非常有价值的信息来源。绩效评估并不是一项简单的工作，把绩效评估作为需求分析的一种工具，需要经理人员搜集各种各样的信息并且做出一系列复杂的判断。在个体需求分析过程中的绩效评估模式如图3-7所示，其过程可以分为五个步骤。

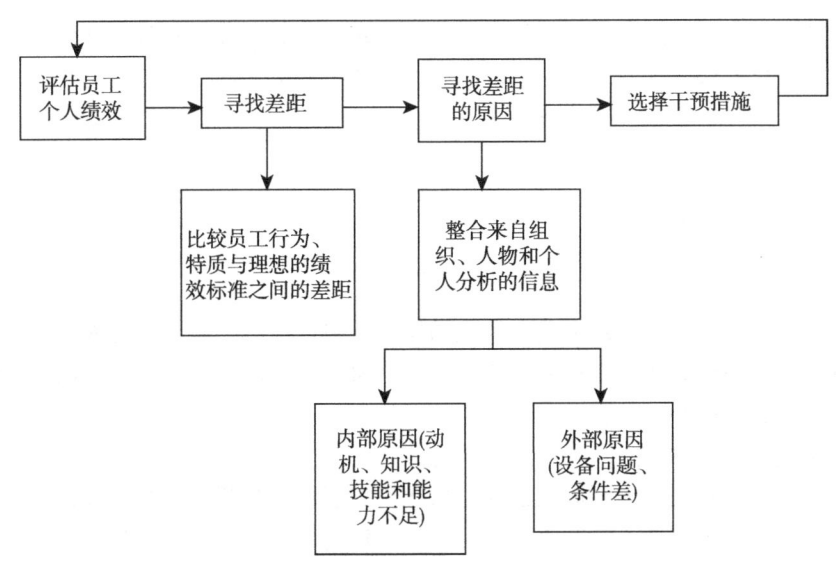

图 3-7　人员分析绩效评估模型

（1）进行全面准确的绩效评估或通过其他渠道获取这方面的资料。
（2）确认员工行为、特质与理想的绩效标准之间的差距。
（3）确认差距来源，可能涉及整合组织分析、任务分析和个体的技术能力方面的资料。
（4）选择恰当的干预措施，以消除差距。这些措施可以是特定的培训开发项目，也可以是其他人力资源管理政策。
（5）经过干预措施实施后，反馈到第一步重新评估。

绩效评估操作模型有一定的用途，但需要注意的是对绩效评估的结果并非准确无误的和全面的。由于评估方法使用错误产生误差，许多评估结果都会出现问题。导致绩效差距的因素很多，必须发掘真正的原因。因此，在寻找绩效差距的原因时，可能既要考虑从组织分析、任务分析中得到的信息，又要考虑员工技能或能力测验反馈结果。尽可能综合考虑是绩效评估所必需的。

（四）人员层面的信息来源

人员层面的信息来源，如表3-4所示。

表 3-4　人员需求分析信息来源

人员分析信息来源	对培训开发需求分析的意义
绩效评估结果以及能够反映一定问题的历史数据（生产率、缺勤率、事故率、病假、不满情绪、浪费、交货延迟、产品质量、停工期、设备利用率、客户投诉）	可以发现员工在工作中的长处和短处及其有待改进的地方。可以从这些信息中发现绩效差距。分析结果易量化、便于分析，对确定培训的内容和培训类型很有价值

培训与开发

第三节 培训需求分析方法工具

培训需求分析方法有很多种,大致可以分为传统培训需求方法和基于胜任力的培训需求方法。在每种分析方法体系中,都可以依靠多种不同的分析工具,本节主要介绍七种可供选择使用的培训需求分析工具:问卷调查法、访谈法、观察法、申报法、专家测评法、头脑风暴法和关键事件法。

一、传统培训需求方法

(一)组织分析法

组织分析法就是通过对组织文化、组织结构、组织目标、组织未来发展、人力资源组成等加以分析,确定培训的必要性和适当性,以及培训的范围与重点。运用组织分析法确认培训需求,主要有以下四个步骤。

1. 寻找组织存在的问题

培训对企业来说是一件重要而又必须付出代价的事情,判断一个组织应如何选择培训对象以及如何实施培训计划是一项重要的决策。要做到这一点,必须认真分析组织文化、组织目标、组织结构,找到组织真正的需要,也就是准确找出组织存在的问题,即现有状况与应有状况之间的差距。

2. 确认培训可以解决的问题

找出组织存在的问题后,就要认真分析这些问题,确定培训是不是解决这类问题的最有效的方法。切忌夸大培训的作用,把培训作为解决问题的唯一方法和万能良药,以免造成企业资源的浪费。

3. 分析培训资源

组织开展培训,需要投入企业的多种资源,包括人力、物力、财力、时间等。应该分析企业培训需要哪些资源,以此为基础并结合企业可以投入资源的实际情况,决定培训实施的可行性及培训方式。

4. 确定培训需求和培训对象

根据组织需要确定培训需求和培训对象,必须考虑以下三个方面:①制定能够反映组织未来要求的人力资源培训;②营造有利于培训成果转换的组织培训氛围;③改善组织氛围和个体满意度。

(二)任务分析法

任务分析法是通过对每个员工所要做的工作的详细研究来确定所必需的技能,从而对每个员工制订并实施恰当的培训计划。运用任务分析法确定培训需求和培训对象的主要步骤如下。

1. 根据任务分析获取相关信息

对于每个特定工作的具体培训需求来说,任务分析可以提供三方面的信息:一是每个工作所包含的任务(即工作描述中的基本信息);二是完成这些任务需要的技能;三是衡量完成该工作的最低绩效标准。此时,《职位说明书》就成为最好的工具。通常《职位说明书》包含以下内容。

职位基本信息包括职位名称、直属主管、所属部门、工资等级、工作性质、工作地点、工作对象等。

（1）工作描述包括工作活动主要内容、工作职责、工作结果、工作关系等。

（2）工作环境包括工作场所、工作时间。

（3）任职资格，包括学历要求、培训经历、相关工作年限、一般能力等。

下面是某企业财务部《出纳员职位说明书》实例。

职位说明书
（财务部：出纳员）

职位名称：出纳

岗位分类：事务工作类

所属部门：财务部

直接上级职务：财务部经理

工作概述：

具体职责和责任	频率及工量	备注
1. 收款：公司销售货物所收到的货款以及与公司业务有关的各种款项，包括现金和支票	占总工时的15%	
2. 付款：付给各供货商的货款以及公司的电费、房租、电话费、员工的报销费用等	占总工时的15%	供货商结账日为：每周三
3. 开发票	占总工时的8%	
4. 现金的管理：每日所收现金和所付现金的账面结余数与实存数相符	占总工时18%；1次/日	
5. 报销：每月2次支付报销费用，员工持签字后的报销凭单到财务部办理付款手续，核对金额送交会计审核后按实际金额报销	占总工时的5%	报销日为：10至12日、23至25日
6. 应收账款的管理与核销：每日早上把调度部分前一天的应收账款原始明细拷贝到自己的应收账款明细上，登入发票号，收到货款后与业务核对清楚后销账	占总工时的20%	
7. 应收账款分析报表：每两周根据应收账款情况编制应收账款分析报表，以及销售人员应收款的奖金和罚款情况，月底汇总	占总工时的15%	
8. 制作凭证：经会计确认金额后，根据收款的原始凭证及现金付款的原始凭证编制记账凭证	占总工时的10%	
9. 印章的管理：公司的名章、税务章的保管和使用		
其他责任		
1. 现金流量表：每月底出一份现金流量表，以便更加清晰地反映公司本月现金的流动情况	1次/月	
2. 其他应收款、其他应付款、待摊费用报表	1次/月	

工作重点：①银行存款和现金收支清晰、准确；②应收账款核销及时、准确；③发票开具及时、准确；④报表按时发送（应收款分析报表每周五下午，现金流量表、其他应收应付

款、待摊费用报表每月10日之前）。

　　工作关系：上级是财务部经理。
　　内部联系：企业财务人员支付货款时要以会计审核后的支出凭单为开支票的依据，每日结账后的资金账要给会计审核。
　　业务人员：收到货款并与业务人员核对清楚该笔货款是哪几项后核销。
　　外部联系：银行工作人员汇款、支票入账，提取现金，给客户返款。
　　岗位工作权限：按照业务人员出库清单的内容开发票，根据客户付款的产品名称和金额填写应收款明细，报销或支取费用时审核凭证，并做收付款凭证。
　　工作条件：电脑、打印机、复印机、保险柜、支票打印机、发票打印机。
　　个性品质：认真负责，责任心强，工作细心。
　　教育水平：大专以上学历。
　　专业技术资格：财务相关专业，拥有会计上岗证。
　　工作经验：一年以上工作经验。
　　年龄：22岁以上。

2. 对工作任务进行分解和分析

　　以职位说明书或工作任务分析记录表作为确定员工达到要求所必须掌握的知识、技能和态度的依据，通过岗位资料分析，对比员工平时工作中的表现，两者相结合以判定两者之间的差距。在选择培训对象和制订培训计划时，对各种任务进行分析非常有用。一般来说，可以利用一些标准独立地对每项工作进行相关分析，然后设计出一套培训权重表。无疑，培训的重点应放在那些发生频繁的、重要的或相对而言较难掌握的任务上。培训者在选择培训工具、培训时间或其他事项时，也会考虑其他综合性因素。

3. 确定培训需求和培训对象

　　工作任务分析的重点在于如何根据工作任务分析的结果确定培训的需求和对象。培训者根据员工的素质差距以及他们已经具备的技能的熟练度，为他们提供必要的指导、培训，使他们获得必需的技术和能力，并使未熟练的技能达到熟练的程度。用这种方法分析培训需求可以大致分为三类。

　　（1）重复性需求。例如，对每个新员工的入职培训。一般来说，新员工都对企业文化、规章制度、从事某项工作的特殊方法等缺乏了解，很难很快地适应和熟练自己的工作。因此，应通过入职培训计划来满足所有新员工的这种重复性需求。

　　（2）短期性需求。例如，一种新的生产技术出现，就需要培训员工在短期内学会如何使用这种新技术，提高生产效率。

　　（3）长期性需求。企业应为每一个工作岗位设计一个培训计划，这个计划是长期的、可持续性的、可发展性的和系统化的，伴随这个岗位的终身，以帮助员工通过这种系统化的培训方式来不断提高基本技能并满足该工作岗位的基本技能和条件的需求。

（三）绩效分析法

　　绩效分析法（performance analysis method）是指对在岗员工的工作绩效做深入细致的研

究，将当前的工作绩效水平与工作绩效标准或要求进行对比，找出差距，分析造成差距的原因和弥补差距或超越标准所应做的努力和需要，确定是否应当通过培训来改进。绩效分析的关键问题，是要区分"不能做"和"不愿做"的问题。如果属于"不能做"的问题，就要找出具体原因，不能做的进一步原因可能来自企业，也可能来自个人。来自企业的原因如工作设计不合理、标准制定不当等，来自个人的原因可能是对职责、任务标准不了解，更可能是缺乏胜任岗位所需的知识、技能和能力。如果属于"不愿做"的问题，即如果想做就能做好的问题，就必须考虑是否需要改进激励制度、调整人际关系等。属于个人的知识、技能、能力方面的原因，则需要进行培训。运用绩效分析法确定培训需求，主要经过以下步骤。

1. 开展绩效评估，明确绩效现状

培训需求分析应当从绩效差距入手。培训之所以必要，传统理论认为是因为企业工作岗位要求的绩效标准与员工实际工作绩效之间存在着差距，新的理论则认为也应包括企业战略或企业文化需要的员工能力与员工实际能力之间的差距，这种差距导致低效率，阻碍企业目标的实现。新理论是对传统理论认为的差距的补充。总而言之，只有找出存在绩效差距的地方，才能确定改进的目标，进而判断能否通过培训手段消除差距，提高员工生产率，使个人或者企业更有效率地达到工作的目标和计划要求。

绩效考评能够提供有关员工现有绩效水平的证据。绩效考评的结果是对目标员工工作效率的种种表现做出描述。绩效考评可以运用纯粹的主观判断、客观的定量分析或者两者的综合。如果某项工作绩效要求已被界定，那么就可以向专家请教所需培训的类型；如果某项工作的要求是已知的，那么就可以请组织的领导者对实际绩效进行分等。

2. 对比绩效标准，确定绩效差距

根据工作说明书或任务说明书分析绩效标准或理想绩效，描述出员工从事该岗位工作所需要的知识、技能和能力，与员工绩效考评提供的员工现有绩效水平及其所表现出来的知识、技能和能力进行比较。有关员工现有绩效水平的数据资料，能够表明全体员工中有多少人未达到、达到或超过了标准的绩效水平。在每一个工作领域中，未达到理想绩效水平的员工所占的比重可以表明，工作的哪些方面存在差距，差距有多大，哪些人员对这些差距负责，哪些人应该进行培训以及培训的重点在哪里。

3. 寻找差距原因

发现了绩效差距的存在，并不等于完成了培训需求分析，还必须寻找差距的原因，因为不是所有的绩效差距都可以通过培训的方式去消除。绩效问题原因一般分为环境原因和个人原因两大类，环境原因包括工作条件不符合要求、生产技术设备老化、工作设计有缺陷、奖酬制度缺少激励性、沟通不足、上级指导不够等；个人原因也分为个人能力原因和难以改变的个人特征原因。只要发现绩效差距信息符合其中一个项目，就找到了绩效差距原因。如果原因是工作环境方面的或者个性特征方面的，那么即使进行了培训，问题也依然会存在。这样的话，培训部门就会出现工作无效率的情况，带来资源浪费，因此应尽力避免。由此在培训需求分析过程中主要是尽力发现是否存在因员工能力不够而导致的绩效差距。

4. 确定解决方案

找出了差距原因，就能判断应该采用培训方法还是非培训方法去消除差距。企业根据差距原因有时采用培训方法，有时采用非培训方法，有时也采用培训与非培训结合的方法，因为只有在员工不是因为难以克服的个性特征原因而存在知识、技能和态度等方面能力不足时，培训才是必要的。如果不是因培训不足产生的绩效问题，就要从其他方面寻找可行的解决方案，一切都要根据绩效差距原因的分析结果来确定。同时需要注意的是，即使确定了绩效差距是由员工能力不足而引起的，也需要考虑员工是否具备学习的条件。一个员工的学习动机不强烈，认为培训课程对自己的职业并不重要，他就不会积极努力地去学习。同时，当受训员工存在个人家庭困难或个人的文化水平比较低等困难时，培训的效果也会大打折扣。如果员工自身的学习动机不强烈，或存在学习阻碍，让这样的员工参加培训，培训效果自然会受到削弱。培训是一项投入巨大的方案，需要认真考虑会影响效率的各种因素。只有当员工缺乏完成工作的知识和技能但具备受训条件的情况下，培训才是解决问题的首选方案。

5. 进行成本价值分析

在确定需要培训才能解决绩效差距问题后，就要进行成本价值分析。首先是分析绩效差距的重要性，也就是分析绩效标准与实际绩效间的差距对个人的后果是什么，对部门的后果是什么，对组织的后果是什么，弥补绩效差距后能为组织带来多大价值。其次是分析用培训弥补绩效差距所需要花费的成本，包括时间、资金、人力、物力等。然后，将投入的成本与弥补绩效差距带来的价值进行对比，最终确定通过培训解决绩效问题是否值得。

6. 拟订培训计划

经过以上几个环节的分析，如果最终决定采取培训方式的话，就要针对培训需求和培训对象开始拟订培训计划。此时必须明确以下一些基本问题，这些问题对制订培训计划是非常重要的。

（1）选择何种类型的培训？
（2）培训的主要内容是什么？
（3）培训的期限有多长？
（4）哪些部门和人员参与设计和执行培训计划？
（5）由谁承担培训相关的费用？
（6）培训的地点定在哪里？
（7）完成培训的标准和要求是什么？
（8）对于参与培训的人员在培训期间有什么规定？

二、基于胜任力的培训需求方法

（一）胜任力结构和模型

胜任力模型（competency model）则是指担任某一特定的任务角色所需要具备的胜任特征的总和。这种胜任特征分析不只局限于组织、任务或人员分析的某一个层面，同时强调需求分析和培训结果应能提高受培训者对未来职务的胜任特征。Spencer针对此内涵，将胜任特征划分为知识、技能、自我概念、特质、动机五个方面（表3-5）。

表 3-5 胜任力结构

特征	含义
知识	即个人所具备的在某一特定领域拥有的事务型与经验型信息及社会常识
技能	指个人完成生理或心智工作的能力,即将事情做好的能力
自我概念	指一个人对事件持有的态度或价值观,以及自我形象、自我认识
特质	个人心理上的特质和典型的行为方式,以及对一些情境与信息的一致性反映
动机	一个人对某种事物持续渴望,进而付诸行动的念头,即推动个人为达到一定目标而采取行动的内驱力,"驱使并引导我们做抉择"

(二)基于胜任特征的企业员工培训需求分析流程

基于胜任特征的培训需求分析与以往的培训需求分析有许多共同之处,都是在组织分析、任务分析和人员分析的框架之下,探讨培训需求分析的参照标准。所不同的是,基于胜任特征的培训需求分析强调了参照标准影响因素的分析创新,力求增强实际评价的可操作性。具体包括:组织支持、组织分析、构建胜任特征模型、人员分析,如图 3-8 所示。其中,第一列:组织支持。培训需求分析是对员工生活的干预,同时,培训要想获得成功,也需要许多人为之付出时间和精力。因此,必须获得所有团队的信任和支持,这就需要建立起联络团队和工作团队,这是必要的保证培训需求质量的第一步。第二列:组织分析。主要分析那些存在于组织内部的、可能会影响到培训效果的因素。第三列:构建胜任特征模型。通过分析优秀员工与一般员工之间的差异,构建适应的胜任特征模型。第四列:人员分析。找出人员实际工作中存在的差距及需要培训的人员。

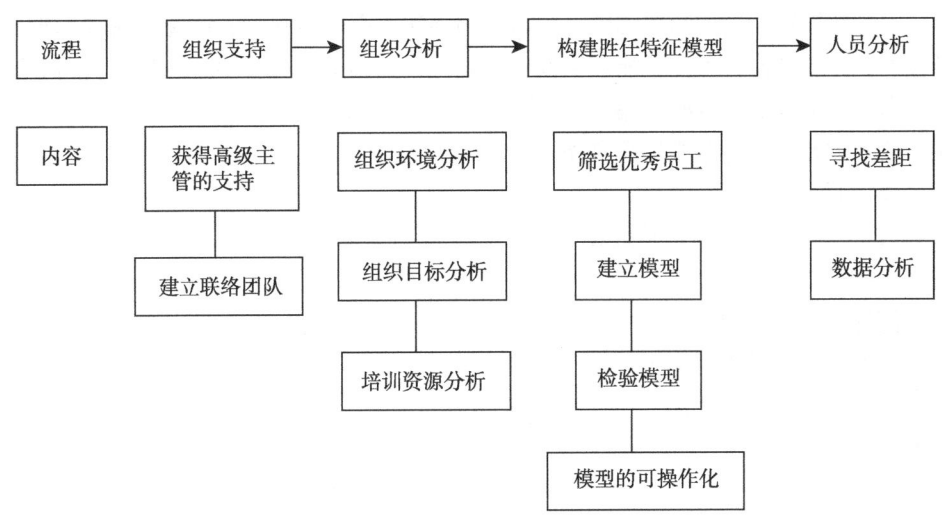

图 3-8 基于胜任特征的企业员工培训需求分析流程

三、培训需求分析工具

在培训需求分析中,不论是选择传统培训需求方法还是选择基于胜任力的培训需求方法,都需要依靠一定的分析工具。

培训需求分析的工具有很多种，包括调查问卷法、绩效评估法、咨询法、访谈法、行为观察法、集体研讨法、书面资料研究法、情景模拟、关键事件法、测验法、评价中心法等，下面主要介绍几种常用的技术方法。

（一）问卷调查法

问卷调查法是以标准化的问卷形式列出一组问题，要求调查对象就问题进行打分或做是非选择。问卷调查法是当今收集资料最流行且有效的方式之一，其形式主要有开放式、等级量表式等。

当需要进行培训需求分析的人较多，并且时间较为紧急时，就可以精心准备一份问卷，以电子邮件、传真或直接发放的方式让对方填写，也可以在进行面谈和电话访谈时由调查人自己填写。在进行问卷调查时，问卷的编写尤为重要。编写一份好的问卷通常需要遵循以下步骤：

（1）列出希望了解的事项清单。
（2）一份问卷可以由封闭式问题和开放式问题组成，两者应视情况各占一定比例。
（3）对问卷进行编辑，并最终形成文件。
（4）请他人检查问卷，并加以评价。
（5）在小范围内对问卷进行模拟测试，并对结果进行评估。
（6）对问卷进行必要的修改。
（7）实施调查。

问卷调查法的优点主要有：问卷的编制灵活；可以在短期内向大量的人员进行调查；成本低；易于对数据资料进行归纳总结。同时，问卷法也有一些缺点：问卷编制周期较长；由于已经有了一定的结构，为此可能会导致一些偏差；限制被调查者表达意见的自由，不够具体；回收率可能会很低；有些答案不符合要求，加大筛选难度。

关于绩效差距的问卷基本问题如下：

（1）要改进的工作是什么？
（2）改进工作的具体期望是什么？
（3）谁担任该项工作？
（4）问题产生在哪里？
（5）问题发生在什么时候？
（6）问题造成了什么影响？
（7）问题发展情况如何？
（8）该项工作最好的员工与最差的员工之间的差别是什么？
（9）该项工作可以向哪些人获取进一步的信息？
（10）应当给予什么培训或组织支持？

（二）访谈法

访谈法是指通过与被访谈人进行面对面的交谈来获取培训需求信息。应用过程中，可以与企业管理层面谈，以了解组织对人员的期望；也可以与有关部门的负责人面谈，以便从专业和工作角度分析培训需求。一般来讲，在访谈之前，要求先确定到底需要何种信息，然后准备访谈提纲。

访谈中提出的问题可以是封闭性的，也可以是开放性的。封闭式的访谈结果比较容易分析，但开放式的访谈常常能发现意外，则更能说明问题的事实。

访谈可以是结构式的，即以标准的模式向所有被访者提出同样的问题；也可以是非结构式的，即针对不同对象提出不同的开放式问题。一般情况下是把两种方式结合起来使用，并以结构式访谈为主，非结构式访谈为辅。

采用访谈法了解培训需求，应注意以下三点：

第一，确定访谈的目标，明确"什么信息是最有价值的、必须了解到的"。

第二，准备完备的访谈提纲。这对于启发、引导被访谈人讨论相关问题、防止访谈中心转移是十分重要的。

第三，建立融洽的、相互信任的访谈气氛。在访谈中，访谈人员需要首先取得被访谈人的信任，以避免产生敌意或抵制情绪。这对于保证收集到的信息具有正确性与准确性非常重要。

另外，访谈法还可以与问卷调查法结合起来使用，通过访谈来补充或核实调查问卷的内容，讨论填写不清楚的地方，探索比较深层次的问题和原因。

（三）观察法

观察法是通过到工作现场，观察员工的工作表现，发现问题，获取信息数据。运用观察法的第一步是要明确所需要的信息，然后确定观察对象。观察法最大的一个缺陷是，当被观察者意识到自己正在被观察时，他们的一举一动可能与平时不同，这就会使观察结果产生偏差。因此，观察时应该尽量隐蔽并进行多次观察，这样有助于提高观察结果的准确性。当然，这样做需要考虑时间上和空间条件上是否允许。

在运用观察法时应该注意以下四点：

（1）观察者必须对要进行观察的员工所进行的工作有深刻的了解，明确其行为标准。否则，无法进行有效观察。

（2）进行现场观察不能干扰被观察者的正常工作，应注意隐蔽。

（3）观察法的适用范围有限，一般适用于易被直接观察和了解的工作，不适用于技术要求较高的复杂性工作。

（4）必要时，可请陌生人进行观察，如请人扮演顾客观察终端销售人员的行为表现是否符合标准或处于何种状态。

这种方法有利于得到有关工作环境的资料，且将评估活动对工作的干扰降至最低，对于管理类工作具有适当的帮助价值。但是由于观察法得到的结果一般都是表面的，要想得到真正有效的结果，还必须与其他方法配合使用。

（四）申报法

申报法包括两种维度，第一种由员工个人或部门自主地填写培训需求表。这样的调查方式较为自由，可以获取很多组织者或者管理者预想不到的信息。但是这种方式会存在培训申请不够实际，筛选工作量巨大等难以解决的问题。表3-6是一个个人培训需求表示例。

表 3-6 个人培训需求表

姓名：		学历：		
年龄：		工龄：		
培训课程名称	培训内容	时间	培训方式	备注

培训需求调查的另一个角度是培训开发组织者通过前期准备工作，做出简单的培训开发项目计划，向各部门发放申报表或调查表了解各部门的培训需求。具体步骤如下：

（1）企业确定年度工作目标，部门根据企业总的工作目标来确定部门年度工作目标。

（2）人力资源部门向各部门发放申报表或调查表。

（3）各部门根据各自的年度工作目标并结合员工个人的培训需求确定本部门的培训需求。

（4）人力资源部门根据企业的年度工作目标和各部门上报的培训需求制订公司年度培训计划初稿。

（5）征求各部门对年度培训计划初稿的意见，修改后报上级审批。

这种申报可以针对几项培训开发项目做出调查问卷进行调查，这样员工就可以有针对性地选择，而不是凭空想象。这种方式调查效率较高，但是也可能忽视一些本来急需培训开发而组织者没有认识到的项目。表 3-7 是某银行对 Excel 办公技能培训的需求调查表。

表 3-7 某银行对 Excel 办公技能培训的需求调查表

个人信息：					
姓名		年龄			
部门		学历			
工龄		性别			
项目调查：请在您认为最符合的表格中画对勾。其中，"1"代表非常不符合，"5"代表非常符合					
项目	1	2	3	4	5
1. 我在工作中经常会用到 Excel					
2. Excel 给我工作带来了很大的便利					
3. 我在使用 Excel 时，有很多功能不会用					
4. 我在工作中需要经常处理数据					
5. 我在工作中需要经常制定表格					
6. 我在工作中需要经常使用函数					
7. 我在工作中经常使用图表分析					
8. 我在工作中急需快捷键					
9. 我在工作中感觉到了 Excel 技能的欠缺					
10. 我赞成进行 Excel 办公技能培训					
培训事宜调查					
11. 如果要培训的话，我想培训时间在	工作日			周末	
	上午	下午	晚上	上午	下午	晚上
12. 您觉得公司还需要哪些培训					

（五）专家测评法

专项测评是一种高度专门化的问卷调查方法，设计或选择专项测评表并进行有效测评需要大量的专业知识。通常，一般的问卷只能获得表面或描述性的数据，专项测评表则复杂得多，它可通过深层次的调查，提供具体而且较系统的信息，如可测量出员工对计划中的公司变化的心理反应以及接受培训的应对准备等。由于专项测评法操作要求极高，并需要大量的专业知识作支撑，企业一般是聘请专业的测评公司来进行。然而，使用外部专业公司提供专项测评，会受到时间和经费的限制。

（六）头脑风暴法

在实施一项新的项目、工程或推出新的产品之前需要进行培训需求分析时，可将一群合适的人员集中在一起共同工作、思考和分析。在公司内部寻找那些具有较强分析能力的人并让他们成为头脑风暴小组的成员。还可以邀请公司以外的有关人员参加，如客户或供应商。

头脑风暴法的主要步骤如下：

（1）将有关人员召集在一起，通常是围桌而坐，人数不宜过多，一般十几人为宜。

（2）让参会者就某一主题尽快提出培训需求，并在一定时间内进行无拘无束的讨论。

（3）只许讨论，不许批评和反驳。观点越多、思路越广越好。

（4）所有提出的方案都当场记录下来，不作结论，只注重产生方案或意见的过程。

事后，对每条培训需求的迫切程度与可培训程度提出看法，以确认当前最迫切的培训需求信息。

（七）关键事件法

关键事件法与我们通常所说的整理记录法相似，它可以用以考察工作过程和活动情况以发现潜在的培训需求。被观察的对象通常是那些对组织目标起关键性积极作用或消极作用的事件。

确定关键事件的原则是：工作过程中发生的对企业绩效有重大影响的特定事件，如系统故障、获取大客户、大客户流失、产品交期延迟或事故率过高等。关键事件的记录为培训需求分析提供了方便而有意义的消息来源。

关键事件法要求管理人员记录员工工作中的关键事件，包括导致事件发生的原因和背景，员工特别有效或失败的行为，关键行为的后果，以及员工自己能否支配或控制行为后果等。

进行关键事件分析时应注意以下两个方面：①制定保存重大事件记录的指导原则并建立记录媒体（如工作日志、主管笔记等）。②对记录进行定期分析，找出员工在知识和技能方面的缺陷，以确定培训需求。

第四节　培训需求分析程序

培训需求调查是一项系统的工作，需要遵循一定的程序，包括做好培训前期的准备工作、制订培训需求调查计划、实施培训需求调查计划、分析与输出培训需求结果四个步骤。

一、做好培训前期的准备工作

培训工作开展之前，培训者就要有意识地收集有关员工的各种资料。这样不仅能在培训需求调查时很方便地调用，而且能够随时监控企业员工培训需求的变动情况，以在恰当的时候向领导人请示开展培训。做好培训前期的准备工作包括以下内容：

（1）建立员工背景档案。培训部门应注意员工素质、员工工作变动情况及培训历史等方面内容的记载，建立员工背景档案。

（2）同各部门人员保持密切联系。培训工作的性质决定了培训部门需要通过和其他部门之间保持更密切的合作联系，以随时了解企业生产经营活动、人员配置、企业发展方向等方面的变动，使培训活动开展起来更能满足企业发展需要、更有效果。

（3）向主管领导反映情况。培训部门应建立一种途径，使员工可以随时反映个人的培训需求。可以借鉴投稿信箱的方式，或者安排专门人员负责这一工作。

（4）准备培训需求调查。培训者通过某种途径意识到有培训的必要时，在得到领导认可的情况下，就要开始调查的准备工作。

二、制订培训需求调查计划

制订培训需求调查计划应包括以下四项内容：

（1）确定培训需求调查工作的目标，即根据培训项目的需要确定培训需求调查工作应达到的目标。

（2）培训需求调查工作的行动计划，即安排活动中各项工作的时间进度以及各项工作应注意的一些问题。

（3）选择合适的培训需求调查方法，即根据企业的实际情况以及培训中可以利用的资源选择一种合适的调查方法。例如，不宜对工作任务安排非常紧凑的企业员工采用访谈法。一般不对专业技术性较强的员工采用行为观察法。大型培训可以采用数种方法，如调查问卷法和个别访谈法结合使用，扬长避短，但会增加成本费用。

（4）确定培训需求调查的内容。首先要分析这次培训调查应得到哪些资料，然后除去手中已有的资料，就是需要调查的内容。

三、实施培训需求调查计划

在制订了培训需求调查计划后，就要按确定的计划依次开展工作。实施培训需求调查计划主要包括以下步骤：

（1）提出培训需求意愿。由培训部门发出制订计划的通知，请各负责人针对相应岗位需要提出培训意愿。

（2）调查、申报、汇总培训需求意愿。相关人员根据企业或部门的理想需求与现实需求、预测需求与现实需求的差距，调查、收集来源于不同部门和个人的各类需求信息，整理、汇总培训需求意愿，并报告企业培训组织管理部门或负责人。

（3）分析员工培训需求。申报的培训需求意愿并不能直接作为培训的依据，分析员工培训需求需要考虑以下问题：受训员工的现状；受训员工存在的问题；受训员工的期望和真实想法。需要由企业的组织计划部门、相关岗位、相关部门及培训组织管理部门从整体和近中期的工作计划来考虑，共同对申报的培训需求动机和愿望进行分析。

（4）初步汇总培训需求意见，确认培训需求。培训部门对汇总上来并加以确认的培训初步需求列出清单，参考有关部门的意见，根据重要程度和迫切程度初步排列培训需求，并依据所能收集到的培训资源制订初步的培训计划和预算方案。

四、分析与输出培训需求结果

（1）对培训需求调查信息进行归类、整理。培训需求调查的信息来源于不同的渠道，信息形式有所不同，因此，有必要对收集到的信息进行分类，并根据不同的培训调查内容的需要进行信息的归档，同时要制作一套表格对信息进行统计，并利用直方图、分布曲线等工具将信息所表现的趋势和分布状况予以形象地表示。

（2）对培训需求进行分析、总结。对收集上来的调查资料进行仔细分析，从中找出培训需求。要结合业务发展的需要，根据培训任务的重要程度和紧迫程度对各类需求进行排序。

（3）撰写培训需求调查报告。对所有的信息进行分类处理、分析和总结以后，就要根据处理结果撰写培训需求调查报告，报告结论要以调查的信息为依据，不可依个人主观看法做出结论。

习　题

一、单选题

1. 小微企业通过下列哪一项就可以知晓每个员工的培训需求（　　）。
   A. 观察法和访谈法　　　　　B. 观察法和关键事件法
   C. 访谈法和关键事件法　　　D. 关键事件法和档案资料法
2. 下列哪一模型是培训需求分析的经典模型（　　）。
   A. 绩效分析模型　　　　　　B. 前瞻性培训需求分析模型
   C. 胜任力特征冰山模型　　　D. Goldstein 分析模型
3. 下列哪一项属于胜任力特征冰山模型的表层特征（　　）。
   A. 社会角色　　B. 知识技能　　C. 自我概念　　D. 特质动机
4. 培训需求分析的第一步是（　　）。
   A. 任务分析　　B. 岗位分析　　C. 组织分析　　D. 人员分析
5. 当任务的重要性和需要的技能水平处于双高的条件下，该领域的培训属于（　　）。
   A. 不去培训　　B. 重点培训　　C. 选择培训　　D. 及时培训
6. 下列哪一项不属于员工个性结构指标（　　）。
   A. 员工综合素质　　　　　　B. 员工自我效能
   C. 员工学习动机　　　　　　D. 员工工作岗位
7. 总体上评估个体员工的绩效，将员工划分为业绩优秀者和业绩不佳者是（　　）。

A. 判断式人员分析 B. 诊断式人员分析
C. 隐藏式人员分析 D. 系统式人员分析

8. 一种新的生产技术出现，需要（　　）。
A. 长期性培训　　B. 短期性培训　　C. 重复性培训　　D. 循环性培训

9. 当今收集资料最流行且有效的方式之一是（　　）。
A. 调查问卷法　　B. 绩效评估法　　C. 行为观察法　　D. 集体研讨法

10. 下列哪一项不属于传统培训需求方法（　　）。
A. 组织分析法　　B. 绩效分析法　　C. 胜任力分析法　　D. 任务分析法

二、多选题

1. 下列哪些属于影响培训需求分析的常规性因素（　　）。
A. 企业发展战略　　B. 员工行为评估　　C. 企业资源状况
D. 员工职位调整　　E. 产品销售量下降

2. 任务分析需要考虑的因素主要包括（　　）。
A. 岗位职责　　B. 任职资格　　C. 绩效标准　　D. 工作表现　　E. 人力清单

3. 组织资源分析主要包括（　　）。
A. 资金资源　　B. 组织资源　　C. 时间资源　　D. 外部资源　　E. 人力资源

4. 人员层面需求分析过程主要包括（　　）。
A. 工作输入　　B. 工作输出　　C. 工作结果　　D. 工作反馈　　E. 个体特征分析

5. 培训需求分析的工具包括（　　）。
A. 调查问卷法　　B. 绩效评估法　　C. 行为观察法
D. 集体研讨法　　E. 关键事件法

三、名词解释

培训需求分析　　　组织层面培训需求分析　　　任务分析
人员分析　　　绩效分析法

四、简答题

1. 简述培训需求分析的意义。
2. 简述运用组织分析法确认培训需求的主要步骤。
3. 简述问卷调查法的优缺点。

五、论述题

试述培训需求分析的一般程序。

习 题 解 答

一、1. A　2. D　3. B　4. C　5. B　6. D　7. A　8. B　9. A　10. C

二、1. ABC　2. ABCD　3. ACE　4. ABCDE　5. ABCDE

三、培训需求分析是指在规划与设计每项培训活动之前，由培训部门采取各种办法和技术，对组织及成员的目标、知识、技能等方面进行系统鉴别与分析，从而确定培训必要性及培训内容的过程。

组织层面培训需求分析是指通过对组织目标、组织资源、组织环境、组织员工素质结构等因素进行分析，找出组织存在的问题，以及问题产生的原因，确定具体培训需求的一种分析方法。

任务分析是指通过查阅工作说明书或具体分析完成任务所需要的知识、技能和态度，找出差距，确定培训需求，由此确定与任务相关的各项培训内容，并定义各项培训内容的重要性和掌握的困难程度。

人员分析是从培训对象的角度分析培训的需求，通过人员分析确定哪些人需要培训及需要何种培训。

绩效分析法是指对在岗员工的工作绩效进行深入细致的研究，将当前的工作绩效水平与工作绩效标准或要求进行对比，找出差距，分析造成差距的原因和弥补差距或超越标准所应做的努力和需要，确定是否应当通过培训来改进。

四、1. ①确认现实绩效和理想绩效的差距；②测算员工培训的成本与价值；③为获得组织的支持创造条件；④丰富员工信息资料库的内容；⑤促进人事开发系统的建立；⑥提供可供选择的解决问题的方法。

2. ①寻找组织存在的问题；②确认培训可以解决的问题；③分析培训资源；④确定培训需求和培训对象。

3.（1）问卷调查法的优点主要有：问卷的编制灵活；可以在短期内向大量的人员进行调查；成本低；易于对数据资料进行归纳总结。

（2）问卷调查法也有一些缺点：问卷编制周期较长；由于已经有了一定的结构，为此可能会有一些偏差；限制被调查者表达意见的自由，不够具体；回收率可能会很低；有些答案不符合要求，加大筛选难度。

五、第一，做好培训前期的准备工作；第二，制订培训需求调查计划；第三，实施培训需求调查计划；第四，分析与输出培训需求结果。其他合理答案均可。

HAPTER 4

第四章 培训与开发规划

[内容提要]

　　培训与开发规划在企业培训管理活动中具有极为重要的地位和作用。员工培训规划，是企业人力资源开发的重要组成部分。它是以培训需求分析为基础，从企业总体发展战略的全局出发，根据企业各种培训资源配置的实际情况，对计划期内的培训目标、对象和内容、培训评估的标准、负责培训的机构和人员、培训的规模和时间、培训师的指派、培训所需费用的预算等一系列工作所做出的统一安排。本章从中长期规划、年度规划和项目规划三种不同的维度阐述企业培训与开发规划，最后系统讲解培训与开发经费的预算。

[学习要点]

1. 了解培训与开发规划的含义、要求；
2. 理解培训与开发目标和规划的制定；
3. 掌握中长期、年度和项目培训与开发的主要内容；
4. 了解培训预算的原则、分配；
5. 理解培训预算的操作流程和核算方法。

开篇案例：企业年度培训计划是否应当或需要为员工所知？

根据前程无忧网 2008 年的企业调查数据显示：企业之间在指定培训与开发规划上存在很大的区别，接近 60%的企业都有制订年度培训规划的意识，但是被调查企业中 13%的企业从未制订年度培训规划，此外，接近 30%企业没有每年都制订年度培训规划，基本上流于形式。从企业的不同性质来看，外资企业和股份有限制公司等制订培训规划的所占比重远高于民营企业。以上调查结果从一定层度上反应了企业对培训与开发规划的不重视，由此可以推测，市场经济体系中比重最大的但未被调查的中小企业、小微企业的培训规划情况也甚为堪忧。

此外，从员工调查数据来看，34%的员工认为其所在的企业从未制订过中长期和年度培训规划，13%的员工对此报模糊的态度。与针对企业的调查数据相比，针对员工的调查数据中企业未制订培训年度规划的比重更高，这说明了部分企业制订的年度规划并不为员工知晓，没有员工参与。那么，企业所制订的年度培训规划是否应当或需要为员工所知？

资料来源：《华商报》

第一节　培训与开发规划概述

一、培训与开发规划的内涵

培训与开发规划是指根据企业的发展规划，针对员工工作过程中出现的各种现象，结合公司发展规划和总体发展战略，大力提升员工素质，突出人才培养及专业技术力量储备培训。

培训规划有着非常重要的作用，它承上启下，不仅关系到培训需求分析成果的落实，更重要的是还关系到企业员工整个培训过程的顺利实施和运行，以此保证了各种培训目标的实现。总而言之，员工培训规划的准确性、实用性质和可行性，即精密详细、科学合理的程度，决定了企业人力资源培训与技能开发是否会成功。

按时间跨度来分，企业培训与开发规划可分为长期规划、年度规划和短期规划。长期规划一般指企业 3~5 年的培训与开发规划，而短期规划通常为 1 年以内，如表 4-1 所示。

表 4-1　培训与开发规划种类

规划种类	规划层面	内涵
长期规划	宏观：战略层面	结合企业发展战略，明确企业长期培训与开发的总体目标，从宏观层面提供方向性的指导
年度规划	中观：运营层面	企业未来 1 年的培训规划方案，涉及培训项目的筛选、排序，资源配置等，为培训与开发部门提供运作性框架
短期规划	微观：操作层面	是指针对每项不同项目的培训活动或课程的具体计划，为项目执行者提供操作性指南

二、培训与开发规划制订的原则

培训规划作为满足员工培训需求的活动实施方案，它以实现企业人力资源开发为目标，因此其制订过程必须坚持以下原则。

1. 培训需求多样化

在制订培训规划过程中，需要根据不同的工作任务、不同的培训对象和不同的培训需要制订不同的培训规划。具体包括：①不同的工作任务应有不同的培训规划，如培训规划应明确各种工作任务的要求，针对特定的工作岗位，提出具体的培训策略。②不同的对象应有不同的培训规划，以激发不同受训者的学习兴趣，满足员工提高职业操守和专业技能水平的需要。③不同的培训需要有不同的培训规划，如针对不同的培训范围、对象和内容，制订切实可行的培训方案，采用不同的程序、步骤、工具和方法，满足各类岗位人员不同的培训需求。

2. 培训规则标准化

培训规则标准化就是要求在整个培训规划的设计过程中，确立并执行正式的培训规则和规范。企业通常面临着多种培训项目，需要进行筛选和排序，以及将资金在各个项目中进行配置。从员工参与培训的角度，企业也面临着培训谁，培训什么，何时培训，如何培训，用何种方式方法培训，要达到什么目标，取得何种结果，采用何种培训标准，下一步如何进行等问题。解决以上培训规划中遇到的难题，企业需要拥有一套标准化的培训规则，这些规则和规范能够公正地决策企业培训的重点，正确地选择哪些员工需要培训，而不是依赖于个人的经验或少数人的决断，减少因培训规划设计者个人的经验、知识水平、专业技术等方面而产生局限性，导致培训规划目标的偏离。培训规划的设计必须从工作岗位应具备的知识、技能和心理素质出发，根据各类岗位人员的实际需要确定培训范围和对象、培训内容和方式方法。

3. 制订过程系统化

制定过程系统化是要求在培训规划制订过程中各个环节在程序上保持统一性和一致性，其具体包括：培训规划从目标设立到实施的程序和步骤，从培训对象的确定到培训的内容、方式方法、培训师乃至培训评估标准的制定，都需要围绕培训规划制订的出发点进行决策，各个环节有效衔接，实现培训规划整个过程的系统化。例如，当培训规划的侧重点是提高员工的知识技能，那么在确定培训内容方面会以专业知识为主导，培训方法则以讲授或者多媒体教学方式，培训评估可能会更加侧重从学习层面进行考核。统一的、一致性的培训规划过程的制订，可以保证培训工作有序地进行，也能使培训活动各项目之间的联系和培训目标的一致性得到保证。

三、培训与开发规划有效实施的条件

培训与开发规划是打造企业高绩效团队，全面提升员工的综合素质和业务能力的便捷途径。许多企业的培训与开发规划制订得非常漂亮，却不实用；做得热闹，却不实际；规划总是有，实施年年差。以上这种现象很大程度上是没有注重培训与开发规划的实施。总体来说，要实现培训与开发规划带动生产力的发展，需要把握以下条件。

1. 要想做好培训与开发规划必须重视培训与开发规划

人才的培训是企业提升人才素质、实现企业绩效最重要的手段。人才竞争归根结底就是企业的核心竞争力之争，一个企业重视对员工的培训，就必须要重视员工的培训规划。

企业要想做好切实可行又能够为企业带来明显效益的培训规划，首先必须从根本上重视培训与开发规划，不要仅仅将培训看成可有可无的事情。一个好的培训与开发规划绝不会只是一些培训课程的组合，同时让人抓不着重心、感受不到与企业绩效的关联性，或捕捉不到与企业战略的影子；而一个差劲的培训与开发规划往往只会浪费大量的资源，却得不到任何效果。只有从思想上重视培训与开发规划，才能够正确对待培训与开发规划，也才能够制订出有效可行的培训与开发规划。

2. 做好培训与开发规划必须落实到相关部门

提供必要的人力和组织保障是做好培训与开发规划的重要前提。在中长期培训与开发规划过程中，董事会、部门负责人等公司中高层领导必须主导，形成强有力的决策团体，这样才能将企业的发展战略和发展方向有效地融入中长期培训规划，同时应该积极鼓励员工参与，表达员工的诉求，为中长期培训与开发规划出谋献策。

年度培训与开发规划和短期培训与开发规划的制订和实施，关键是落实负责人或负责单位。要建立责任制，明确分工。负责培训规划工作的人一定要有相当的工作经验和工作热情，要有能力让董事长批准培训与开发规划和培训预算，要善于协调与生产部门和其他职能部门的关系，以确保培训规划的实施。

3. 负责企业培训规划的人应该具备以下基本素质

企业培训规划的主要负责人对培训规划的形成和实施影响重大，甚至在很大程度上决定了培训规划的实施效果，作为一名负责人必须具备以下基本素质：

（1）了解企业的发展历程和发展战略，熟悉自身企业的文化。

（2）对培训行业要有相当的了解，熟悉大量的培训公司和培训讲师。

（3）掌握培训需求调查的基本方法和手段，能够深入了解员工状况。

（4）掌握培训预算管理和培训实施管理。

（5）掌握培训评估的主要方法和手段。

（6）要善于营造良好的培训氛围。

良好培训氛围的营造可以实现以下目标：第一，让企业高层重视培训，并能够使培训预算顺利通过；第二，能够吸引广大员工的参与并激发他们的热情；第三，提高培训在全企业中的满意度。

四、培训与开发规划的制订步骤

制订培训与开发规划是一个复杂的过程，其中每一个步骤都有自己的目标和实现目标的方法。在实践中，这些步骤是不能截然分开的，培训者可以根据自己的需要来确定各个步骤的先后顺序，也可决定是否跨过或重复其中一个或几个步骤。

1. 培训需求分析

培训的目的在于提高员工的工作绩效，这就需要一种机制来决定员工现有绩效是否需要提高，以及在哪方面和何种程度上来提高。在培训规划设计过程中，这种机制就是需求分析。

2. 工作说明

要想判断某一培训规划应包括什么，不包括什么，就需要有一种机制来说明培训与什么

有关或与什么无关。在培训规划设计中，这种机制就是工作说明。

3. 任务分析

由于各类工作岗位的任务内容不同，所以对培训的要求也就不同。有些工作任务可能要求培训提供专业知识方面的支持，有些工作任务可能要求培训提供解决某种问题的方法。因此，要想为某项工作任务选择切实可行的培训方法，就需要采用特定的方式，对岗位工作任务的培训需求进行分析。

4. 陈述目标

目标是对培训结局或由培训带来的岗位工作结果的规定。为了使培训达到预定的目标，就需要对培训目标进行清楚明白的说明。

5. 项目排序

根据培训需求分析、工作说明和任务分析，结合企业发展战略和培训目标，对诸多待培训项目进行排序，在有限的企业资金、人力资源的条件下，选择企业最为重要、最为紧迫的项目优先开展，无关紧要的项目延缓或者取消。

6. 设计测验

培训规划设计最终要对培训项目的布局进行评估。因此，它必须提供可靠的和有效的测评工具。这些工具必须能精确地显示，受训者在经过培训后有多少进步。因而，设计者要设计测验。

7. 制定培训策略

根据测验得出的最佳培训安排，选出核心的培训项目，制定具体的培训策略，即根据培训面临的问题环境，来选择、制订相应的培训方案。

8. 设计培训内容

培训策略必须转化成具体的培训内容和培训程序，才能被执行和运用。因而，在实际操作环节，培训内容的设计至关重要。

9. 实验

按照上述步骤设计的培训规划，从理论上讲可能尽善尽美。但是，它是否考虑了不该考虑的因素，它是否能在实践中起到预期的作用，需要将培训规划进行实验，然后根据实验结果对之进行改善。

第二节　培训与开发长期规划

培训与开发长期规划是指从企业战略发展目标出发，围绕企业总体人力资源战略规划，以此制订相应的长期培训计划。一般长期培训计划的期限为 3~5 年，时间过长则有些变化因素无法做出预测，而时间过短则长期培训计划的制订就失去了意义。长期培训计划的设计基于掌握组织的架构、功能与人员状况，了解组织未来几年发展方向与趋势，了解组织发展过程中员工的需求，结合组织现阶段工作重点与需求，同时明确哪些资源可供利用。

一、企业战略、人力资源战略和培训与开发战略的关系

企业战略是一个自上而下的整体性规划过程。一般来说，企业的战略类型主要包括：成

本领先战略、差异化战略和集中化战略。人力资源管理的发展经历了人事管理、人力资源管理和战略性人力资源管理三个阶段。人力资源管理战略是指为了实现组织长期目标,以战略为导向,对人力资源进行有效开发、合理配置、充分利用和科学管理的制度、程序和方法的总和。它包括人力资源规划、招聘与配置、培训与开发、绩效管理、薪酬福利管理、劳动关系管理等环节,以保证组织获得竞争优势和实现最优绩效。因而,人力资源管理战略是一个中心纽带,一方面与企业战略紧密相连;另一方面又涵盖了培训与开发战略。

培训与开发活动是企业人力资源职能的组成部分之一,其在制定自己使命、愿景和战略时必须始终围绕企业总体人力资源战略,因此,制订培训与开发规划的起点必须是理解企业人力资源战略,而人力资源战略又必然追溯到企业战略,由此路径制定和企业经营对人员知识和技能的要求相适应的培训与开发战略,体现了培训与开发规划与人力资源规划和企业规划的一致性。图4-1显示了三者之间的战略递进和支撑关系。

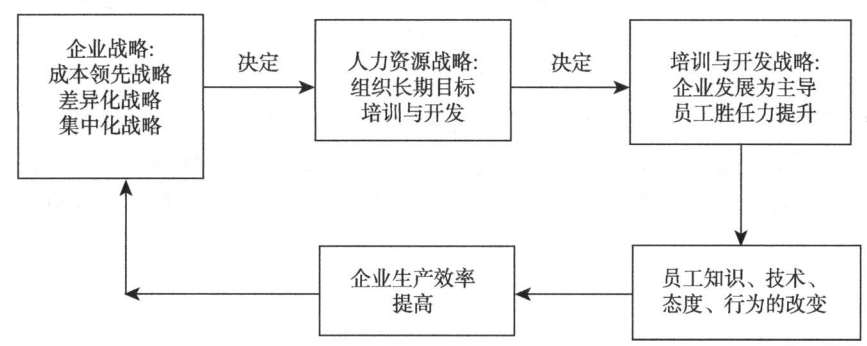

图 4-1　企业战略、人力资源战略和培训与开发战略的关系

二、长期培训规划制订的主要事项

(一)非培训直接事务

1. 企业的长远目标分析

确定企业长远发展目标依赖于企业发展战略。企业发展战略能指出实现长远目标的策略和途径。通过对企业长远发展中市场机会的分析、自身优势的分析、自身劣势的反思、市场竞争因素的考虑、可能存在的问题预测、团队的培养和提升等综合因素的考虑,对企业自身进行定位,并最终确定出企业的长远目标,确定企业的发展路线,指导企业向既定的方向发展。当然,战略确定的目标必须与企业的宗旨和使命相吻合。

2. 个人的长远目标分析

培训与开发规划最主要的目的是提高企业长期竞争力,但是也不能忽视员工的长远发展需求。培训是针对员工的培训,企业生产力的提高也是由员工来创造,因而在制订长期培训规划的时候必须考虑个人的长远目标。企业目标与员工个人目标(个人利益)是否协调一致及一致程度直接影响着企业目标能否实现和实现目标的效率。每个企业组织目标的制定都要考虑个人目标的影响。企业目标有可能与个人目标不相一致,即出现企业利益与个人利益相冲突的情况。因此,在企业目标和个人目标中寻找最佳匹配点,是企业长期规划有效实施的保障。

3. 外部环境的发展趋势分析

外部环境影响企业的发展方向和发展策略，要制订准确的长期培训与开发规划，离不开对外部环境发展趋势的分析。外部环境发展趋势分析的重点是识别和评价超出公司控制能力的外部发展趋势与事件。成功的培训与开发规划必须将主要的资源用于对企业发展最有决定性的项目上。通过外部环境分析，企业可以很好地明确自身面临的机会与威胁，从而决定企业能够选择做什么。对外部环境的未来变化做出正确的预见，是长期规划能够获得成功的前提。

4. 目标与现实的差距

企业目标就是创造价值，实现其宗旨所要达到的预期成果。企业目标就是企业发展的终极方向，是指引企业航向的灯塔，是激励企业员工不断前行的精神动力。通常，企业目标与企业当前发展状态之间有很大差距，弥补差距也是培训产生的主要原因。培训规划的制订以目标与现实的差距为出发点，对症下药，有针对性地制订培训计划。

5. 人力资源开发策略

人力资源开发策略是指为有效地发掘企业和社会上的人力资源，积极地提高员工的智慧和能力，所进行的长远性的谋划和方略。注重：①全方位培训；②多层次的培训方法；③交叉立体化的培训模式；④引进国内外杰出人才；⑤职业技术人才，尤其是高级职业技术人才的培养。

（二）培训直接事务

1. 培训策略

培训策略是指企业对较长时期内的培训工作所做的全局性、根本性、方向性的谋划与安排，有助于公司在较长时期内排除多种变动因素给培训工作带来的影响，使培训工作有条不紊地顺利开展。其主要包括：①职工培训的总体方向、指导思想；②对各种变动因素的评估；③培训的基本方法；④临时性灵活措施的安排；⑤对培训效果进行评价，必要时对培训战略进行修改。

根据企业所处的阶段不同，可以将培训策略分为三个阶段：第一个阶段是离散阶段，主要重视员工培训；第二阶段是整合阶段，主要重视经理培训；第三个阶段是聚焦阶段，重视整个组织，搭建学习型组织的平台。

（1）离散阶段的策略。当企业处于培训的离散阶段时，培训与组织目标无关联，培训被看成是一种浪费时间或浮华，企业在工作时间内是不给员工时间去接受培训的，觉得培训就是耽误企业的工作。因此，这个阶段培训的运作是非系统性的，功利性导向使得企业员工缺乏培训。培训被看成仅仅是培训部的事，人力资源部是培训的主角，因为企业的发展还处于初级阶段，这时候培训战略不能定得太远，应采取纯粹的基础培训为主，也就是以业务技术知识为主，指的是冰山上面的部分。

（2）整合阶段的策略。当企业处于培训的整合阶段时，培训开始与人力资源的需求相结合，也与评价体系相联系形成系统性。这时的培训既要强调基础知识，又要强调技能性内容。人力资源需求对培训的影响促使企业关注发展问题。这时培训的主角变成了部门经理，他们把培训需求报给培训部，同时进行在职辅导。由于部门经理的参与，人力资源部不用忙于去办各种业务培训，但是培训内容范围的扩展对培训者的技能范围要求扩大了，他们要为员工设计课程即量身定做。

（3）聚焦阶段的策略。面对迅速变化的企业环境培训发展，个人的不断学习与提高被看成是组织生存的必要条件。当企业处于培训的焦距阶段时，培训与企业战略和个人目标相联系。企业注重员工职业发展，这样也使学习成为一个完整连续的过程，专家的培训内容涵盖知识、技能、价值各个领域。这时培训的重点应该放在企业组织身上，形成一个人人学习的浓厚气氛，而不用放在任何个人身上。培训的后续行动计划，就是用一些手段帮助员工使他们能够更自发地学习。在聚焦阶段，员工可以自行选择培训课程，企业更加重视评估培训与发展活动的效果。这时企业一定要允许失败并将其视为学习过程的一部分。

2. 培训资源配置

企业培训资源包括：资金资源、时间资源和人力资源三大类。从长期规划来说，企业的资源配置核心是考虑资金的配置。资金资源可以理解为企业对长期培训投入的总额度。一般企业都将利润的小部分用于培训。此外我国还有职工教育经费的投入。单位职工不但有取得劳动报酬的权利、享有集体福利的权利，还有接受岗位培训、后续教育的权利，为此需要一定的教育经费。根据《中华人民共和国企业所得税法实施条例》的规定，企业发生的职工教育经费支出，不超过工资薪金总额 2.5% 的部分，准予扣除；超过部分，准予在以后纳税年度结转扣除。

3. 培训内容选择

企业培训的内容很多，一般由知识培训、技能培训和态度培训三部分组成。我国的企业培训主要停留在员工的知识和技能方面的培训，而在其他方面的培训做得不够，如对企业文化的传承、企业内聚力的加强、员工工作热情的激发等方面认识不足，导致只注重技能培训，忽视态度培训。虽然员工技能得到长足提高，但缺乏正确的工作态度和优良的职业精神，最终结果是员工离职率居高不下，企业的培训投入白白浪费。

此外，企业内不同层次、不同部门的员工需要接受的培训内容各不相同。即使是同层次、同部门、同一个员工不同的时间、不同的工作性质，其所需接受的培训也不相同，因此针对企业的实际情况及员工的具体需求设计培训内容是十分重要的。不同层次的管理人员需要培训的内容不同，一般而言，高层管理者需要培训的内容是：①新的企业观念；②企业经营理念；③适应及改造环境的能力；④领导控制能力。中层管理者需要培训的内容是：①人际关系；②管理基础知识；③领导控制能力；④作业管理。基层管理者需要培训的内容是：①人际关系；②培养下属；③指导工作。

同时，企业内不同部门所需培训的内容也不相同。企业经营活动的主要部门是生产、营销、财务、人力资源管理等。生产部门的培训内容除与生产作业直接有关的专门培训外，主要还有生产计划、生产组织、生产管理、制造管理、作业研究、设备管理、机械管理、工具管理、图表管理、运输管理、采购管理、计量管理、品质管理、库存管理、物料管理等。营销部门的培训内容主要有市场调查、营销分析、营销、销售折扣、产品价格、营销组织、促销、广告、宣传、产品知识、销售技巧等。财务部门的培训内容主要有财务预算、资金筹措

与管理、股利分配、经济学、成本原理、成本分析、计量管理、管理数学等。人力资源管理部门的培训内容主要有任用、调配、升迁、绩效考核、薪酬福利设计、安全卫生、人际关系、沟通劳资关系等。企业培训最好能分层次、分部门进行，这样有助于培训内容的设计。培训的内容是否有针对性直接影响到企业培训的效果。

4. 培训支援计划

培训支援计划是指为适应各部门的特殊要求而专门制订的培训计划。企业部门自身不具有实现培训项目的能力或资源，人力资源管理部门（主要负责培训的模块）应当根据各部门的培训支援需求，制定具体的支援策略，系统分析培训支援的对象、目标、内容、策略、行动及效益预测，做出对企业最有利的培训支援计划。

5. 培训效益预测

培训是一项企业投资，追求经济效益。培训经济效益是指培训的投入与产出，或消耗与成果、所费与所得之比。完整的培训经济效益的含义应包括两个方面的内容：第一，培训投资的使用效率，具体表现在同等培训质量条件下人均培训费用的降低；第二，人才培训后的社会经济效益，一般表现在同等物质技术装备条件下，劳动生产率的提高。前者是培训的直接经济成果问题，其提高可使一定的培训投资培养出既多又好的学员；后者是指培训与企业或与国民经济增长的关系，即通过培训提高劳动者能力和素质，促进国民经济增长的部分。

人们通常习惯将第二部分效益称为培训经济效益，即通过培训在经济上带来的回报和利益，或者说，培训在实现企业或国民经济增长中的作用和贡献。培训经济效益是一个十分复杂的问题，从不同侧面、不同角度可进行多种分析，因而也就得出不同的认识和结论。从时间上分，有长远的经济效益和眼前的经济效益；从层次范围上分，有宏观经济效益和微观经济效益；从空间上分，有企业内部的经济效益和企业外部的经济效益；从受益对象上分，有个人（职工）、企业、国家（或社会）的经济效益；从受益的作用方式上分，又可分为直接经济效益和间接经济效益；等等。因此，对培训的人力资源的量化管理经济效益分析，要有一个系统的观点，进行全面综合的评价和分析。

培训效益预测有助于企业对长期培训投入做出最为有利的决策，从理论而言，培训能够给企业带来效益，因而预测也能使企业决策层正确认识并对培训足够关注和重视，从而促进培训事业的发展，进而保证国民经济持续、稳定、协调的发展。

三、长期培训规划的选择

长期培训规划能充分分析企业内外部环境的发展趋势，能在充分考虑企业及员工个人的长远目标（个人职业生涯设计）的基础上，明确培训所要达到的目标与现实之间的差距以及培训资源的配置等方向性和目标性的问题。目标与现实之间的差距、培训资源的合理配置是影响培训最终结果的关键性因素，决策者和培训管理者在长期培训规划的选择中必须加以考虑。

培训与开发长期规划主要从企业长期发展的角度，对所有需要做的培训活动进行分析，并确定哪些规划需要重点开展；哪些有问题的规划需要调整后再做；哪些需要暂不开展，等待时机需要，再继续展开；哪些培训规划从长期来说完全没有必要。如表 4-2 所示，对于可以选择的诸多规划，通过分析与企业战略和人力资源管理战略的匹配度、目标与现实的差距程度、企业培训资源、培训效益预测等影响因素进行加权预测，得出最优长期培训规划。

表 4-2 长期培训规划的选择

培训与开发长期规划	选择因素					评分	决策（四种选择）
	企业战略匹配度	人力资源管理战略匹配度	目标与现实的差距程度	企业培训资源	培训效益预测		
规划 1							重点执行
规划 2							适当调整
规划 3							暂不执行
规划 4							完全放弃
……							

第三节 培训与开发年度规划

年度规划是由培训与开发战略所确定的本年度培训与开发的项目大类、子项目、参加人员、时间和地点，以及企业层面的培训与开发效果的评估方案。

一、年度培训与开发规划概述

（一）年度培训与开发规划的含义

年度培训与开发规划是指组织根据培训规划制订的全年培训运作计划。执行主体应该是组织各个责任部门的需求，目的是保证全年培训管理工作及业务工作的质量。它回答的是组织培训做什么、怎么做、何时做、谁来做，以及需要多少资源、会得到什么收益等基本问题。

年度培训计划的内容是各类任务计划组合，包括培训组织建设、项目运作计划、资源管理计划、年度预算、机制建设等，它的任务是培训规划的二级展开，并保证年度培训规划的实现。

年度培训与开发规划的有效执行必须遵循以下前提。

（1）从系统的分析培训需求入手。这样，培训不仅满足了企业的培训需求，还满足了部门及员工的培训需求；不但满足了当前工作任务的需求，还满足了长远的企业发展战略的需求。系统、全面、到位的培训需求分析是制订年度培训规划首先要做的步骤。

（2）建立培训课程目录，制订年度培训课程开发计划。培训需求分析完成后，下一步就是为实现这些需求而安排培训课程。许多企业做的培训完全没有积累培训课程，也没有规划企业到底需要哪些培训课程来满足培训需求。从需求的频率来分，培训课程可分为常规课程和随机课程两类。对于常规课程，培训管理者应该分门别类地建立完整的课程目录，加强对课程的管理，并保证课程的延续和持续改善，并根据课程目录制订年度培训课程开发计划，从而使培训更系统、更完善。

（3）推行培训案例征集制度，提高培训的有效性，增强培训的吸引力。

（4）制定岗位技能表，系统分析员工的培训需求。这是一项复杂的系统工作，不是一个部门，也不是短时间内所能完成的工作，企业要真正地提高员工的素质，使培训更有水平、更系统，这是必不可少的一环。当这项工作完成之后，许多问题就迎刃而解，培训工作也变得更有效、更系统。

（5）推行教练体系，全面提高培训效果。培训效果是培训管理者最头痛的问题。美国三名培训师奥里维罗（Olivero）、本（Ben）和科普曼（Kopelman）的一项研究结果显示，培训可以提高的工作效率为22.4%，而培训加教练可以提高的工作效率为88.0%。这表明，教练是增强培训效果的非常有效的手段。在企业内部建立一支教练队伍，或者就把内部培训师训练成一支教练队伍，针对一些重要的课程与技能，针对一些重点的员工，采取培训加教练的方式，能极大地增强培训效果。内部教练在提高专业技能上尤其有效，如销售技能的培训、各专业模块的培训等。

（二）培训规划组织者的工作内容

（1）培训组织建设。培训部门必须结合组织设计部门进行培训组织研究，并提出组织改善建议，包括培训部门架构调整、人员配备、考核管理体系完善计划等。

（2）培训项目运作计划。培训项目组合是培训项目运作计划的基本表现形式，培训部门必须清晰地回答本年度都将举办什么培训项目，都有哪些类别，在什么时间进行，谁主办，费用等资源要求，也包括课程子方向分解或细化等。这个必须通过深度或专业调研来完成，一般必须根据年度需求调查来进行决策调整。

（3）资源管理计划。无论是培训项目，还是培训组织建设，都需要一定的资源保证，培训部门必须充分地考虑费用等资源，如课程体系、费用、讲师、外部顾问等，并对课程体系、讲师建设、教材开发、设施建设、费用投入预算等工作提出明确方向。

（4）年度预算。年度预算不仅包括费用数量要求，而且包括费用管理执行策略，甚至包括费用管理制度的修订。年度预算要进行分解提报，如差旅费、课程费用、教材费用等的分解提报。

（5）机制建设。必须考虑如何推动组织建设？如何调动讲师积极性？如何督促学员的参训热情？如何保证教学质量？如何降低教学及培训组织成本？机制建设实际上是属于作业计划里的政策规则，可以保证年度计划实施的质量。

二、年度培训与开发规划的制订过程

（一）年度培训规划制订的基本原则

年度培训计划的创建难度并不是很大，只要遵循科学的方法体系，坚持一定的原则，一个有效而且人人满意的计划就可顺利完成，并将为今后的圆满实施提供坚实的基础。年度培训与开发规划制订的基本原则具体如下所示。

原则一：培训计划必须首先从公司经营出发，"好看"更要"有用"。

原则二：更多的人参与，将获得更多的支持。

原则三：培训计划制订前必须要进行培训需求调查。

原则四：在计划制订过程中，应考虑设计不同的学习方式来适应员工的需要和个体差异。

原则五：尽可能多地得到公司最高管理层和各部门主管承诺及足够的资源来支持各项具体培训计划，尤其是学员培训时间上的承诺。

原则六：提高培训效率要采取一些积极性的措施。

原则七：注重培训细节。

（二）年度培训规划制订的基本流程

年度培训计划的制订步骤可以根据公司具体情况进行具体界定，试图将其局限于几个步骤的描述则不甚科学合理。大体上由下面几类任务组成。

（1）前期准备。包括年度培训总结、年度规划制订工作、培训年度计划制订动员会（宣传年度计划项目进程等）、各机构或部门的策略宣传等。这部分自上而下启动。

（2）培训调查分析研究。包括内部访谈与收集信息、现况分析与策略思考、机制评价、资源评估、培训规划分解、公司高层培训工作意见等。这部分甚至要统一召开培训系统会议来推动、展开培训需求调查。

（3）年度培训计划主体内容。包括培训组织建设、项目运作计划、资源管理计划、年度预算、机制建设等方面的内容，需要有量化的目标、具体行动方式和保证机制等。这部门自下而上形成。总部必须重新排列项目组合，平衡内外训练资源，编拟培训经费预算，并最后进行效益预估与潜在问题分析。

（4）年度培训计划的审批及展开。总部培训管理部门整合年度培训计划，遵从一定流程获得审批后，下发各部门或机构进行传导，并督促其完成年度培训计划的二次修订。

（三）培训与开发年度规划表

培训与开发年度规划表一般以培训项目类别来分类。一般而言，根据企业员工的性质可以分为新员工入职培训和在职员工培训，其中在职员工培训包括：销售人员培训、技术人员培训、生产人员培训和管理人员培训。根据是否脱离工作岗位培训，分为在岗培训和离岗培训，其中离岗培训包括脱岗培训和外派培训。表4-3是按企业员工性质分类的年度规划工作表。

表4-3　××房地产企业年度培训规划表

编号	月份	培训项目	培训讲师	培训对象	培训课时	培训地点	备注
1	1	公司规章制度	人力资源部经理	新入职员工	4小时	会议室	
2	2	销售技巧	销售部总监	销售人员	12小时	培训室	
3	3	团队合作	外聘培训师	销售人员	4小时	户外训练	
4	3	目标管理	总经理	主管级以上员工	2小时	培训室	
5	4	办公软件	培训部经理	全体员工	12小时	培训室	自备电脑
……	……	……	……	……	……	……	

三、年度培训与开发规划的制订策略

（一）年度培训规划制订的基本策略

年度培训规划整体上来说是自上而下的形成过程。年度培训计划制订作为一个小工程，

其启动必然是自上而下的。总部培训管理部门必须承担这个责任。

首先，各部门或下属机构根据自身需求情况制订初步的部门级年度培训计划，这个计划体现员工需求和部门需求两个层次。主要手段有员工访谈调查、直线经理考核及改进意见采集等。

其次，总部培训部门必须明确分析研究组织层面的需求，作为年度培训计划的方向。具体手段是根据总部人力资源策略衍生出的培训规划进行培训运作计划分解，此时注意排除个人意见干扰。

再次，总部培训部门综合所有年度培训计划，并对各部分进行评价论证与协调，得出公司年度培训计划。

最后，各个部门或机构根据公司通过的年度培训计划，对本部门或机构的年度培训计划做修改，并提交总部培训管理部门进行备案。

（二）年度培训规划制订的注意事项

1. 掌握真实需求并能描述需求的来源

所谓掌握真实需求，是指要了解各个部门当前的工作最需要的培训需求，而不是时下有哪些最流行的课程和哪些最知名的讲师。很多企业容易犯一个错误，就是在进行培训需求调查的时候并不是从公司的业务出发，而是从培训提供商出发，不是考虑员工的工作需要什么培训，而是从一些培训机构来信来函的介绍中所列举的课程出发，把这些课程重新编排，作为需求调查的内容。

这样的做法很容易误导对培训并不熟悉和擅长的部门负责人，以为培训就是听口碑好的老师的课，不管老师讲什么内容，只要是名师，只要是知名的培训机构，就是最好的选择。因此，他们把知名的老师和知名的机构作为培训需求的源头，制订本部门的培训计划。其实，培训的需求来自绩效。这是培训的唯一来源。一切培训活动都是为了帮助员工提升绩效，帮助员工与企业步调一致，目标统一。所以，只有从员工绩效出发的培训需求才是最真实的需求，也是企业最需要的。从这个观点出发，人力资源部在设计培训需求调查表的时候，就要从员工的绩效出发，设计结构化的培训需求调查表。

2. 年度培训的目标要清晰

所谓培训目标，其实很简单，也很明确，就是帮助员工改善绩效。在这个大目标的基础上，可以根据员工的工作职责及上一绩效周期的绩效考核，确定针对性的培训目标。例如，上一绩效周期内，员工在工作计划方面存在薄弱环节，工作缺乏计划性，或计划不合理，可以设计一个《如何做好计划管理的课程》，培训目标是掌握计划管理的理论、学会编制计划、学会检查计划。

3. 编写一份高质量的年度培训计划书

为使年度培训计划的制订更加有效，人力资源部应该编写一份高质量的年度培训计划书，年度培训计划书主要考虑以下七个方面的内容：①培训需求调查；②年度培训计划的制订；③年度培训计划的组织；④培训总结；⑤培训效果评估；⑥制订年度培训计划的五个步骤；⑦找准需求。

培训计划的制订是从需求开始的。培训需求包括两个层面：一是年度工作计划对员工的要求；二是员工为完成工作目标需要做出的提升。通过两个层面的分析，得出公司年度的培训需求。

实际上，培训需求是和员工的绩效紧密结合在一起的，因此在设计员工培训结构化表格的时候，要结合员工的绩效来做。具体来讲，可以设计这样几个维度：知识、技能、态度，在过去一个绩效周期内，员工在知识、技能、态度方面和公司的要求存在哪些差异，把这些差异点找出来，作为员工改进计划，列入培训需求计划。

第四节　培训与开发短期规划

一、培训与开发短期规划概述

（一）培训与开发短期规划的含义

培训与开发短期规划是指时间跨度在 1 年以内的培训计划。短期规划主要对培训项目制订具体的计划。在制订短期培训计划时需要着重考虑的两个要素是可操作性和效果。因为没有它的点滴落实，企业的长期培训目标和年度培训规划都会成为空中楼阁。

员工培训是实现人力资源开发战略的实际工作过程，企业培训计划体系是衔接人力资源开发战略与培训工作的中间环节。在企业培训计划体系中，短期培训计划具有指导性的意义，它是当年培训总体计划制订的依据，是未来几年培训工作的指导性文件。

企业的发展过程是一个动态的、不断变化的过程，短期培训计划应当以培训需求的前瞻性为基础分析，使培训工作适应企业内部条件和外部环境的变化要求。

（二）影响短期规划的因素

制订培训计划时，必须顾及以下的因素。

（1）员工的参与。让员工参与设计和决定培训计划，除了加深员工对培训的了解外，还能增加他们对培训计划的兴趣和承诺。此外，员工的参与可使课程设计更切合员工的真实需要。

（2）管理者的参与。各部门主管对部门内员工的能力及所需何种培训，通常较负责培训计划者或最高管理阶层更清楚，故他们的参与、支持及协助，对计划的成功有很大的帮助。

（3）时间。在制订培训计划时，必须准确预测培训所需时间及该段时间内人手调动是否有可能影响组织的运作。编排课程及培训方法必须严格依照预先拟订的时间表执行。

（4）成本。培训计划必须符合组织的资源限制。有些计划可能很理想，但如果需要庞大的培训经费，就不是每个组织都负担得起的。能否确保经费的来源和能否合理地分配和使用经费，不仅直接关系到培训的规模、水平及程度，而且关系到培训者与学员能否有很好的心态来对待培训。

二、培训与开发短期规划的制订

（一）短期培训规划制订的基本原则

短期培训的内容一般针对性较强，其规划的制订主要应体现短期培训急用先学、立竿见影、近期效益突出的特点。短期培训与开发规划制订的基本原则具体如下所示。

原则一：缺什么培训什么，急需什么培训什么。

原则二：培训计划制订前必须要进行培训需求调查。

原则三：在计划制订过程中，应考虑设计不同的学习方式来适应员工的需要和个体差异。

原则四：培训内容的选择要与企业生产经营实践活动相结合。

原则五：注重培训实用性。

原则六：注重培训专业性。

原则七：注重培训针对性。

（二）短期培训规划制订的主要步骤

第一步，确认培训与人力发展预算。制订培训计划工作的最佳起点是确认公司将有多少预算要分配于培训和人力发展。在不确定是否有足够的经费支持的情况下，制订任何综合培训计划都是没有意义的。通常培训预算都是由公司决策层决定的，但是HR应该通过向决策层呈现培训投资的"建议书"，说明为什么公司应该花钱培训，公司将得到什么回报。在不同行业，公司的培训预算的差异可能很大，但通常外资企业的培训预算在营业额的1%~1.5%。HR需要管理的是培训预算被有效地使用，并给公司带来效益。

第二步，分析员工评价数据。公司的评价体系应该要求经理们和员工讨论个人的培训需求。如果你公司的评价体系做不到这一点，说明公司的评价体系不够科学，需要改善这一个功能。这是关于"谁还需要培训什么"的主要信息来源。当然，也可能有时会被公司指定，为了实施新的质量或生产系统而进行全员培训。HR的职责是负责收集所有的培训需求，有时可能会被部门经理要求给些建议，指出目前有什么类型的培训最适合部门经理的下属员工。

第三步，制定课程需求单。根据培训需求，列出一个单子。上面列明用来匹配培训需求的所有种类的培训课程。这可能是一个很长的清单，包含了针对少数员工的个性化的培训需求（甚至是一个单独的个人），当然也包含了许多人都想参加的共性化的培训需求。

第四步，修订符合预算的清单。经常会遇到的情况是总培训需求量将超出培训预算。在这种情况下，我们需要进行先后排序，并决定哪些课程将会运行和哪些课程不会。最好办法是通过咨询部门经理，给他们一个机会说哪些培训是最重要的。培训专家何守中认为基本的考虑是使培训投入为公司达到最佳绩效产出。清楚哪些课程可能对参训员工绩效产生最积极的影响，进而提升公司的总体绩效。如果某些有需求的培训无法安排，提出该需求的员工应该得到回应。HR应考虑是否有其他方式来满足需求，如通过岗位传帮带或者轮岗去完成知识传递。

第五步，确定培训的供应方。当有了最终版的课程清单，接下来需要决定如何去寻找这些培训的供应方。首先是决定使用内部讲师还是聘请外部讲师。内部讲师的好处是成本较低，而且有时比外部讲师优秀（因为内部讲师更了解组织现状和流程）。然而，有时内部无法找到讲授某个课程的专家，这时就必须寻找外部讲师。另外，对于许多类型的管理培训（尤其是高管培训）外部讲师比内部讲师往往有更多的可信度，这就是我们通常说的"外来的和尚好念经"。这样说并不一定公平，但确实存在这种现象。

第六步，制订和分发开课时间表。人力资源部应该制定一份包含所有计划运营培训的开课时间表，列明开课的时间和地点。一种通常的做法是制作一本包含相关信息的小册子，如课程描述。这本小册子将被分发给所有的部门作为一份参考文件（在某些组织将拷贝给所有员工）。

第七步，为培训安排后勤保障。培训的后勤保障需要确保：有地方运营该课程（不管在内部或外部）、学员住宿（如果需要的话），以及所有的设备和设施，如活动挂图、记号笔、投影机等。还要确保教材的复印件可供给每个参训者。这听起来很平常，但常常出错的往往就是这些方面。最好的做法是假定会出差错，二次确认后勤安排，特别是如果使用酒店或其他一些外部的地点进行培训时。

第八步，安排课程对应的参训人员。即使这看起来像一个简单的任务，安排课程对应的参训人员有时可能会有困难。要告知参训人员预订的培训地点，送他们参加培训，告诉他们去哪儿，什么时候到，也许还要建议他们带计算器或在培训前完成一份问卷。公司通常提前两到三个月通知培训报名，以便参训人可以安排好他们的时间表，在培训日时有时间参加。很常见的情况是，一些参训者在最后一刻取消报名（通常是由于工作的压力），所以要有备选学员可以候补空余的培训名额。

第九步，分析课后评估，并据此采取行动。我们希望我们的培训投资尽可能有效。就像任何其他的投资，我们应该评估我们取得的结果。最明了的方式是让参训者上完每门课程后都填写课程评估表格。所有评估表格应由 HR 作为对讲师的授课质量检查。有持续好评代表这门课程取得了成果。如果有持续劣评的课程，就要利用这些数据来决定什么需要改变（内容、持续时间或主持人等），并采取相应措施，优化课程效果。其他的评价课程方法，如可以要求一线经理让参训人员在每个培训之后举行一个培训小结会。参训人员在课后反馈他们如何将所学运用到他们的工作中去。这是一个非常有效的方法，但 HR 需要说服一线经理来做这件事情。

（三）短期培训规划制订的注意事项

1. 先公司，后部门

在制订培训计划时，可以先制订公司级培训计划，然后再制订部门级培训计划。公司级培训计划主要包括岗前管理培训、岗前技术培训、质量管理培训、企业管理培训等培训计划。

部门级培训计划根据部门的培训需求制订，具体如下：

（1）开发部门可以包括技术管理培训、应用技术培训、技术前瞻培训等；

（2）技术支持部门可以包括应用技术培训、公司产品知识培训、代理产品知识培训、工程管理培训、网络认证培训等；

（3）销售部可以包括公司产品知识培训、销售策略培训、商务知识培训等；

（4）营销部可以包括公司产品知识培训、营销知识培训、营销策略培训等；

（5）信息管理部以网络技术培训为主。

通过公司级培训计划将具有共性的培训组织到一起来进行，可以有效地降低培训成本。在制订部门级培训计划时，要结合部门员工与岗位知识和技能要求的差距来进行。公司级培训计划制订完毕后，再根据公司级计划制订部门级计划就会更加有的放矢。当部门级计划讨

论拖延时,不影响公司级培训计划的实施。

2. 明确各培训项目信息

培训项目信息包括培训月份、培训类型、培训名称、培训方式、参加人员范围、重点参加人员、费用预算等。对于重点参加人员,在培训后要进行考核。

3. 与部门讨论

部门级的培训计划要与各部门经理进行讨论。在讨论中,各部门经理可能会提出增加培训内容和培训预算。培训预算要严格控制,但培训内容可以增加,当然主要通过内训的方式解决。另外,培训经理要向部门经理讲清楚:部门级培训由培训经理协助进行,而不是由培训经理全权负责;否则在培训实施过程中容易出现管理纠纷。

4. 告知当事人

在培训需求调研中会发现一些工作能力与岗位要求不相符的员工(主要是工作态度好,工作技能不符合的第三区员工),公司除了在培训计划中将他们作为重点培训参与人员以外,最好将工作技能不合格的信息告诉当事人,让他们有一种培训压力。这样会使他们更加积极主动地参加培训。

三、培训与开发短期规划的实施

短期培训规划制订后,如何实施无疑是最为关键的。一般来说,实施好培训规划涉及以下六个方面。

(1)确定培训师。要寻找到一位合适的培训师不是一件容易的事,企业要培养一位合格的培训师成本很高,而培训师的好坏直接影响到培训的效果。一位优秀的培训师既要有广博的理论知识,又要有丰富的实践经验;既要有扎实的培训技能,又要有吸引人的高尚人格。

(2)确定教材。一般由培训师确定教材,教材来源主要有四种:外面公开出售的教材、企业内部的教材、培训公司开发的教材和培训师编写的教材。一套好的教材应该是围绕目标、简明扼要、图文并茂、引人入胜。

(3)确定培训地点。培训地点的优劣也会影响到培训的效果。培训地点一般有以下几种:企业内部的会议室、企业外部的会议室、宾馆内的会议室。要根据培训的内容来布置培训场所。

(4)准备好培训设备。培训设备包括电视机、投影仪、屏幕等。

(5)决定培训时间。要考虑是在白天,还是晚上,工作日还是周末,旺季还是淡季,何时开始,何时结束等。

(6)发通知。要确保每一个应该来的人都收到通知,因此最后有一次追踪,使每一个人都确知时间、地点与培训基本内容。

第五节 培训与开发经费预算

培训经费是培训进行的物质基础,是培训工作所必须具备的场所、设施、培训师等费用的保证。制订计划阶段主要需要解决的是培训经费预算及来源问题。

培训经费预算是指在一段时期（通常是 12 个月内）培训部门所需要的全部开支。这些费用将用于组织内部的培训。组织培训的总预算多少不一，这是正常的，但应该有一个适当的比例。国际大公司的培训总预算一般占上一年的总销售额的 1%~3%，最高达 7%，平均达 1.5%，而我国许多企业却在 0.5%以下。

一、制定培训预算的原则

（1）速度原则。传统的培训预算依赖大量的报表，这往往浪费太多的时间且无法适应现代培训决策的要求。但现在培训预算可以基于网络工具或一些培训管理系统，它们逐步替代了以前一直使用的报表。其好处是既能帮助减少日常行政管理费用及管理时间，又能提供比以往报表更丰富的信息，大大缩短培训预算的时间。

（2）准确性原则。减少预算时间而给培训更多的时间，传统认为培训预算工作只是培训部门单方面的行为。事实上，要保证培训预算切实支持公司战略业务发展和员工生涯发展，公司只有尽可能多地在预算程序中吸收优秀的人，才能更有效把握公司业务规划及真正的培训需求。

（3）合作原则。培训主管部门要争取和加强从领导到广大员工的参与和有效合作力度。这种合作的实现必须要求培训主管部门完善公司培训管理体系，并且真正发挥培训效果，获得效益，得到从领导到员工的广泛认可。只有遵循了以上的基本准则，培训预算才能真正成为公司战略实现及人力资本开发的有益条件。

二、培训预算的一般操作流程

第一步，公司高层领导应在公司进行年末总结和下一年度计划时，确定培训预算的投放原则和培训方针，以保证培训预算"钱出有因""名正言顺"。

第二步，由专业培训机构或培训人员对方针进行分解、分析，确定初步的年度培训计划。分解培训预算的项目由财务人员和培训项目负责人根据设定好的计划进行。

第三步，根据培训预算项目和年度培训项目，培训受益部门拟定本部门下一年的培训费用总额。

第四步，培训管理部门收集培训预算审核方案，组织专业管理人员就培训预算的额度、效果、对象、范围等方面进行评估，确定、调整方向并让培训受益部门、培训实施部门进行充分沟通，设定合理费用额度。

第五步，培训费用预算方案审定完毕并修改后，报送培训受益部门存档。这标志着培训预算已被审核批准。

第六步，培训受益部门、实施部门根据预算方案修改年度培训计划，重新设定培训项目。

第七步，培训实施部门制订培训项目实施方案，培训项目按照培训计划安排实施。

三、培训预算的方法

培训与开发成本是企业的主要人力成本之一，只有进行科学的预算，才能对其实施有效使用和控制。培训与开发成本预算由年度总成本预算和项目成本预算两个部分构成。

（一）年度总成本预算

对于年度培训与开发总成本预算常用的有两种方法：比例预算法和零基预算法。

1. 比例预算法

这种方法是指以上一年度的经费为基础，再加上一定比例变动的方法。这种预算法核算有着操作简单，且核算成本低的优点，所以很多企业都采用这一方法。按比例预算的逻辑，上一年度的每个支出项目都是必要和不可少的，因而在下一年度里都必须延续，而需要调整的主要是其中的人工和项目等成本方面。

这种方法首要任务是要确定年度培训预算的核算基数，而基数理解为企业过去一年的销售收入、利润额和工资总额。

国际大公司的培训总额预算相比国内企业要高得多，一般占上年总销售收入的1%~3%，最高的达到7%，平均1.5%。而反观国内，在市场竞争比较激烈的行业，如IT、家电行业，有些大企业培训费用能够占到销售额的2%左右。而一般规模在十几亿元左右的民企，其培训费用为0.2%~0.5%。甚至不少企业在0.1%以下。

比例预算法的缺点：每次在做预算时，在上一年支出的基础之上再增加一笔金额，经巧妙掩饰后，作为新计划提交高层领导审批；主持审批的领导，知道预算中有水分，但水分是多少并不能完全了解清楚，所以就有了砍价的过程；这种砍价的做法使得有经验的预算员往往报给领导的预算数字大于实际需要，以便被领导砍价后还能满足培训需要，而那些老实的预算者却叫苦不迭，只好下次预算时学坏，这样就导致各个环节都不令人满意，最后导致培训效果不佳。

2. 零基预算法

零基预算法就是在每个预算年度开始时，将所有还在进行的管理活动都看成重新开始，即以零为基础。根据组织目标重新审查每项活动对实现组织目标的意义和效果，并在成本-收益分析基础上，重新排出各项管理活动的优先次序。资金和其他资源的分配是以重新排出的优先次序为基础的，而不是采取过去那种外推办法。

零基预算的优点有以下三方面：①有利于管理层对整个活动进行全面审核，避免内部各种随意性培训费用的支出；②有利于将组织的长远目标和培训目标以及要实现的培训效益三者有机结合起来；③有利于提高主管人员计划、预算、控制与决策的水平。

零基预算的缺点主要是企业在花费大量的人力、物力和时间的同时，在安排培训项目的优先次序上存在很大程度的主观性。

（二）项目成本预算

为保证成本预算的数据合理、全面和可靠，项目预算首先要对培训过程每一阶段发生的成本进行分类，再对每一阶段的不同成本类型进行细分后汇总。

1. 成本的分类

在确定培训成本时，需要对成本进行科学分类。将所有与培训相关的成本都包含在内，这样可以确保成本预算的系统性和全面性。表4-4显示了根据培训的不同阶段所进行的成本分类方法。

表 4-4　培训成本预算分类表

成本项目	项目直接成本	间接分摊成本
需求评估		√
设计和开发		√
采购		√
实施：		
薪水/福利——培训人员	√	
薪水/福利——协调人员		
培训材料费用		
差旅、住宿、餐饮		
设备		
学员的薪水、福利		
培训日常管理成本		
培训效果评估		√
日常管理费用、培训与开发		√

2. 总成本计算工作表

表 4-5 提供了在计算培训需求成本、项目开发成本、实施成本和评估成本的基础上进行加总求得培训总成本预算的工作表。

表 4-5　培训总成本预算表

培训项目：		日期：
成本分类	细分项目	项目小计
需求分析成本		
培训人员的薪资和福利（人数×平均薪资×员工福利因数×项目所占小时数）		
餐饮、差旅和住宿费用		
文具费用		
打印和复印费用		
外部服务费		
设备费用		
注册费用		
其他杂费		

四、培训预算的分配

受训对象信息收集完毕后，应对受训对象进行区分并划分出中高层培训人员及其相关名单。同时根据公司的发展方针和员工比例合理划分培训预算投放比例。

1. 确定投放比例

采用培训预算平均的方式所确定的培训预算在最后投放时，往往不会人均平摊。有的企业会将70%的费用花在30%的员工身上，更严重的会将80%的费用花在20%的人员培训上。

企业一般喜欢将培训预算多用于高级经理及骨干员工。因为从效益角度来讲，很多企业中80%的效益是20%的员工带来的。此外，若高级经理及骨干员工提高了管理水平，那么他

们对普通员工的管理方式的改变可以更好地提高经济效益。但是不平均性往往会惹来普通员工的不满。所以最好以部门或培训项目来分配预算比例，人均分配数额仅作为培训预算的一种计算方法考虑。

对于管理类培训，管理本身的特性要求将培训预算重点集中在高层经理。因为企业的高层经理是企业管理理念的传播者和管理方法的创新者。中层管理者和普通员工只是为了让自己去适应高层经理的管理理念和决策，所以，提高高层管理者的自身属性对于一个企业有着举足轻重的影响。

对于技术类培训，培训预算应该集中在企业骨干技术人员身上。技术培训以一种激励的投资方式，使技术骨干们获得个人能力的提高。另外，技术也有其自身的扩展性，当技术骨干将自己的所学内容传播给其他技术人员时，会带来前所未有的巨大效益。

2. 确定内外培训比例

确定投放比例后，对内外培训比例进行确定是预算进入关键阶段的标志。国内许多企业因现有的培训体系不健全，往往忽略了自身"造血功能"的建设和发展，只认同外部培训，增加了培训成本。实际上，企业内部培训才是企业培训的发展方向。

如果包括企业内部人员的费用在内，一些企业的总预算是这样安排的：30%为企业内部培训，30%为内部有关人员的工资、福利及其他费用，30%为派遣员工参加外部培训，10%作为机动。如果不包括企业内部人员的费用在内，一些企业的总预算是这样安排的：50%为企业内部培训，40%为派遣员工参加外部培训，10%作为机动。

习　　题

一、单选题

1. 属于操作层次的规划是（　　）。

   A. 项目规划　　　　B. 年度规划　　　　C. 中期规划　　　　D. 长期规划

2. 建立在平衡记分卡的应用上的方法是（　　）。

   A. ASTD法　　　　B. 比例预算法　　　C. 人力资源指标法　　D. 零基预算法

3. 菲利普斯"五级六指标体系"设定的培训与开发项目的目标中，最基础的目标是（　　）。

   A. 学习　　　　　　B. 行为　　　　　　C. 结果　　　　　　D. 反应

4. 制订培训与开发规划的起点是必须理解（　　）。

   A. 企业发展战略　　　　　　　　　　　B. 人力资源战略
   C. 部门主要职责　　　　　　　　　　　D. 培训需求分析

5. 从客观层面提供方向性的指导是指（　　）。

   A. 长期规划　　　　　　　　　　　　　B. 年度规划
   C. 短期规划　　　　　　　　　　　　　D. 项目规划

6. 课程目标最主要的要素是（　　）。

   A. 条件　　　　　B. 操作目标　　　　C. 标准　　　　　D. 内容

7. 培训课程设计的主要原则是（　　）。

A. 用系统的方法进行培训课程设计

B. 用最优化原则指导培训课程设计

C. 符合现代社会学习者的需求

D. 符合成人学习认知规律

二、多选题

1. 培训规划组织者的工作内容包括（ ）。

   A. 培训组织建设　　　　　　B. 培训项目运作计划

   C. 资源管理计划　　　　　　D. 年度预算

   E. 机制建设

2. 现场培训中如果学员反应冷淡，应该（ ）。

   A. 让学员相互解答　　B. 调动学员积极性　　C. 学员填写问卷

   D. 缩短培训时间　　　E. 放录像、VCD

3. 课程的类型包括（ ）。

   A. 学科课程　　B. 合科课程　　C. 活动课程　　D. 核心课程　　E. 模块课程

4. 在课程内容的选择过程中，要注意（ ）。

   A. 相关性　　　B. 趣味性　　　C. 合理性　　　D. 有效性　　　E. 价值性

5. 制定培训预算的原则包括（ ）。

   A. 最小原则　　B. 速度原则　　C. 合作原则　　D. 公平原则　　E. 准确性原则

三、名词解释

培训与开发规划　　　　　年度规划　　　　　项目规划

零基预算法　　　　　　　比例预算法

四、简答题

1. 简述影响培训目标实现的条件。

2. 简述年度培训与开发规划的有效执行必须遵循的前提。

3. 简述课程设计的原则。

五、论述题

试述培训与开发规划制订的步骤。

习 题 解 答

一、1. A　2. C　3. D　4. B　5. A　6. B　7. D

二、1. ABCDE　2. AB　3. ABCDE　4. ADE　5. BCE

三、培训与开发规划是指根据企业的发展规划，针对员工工作过程中出现的各种现象，结合公司发展规划和总体发展战略，大力提升员工素质，突出人才培养及专业技术力量的储备培训。

年度规划是由培训与开发战略所确定的本年度培训与开发的项目大类、子项目、参加人员、时间和地点，以及企业层面的培训与开发效果的评估方案。

项目规划是指确定一场培训的总体框架安排以利于培训的顺利进行，项目规划的具体内容包括培训对象、培训内容、培训师、培训方法、培训信息反馈等。

零基预算法就是在每个预算年度开始时，将所有还在进行的管理活动都看成重新开始，即以零为基础，根据组织目标重新审查每项活动对实现组织目标的意义和效果，并在成本-收益分析基础上，重新排出各项管理活动的优先次序。

比例预算法是指以上一年度的经费为基础，再加上一定比例变动的方法。这种预算法核算有着操作简单，且核算成本低的优点，所以很多企业都采用这一方法。

四、1. ①雇员应将自己的经验作为学习基础；②雇员应有实践的机会；③培训者应确保不让指令内容超出雇员短期或长期的记忆能力；④整体实践和局部实践双管齐下。

2. ①从系统地分析培训需求入手；②建立培训课程目录，制订年度培训课程开发计划；③推行培训案例征集制度，提高培训的有效性，增强培训的吸引力；④制定岗位技能表，系统分析员工的培训需求；⑤推行教练体系，全面提高培训效果。

3. ①符合现代社会学习者的需求；②符合成人学习的认知规律；③用系统的方法和思想进行培训课程设计；④用最优化原则指导培训课程设计。

五、第一，培训需求分析；第二，工作说明；第三，任务分析；第四，重要性排序；第五，陈述目标；第六，设计测验；第七，制定培训策略；第八，设计培训内容。其他合理答案均可。

HAPTER 5

第五章 培训与开发的媒介

[内容提要]

培训与开发的媒介包括传统的培训与开发媒介、现代的培训与开发媒介,本章分别介绍两种媒介,通过对两种培训方法进行比较分析,得出选择。

[学习要点]

1. 传统的培训方法分为学徒培训、角色扮演法、讨论法、案例分析法和课堂讲授法;
2. 学徒培训的定义;
3. 角色扮演法的定义;
4. 讨论法的定义;
5. 案例分析法的定义;
6. 课堂讲授法的定义;
7. 现代的培训方法分为远程培训、游戏法、视听法和头脑风暴法;
8. 远程培训的定义;
9. 游戏法的定义;
10. 视听法的定义;
11. 头脑风暴法的定义;
12. 传统与现代培训开发媒介的比较和选择。

培训与开发

开篇案例：IBM 员工培训

国际商业机器公司（International Business Machines Corporation, IBM）为计算机产业长期的领导者，在大型/小型机和便携机（ThinkPad）方面的成就最为瞩目，其创立的个人计算机（PC）标准，至今仍被不断地沿用和发展，但是从来没被超越过。促使 IBM 取得成功的关键就是对人才的不断培训与开发。在 IBM 公司总部，"学无止境"四个大字十分醒目，它无时无刻不在提醒员工不断加强学习，从而提高自己的专业水平和专业技术。

IBM 十分重视员工培训，每年用于员工培训的费用相当于 IBM 总营业额的 2%，IBM 在员工培训上这么大的投入恐怕是任何一家企业都无法超越的。IBM 公司员工培训的范围宽广，无论是新入职的员工还是为公司服务了许多年的老员工，无论是基层职员还是高层经理，都会定期接受 IBM 公司对其进行的相关业务或者企业文化的培训。IBM 对自己各种人员的培训长达 20 多年，通过多样化的专业化的培训方式，把 IBM 的企业理念和企业价值观传递给每一位企业员工，使得每一位员工都自觉地进行学习。

IBM 的培训过程十分艰苦，甚至曾经有人觉得 IBM 就是一个"魔鬼训练营"。除了 IBM 行政管理人员进行为期两周的培训，其他所有服务部门和市场部门的员工都必须接受长达 3 个月的"魔鬼式训练"，其中包括了解 IBM 的相关产品和特定服务、了解 IBM 的企业文化特点及 IBM 的理念、了解自己部门的相关职责、了解 IBM 内部工作方式等。在 IBM 工作的员工需要接受十几种甚至几十种考试，其中包括角色扮演销售人员、产品性能的笔试和客户、即兴演讲及产品推介演讲等，因此，员工们时时刻刻都不能放松自己的警惕性。除此之外，IBM 给那些在公司第一线有突出销售业绩的一流人才特别的奖励，还为自己的销售人员安排为其 12 个月的初步培训，提升这些刚入职或销售能力不突出的人员的销售竞争力。总之，要想成为真正的 IBM 员工，只能通过所有公司安排的考试并且获得相应的职称，否则就将继续接受考试直到考试合格。当然，员工并不是获得职称以后就不需要学习了，他们仍然需要接受将近一年的专业业务的学习。但是并不是到此培训学习就结束了，反之，IBM 对员工的培训是永无止境，从员工进入 IBM 的那天起，公司就为他们每一个人都设计好了远景蓝图，在员工的工作期间，其 75%的时间将会被分配在公司进行实际工作，而剩余 25%的时间将会被分配在公司的教育中心学习。

IBM 企业的培训理念精髓就是不断鼓励员工永无止境地进行学习。正如 IBM 内部盛传的一句话："如果你要提薪，IBM 可能会犹豫；如果你要学习，IBM 肯定欢迎。"

在 IBM，这些员工通过参加许许多多不同的培训，不断地接受各种各样的文化知识和专业化知识，不断地进行思考，从而也渐渐明确自己的职业前途，并进行职业生涯规划，这使他们能够更清楚地看到自己的未来，而 IBM 的成功也与此息息相关。

案例分析

（1）从 IBM 的案例中，我们知道员工培训关乎公司的发展与存亡，要高度重视。现代竞争的核心已经从早期的效率竞争转为综合实力的竞争，而一个企业实力的核心资源是人才，谁赢得人才，谁就赢得了市场，赢得了机遇与希望。因此，加强人才建设日益成为各大企业发展的重点。人才的获得有各种渠道，可以聘请、租借、招收甚至挖墙脚，然而俗话说"求人不如求己"，要想大批量、大面积地提高员工的素质，获得众多的优秀人才，形成"一花独放不为春，万紫千红春满园"的人才库藏，对员工进行培训就是不二法门。IBM 正是忠实地践行这一原则才能在国际竞争中立于不败之地。

（2）IBM 注重员工的培训，制订非常完备的员工培训制度和具体实施计划。培训形式除传统的教师培训外，广泛采用和推广网上培训。IBM 建立了自己的网上大学，在网上开设几千门课程，并向员工提供资金账号，供员工根据自己的时间情况随时安排学习，解决了学习、培训与工作冲突的问题。课程形式既有教材学习，也有真实或虚拟项目训练，具有较强的实用性。

（3）IBM 还提倡员工边工作边学习，或者在业余时间参加各类课程学习，以提高工作效率和个人发展潜力。每个员工可以提出自己需要去参加培训，只要与工作有关、安排合理，公司一般都会同意。IBM 专门有一个学费报销计划，给参加培训的员工报销学费。公司还欢迎员工主动和经理讨论自己的学习计划，以保证学习计划与个人的业务发展、公司的业务环境相符合。

资料来源：谢晋宇. 人力资源概论. 北京：清华大学出版社，2005

第一节 传统的培训与开发媒介

一、学徒培训

学徒培训又称"艺徒培训"，是指由用工单位招收学徒工，学徒工在工厂师傅的指导下从事工厂的生产实践活动，通过学习掌握工厂的生产技艺或业务技巧从而成为新技术工人或专业人员的一种培训方式。学徒培训是人力资源开发一种非常有效的形式，特别是技术工种的技能开发，它将学校培训和工作中培训这两者的优点结合在一起，其效果尤其突出，因而值得推广。一般在需要手工艺的工作上使用这种培训，如理发师、汽车维修人员、木匠、机械师和印刷工。在培训中，这些学徒身份的员工收入一般情况下都低于负责指导他们的师傅，培训期随所学习的技术的不同而有所差异。

例如，德国的西门子斯特拉姆博格—卡尔森公司（Siemens Stromberg-Carlson）有 100 多年的学徒培训历史。该企业在佛罗里达州莱克玛丽（Lake Mary）工厂的培训项目既有高中生，也有来自社区大学的大学生。西门子期望从学徒培训中招聘富有潜力（hit the ground running）的员工。西门子的经验表明，学徒培训方式所招募到的员工的质量是其他培训方式所不能达到的。

在世界范围内，学徒培训被广泛采用。例如，德国、法国、加拿大、新加坡等，各国对学徒培训都有不同的规定。我国早在 20 世纪 50 年代初就在失业工人转业训练中通过制定新的办法和规定，保证了学徒的学习、生活和各种合法权益。1958 年 2 月，经全国人民代表大会常务委员会批准，国务院颁布了《关于国营、公私合营、合作社营、个体经营的企业和事业单位的学徒学习期限和生活补贴的暂行规定》，各产业主管部门据此对本系统的学徒培训都制定了实施细则,对工种专业划分、学徒期限、培训目标、训练形式、转正定级和考工考试办法等都做了具体规定,从而使学徒制度逐步形成,学徒培训成为当时培养后备技术工人规模最大、人数最多的培训方式。

二、角色扮演法

角色扮演法是建立在情景模拟之上,学习角色各方面特点的培训方法。情景模拟是依照所要模拟的情景,基于实际,设计出一套测试项目,把可能出现的各种各样的情况展现在培训者眼前,从而考察其心理素质、潜在能力的过程。情景模拟假设解决方法往往有一种以上,其中角色扮演法是情景模拟活动应用的比较广泛的一种方法,其测评主要是针对被试者明显的行为及实际的操作,另外还包括两个以上的人之间相互影响的作用。

角色扮演法中应用的情景模拟是侧重所扮演角色明显的行为与实际当中的反应,以及人与人之间的相互影响。需要强调的是:培训者不仅要扮演指定的行为角色,也要扮演特定的管理角色。只有通过扮演特定的管理角色,对指定行为角色的表现进行评定和反馈,才能体会人与人之间的相互影响,进一步观察指定行为角色的多种表现,了解指定的行为角色的心理素质和潜在能力,以此有效帮助培训者发展和提高行为技能。

为了深入理解角色扮演理论,我们先来了解两个相关的理论。

1. 米德的角色理论

1935年,美国社会学家米德将角色一词引入社会学领域中,后来逐渐发展形成角色扮演理论,米德认为自我是一种意识的集合,是从社会交往中获取的,包括他人对自己的看法以及各种角色的意识,并且这些意识是可以通过扮演获得。实际生活中,人们在不同场合有着不同的扮演,扮演的角色随社会环境变化而调整,角色的转换在人际互动中实现。

2. 班杜拉的社会学习理论

班杜拉认为人的社会行为的形成主要是通过观察、模仿现实生活中重要人物的行为来完成的。这个过程中主要存在三个要素:个体(自己、重要人物)、环境(社会文化关系等客观条件)和行为,其中环境起着决定性的作用。只要控制环境变量,就能使儿童的社会行为的形成趋向于预想的方向。并且他进一步证明:无需其他刺激(如奖励、参加社会实践),只要观察生活中重要的人物,就能形成新的社会行为。这一过程称为无尝试学习。以上是角色扮演法的两个基本理论基础。

进一步说,角色扮演法主要目的是通过分析培训者的行为以测试出其性格、气质、兴趣爱好等心理素质,以及社会判断能力、决策能力、领导能力等潜在能力。在实际生活中,不同的人有不同的工作角色。作为一名管理者,需要体验多样的角色,但又不能一一体验。因此,角色扮演培训就成为一种很好的解决方案,同时能找出本身存在的问题,及时修正。

另外,培训者在模拟情景中,通过真实实践特定行为,促进自我了解并得到相应提高。一般角色扮演法适用于领导行为培训(管理行为、职位培训、工作绩效培训等)、会议成效培训(如何开会、会议讨论、会议主持等)、沟通、冲突和合作等,另外还包括某些可操作的能力素质,如推销员业务培训、谈判技巧培训等。

三、讨论法

讨论法又可以称为会议法，是目前比较实用的一种培训学习方法，它是一种将兴趣相同的人聚集在一起讨论并解决问题的实用方法，所有的参与人员围绕自己对于这些问题的理解进行深入的讨论分析。在实践中，讨论法主要是激发参与人员的创新思维，通过参与者的讨论、争论，找出问题的答案或解决的办法，或搞清楚某一问题的发展规律，使受训者掌握有关知识和技能，从而达到培训的目的。一般情况下，讨论法的管理人员就是小组的负责人，这个小组负责人的主要职责就是使得讨论能够顺利地进行下去，或者避免某些人的观点偏离讨论的主题，在讨论问题的过程中，负责人主要是让参与者解决他们自己的问题，负责人所要做的就是倾听，虽然参与人员是处在培训与开发的过程中，但是他们却可以利用自己的观念，自己的能力来解决日常生活中的实际问题。讨论法一般有场所要求，主要是在宾馆或者专门的会议中心举行，当然对参与讨论的人数也是有一定的要求。

在讨论法培训时要特别注意以下几点：

（1）确定讨论。讨论法最关键的是确定讨论的问题，这是讨论法取得成功的关键。

（2）确定讨论的主持人。主持人可以以讨论人员的身份加入到讨论中，适当维持讨论秩序，并且记录最后的讨论结论。

（3）制定相关的讨论计划。讨论计划包括确定讨论的时间、地点及研习人员，准备好讨论资料，明确讨论的会议流程。

讨论法包括对立式讨论法、民主讨论法和演讲讨论法三种。对立式讨论法是指将研习人员分为意见对立的两组，针对某一命题进行讨论的一种讨论法，即日常生活中的辩论。对立式讨论法一般要求对立的两组人数相等，发表意见的时间相同。对立式讨论法通过辩论的方式，让双方保持对立的意见，可让研习人员在针锋相对的辩论中练习自己的洞察力、分析力和说服能力。企业培训中的对立式讨论法一般不需判定双方胜负，只要对双方观点进行评论即可。民主讨论法，是指在讨论中，指导教师与研习人员地位平等，研习人员可自由地发表自己的看法与言论，最后由研习人员共同得出团体都认可的结论。演讲讨论法并非让研习人员演讲，而是由教育组织者聘请专家针对某一工作和课题进行演讲，研习人员仔细倾听，专家演讲完毕后再与全体研习人员进行讨论。

讨论强调学员的积极参与，鼓励学员积极思考，主动提出问题，表达个人的感受，有助于激发学习兴趣。讨论过程中，学员与学员间的信息可以多向传递，知识和经验可以相互交流、启发，取长补短，有利于学员发现自己的不足，开阔思路，加深对知识的理解，促进能力的提高。据研究，这种方法对提高受训者的责任感或改变工作态度特别有效。讨论法除了使学员态度和行动改变以外，还能够有以下作用：

（1）在讨论过程中可以促进成员的人际关系的改善和形成良好的团队合作精神。

（2）讨论过程中，思想的交换和碰撞可以促进成员增长见识，收集所需要的信息。

（3）会议法可以使大家对所感兴趣的问题进行讨论分析。

（4）会议法还能够培养与会成员与人沟通交流的实用技巧以及倾听别人说话的技巧。

（5）在会议的讨论过程中，还可以使参与会议的成员积极地参与问题的讨论，促进他们

更加积极地理解所学的知识。

当然，讨论法在实际的应用过程中也会面临一些困难。例如，满足培训目的的课题需要经过长期悉心收集、积累，讨论课题选择的好坏将直接影响培训的效果，运用讨论法时对培训指导教师的要求较高，他们不仅是研讨课题方向的专家，而且要善于引导、组织受训者围绕主题展开讨论，同时还要创造轻松、活跃的讨论氛围。另外，受训人员自身的水平也会影响培训的效果。

四、案例分析法

案例分析法最早于1880年由哈佛大学开发完成，后被哈佛商学院用于培养高级经理和管理精英的教育实践。案例分析法又称为个案分析法，是指围绕一定的培训目的，以实践生活中遇到的问题作为真实的案例，向参与者展示大量与案例相关的背景材料，由参与者根据所提供的背景材料来分析问题，提出解决所遇到问题的实用的办法，形成供学员思考分析和决断的案例，让学员以独立研究和相互讨论的方式，提高其分析问题和解决问题能力的培训方法。通过使用这种方法对员工进行培训，能明显地增加员工对公司各项业务的了解，培养员工间良好的人际关系，提高员工解决问题的能力，增加公司的凝聚力。

在实施案例分析法的过程中，要明确以下三点：第一，案例分析法的有效性取决于案例的适用性。在案例的编写和收集过程中，要注意案例的真实性，并且要与所培训的内容相关联，能激发受训者的研究兴趣。这样受训者在案例研究中相互讨论和交流，既可充分利用和共享信息资源，又能形成一个和谐、合作的工作环境。第二，案例教学法必须以加强和培养学生的创新精神与创新能力为目的，宜采用启发式的教学模式，如在全体讨论解决问题的策略时，其他几组提出质询，并阐明与自己观点差异所在，以相互激发灵感，然后再作进一步的讨论。第三，案例教学法必须突出实践效果，提高学生的综合素质。理论来源于实践，理论也必须服务于实践。在进行课堂讨论过程中，学生养成了积极思考的习惯。这种积极思考的习惯一方面使所学的理论知识得到及时消化；另一方面也提高了学生运用理论知识分析现实问题的能力。

案例分析法的优点：第一，可以使受训者积极参加问题的讨论，不但能够从讨论中获得知识、经验和思维方式上的益处，还能加强与其他人的人际交流，培养受训者向他人学习的美德和精神；第二，同一个案例由于学院的能力、经历和水平的不同，提供解决问题的方案也会不同，甚至完全相反，实际上，现实生活中很多问题其实多半是没有精确的答案，也没有完全不变化的答案，受训者要学会具体问题具体分析。受训者能够获得分析案例所需要的各种各样的信息和解决问题方法，在应用这些方法和知识的过程中，通过对案例的情况进行分析而使思维得到一定程度的锻炼。

案例分析法的缺点：第一，案例分析对研习人员的要求较高，因此较多应用于高层管理人员的培训；第二，案例分析所提供的情景可能时间相距过久，又可能与真实情况相去甚远，限制了案例培训效果；第三，编写一个好而适用的案例可能需要大规模的调研，其成本让许多组织无法承受。

五、课堂讲授法

传统培训开发的另一种方法就是课堂讲授法，课堂讲授法是指授课老师通过课堂讲授大量的专业知识，使抽象的知识变得形象生动，容易被听课者接受和理解的一种教学方法。

课堂讲授是教师通过口头语言向学生描绘情境、叙述事实、解释概念、论证原理和阐明规律的教学方法。它是教师使用最早的、应用最广的教学方法，可用以传授新知识，也可用于巩固旧知识，其他教学方法的运用，几乎都需要同讲授法结合进行。讲授法有多种具体方式：讲述、讲解和讲演。

课堂讲授法主要是用于一些理念性知识的培训与开发，用于向某些特定的群体成员传授某一个或者单个理念性知识的内容。例如，介绍企业新的政策、新的制度，或者是介绍企业新设备的使用技术，以及普及企业文化的宣传性知识，采用课堂讲授法可以很快使听课者理解接受。课堂讲授法是目前在传播理念性知识使用较广泛的一种传统培训开发方法。

课堂讲授法的关键在于选定课堂讲授老师，课堂讲授老师是课堂授课方法的灵魂性人物，授课的质量全由他把控，选定的老师必须谈吐得体，形象气质俱佳，在台上能够有很好的把控能力，对所传授的知识必须了如指掌，最好能够邀请领域的知名专家来担任课堂讲授的老师。

选定完授课老师，接下来就是要调查受训人员的基本情况，包括受训人员的学历、知识、职位、授课目的等，进而根据这些情况来制订一个精准的授课方案，这个主要是由所选定的授课老师来安排。

最后一步就是授课老师根据所制订的计划，所要授课的内容准备详细的材料，将材料内容印成书面资料散发给受训的人员，方便受训者阅读，提高授课的效率。

第二节　现代的培训与开发媒介

一、远程培训

远程培训系统是以互联网通信系统为媒介，采用多媒体技术和远程视频传输技术的系统。远程培训系统可以实现文字传输、音频交互、电子文档同步演示，支持远程管理和资料管理功能等，为培训双方提供了一个优质人才资源服务平台，实现影音同步，面对面实时交流，短时高效地达到预期的培训目的，以最大限度地满足使用者的需求。它基于互联网的视频会议系统通过高性能的软件及良好的网络环境双管齐下，实现了远程培训系统的实用价值。

远程培训的优势主要体现在以下四点：第一，节省费用。现代企业的发展日趋复杂化、国际化，跨行业、跨领域、跨国界的经营模式随处可见。对于员工人数众多，而且分布在全球不同国家的大公司而言，将员工集中起来，接受统一的培训课程是难以想象的。具体而言，在异地培训中，培训需要出差。出差需要培训单位派人到受训者所在地培训，或者受训者到总部所在地培训。不管是哪种出差方式，由于需要远距离的交通成本，加上期间的食宿等各项差旅费用，培训的成本相当高。企业和人才要么无可奈何地支付高额的培训成本，要么忍痛割爱，放弃异地培训，这对人力资源的提升是极为不利的。远程培训系统的出现则解决了

这一难题。据统计，采用 E-learning 模式较之传统的教室模式可节约 15%~50%的费用，而且培训人员和受训人员无需奔波于几个城市之间就达到了面对面沟通的效果。远程培训节省了企业培训成本，同时提升了培训效率。第二，设备简单。近年来，部分视频会议厂商推出了基于云计算的视频会议模式，如华为的云视频会议系统和苏州科达推出的摩云视讯租用模式，都是植根于互联网，建设成本大大降低，易用性也得到极大提高，从而促进了远程培训在企业中的普及。第三，互动快捷。与传统的人才培训形式相比较，"视频会议培训平台"为企业和求职者提供了一个最优质、最快速、个性化的"零距离"互动平台，达到各地人力资源的有效互通互动。培训双方是主动性的网上交流，不受时间、地域限制，也不受周期限制。第四，E-learning 可以提供同步或异步的培训模式，包括 E-mail、BBS、Blog、Wiki、虚拟教室、视频会议系统和共享数据库等的技术，不仅能让身处不同地区，甚至是世界各地的学员们分享丰富的学习资源，还能在课程和作业上进行合作。但是，E-learning 并不能完全取代传统的面授培训，它只是对原有培训模式的补充和提升。在企业的培训中，知识类、基本管理技能类、工具类内容非常适合 E-learning 这种方式，而一些操作技能类、理念类、文化类课程则更适合面授培训。另外，远程培训中培训者与受训者之间以及受训者与受训者之间缺乏有效互动是其一大缺点。

二、游戏法

宝洁公司有一个"Build A Tower"的培训游戏方法，其内容如下：在 15 分钟内，仅用报纸和透明胶带在地上搭一个塔，越高越好。游戏者在完成任务的过程中发现了这样的难题：垒到一定高度后，发现塔根本站不住，因为中间有些"关节"比较脆弱。所以应先解决稳固程度，再解决高度。于是在每个关节处加固，但最后还是站不稳，因为毕竟只是报纸和透明胶带，塔基根本不牢固。一个绝好的解决办法就是用胶带从四个方向把塔身和地面连起来，起到平衡作用。

宝洁公司通过这个游戏想要告诉员工的就是，每张报纸就好像宝洁的每项业务，或者说开发的某种产品，目标是"塔尽可能高"，即公司要不断开发新的产品，寻找新的利润点，开拓新的业务，这样才能使企业不断成长和发展。而在这些产品开发和业务拓展的过程中，产品和产品的关联度，业务与业务的衔接是很重要的，也就是游戏中"报纸与报纸的黏合处"。然而解决了这个问题，却还没解决好"稳固"的难题。最后解决的办法是用胶带"以一贯之"，从各个不同的方向，将地面—塔基—塔身用胶带连起。在公司的经营过程中，胶带何尝不是一种管理要素，而这"以一贯之"的胶带就像企业的哲学、精神、价值观，以及企业的文化。只有共同的目标、共同的理念，整个企业才能稳固地不断成长，才能将企业的产品、业务统一到企业经营整体，员工们才能发挥高效作用。

因此，这个培训游戏其实告诉我们：管理的重要作用，企业文化的强大的黏合力，企业的各部分需要良好有效的结合。

游戏法是指由遵守一定规则的前提下两个或两个以上的受训者，在相同的条件下相互竞争以达到培训目的的训练方法。游戏培训因其参与性较强，培训的气氛较好，近年来被广泛采用。一般用于培训员工的团队精神、创新精神、提高学员发现和解决问题的能力，以及开发学员潜能等方面的培训中。游戏法可以分为普通游戏与商业游戏两种类型。受训者一般都比较喜欢普通游戏。商业游戏法是指受训者在一些商业竞争规则的情景下收集信息，将其进行分析，做出决策的过程。参与者在游戏中所作的决策的类型涉及各个方面的管理活动，包括劳工关系（如集体谈判合同的达成）、市场营销（如新产品的定价）、财务预算（如购买新技术所需的资金筹集）等。这种方法常常用于开发受训者的经营决策能力和管理技能，能够将团队成员迅速培训成一个凝聚力很强的群体。

游戏能够激发参与者的学习动力。将从游戏中学到的内容作为备忘录记录下来发现：游戏能够帮助团队队员迅速构建信息框架以及培养参与者的团队合作精神；游戏采用团队方式，有利于营造有凝聚力的团队。与演示法相比，游戏法显得更加真实，是一种更有意义的培训活动。但游戏培训法容易陷入游戏游离于培训主体，缺乏关联性的误区，这样的游戏常常很好玩，但玩过之后学员不知道为什么要做这样的游戏，在之后的学习中也无法回味游戏内容的启示，更甚者，有时候本身完整的课程会被一个不相关的游戏肢解，结果适得其反。游戏教学法的运用应严格遵守有效、有度、有趣的原则，从培训对象的需求调查开始精心设计，让游戏真正起到拉近学员距离、轻松进入体系和从欢乐中体味真理的教学效果。

三、视听法

"事物先于文字"（things before words），17世纪夸美纽斯认为利用视觉、听觉、味觉、嗅觉及触觉的感官教学，可以更好地认知。20世纪，特瑞克勒则认为，对于身心健全的个体而言，用于获知的感官中，视听占据主要地位，视觉的学习占83%，听觉占11%。视听教学应运而生，将培训内容转化成录音、PPT、影像等视听材料，强化视听感知，提升受训者的沟通、面谈、服务等技能。

首先，视听法的优点在于使教学课堂更具趣味性。由于视听媒体对教学内容的表达有相当的"宽容性"和"自由度"，可依据教学材料的抽象程度制作成不同形象层次的形式，它比教师的口授具有更为广阔而形象的时空，能使学生较长时间地保持集中而旺盛的精力，能够展现激发学生求知动机、吸引注意力、培养技能、提高思维能力、指导思考等多种刺激，并使其贯穿于整个学习过程中。其次，视听法有利于缩短教学时间、提高教学效率。规划合理的视听媒体里面融会了学科专家、教育专家、媒体专家的智慧和心血，在短时间内大量的信息内容在教师成功的引导下能被学生很乐意地接受，从而提高了教学效率。最后，视听媒体特有的重复播放和复制等功能，大大减轻了教师的劳动强度，增加了对个别学生的指导时间等。培训者可以根据需要人为地控制播放，受训者能够得到系统的、不受个人兴趣影响的信息内容。

事实会说话，视听法的优越之处还体现在它的共享性。在现代培训中，如制造企业可以在专业人员的作业过程拍摄后，由表达能力强的人反复斟酌推敲，与高技能员工合作，进行配音解说，然后刻录成光盘，提供给需要培训的员工，随时随地观看学习。但是视听媒体开发成本昂贵，内容需要随时更新，不是一劳永逸的事。

四、头脑风暴法

头脑风暴法是一种集体研讨行为,商管教育均将其作为一项重要的管理决策过程及方法涵括在内。它通过将小组成员全部组织在一起,以会议的形式,让与会者自由地交换思想或者点子,激发所有人碰撞出新的观念、新的思路,创造性地解决比较复杂的问题的一种方法。

采用头脑风暴法组织群体决策时,要集中有关专家召开专题会议,主持者以明确的方式向所有参与者阐明问题,说明会议的规则,尽力创造融洽轻松的会议气氛。主持者一般不发表意见,以免影响会议的自由气氛。由专家们"自由"提出尽可能多的方案。

头脑风暴法的组织形式主要是将小组人数一般为10~15人(课堂教学也可以班为单位),最好由不同专业或不同岗位者组成;时间一般为 20~60 分钟;设主持人一名,主持人只主持会议,对设想不作评论;设记录员 1~2 人,要求认真将与会者每一设想不论好坏都完整地记录下来。

头脑风暴法的会议类型主要是设想开发型:这是为获取大量的设想、为课题寻找多种解题思路而召开的会议,因此,要求参与者要善于想象,语言表达能力要强。另一种是设想论证型:这是为将众多的设想归纳转换成实用型方案召开的会议。要求与会者善于归纳、善于分析判断。

头脑风暴法一般可以分成以下三个步骤进行。

1. 准备阶段

所要准备的内容有:

(1)确定基本议题。这个主要是根据各个企业的需要来确定,如给某个新产品命名。

(2)设计某种图标或者是设计某种新产品等。

(3)选定参加人员,一般不宜超过 10 个人,其中必须安排一名记录员,负责记录现场发言情况。

(4)确定会议的时间和会议的场地。

(5)准备记录的工具,如白板、黑板、夹纸器、大张笔或者纸等。

2. 具体实施阶段

主持人在会议宣布开始后,向参加头脑风暴的参与人员介绍有关内容以及相应的注意问题,然后再和与会的所有成员进行讨论,发现各自的意见。记录人员要及时记录与会者所激发出来的灵感。

3. 跟进阶段

后期的跟进工作主要包括:将记录人员所记录的相关材料整理后分类展示给参与者,从效果和可行性两个方面对所有的方案进行评价,并最终确定最合适的方案,应该尽量采用在头脑风暴讨论中所激发的方案。

在群体决策中,由于群体成员心理相互作用影响,个人容易屈于权威或大多数人意见,从而形成所谓的"群体思维"。群体思维必然会削弱群体的批判精神和创造力,损害了决策的质量。为了保证群体决策的创造性,提高决策质量,管理上发展了一系列改善群体决策的方法,头脑风暴法是较为典型的一个,该方法适合任何人的参与,可以帮助团队利用新方法解陈旧问题,也能够最大限度地鼓励团队成员发表自己的意见,为团队贡献灵感。

第三节　传统与现代培训开发媒介的比较和选择

一、培训开发方法的比较分析

一般情况下，在企业实际培训中，一次培训开发一般会使用两种或两种以上的培训方法，很少固定使用一种培训方法的培训开发。对于一次培训开发，我们该如何在众多的培训方法中选择适合这次培训开发的培训方法呢？作为一名企业的培训者或管理者，在日常工作中经常面临这样的选择。这就牵涉培训方法的选择问题。在进行培训方法的选择时，培训者或管理者可以通过各种可供选择的培训方法进行比较，从而选择更合适的培训方法。表 5-1 列出了常用的培训方法的优缺点，方便读者进行比较。

表5-1　几种培训方法优缺点比较

方法	优点	缺点
远程培训	（1）应用培训工具可以集中培训者的注意力； （2）可以克服空间上的距离，为分布区域广、难以集中的员工提供高水平的专家培训； （3）可以节省大笔的差旅费和时间，效率更高，能满足各种专业的需要	（1）学生和老师的互动较少，缺乏情感的交流； （2）远程教学减少了学员间的直接接触； （3）远程学习易产生疲劳感，面对一个固定的机器，长时间地看视频容易使眼睛疲劳； （4）培训工程中缺乏外部监督和反馈
游戏法	（1）游戏法本身的趣味性可以调节培训的气氛，同时能够培养受训者对学习内容的兴趣； （2）有利于改善受训者集体的人际关系； （3）受训者在参与游戏的过程中，将学习的东西与复杂的情景相联系，加深了对知识的理解，也便于记忆	（1）游戏设计因为要与培训课程相关联，难度较大； （2）由于不同的参加者和游戏的结果各不相同，所以培训者也不能确定每个受训者究竟学到了什么； （3）游戏也存在后勤保障问题，个别游戏对道具的要求较高，而且容易发生意外
讨论法	（1）训练人员可以主动提出问题，表达个人的感受，有助于激发学生的兴趣； （2）有利于培养学员的人际交流、表达等综合能力； （3）在讨论中取长补短，相互学习，有利于大家相互交流经验； （4）讨论形式的多样性，有利于根据不同的培训目的选择适当的讨论形式，有较强的适应性	（1）讨论课题选择的好坏可能会直接影响培训效果的好坏； （2）难于组织，受训者容易出现发言漫无边际，偏离主题的局面； （3）对指导教师要求更高，他们既要是所研讨问题方面的专家，又要善于引导、组织受训者围绕主题展开讨论
案例分析法	（1）案例分析法提供了一种比较系统的思考模式； （2）受训者不仅可以从讨论中获得知识、经验和思维上的益处，还能增强人际关系； （3）正规案例分析能填补理论与实际之间的空白； （4）促使受训者积极寻求多种解决方式，激发自身的创造力； （5）有利于受训者参与企业实际问题的解决，使学员得到经验和锻炼的机会	（1）案例分析所提供的情景毕竟不是真实的情景，有的甚至与真实的情景相差甚远，限制了案例培训的效果； （2）案例过于概念化并带有明显的倾向性，选择一个合适的案例不是很容易； （3）案例分析法费时费力，成本较大对组织者提出了挑战； （4）引导和组织讨论需要很高的技巧，对培训者要求较高

续表

方法	优点	缺点
课堂讲授法	(1) 有利于受训者系统地接受新知识； (2) 容易掌握和控制学习进度； (3) 有利于加深学员对难度较大的内容的理解； (4) 可以同时对许多人进行培训	(1) 培训形式较固定，并且讲授内容具有强制性； (2) 学习效果很容易受培训者课堂讲授水平的影响； (3) 只是培训者讲授，没有学员进行及时反馈； (4) 受训者之间由于缺乏适当的讨论，不利于促进对知识的理解
角色扮演法	(1) 帮助学习者换位思考，体验各类人物的心理感受； (2) 提高受训者的观察能力和随机应变能力； (3) 活动集中，有利于培训专门技能； (4) 通过角色的变换，可以激发学员的创新思维，并实践新的行为； (5) 为受训者提供观察人们真实言行和行为方式的机会	(1) 角色定位培训对角色设计能力的要求较高； (2) 在测评过程中，如果受训者参与意识不强，没有完全进入角色，就不能测出受试者的真实情况； (3) 人为性太强，过于强调个人
学徒培训	(1) 受训者在师傅的指导下能更加有效地学习新的知识和技巧； (2) 受训者有更多的实践机会，能加深其对理论的理解； (3) 学徒可以带薪学习，可以减少培训者的经济压力，提高学徒的积极性	(1) 这样的培训基本上属于一对一模式，不能大规模进行； (2) 学员既是受训者又是雇佣者，可能会被其他例行事务分心，师傅也可能不会认真地教学

到底一个合格的培训者应该如何根据实际情况来准确选择培训开发方法呢？其中最关键的就是确定希望培训开发能够产生的学习成果。培训开发方法可能会影响一种或几种学习成果。学习方法一旦确定了，下一步就要慎重考虑这种方法对学习和培训开发成果转化的有利程度，以下是几种培训方法与效果的对比分析。如表 5-2 所示。

表 5-2 几种培训方法、培训效果的对比分析

培训方法	培训涉及的领域	各种方法促进学习的程度					对各种不同人员的适应程度	费用
		反馈情况	强化	实践	激励	举一反三		
远程培训	技术能力 人际关系能力	很好	良好	良好	很好	中等	很好	高
视听法	技术能力	良好	中等	良好	一般	良好	好	高
游戏法	决策能力	良好	中等（一般性）	中等（一般性）	良好	良好	有局限性	高
讨论法	人际关系能力 获取新知识、信息能力	局限性	中等（一般性）	局限性	很好	良好	良好	较低
案例分析法	决策能力	中等（一般性）	中等	良好	中等（一般性）	中等（一般性）	中等（一般性）	低
课堂讲授法	技术能力 人际关系能力 决策能力	中等	中等	有限	良好	良好	良好	低

续表

培训方法	培训涉及的领域	各种方法促进学习的程度					对各种不同人员的适应程度	费用
		反馈情况	强化	实践	激励	举一反三		
角色扮演法	人际关系能力	良好	良好	良好	良好	中等	中等	较低
学徒培训	技术能力	良好	良好	良好	良好	良好	良好	中等

二、培训开发方法的选择

很多人在选择培训开发方法的时候，总是希望自己所选择的培训开发方法能够达到最佳的效果。一般来说，能够普遍使用并且效果又最佳的培训开发方法是不存在的。我们只能说对于某种特定的目标、特定的对象或者特定的内容而言，有最适合的一种培训与开发方法。在培训中，我们都力图寻找一种最合适的培训与开发方法，如果培训与开发方法选择不恰当，将会影响学员对培训内容的接收情况及培训效果。

培训作为培养人才的一项重要手段，已成为企业在激烈市场竞争中能否取胜的一项关键性工作。培训方式方法多种多样，且各有利弊，前文只是从一个侧面简单地介绍了一下企业如何选择恰当的培训方法，企业选择培训方法切记要活学活用，适当的条件下，可以组合使用培训方法。在实际工作中，培训方法的选择一定要保证针对具体工作任务，适合培训目的，符合受训者特征，适应企业文化，满足培训资源投入。那么从企业的经济成本上来分析，选择培训方法的依据是什么呢？

（一）根据目标而定

（1）当培训目标是让学员获取一些理论知识。自学因为灵活性高、成本低等优点而成为首选培训方式。内部网络借助当前计算机界面的丰富性与学习时间的灵活性优势而成为第二受欢迎的培训项目。另外，企业也倾向于选择课堂讲授这一传统培训方式，这主要是由于课堂讲授具有费用低、操作简便的特点，但有关专家认为课堂讲授的培训方法在记忆力和注意力方面效果欠佳。

（2）当培训目标是为提高学员分析解决问题的能力。这往往需要学员更多地去探索实际问题的解决办法，此时案例分析法由于能为学员提供有针对性的实际问题分析解决机会而最受培训者的青睐；如果从时间方面来考虑，角色扮演法一般是第二选择；如果再从学员参与度方面来考虑的话，头脑风暴法由于学员的高参与度而列于第三位。

（3）当培训目标是为提高学员的人际交往能力与改变态度。此时企业在选择培训方式时，要优先选择一种有利于员工相互交流的培训项目。显然，如果采用视听法这类具有信息传递单向性特征的培训方法是不合理的。相反，游戏法由于互动性强、趣味性强，能很好地达到培训目标。

（4）当培训目标是巩固学员的专业知识。这就要求所选择的培训方法能够为学员提供一个很好的巩固和理解平台。由于自学的实践性与主动性欠佳，而视听法与课堂讲授法在信息传递方面存在缺陷,所以不是实现这一目标的最合适选择。相反,角色扮演法以及一对一的学徒培训由于能直接获得实践体验,培训效果更佳,如表 5-3 所示。

表 5-3 培训开发的目标和培训开发方法的对应关系

培训目标	培训开发方法	选择依据
获得知识	多采用课堂讲授法、远程培训	知识性培训的理论性强,所涵盖的内容比较多,对于一些概念性的内容、专业术语内容一般由老师讲解会更容易使人接受
提高能力	角色扮演法、案例分析法和讨论法等方法	技能型的培训需要掌握实际的操作能力,如销售技能、生产作业能力等,学员通过角色扮演加强训练,能更快提高技能,而对于管理人员的管理能力或者经营能力的提升主要应用案例分析法和讨论法
改变态度	多采用游戏法	采用游戏培训可以使成员积极参与游戏,在愉快的环境中得到启发,再通过相关的引导,将很快转换为积极主动的学习

(二)根据实际条件而定

(1)看参加培训员工的工作能力。参训者所具备的基本知识和技能的多少,也影响着培训方式的选择。比如,当学员毫无电脑知识时,电脑化训练或多媒体教学就不太适用;当学员的教育水准较低时,自我学习的效果就不会很好;当学员大多数分析能力欠佳并不善于表达时,辩论或小组讨论的方式将难以取得预期的效果。因此,培训方式的选择还应考虑到学员本身的知识状况和应对能力。

(2)看学员的个性特征。库伯将学员分为四类:理论型、反思型、积极主动型和应用型。理论型学员具有偏好假设、思维、理论模型和系统分析的特点,宜采用自学、案例分析等方式;反思型学员容易对别人持否定态度,所以不适合采用参与度高的培训方式,而适合讲授的培训方式;积极主动型的学员在学习中有强烈的表现欲,能积极地参与讨论,思维灵活,对这类学员宜采用讨论法、案例分析法等;应用型学员注重理论与实际相结合,喜欢冒险,一般是基层管理者、工程师、高级技师等,对于这类人宜采用案例分析、角色扮演等方式。

(3)看参加培训员工的数量。参训人数的多少也影响着培训方式的选择。当人数不多时,小组讨论或角色扮演将是不错的培训方法;但当学员人数众多时,演讲、多媒体教学、举行大型的研讨会可能比较适当。

(4)看工作可离度。工作可离度是指在公司的正常运转中,公司业务对学员自身的依赖程度。当依赖程度高时,学员的工作可离度低;相反,则可离度高。如果学员工作可离度高,进行集中培训对学员的业务开展影响不大,但如果工作可离度低,宜采用多媒体自学培训或者分散培训。在现代企业中,销售人员的工作可离度低,因此企业一般对这类员工采用分散培训。

(5)看预算培训经费的多少。演讲、小组讨论方法和多媒体方法相比,后者的费用较高,因为涉及设备的投入等,所以需考虑到企业组织与学员的消费能力和承受能力。那么在预算不足或者经费不多的情况下,如何来选择培训方式?例如,某公司一年只有 12 万元的培训经费,如果请外部讲师,可能预算不足,而且培训活动比较单一,可能达不到想要的效果。但如果采用推荐内部讲师、编辑学习期刊、开展读书活动、开展知识竞赛等方式,不仅可以减少开销，而且能提高员工的参与度，培养和谐的工作关系。

（三）根据岗位、层级而定

由于企业职工岗位不同，对职工的素质水平、能力强弱、掌握的知识和技能要求都不相同，所以职工培训要针对不同类别、不同层次的人才培养目标，确定不同的培训内容和培训方法。人们依据学员在企业内的职务特征将学员分为低层操作型员工、中层管理型员工与高层管理型员工。对低层操作型员工的培训往往是与日常事务性工作相关，所以可以通过聘请专业技术人员授课的方式向学员进行技术的培训，并组织小组讨论来巩固学员所学知识。在企业中，培训工作更多是围绕管理人员展开的，根据岗位级别的不同，企业管理人员大致分为基层管理人员、中层管理人员、高层管理人员三类。下面就以管理人员培训为例，介绍一下如何选择培训方法。

1. 基层管理人员的培训方法选择

针对基层管理人员，主要采取直接传授的方式进行培训，具体形式包含讲授法、专题讲座法、研讨法等。讲授法可以全面、系统地传授知识，有利于大面积地培养人才。该方法目前主要用于岗位取证培训。专题讲座法是针对某一个专题知识进行讲授的方法，形式灵活，主题突出，受训者容易理解，主要用于专业技术发展方向、热点问题或法规知识方面的培训。研讨法可以使受训者加深对知识的理解和运用，由于该方法强调受训者积极参与，有利于受训者沟通、独立思考、评价判断等综合能力的提高。通过直接传授的方式进行培训，可以提高基层管理人员知识水平和综合能力，通过上述方法基本可以满足对基层管理人员的培训需求。

2. 中层管理人员的培训方法选择

对中层管理人员的能力要求与对基层管理人员的能力要求基本相同，但是，中层管理人员比基层管理人员多了"判断能力""协调能力"两项能力，所以两者所采用的培训方法有相同之处。一方面，中层管理人员仍然可以采取直接传授的培训方法提高相应的能力，但值得注意的是，相对于基层管理人员侧重于对专业能力的要求，中层管理人员则更侧重对判断能力、指导能力、协调能力等反应领导能力的要求。因此，对中层管理人员的培训应偏重于专题讲座法及研讨法。另一方面，除了可以采取上述介绍过培训方法，还可以采取案例法以提高中层管理人员的综合能力。案例法是一种信息双向交流的培训方式，它将知识传授和能力提高两者融合到一起。案例法可以使受训者明白收集情报并分析具体情况的重要性，明白相互倾听、相互商量的重要性。由于案例分析是在模拟解决一个实际问题，贴近现实情况，可以锻炼受训者理论联系实际的能力、分析解决问题的能力。

3. 高层管理人员的培训方法选择

对高层管理人员的培训可以包含两部分内容：现任高层管理人员培训和储备高层管理人员培训。企业对现任高层管理人员的能力要求显然与其他管理人员有着根本性的区别，这意味着培训方法也会有所变化。当然，上面介绍过的方法并不是都不适用于高层

113

管理人员培训，只是在培训内容、着重点等方面会有所不同。常用的培训方法有案例法、头脑风暴法等。案例法上面已经介绍，下面主要介绍一下头脑风暴法。该方法的特点是受训者在培训活动中相互启迪、激发创造性思维，它能最大限度地发挥每个受训者的创造能力，提供解决问题的更多更佳的方案。在培训中小组讨论有利于受训者加深理解并相互启发，且头脑风暴法可以帮助企业及受训者解决实际问题或困难，培训收益较大。

对储备高层人员的能力要求应该与现任高层人员的标准相同，因此，对这类人员的培训仍然会经常采用上面介绍的一些方法。另外，针对储备型人才的特点，工作指导法、特别任务法和角色扮演法也是不错的方法。其中，工作指导法也称教练法，是由一位有经验的技术能手或直接主管人员在工作岗位上对受训者进行培训，如设立总经理助理、副总工程师等。特别任务法是企业通过某些特定的员工分派特别的任务进行培训的方法。主要的形式有将公司有发展前景的储备人才组成小组，让他们针对高层次的管理问题、企业经营决策、突发事件等提出建议，然后将这些建议提交企业经理办公会或董事会，从而提高受训者分析高层次问题的能力、统筹能力、决策能力等。

习　题

一、单选题

1. 不属于传统培训与开发的方法是（　　）。
A. 学徒培训　　B. 角色扮演法　　C. 讨论法　　D. 远程培训

2. 不属于现代培训与开发的方法是（　　）。
A. 学徒培训　　B. 视听法　　C. 游戏法　　D. 远程培训

3. 不是培训开发方法的选择依据的是（　　）。
A. 根据目标而定　　　　　　B. 根据实际条件而定
C. 根据岗位而定　　　　　　D. 根据培训者情况而定

4. 用工单位招收学徒工，在师傅的直接教导下进行生产实践活动，这是（　　）。
A. 学徒培训　　B. 视听法　　C. 游戏法　　D. 远程培训

5. 要求被试者扮演一个特定的管理角色来观察被试者的多种表现，了解其心理素质和潜在能力的一种测评方法是（　　）。
A. 学徒培训　　B. 角色扮演法　　C. 研讨法　　D. 远程培训

6. 以互联网通信系统为基础，利用多媒体技术和远程视频传输技术为企业提供优质人才资源服务的平台系统的方法是（　　）。
A. 学徒培训　　B. 角色扮演法　　C. 讨论法　　D. 远程培训

7. 可以调节培训的气氛，同时能够培养受训者对学习内容的兴趣的方法是（　　）。
A. 学徒培训　　B. 视听法　　C. 游戏法　　D. 远程培训

8. 受训者在培训活动中相互启迪、激发创造性思维，它能最大限度地发挥每个受训者的创造能力，提供解决问题的更多更佳方案的方法是（　　）。
A. 案例分析法　　B. 头脑风暴法　　C. 远程培训　　D. 游戏法

9. 企业通过某些特定的员工分派特别的任务进行培训的方法是（　）。

　　A. 学徒培训　　B. 角色扮演法　　C. 讨论法　　D. 特别任务法

10. 反思型学员容易对别人持否定态度，所以不适合采用参与度高的培训方式，而适合的培训方法是（　）。

　　A. 学徒培训　　B. 角色扮演法　　C. 讲授法　　D. 游戏法

二、多选题

1. 库伯将学员分为（　）。

　　A. 理论型　　B. 反思型　　C. 积极主动型　　D. 应用型

2. 企业管理人员大致分为（　）。

　　A. 基层管理人员　　　　　　B. 中层管理人员
　　C. 高层管理人员　　　　　　D. 低层管理人员

3. 针对基层管理人员的培训，主要采取直接传授的方式进行培训，具体形式包含（　）。

　　A. 讲授法　　B. 专题讲座法　　C. 研讨法　　D. 远程法

4. 对中层管理人员的培训应偏重于（　）。

　　A. 专题讲座法　　B. 研讨法　　C. 游戏法　　D. 远程法

5. 通过直接传授的方式进行培训，可以提高（　），可以说通过上述方法基本可以满足对基层管理人员的培训需求。

　　A. 知识水平　　B. 管理水平　　C. 综合能力　　D. 综合素质

6. 角色扮演理论是在（　）基础上发展而来的。

　　A. 米德的角色理论　　　　　　B. 班杜拉的社会学习理论
　　C. 班锐拉的社会学　　　　　　D. 高德的心理学

7. 积极主动型的学员在学习中有强烈的表现欲，能积极地参与讨论，思维灵活，对这类学员宜采用（　）。

　　A. 讨论法　　B. 案例分析法　　C. 游戏法　　D. 远程法

8. 应用型学员注重理论与实际相结合，喜欢冒险，一般是（　）。

　　A. 基层管理者　　B. 工程师　　C. 高级技师　　D. 员工

9. 中层管理人员比基层管理人员多了（　）。

　　A. 判断能力　　B. 协调能力　　C. 管理能力　　D. 组织能力

10. 对高层管理人员的培训可以包含（　）。

　　A. 现任高层管理人员　　　　　　B. 储备高层管理人员
　　C. 退休高层管理人员　　　　　　D. 新任高层管理人员

三、简答题

1. 基层管理人员的培训方法如何选择？
2. 简述案例分析法的优缺点。
3. 从企业的经济成本上来分析，选择培训方法的依据是什么？

习 题 解 答

一、1. D 2. A 3. D 4. A 5. B 6. D 7. C 8. B 9. D 10. C

二、1. ABCD 2. ABC 3. ABC 4. AB 5. BC 6. AB 7. AB 8. ABC 9. AB 10. AB

三、1. 针对基层管理人员的培训，主要采取直接传授的方式进行培训，具体形式包含讲授法、专题讲座法、研讨法等。讲授法可以全面、系统地传授知识，有利于大面积地培养人才。该方法目前主要用于岗位取证培训。专题讲座法是针对某一个专题知识进行讲授的方法，形式灵活，主题突出，受训者容易理解，主要用于专业技术发展方向、热点问题或法规知识方面的培训。研讨法可以使受训者加深对知识的理解和运用，由于该方法强调受训者积极参与，有利于受训者沟通、独立思考、评价判断等综合能力的提高。通过直接传授的方式进行培训，可以提高基层管理人员知识水平和综合能力，可以说通过上述方法基本可以满足对基层管理人员的培训需求。

2.（1）优点：案例分析法提供了一个系统的思考模式；受训者不仅可以从讨论中获得知识、经验和思维上的益处，还能增强人际关系；正规案例分析能填补理论与实际之间的空白；促使受训者积极寻求多种解决方式，激发自身的创造力；有利于受训者参与企业实际问题的解决，使学员得到经验和锻炼的机会。

（2）缺点：案例分析所提供的情景毕竟不是真实的情景，有的甚至与真实的情景相差甚远，限制了案例培训的效果；案例过于概念化并带有明显的倾向性，选择一个合适的案例不是很容易；案例分析法费时费力，成本较大对组织者提出了挑战；引导和组织讨论需要很高的技巧，对培训者要求较高。

3.（1）根据目标而定。包括：让学员获取一些理论知识；提高学员分析解决问题的能力；提高学员的人际交往能力与改变态度；巩固学员的专业知识。

（2）根据实际条件而定。包括：参加培训员工的工作能力；学员的个性特征；参加培训员工的数量；工作可离度；预算培训经费的多少。

（3）根据岗位、层级而定。由于企业职工岗位不同，对职工的素质水平、能力强弱、掌握的知识和技能要求都不相同，所以职工培训要针对不同类别、不同层次的人才培养目标，确定不同的培训内容和培训方法。人们依据学员在企业内的职务特征将学员分为低层操作型、中层管理型与高层管理型员工。对低层操作型员工的培训往往是与日常事务性工作相关，所以可以通过聘请专业技术人员授课的方式向学员进行技术的培训，并组织小组讨论来巩固学员所学知识。在企业中，培训工作更多是围绕管理人员展开的，根据岗位级别的不同，企业管理人员大致分为基层管理人员、中层管理人员、高层管理人员三类。针对基层管理人员的培训，主要采取直接传授的方式进行培训，具体形式包含讲授法、专题讲座法、研讨法等。对中层管理人员的培训应偏重于专题讲座法及研讨法。对高层管理人员的培训可以包含两部分内容：现任高层管理人员和储备高层管理人员。对现任高层管理人员的能力要求显然与其他管理人员有着根本性的区别，这意味着培训方法也会有所变化。

HAPTER 6

第六章 培训与开发的种类

[内容提要]

在实际研究中,依据对培训开发的不同需求,来对培训开发从不同角度进行不同的分类。本章通过介绍培训与开发的分类方法,重点阐述了新员工培训开发、在职员工培训开发和咨询式培训。

[学习要点]

1. 培训开发种类的划分;
2. 新员工入职培训的种类;
3. 新员工入职培训效果的评估;
4. 在职员工培训的类别;
5. 在职员工培训课程;
6. 咨询式培训概念;
7. 咨询式培训的分类;
8. 咨询式培训的流程。

培训与开发

开篇案例：联想公司别具一格的培训方式

联想公司别具一格的培训对象主要针对两类员工：新入职的员工和集团中的高层管理人员，对于这两种人员所采用的培训方式如下。

新入职的员工培训。也称为"入模子"教育，这已成为"联想人"的"必修课"和培训中的"精品工程"，指通过培训学习使员工能系统地接受联想的历史、文化、制度、礼仪等方面的训练，最主要的目的是向新员工灌输联想的核心价值观，让新员工了解集团的概况和熟悉通用的制度（大是大非的原则，被联想人称为"天条"）。新员工的培训时间一般为期一周，一般在下属公司举行。而员工入职后的自我管理和团队训练培训是所有的联想人最难忘的，主要是联想会对每一个新入职的员工指定一个相匹配的领导从生活工作等各个方面帮助他们尽快地适应联想这个新环境，而这个言传身教的方式本身就是对联想公司企业文化、做事风格的最好诠释。

而另一种员工培训方式——集团中高层干部培训。联想一年一度的中高层干部培训会实际上就是研讨会，但是这个研讨会受到公司最高领导的高度重视，是整个培训中的"重头戏"，主要是因为这种培训方式对于联想的中高层干部提高管理水平、解决实际存在的重大问题，以及分享经验、统一认识等有举足轻重的作用。此研讨会的主要目的是为推动联想集团新的或者重大政策的出台，这类培训通常在总部举行，培训的时间也都长短不一，主要是根据培训的目标而定。

在联想集团，对于那些新晋升为管理职务的员工，一般要接受十分严格的考验，要接受基本管理技能训练，包括沟通、授权、团队训练等，而对于那些高级干部来说，在他们平时如此繁重的工作下，还定期会组织"充电"式的培训，这可以使他们保持对市场、技术和管理的敏感，永远站在时代的前列；联想集团为了保证培训能够顺利有序地进行，除了在人力资源部专门设立学习与发展部之外，还成立了联想管理学院，主要是保证培训计划的顺利实施。联想对于考核晋升制度方面，也将有计划地推出相应措施。

以上就是联想集团的培训现状，如果您可以决定集团的培训计划，您是否会对员工进行分类培训？您又会如何制订新员工的入职培训计划以及管理干部的管理技能开发培训计划呢？为了更好地理解培训开发的种类，也为了能让您在实践中能够有针对性地进行培训，我们将系统地学习本章内容。

资料来源：徐芳．培训与开发理论技术．上海：复旦大学出版社，2005

第一节 培训与开发的分类

一般而言，为了加强对培训开发的理解，我们可以对培训开发进行分类。这样进行分类，也有利于培训开发工作的实施和对培训开发方法的选择。当然，对员工的工作方法、工作性质和员工不同的个体需求等的分析也有利于培训开发的效果得以发挥。在实际研究中，我们依据对培训开发的不同需求，来对培训开发从不同角度进行不同的分类。

一、依据培训对象的不同来划分，则可以分为新员工和在职员工培训

新员工则是指刚刚进入企业的员工，对于这些员工的培训就是我们所说的新员工培训。为了使新员工具备完成工作任务所必备的理论、知识、技能、工作态度和行为方式，企业必须在以下三个方面对员工进行培训。第一，对企业的基本情况进行介绍。包括对企业的发展历史、现在的运行状况和企业的长远规划，以及经营情况、组织构成、企业的员工构成、企业的产品及其品牌等内容进行介绍。第二，对企业的行为和规章制度进行教育。为了使新员工能更好地适应企业内部的运行规则，企业应该组织新员工学习企业内的各项规章制度，如工资制度、岗位职责制度、安全制度、考勤制度、绩效考核制度、奖惩制度、职位调动和晋升制度等。第三，对员工进行业务知识和技能的培训。对员工进行业务知识和技能的培训即要使新员工能初步掌握企业产品生产经营的基本过程、基本程序和基本工艺流程，也要让新员工能学习专业知识、岗位要求及技术要领，从而促使新员工能在最快的时间内适应企业的工作。

在职员工是指已经在企业中工作的员工，所以在职员工的培训是指对这些已经在企业中工作的员工进行的培训，如工程技术人员的培训、管理人员的培训、生产工人的培训等。面对当今不断发展的社会环境，为了使员工能适应不断变化的环境，企业应该对在职员工的技能、知识、理念进行不断更新和提高，同时为了使企业能够在行业中继续保持自身的竞争优势，也必须在提高员工基本技能和理念的基础上，进一步激发员工潜力。这也就是在职员工的培训具有更为重要的实践意义之所在。

二、依据培训方式的不同来划分，则可以分为脱产培训、半脱产培训和在职培训

我们所说的脱产培训是指员工离开其工作岗位专门来接受的培训。脱产培训的时间一般在3个月到2年不等，它是指企业把员工送到各类院校、专门的培训机构接受特定的培训。这种脱产培训一般是企业对其紧缺的人员进行的培训，主要是培养管理人员、高层技术人员以及进行新技术、新工艺、新设备熟悉的培训。由于脱产培训的时间一般比较集中，受训的员工没有工作上的压力，所以受训人员自身知识水平的提高速度较快。

顾名思义，在职培训就是指员工不离开其工作岗位，在实际工作中接受的培训方式，企业常用的在职培训有：短期轮训、工作轮换培训、晋升提拔培训"助理"制度、学徒培训及特殊项目任务的委派学徒培训等方式。显然这种不离开岗位的在职培训方式既不会影响员工的工作进程，又不会打乱企业的岗位工作计划，而且这种在职培训方法费用低廉、培训效果极佳。它贯穿于员工的整个发展过程，能使员工在受训过程中真正做到理论联系实际。总的来说，在职培训在企业培训体系中占主体地位，是企业培训开发的主要形式。

半脱产培训则是指企业员工在某一段固定时间内离开自己的岗位去参加的培训。半脱产培训的时间比较短，如企业常用的短期轮训。一般是指企业面对不断变化的发展环境而采用新的技术、新设备、新工艺时，为了使员工能够适应新的生产方式，可以采取外出参观学习、

举办短期培训班等方式对员工进行的短期离职培训。这种半脱产培训方式是脱产培训和在职培训的中间物，它可以使受训的员工在完成好其自身在企业内的工作任务的同时，又能有相对集中的时间专心学习。总的来说，半脱产培训在克服了在职培训与脱产培训两者不足之处的同时，也吸收了两者的优点，是一种比较实用的培训方式。

三、依据培训内容的不同来划分，则可以分为知识性培训、态度性培训和技能性培训

对于那些以业务知识为主要内容的培训就是知识性培训。一方面由于企业的生产经营方式随着其所面临的不断变化的环境而变化，为了使员工能更适应企业生产经营方式的变化，所以企业不仅要对新员工进行业务知识的培训，也要对其原来在职的员工进行业务知识的再培训。另一方面，员工在轮岗和转岗中，由于各自的业务范围不同，所以也要对员工再进行新岗位、新知识的培训。

顾名思义，态度性培训就是指以员工对于工作的态度为主要的内容进行的培训。现今企业对于员工工作态度的培训主要是思想品德教育，理想、追求及价值观念的教育，行为规范，忠诚意识的教育等。例如，许多的企业为了达到转变员工工作态度的目的而不断地进行"企业人"的塑造和企业文化的塑造。

技能性培训则是指企业以员工的工作技术和工作能力作为主要的内容进行培训。一般存在以下两个理由促使企业对员工进行技能性培训：第一，企业的生产不断更新，其工作技术也不断地更新，从而要对员工进行技能性培训，使员工能够更加适应企业不断变化的生产经营技术，最终达到提高员工工作效率的目标；第二，当员工在企业的岗位工作中如果存在"人不适岗"，则要对员工进行技能再培训。

四、依据培训性质的不同来划分，则可以分为有传授性培训和改变性培训

让员工接受本来所不具备的技能、知识、态度的培训，就是对企业的骨干员工所需要的知识和技能，以及融入组织所要求的行为习惯和企业理念方面进行传授性的指导和培训就是传授性培训。

改变性培训是指企业以改变员工本来已经具备的业务知识、技能水平和工作态度为主要内容的培训。改变性培训的目的是改变部分员工的不良工作方式、工作方法和行为习惯，从而进行员工接受新业务知识和技能水平的培训以适应员工的转岗和轮岗。

第二节　新员工入职培训

一、新员工入职培训内容

（一）新员工入职培训的种类

一般而言，企业都比较重视新员工的培训，所以一般由企业的培训部门、新员工即将工作的部门主管和高层管理者共同实施。企业的培训部门主要是将企业的概况、政策制度等方面的具体信息传递给新员工，并且带领新员工熟悉企业的环境，同时培训部门还将对新员工

进行专业技能培训。新员工即将工作的部门的主管主要是对员工进行本部门岗位责任、职能情况等的教育，并为新员工提供相关技能培训。高层管理者代表整个企业，他们主要是向新进的员工致欢迎词、简单介绍企业的情况并对员工提出要求和期望。

保证培训效果的一个重要前提就是对员工进行有针对性的培训。根据研究与分析，当前新员工培训内容主要包括以下四类。

（1）公司经营类培训。主要是以公司的项目和业务为主，同时介绍公司经营管理方法、流程和公司理念等。这种培训方式的主要目的就是通过让新员工参加培训，从而快速了解与本职位有关的工作方法、流程和公司运营模式，熟悉公司在处理各项日常事物时的工作标准。

（2）团队类培训。往往被作为培训中的第一个培训项目开始的团队类培训贯穿于整个培训项目中。团队类培训主要是通过借助于不断地训练来减少团队成员之间的陌生感，让成员之间建立起初步的信任，同时建立起集体荣誉感。

（3）业务类培训。业务类培训的主要技巧是流程和关键点操作。这个培训是企业对新员工进行任职培训的重要组成部分，一般是由部门的专家来担任讲师对新员工进行训练。新员工在经过业务类培训后，他们能够了解具体岗位的工作职责、需要掌握的相关工具、方法以及需要遵守的工作流程等。

（4）基础管理类培训。基础管理类培训主要是指针对将成为管理人员的新员工开展的培训，主要是为了提高管理技能，包括人员管理、资源管理、财务管理、项目管理等。因此，这种类型的培训主要是针对作为管理人员的新员工开展的。

（二）新员工入职培训内容列表

与其他培训相比企业的新员工入职培训的内容具有杂乱分散的特点，并且由于其一般很少进行集中的课堂讲授，所以新员工入职培训的方法、地点和参与者也具有多元的特点。考虑到新员工入职培训方方面面需要交代清楚的事情太多，为了不产生遗漏，企业一般会使用培训内容清单。

1. 公司概况

让员工全面了解、认识公司，减少对公司的陌生感，增加对公司的亲切感和使命感，是一个有效的员工培训方案首先应该做的。一般而言，对公司概况的全面了解是指对公司有形的物质条件，如工作设施、工作环境等，也包括无形的东西，如公司的创立过程、公司内部文化、经营理念等。一般而言，公司概况应包括以下信息。

（1）企业的发展史、使命与前景规划。由于我国的就业信息渠道不通畅，所以很多员工实际上对其所在的企业的发展史、使命与前景规划不是很了解。但是企业的管理者往往会忽视这些问题，他们认为凡是来公司应聘求职的员工肯定都了解公司的情况，所以他们对企业的发展史、使命与前景等信息都没有进行详细的介绍。事实上，这些信息是非常重要的，通过向员工介绍公司是一个什么样的公司，是如何发展起来的，在企业的发展过程中发生了什么大事，在企业的发展过程中有什么动人的故事，公司的组织文化是什么，公司要求员工应具备的优良品质是什么等，可以加深员工对公司的感情，使员工对公司产生一定程度的忠诚感。同时，当员工在了解企业的这些信息后，员工就能更清楚地知道公司存在的理由，公司

正在做什么，公司当前的发展状况，公司的短期目标和长期目标是什么，在实现这些目标时应解决的问题是什么，新员工对于公司实现其目标的作用是什么，以及新员工加入这一奋斗过程中应做的准备等。

（2）工作场所与设施。企业应该安排老员工带领新员工参观公司的生产经营环境，并且还要向新员工介绍其工作的场所。当然，一些有特定用处的场所，如洗手间、餐厅、复印室、休息室、邮局、附近的银行、电话亭、紧急出口及交通工具的存放地点等的介绍对于新员工也是非常重要的。

（3）企业的产品、服务及工作流程。员工应该清楚地认识企业为社会所提供的产品和服务有哪些以及企业产品的生产过程或服务的运作过程等工作流程。

（4）企业的客户和市场竞争状况。企业的新员工应该明白企业的客户组成以及企业在行业内所面对的竞争，加强他们的危机感。

（5）企业的组织结构及重要人物。企业的内部组织结构的分布情况，上下级关系的情况，分公司和职能部门的分布如何，企业高层管理者的辉煌历史、职责及分工，新员工的直系领导，这些问题也是新员工比较关注的。

2. 岗位技能与知识培训

新员工只有在岗位技能培训合格以后才能正式上岗，这也要求新员工在上岗前要了解职位知识。

（1）岗位技能培训。产品判定、与上下游流程的关系、新员工岗位的工作标准和操作要求、对他人的影响等是岗位技能培训的重要组成部分。同时，在进行技能培训时，培训者应多辅以成功的个案，运用"榜样教学法"会使培训的效果比较好。

（2）法律文件与规章制度。法律文件是指考勤卡、合同、钥匙、公司身份卡、社会保障等方面基于法律和有关规定而签署的文件。规章制度是考勤制度、技术和业务、职称评定制度、人员进出制度、新员工工作和行为的准则、岗位责任制度、请假制度等各种管理制度和财务制度。这些通常载于内部刊物或员工手册中。

（3）岗位知识培训。职位必备和职业说明是新员工的岗位知识培训两个重要部分。职位必备，是指员工应该掌握的上司的管理风格、必要的保密要求、公司中的一些"行话"、具体工作中的同事联络等。职位说明，就是要给新员工做出恰当工作行为的示范，指定日程安排，并在规定的时间内让新员工掌握工作技能和工作方法，不仅要对新员工提出的问题进行回答，同时要对其工作给予必要的指导。对于公司的有关规定如绩效考核、加薪、晋职等也要向新员工进行详细的说明。

3. 员工待遇

（1）薪酬待遇。包括：节假日补贴；轮班制；薪水发放的方式；工资预支；从银行贷款情况；购买内部产品的特权及折扣；纳税方法；工资率和工资范围；工作费用报销。

（2）职业安全与卫生。包括：事故报告；健康和临床急救；锻炼和娱乐中心；职业安全与卫生条例；安全预防；火灾预防和控制；填写紧急情况卡；体检；意外事故处理程序和报告。

（3）雇员的权利和义务。包括：分配、重新分配和晋升；上岗后的在职表现；员工的见习期；员工的雇用条件和环境；企业管理者的权利；员工病假和迟到报告制度；合同政策与条款；纪律和申诉；合同终止（辞职、临时解雇、解雇、退休）；业绩的监督和评估；企业人事记录的内容和检查；在公告栏公示信息、交流新想法；沟通（上级和下级沟通渠道）、建议系统、安全设备、徽章和制服的配置、携带物进出门手续；卫生处理和细节。

（4）额外福利。包括：退休计划；加班补贴；福利；保险；残疾；赔偿；休假（病假、家人生病或丧亡、怀孕、临时事件、紧急事务、长期休假）；在职培训机会；咨询服务；自助餐厅；娱乐和社会活动。

培训清单中的项目，其重要性和紧迫性的程度是不平衡的，新员工入职培训应该将重点放在那些特别重要的或必须立即知晓的内容上。例如，决策层、各主要办事部门的主管和公司创始人与大家见面，表示出企业对于新员工的尊重和欢迎，对员工提出要求和希望，也希望新员工能够在公司这个舞台上很好地表现自己，管理层向新员工介绍公司的理念、社会责任和使命等。紧迫的项目，如员工工作的安全条例、工作的保密制度等。总之，员工可以通过慢慢看资料，或向有关部门、人员咨询，听专题讲座等方式去了解培训清单上的内容。企业也应该反复地、多渠道地强化信息，以确保新员工已经知晓。

（三）新员工入职培训的方式

企业对员工一般情况下进行一期培训，在重视培训内容的同时，也应该依据成人学习的特点，选择适合他们的培训方式。企业在设计并整合一定的培训方式的时候也应该考虑课程特点、培训目标、学员特点，这样才能使员工培训达到预期的培训效果。以下是几种培训的清单。

（1）小组任务。培训者依据学员各自的特点将学员分为几个小组，去完成特定的任务，当然，完成的任务依所要实现的培训目标而定，可以是与工作直接有关的，也可以是与工作无关的，如组织团队参与特定数据收集分析等。

（2）头脑风暴。组织受训的员工就某个特定的讨论主题进行讨论，鼓励员工积极参与讨论，提出各自的看法，在强烈的思想碰撞中产生新的思想。

（3）模拟演练。运用电视、录像机等辅助设备，演示特定的操作步骤和流程，让学员现场演练和实习相关步骤，讲师在旁指导。

（4）案例分析。培训者通过选取符合特定主体的案例让员工进行分组讨论，以更好地使员工参与到实际问题的探究中，与此同时，分组讨论也能促进员工之间的信息传递，从而实现培训的目标。

（5）讲授。讲师按照公司所定课程大纲及内容向员工进行比较系统的讲解，使员工能够更好地掌握所学的知识，但是讲授一般是信息的单向沟通，信息从讲师传递给受训的员工。

（6）小组辩论。培训者将学员分成两个小组，让这两组就某个特定的问题进行辩论，这样可以将一个问题的各个方面很好地揭示出来。

（7）讨论。以某个特定的问题作为讨论的主题，最终得出相应的结论。

（8）实地考察。培训者把学员带到某个特定的场所，学员在观察一个具体的操作流程后，根据所观察到的结果进行讨论或者写心得体会。

（9）游戏。为了让学员体验到一定的管理思想、为人处世之道等内容，提升其个人认识，培训者可以进行特定的、有一定难度的游戏。

（10）组织仪式。企业可以通过组织一些有意义的仪式，来提升团队的士气和凝聚力。企业常见的仪式有唱歌、宣誓等。

（11）阅读。培训者可以给学员布置有价值的阅读资料，如选定的书籍或者文章，并让其谈谈心得及体会。

（12）提问和回答。培训者在课堂上提出问题，让学员来回答。

二、新员工入职培训效果的评估

新员工入职培训的效果评估是非常重要的，它可以为企业确认本次培训的质量并为以后更好地开展此类培训提供建议。所以，与一般的培训项目一样，新员工入职培训也要进行效果评估。新员工入职培训的效果评估要重点考察入职需求的满足程度，可参考入职培训需求清单。与一般的效果评估一样，可以从四个层面去着手新员工入职培训的效果评估，但每一个层面都有其特殊的内容。

1. 结果层面的评估

结果评估可以通过货币形式，如投资收益率体现出来。它以简单、明白的数据说明入职培训的价值大小，是确定入职培训在各类培训中和组织各项工作中的地位的最有说服力的依据。结果层面的评估常用的指标是新员工像老员工一样有效进行工作的过渡期缩短了多少、新员工一年或两年后的主动离职率降低的程度等。

2. 行为层面的评估

行为层面的评估的主体可以是新员工的直接领导、同事、下属等。评估所得信息和分析结论应及时反馈到组织的决策层和各职能部门及员工的部门主管，以体现入职培训对个人工作绩效和组织绩效的影响，使更多的人认可入职培训，支持入职培训。该层面的评估主要是了解入职培训对新员工工作行为的影响程度，如新员工是否按照规定的程序进行相关的操作、能否有效地与其他同事沟通而得到工作上的帮助。此评估通常要在培训结束后一段时间内进行，如试用期结束时进行。

3. 学习层面的评估

学习层面评估也要在培训结束时及时进行，可以由培训部门的人员、指导人和培训师实施，其具体形式有模拟演练或实际操作、书面测试等。此项评估的信息应及时反馈给培训师和学员，作为对其工作、学习肯定和改进建议的依据，并登记存档，妥当保管，便于今后的使用。其评估主要是考察公司的文化被正确理解和理念被记住的程度；工作程序、岗位规范和安全生产条例等掌握的程度；公司管理制度和政策程序等被了解和理解的程度；新员工岗位知识和技能改善的程度等。

4. 反应层面的评估

反应层面的评估应该在培训结束趁学员对其所参加的培训活动还记忆犹新时进行，这种层面评估的具体形式可以是针对学员的问卷调查、召开学员座谈会等。具体的培训形式由培训部门的人员依据实际情况选定。为了帮助培训师和培训部门提高今后此类培训的质量，其信息反馈是必不可少的。此种层面的评估主要是为了解报告、讲授的内容是否清晰,以及入职培训的内容是否必要全面;培训活动的安排是否高效和经济等;培训是否激发了员工的兴趣和热情、是否容易理解。

第三节 在职员工的培训开发

【引导案例】

宝洁的在职培训

宝洁有一句真理:"在职训练是最好的训练。"宝洁将每日的经营活动视为学习与教育的源泉。上司以一种非正式及随机的方式,不断给予下属反馈。每个部门都有自己的训练课程。例如,品评部门针对不同层级设计不同课程及研讨会,如针对品牌副经理的"基本广告原理",针对品牌经理的"掌握制胜先机",以及针对营销总监的"客户抱怨处理"。平均每一位品牌副经理要花10%的上班时间接受教育训练。此外,"宝洁"的员工可以在全球的据点找到课程及研讨会的目录,他们只要向上司咨询并确认课程对未来个人发展是有必要的,即可进行登记上课。宝洁学院的宗旨在于将公司资深经理的经验及想法传授给年轻的干部。做法则采取个人化。宝洁学院的教授阵容都是来自公司执行长及高级干部。新人在头一年必须在宝洁学院接受为期数天的训练。初任经理的干部也必须接受训练课程,而针对其他升迁也设有各式课程,它是升迁的必经之道。每年约有4000名来自各个领域的员工,接受宝洁学院的训练课程。全球宝洁的执行长每年都会在先人的土地上相聚。每年11月的第一周,宝洁都会在辛辛纳提举办一系列的会议。全球各区总经理及附属公司行政部门主管(总计275个干部),都将参与会议。会议目的是分享经验,交换成功故事,告诉大家行动的结果和关键要素,以及再一次把公司目标及策略连接起来。一位宝洁经理形容为"参加圣餐礼"的为期一周的会议在辛辛纳提市中心可利西恩举办的活动中达到最高潮。执行长将有一番政策宣示,而来自全球的资深经理也会针对国际市场做一剖析。凡在辛辛纳提的员工几乎都参与盛会,另外在全球44个据点的数千名员工也可以通过卫星观看现场转播。由此可见,在职培训对于一个企业的发展至关重要,那么到底应该如何对在职员工进行培训使员工对企业带来更大的效应呢?接下来我们将系统全面地学习在职培训的相关内容。

资料来源:谌新民. 人力资源概论. 北京:清华大学出版社,2005

在职培训是重要的人力资本投资形式。在传统的收入模型中,由于不考虑学校之外的自我投资,劳动者的终生收入水平既不因"干中学"的存在而提高,也不因劳动者生理上的衰老和知识过时而下降,终生收入水平表现为一系列水平的直线,每一条更高的水平线代表一个更高的教育水平。但是,很早就有人认识到,人们在学校教育之后仍通过选择提供培训机会的职业继续对自身投资,并且企业和社会也都将大量资源用于对劳动者的在职培训。对在职培训的投资主体及其投资行为的经济影响进行的研究是人力资本理论的重要课题。

某些类型的知识要求有长期的专门教育,而某些类型的知识在与实际问题相结合的实践中可能掌握得更好。从某种意义上说,在职培训与教育(含职业教育)是特定技术人才的替代性来源。而某些技术的发展既要求有专门教育又要求有经验，则这种技术就可以部分地通过企业、部分地通过学校来传授（如医生）。一个国家的职业许可规定往往允许用在职培训部分地替代学校教育。企业与学校之间互补成分的多少主要取决于已有的定形知识的多少。新行业技术的培训一般首先是在工作中进行的，因为企业总是首先认识到这种新技术的经济价值，随着需求的发展和知识的标准化，某些教育就会转移到学校。

目前，在职培训受到越来越多的重视和研究，这主要存在三方面的原因。

（1）国际竞争加剧使全球的厂商都在寻找提高其员工生产率的办法，培训及相应的员工生产率提高被视为增强竞争力的关键。

（2）技术方面的快速变化，特别是信息产业的发展，已经导致了大规模的员工再培训，以及对员工的技能结构进行调整的需求。这一变化在各个产业领域都体现出来。技术变化不仅与技术密集型行业有关，几乎所有的产品都从自动化过程中受益。开发、提供乃至使用此类技术和产品的企业都必须通过培训提升员工的劳动技能和能力。

（3）从例外管理到精益生产的模式变化，使员工在各类岗位间的轮换变得普遍。因而，他们通过在职培训来适应更广泛的技能要求。扁平化组织的出现使更多的决策权被下放给直线部门，为了使员工有效地承担新的决策责任，要求其具备更高的知识和能力。

一、在职员工培训的类别

1. 岗位资格培训

许多岗位需要通过考试取得相应岗位要求的资格证之后才能上岗，而且资格证一般几年内有效。资格证到期时，员工需接受培训并再参加资格考试。当然，一些岗位对员工操作的一些特殊的要求，这些特殊要求并不是所有员工开始都掌握的，必须通过培训才能掌握，这些培训也就是岗位资格培训。

2. 转岗培训

转岗培训的目的是使其达到新岗位要求的培训，其培训的主要对象是已被批准转岗的员工。一般我们可以从个人和组织两个方面来分析转岗培训的原因。

个人方面一般有两种情况：一是员工因某方面的才能或特长而受到重视；二是由于员工不能胜任现在的工作需要重新安置，所以公司需要对其进行另外的安排。

由于历史原因，我国国有企业普遍存在人员过剩问题，减员增效已成为必然趋势。减下来的人员中一部分经统一培训后转换了岗位，另外经济效益不好的企业被重组或兼并时，也可能发生员工转岗。组织方面包括企业机构调整、经营规模与方向的变化、生产技术进步等因素往往引起现有员工配置的改进。此时企业可以通过转岗来重新配置企业的员工。

3. 以改善绩效为目的的培训

以改善绩效为目的的培训是指在绩效虽达到要求但员工希望改进其绩效的情况、绩效未达到要求和绩效下降进行的在职培训。

4. 晋升培训

晋升培训是对渴望晋升的员工进行领导能力、技能、知识和艺术等在职技能的培训，目的是为员工的晋升打下基础。晋升培训的意义在于，当某个领导岗位出现空缺时，能够挑选到满意的候选人。晋升培训是对拟晋升人员或后备人才进行的，旨在使其达到更高一级岗位要求的培训。

二、在职员工培训课程

（一）在职培训课程的特点

1. 分类设置

由于企业存在着不同的分工，即使同样的工作也有着不同的层次。所以在岗培训课程一般是针对特定对象的，如为经理、厂长开设的课程，为中层管理设的课程。当然，也可能有针对全体员工的个别课程，如公司规章制度方面的课程和产品新技术方面的课程等。

2. 目的在于帮助员工进一步发展和提高

在岗培训是为了使员工在企业得到进一步发展和提高。它是为了使员工具备从事某项工作的基本条件。当然，当企业对于员工的培训不够规范时，在岗培训也就成了岗前培训的补救措施。

3. 选修课与必修课相结合

这一特点是以整体计划与个人计划为依据组织在岗培训的企业的培训课程所具备的。

4. 灵活课程与固定课程相结合

灵活课程往往具有时效性，如汽车制造企业在我国即将加入 WTO 之际可向管理人员讲这样一门课：加入 WTO 与我国汽车工业的发展。固定课程设置的原因是，许多需要员工掌握的知识和技能具有相对稳定性，而且由于人员的变动需要进行传授。

（二）在职培训课程实用案例

下面是某企业某年在岗培训部分课程，该企业的在职培训课程分为各级领导者课程和通同课程。

1. 口头表达技巧

（1）目的：通过本课程的学习，学员能够在公众场合从容自信地表达自己的想法；明白良好的口头表达对工作的作用；掌握语言表达的基本实用技巧。

（2）内容：本课程帮助学员学会如何在特定场合（总结会、讨论会）完整地叙述一件事情或陈述自己的看法，顺利与协作者沟通。

（3）学时：12 小时。

（4）方式与方法：特定演练、看示范片、讲授。

2. 必要法律知识

（1）目的：通过本课程的讲授，学员能够可以在工作中运用相关法律知识；了解中国的法律制度，熟悉相关法律。

（2）内容：本课程通过对中国的法律制度、法律概念、各项法律（劳动法、税法、经济合同法等）及其在经营管理活动中的应用介绍，加深学员对中国法律的了解，帮助学员运用法律处理日常工作中的问题。

（3）学时：12 小时。

（4）方式与方法：讨论，讲授。

3. 商业谈判

（1）目的：通过本课程的讲授，学员能够掌握各种问题的处理方法；掌握谈判的基本技巧；掌握谈判的要领。

（2）内容：本课程介绍如何与客户搞好关系、谈判的要领、如何与不同客户打交道、如何灵活处理各种问题并赢得优势。

（3）学时：15 小时。

（4）方式与方法：讲授。

三、在职员工培训的作用

1. 提高工作质量

在职员工的培训往往意味着员工能够掌握正确的工作技能，增长见识，改正自己的错误或者不良的工作方法。工作技能的培训主要是传授在经验中总结提炼出来的最优工作法；工作方法的培训，会促进工作技能的改善，必然会促使工作质量的提高。

2. 提高员工的综合素质

企业对于在职员工的素质的培训，主要在于提高员工的综合素质，员工的综合素质的提高主要包括文化和技术两个方面。通过提供在职培训使新入职的员工很快地适应企业新环境，掌握生产新技术，而老员工则需要不断地进行充电，学习新知识，掌握现代技术，不断地适应工作的需要，当整个企业员工的文化素质和技能素质得到提高以后，企业的经济效益迟早也会有相应的提高。

3. 提高工作效率

一个企业进行员工培训的重要目的是提高劳动生产率，降低损耗和劳动成本，使每一个员工在同等劳动条件和同等劳动时间下能够完成更多的工作。一般来说，一个企业的劳动生产率的高低是受到多方面影响的，包括士气、组织、资本、设备、组织及其他相关因素的影响，但是员工的素质起到决定性的作用，国内外的企业管理中将劳动生产率与员工的素质关系用如下公式表示：

$$P=CM$$

式中，P 表示生产率；M 表示激励；C 表示员工素质或者员工合格的条件。所以说生产率就是员工与有效管理方式的乘积。只有不断地激励同时提高员工的文化和技能素质，才能提升企业的生产率。

4. 减少事故发生

据有关研究表明，未经过培训的企业员工所造成的事故数量比受过培训的员工的数量高好多倍，尤其是在相对危险的机器设备上工作，未接受培训的员工除了操作上的原因外，心理素质较差也是其发生事故的重要原因。因此，对员工进行安全行为的培训是相对必要的，因为操作技能的训练必须通过不断地培训才能熟练。

5. 降低损耗，增产节约

经过企业培训的工人，劳动技术的娴熟程度会在一定程度上提高，必然会使生产过程中产品的合格率大大提高，从而降低工具的折损率，大大减少原材料的浪费，从而有利于企业节约成本，提高企业的经营效益。

第四节　咨询式培训

【引导案例】

一次量身订制的培训

当前，我国学生们所接受的教育一直都是标准化的教育，这样的教育有着统一的教材、统一的教学思想和统一的教学模式等。虽然有些商学院提出了所谓的"度身订制"的课程，但其实这种度身订制所包含的课程也只是另外一种形式的标准化课程。这些课程被标准化的内容排列得很有条理，学员们得到的知识和技能主要来自一些讲座、案例分析和一两次的户外练习。由于每个人学到的都是同样的知识和技能，只有在课堂上对在场的每个人的反应分别做出具体的解释，所说的度身订制才能真正实现。所以那些针对某家企业度身订制的课程，如通过使用根据该企业自身情况编写的案例，也并不是发展得足够充分的。

下面介绍一家企业在进行内训时所进行的一次很特别的培训，培训者针对公司所面对的实际问题开办专题讨论会，这样每一个受训者都能在这些讨论会中更好地学习。培训的主要对象是来自这家公司不同部门的一群组织发展的实践者，其中有三位部门主管，分别来自计算机软件、音乐与分销服务和照明设备这三个领域。在培训过程中，每个参与者都要认真选取和撰写一个实际发生的案例，这些案例主要来源于他们所面对的实际问题。

参与者们会被安排提前阅读这些材料，再经过三天半的讨论会。在每次的会议开始前，每一个参与其中的部门主管都要简单介绍一个案例，之后再根据实际情况提出一系列的问题，然后培训者将受训人员分成若干小组进行一场讨论，讲师讲述处理这个问题的时候可以用到哪些理论概念，而部门主管要说出他对这个案例的理解。最终实现了学习和全透明咨询的很好结合，这样也有助于人们更清楚地弄清那些概念性的材料，让他们明白怎样应对，同时从问题本身的角度取得某些进步。

从20世纪90年代末起，由于国内许多企业都意识到了培训的重要性，所以它们纷纷成立了专门负责员工培训的部门。与此同时，市场上也出现了许多以提供专业培训为产品的培训及咨询公司。中国的培训业在过去短短的五六年时间内得到了长足的发展。但是在大数的企业，组织培训管理者只是起了一个培训课程的制定和实施的作用。目前许多的组织培训管理者面对的主要问题就是如何真正体现出培训对于组织战略的推动作用。

可以说，培训在组织中发展和进一步提升地位的瓶颈也存在于此。面对这种瓶颈，人们不断地区寻求新的培训模式，本节将介绍一种新的培训模式——咨询式培训。

咨询意味着针对为什么做、做什么、如何做、在哪里做、何时做提供独立的建议和意见，本节将介绍培训是如何与咨询进行有效结合的。咨询式培训目前正在受到越来越多的推崇。

资料来源：颜世富. 培训与开发. 北京：北京师范大学出版社，2008

一、咨询式培训的概念

咨询式培训，又被称为顾问式培训，就是培训管理人员（或外部顾问人员）从战略层面

来考虑，通过咨询与诊断的方式，在理清未来重点业务方面给予一定的帮助，产生短期工作计划及长期规划，这些人员还要协助企业系统转化、跟踪及管理培训绩效。短期计划要做到有的放矢，达到快速推动业务发展的目的，长期计划重点在组织诊断基础上有效地建立起完整的培训规划体系，推进业务发展。

咨询式培训中的短期计划一般奉行"百天计划"，即在通过业务诊断后，有针对性地给出培训计划，直接而快速地促进公司短期业务，而一般培训短期内可能根本看不出培训的效果来，这也就是咨询式培训与一般培训不同之所在。由此可以看出，咨询式培训与企业的战略和业务更接近，培训的效果更明显，当然对培训组织人员与对讲师的要求，尤其是在操作性层面的要求要更高。

在咨询式培训的实施过程中，培训的主管人员以顾问的姿态介入组织的内部经营管理，对组织的现状有了较为全面的了解，进行培训需求和运营情况的调研，对于组织的疑惑在哪里、方案有哪些、可能有哪些困难等，做到了如指掌，共同商讨存在的问题及原因。由此确定培训内容，而且完全按照该组织的个性问题设计培训提纲，运用案例。评估贯穿了整个培训各个环节，解决企业实际过程中遇到的问题是整个培训的核心。

二、咨询式培训的分类

1. 工程类咨询式培训

该类培训是企业项目咨询过程中或者结束后的一种辅导型培训，依附于企业的项目咨询，因此大多是由咨询公司完成的。一般的做法是企业把某个课题委托给咨询公司，如人力资源体系设计、企业的战略规划等。咨询公司在接受了这种课题委托后，它们就会进入业务流程。一般而言，流程都为项目调研—项目设计—培训辅导。在课题进程中，培训是一个重要环节。在咨询公司对企业已具备十分充分的了解，并建立了一套新的策略或管理体系之后进行的培训辅导，时间会长达数月。此类培训的个性化、针对性都十分强，是真正的量体裁衣式的咨询式培训。

2. 简单型咨询式培训

简单型咨询式培训较第一种培训方式费用低廉，是目前培训业采用较多的一种方式。它是指培训讲师结合咨询的思路，为企业设计一套培训的模板，包括训练、讲演、案例分析、游戏等各种培训工具的使用设计等。因为工程类咨询式培训的前提是企业先委托咨询公司做课题项目，咨询师对企业已具备十分充分的了解，并建立了一套新的策略或管理体系之后进行的成果型培训，所以没有项目意向的企业比较多采取第二种做法。

这种咨询式培训的特点是比较重视对企业的前期需求调查。具体做法是企业本身先对自己的管理系统进行检查，找出问题，说明所存在问题的重要性，并决定通过培训的方式来解决这些问题。然后企业再物色本身就是本专业咨询师的培训师或者有本专业咨询经验的培训师到企业进行诊断，从而得出对问题的一致性判断。最后，咨询培训师根据诊断得出的报告设计出培训的课程大纲，交企业该项目负责人审议通过后进行课程细节完善，并在预定时间授课。

3. 现场型咨询式培训

现场型咨询式培训是指请咨询师到企业现场对员工进行咨询培训。一般是企业受训人员在现场提出问题，讲师就该问题，现场做出解答。现场型咨询式培训对于讲师有较高的要求，进行授课的讲师应具有深厚的理论功底和培训实战经验。这种培训要求讲师具备咨询师与培训师的共同特质，有经验和理论功底的培训师能现场就这些问题进行梳理，井然有序地进行讲解，并插入各种其他培训工具。如果仅仅是培训师，往往夸张有余，解决问题的深度与个性程度不足；如果仅仅是咨询师，对问题的解答往往过于严谨，无法跳离企业实际的圈子，感染力不足。

由于该类型培训完全建立在对企业的咨询实践基础上，在此基础上进行的培训具有十分强的个性化、专业化特点，此类培训按照咨询的方法完成对企业的全面诊断，并建立策略方法，并且培训师本身就是咨询师，实效最强。相比较而言，工程类咨询式培训比后两种咨询式培训更容易取得实效。

三、咨询式培训的流程

培训的实际效果越来越受到企业的重视，而培训实际效果的取得急需适合的案例教授、传统培训的理论，更需要带有个性化服务的实用性、操作性教授。而咨询式培训是在培训过程中又做咨询，在咨询过程中又做培训。具体体现在培训前期、中期、后期等三个方面。

1. 培训的前期

先邀请讲师以顾问及咨询的名义与企业商讨它们存在的问题及原因，同时进入企业与有关人士沟通，涉及培训提纲、培训内容、培训目的等方面或讲授一些成功的经验供客户参考，必要的时候为了解培训需求应在企业里做一些调查，这也就是咨询式培训要求在培训前期所做的准备。这样便使得业务部门与讲师在培训的要点上有了更深层次的沟通与了解，从而在设计培训提纲、运用案例时可以很好地考虑到企业的个性问题。培训师也可以更加明白培训时应注重解决哪些问题、解决的方案有哪些、可能有哪些困难等。

2. 培训的中期

咨询式培训的整个过程就是一个以解决问题为导向，避免高谈阔论的咨询过程。首先，从咨询的主题着手，如需要考虑的环境、政策、存在哪些问题、原因是什么、行业等各个方面。其次，探讨解决问题的方案，分别对每个方案都指出其成功或失败的原因，同时带动学员充分讨论、研究以达成共识。再次，结合公司的实际情况，找出符合其个性特色的方案来，并采取顾问式的引导、咨询、答疑，从方案、流程、方式、阻力、图表、考核、量化、监控、评估等各方面进行研讨。最后，在培训结束的时候，大家也就能得出共同的答案。

3. 培训的后期

咨询的过程又是一个培训的过程，针对学员遇到的问题，进行咨询。咨询式培训还要完成培训这一商品的"售后服务"。即咨询不应只简单地给出一个咨询师的答案，而应从各方面进行论述，最后形成一个结论或与学员讨论后形成一个结论。最终要使咨询者不仅知道答案是什么，更知道原来的困惑是什么，为何有这样的困惑，通过沟通有哪些心得，通过咨询自己有怎样的理解等。

通过实际工作经验的积累总结，咨询式培训可具体分为以下九个步骤：

（1）确定培训过程中所需要解决的问题。

(2) 明确培训后所要达到的目标。
(3) 了解公司的现实状况。
(4) 确认培训目标和当前公司现状的差距,从而明白培训的重点。
(5) 根据培训重点,设计出合适的培训课程。
(6) 确认培训课程符合业务部门的要求。
(7) 确定培训对象,并有针对性的制订培训计划。
(8) 实施培训计划,并根据反馈及时调整。
(9) 评估培训的结果,并提出改进意见。

习　题

一、单选题

1. 对这些已经在企业中工作的员工进行的培训是（　　）。
   A. 脱产培训　　　B. 新员工培训　　　C. 咨询式培训　　　D. 在职员工培训
2. 员工离开其工作岗位专门来接受的培训是（　　）。
   A. 脱产培训　　　B. 新员工培训　　　C. 咨询式培训　　　D. 在职员工培训
3. 企业员工在某一段固定时间内离开自己的岗位去参加的培训是（　　）。
   A. 脱产培训　　　B. 半脱产培训　　　C. 咨询式培训　　　D. 在职员工培训
4. 以业务知识为主要内容的培训是（　　）。
   A. 知识性培训　　　B. 技能型培训　　　C. 咨询式培训　　　D. 态度性培训
5. 企业以员工的工作技术和工作能力作为主要的内容进行的培训是（　　）。
   A. 知识性培训　　　B. 技能型培训　　　C. 咨询式培训　　　D. 态度性培训
6. 企业以改变员工本来已经具备的业务知识、技能水平和工作态度为主要内容进行的培训是（　　）。
   A. 知识性培训　　　B. 传授性培训　　　C. 改变性培训　　　D. 态度性培训
7. 使其达到新岗位要求的培训,其培训的主要对象是已被批准转岗的员工进行的培训是（　　）。
   A. 岗位资格培训　　　B. 转岗培训　　　C. 晋升培训　　　D. 改善绩效培训
8. 对想晋升的员工进行领导能力、技能、知识和艺术等在职技能的培训是（　　）。
   A. 岗位资格培训　　　B. 转岗培训　　　C. 晋升培训　　　D. 改善绩效培训
9. 与企业的战略和业务更接近是（　　）。
   A. 知识性培训　　　B. 技能型培训　　　C. 咨询式培训　　　D. 态度性培训
10. 由企业受训人员现场提出问题,讲师就该问题,现场做出解答的培训是（　　）。
    A. 工程类培训　　　　　　　　　　B. 半脱产培训
    C. 简单式咨询培训　　　　　　　　D. 现场式咨询培训

二、多选题

1. 依据培训对象的不同来划分,培训开发的种类可分为（　　）。
   A. 脱产培训　　　B. 新员工培训　　　C. 咨询式培训　　　D. 在职员工培训

2. 企业对新入职的员工的培训主要包括（　　）。
   A. 企业的基本情况　　　　　　　　B. 思想文化教育
   C. 企业的行为和规章制度　　　　　D. 员工业务知识和技能
3. 依据培训方式的不同来划分，培训开发的种类可分为（　　）。
   A. 脱产培训　　　　　　　　　　　B. 半脱产培训
   C. 咨询式培训　　　　　　　　　　D. 在职员工培训
4. 依据培训内容的不同来划分，培训开发的种类可分为（　　）。
   A. 咨询式培训　　　　　　　　　　B. 知识性培训
   C. 态度性培训　　　　　　　　　　D. 技能性培训
5. 依据培训性质的不同来划分，培训开发的种类可分为（　　）。
   A. 脱产培训　　　　　　　　　　　B. 改变性培训
   C. 态度性培训　　　　　　　　　　D. 传授性培训
6. 改变性培训主要是针对员工的（　　）进行培训。
   A. 业务知识　　　　　　　　　　　B. 技能水平
   C. 工作态度　　　　　　　　　　　D. 企业文化
7. 新员工培训内容主要包括（　　）。
   A. 公司经营类培训　　　　　　　　B. 团队类培训
   C. 业务类培训　　　　　　　　　　D. 基础管理类培训
8. 新员工入职培训效果评估主要包括（　　）。
   A. 结果层面　　B. 行为层面　　C. 学习层面　　D. 反应层面
9. 在职培训的类型包括（　　）。
   A. 岗位资格培训　　B. 转岗培训　　C. 晋升培训　　D. 改善绩效培训
10. 咨询式培训包括（　　）。
    A. 工程类培训　　　　　　　　　　B. 半脱产培训
    C. 简单式咨询培训　　　　　　　　D. 现场式咨询培训

三、论述题

1. 阐述咨询式培训的含义和类别。
2. 阐述在职员工培训的作用。
3. 论述新员工入职培训效果应该从哪些层面进行评估。

习 题 解 答

一、1. D　2. A　3. B　4. A　5. B　6. C　7. B　8. C　9. C　10. D

二、1. BD　2. ACD　3. ABD　4. BCD　5. BD　6. ABC　7. ABCD　8. ABCD
9. ABCD　10. ACD

三、1. （1）咨询式培训，又被称为顾问式培训，就是培训管理人员（或外部顾问人员）从战略层面来考虑，通过咨询与诊断的方式，在理清未来重点业务方面给予一定的帮助，产生短期工作计划及长期规划，这些人员还要协助企业系统转化、跟踪及管理培训绩。短期计划要做到有的放矢，达到快速推动业务发展的目的，长期计划重点在组织诊断基础上有效地建立起完整的培训规划体系，推进业务发展。

咨询式培训中的短期计划一般奉行"百天计划"，即在通过业务诊断后，有针对性地给出培训计划，直接而快速地促进公司短期业务，而一般培训短期内可能根本看不出培训的效果来，这也就是咨询式培训与一般培训不同之所在。由此可以看出，咨询式培训与企业的战略和业务更接近，培训的效果更明显，当然对培训组织人员与对讲师的要求，尤其是在操作性层面的要求要更高。

在咨询式培训的实施过程中，培训主管人员以顾问的姿态介入组织内部经营管理，对组织的现状有了较为全面的了解，进行培训需求和运营情况的调研，对于组织的疑惑在哪里、方案有哪些、可能有哪些困难等，做到了如指掌，共同商讨存在的问题及原因。由此确定培训内容，而且完全按照该组织的个性问题设计培训提纲，运用案例。评估贯穿了整个培训环节，解决企业的实际问题是整个培训的核心。

（2）咨询式培训主要分成工程类咨询式培训、简单型咨询培训和现场型咨询式培训。

工程类咨询式培训是企业项目咨询过程中或者结束后的一种辅导型培训，依附于企业的项目咨询，因此大多是由咨询公司完成的。一般的做法是企业把某个课题委托给咨询公司，如人力资源体系设计、企业的战略规划等。咨询公司在接受了这种课题委托后，它们就会进入业务流程。一般而言，流程都为项目调研—项目设计—培训辅导。在课题进程中，培训是一个重要环节。在咨询公司对企业已具备十分充分的了解，并建立了一套新的策略或管理体系之后进行的培训辅导，时间会长达数月。此类培训的个性化、专业性都十分强，是真正的量体裁衣式的咨询式培训。

简单型咨询式培训较第一种培训方式费用低廉，是目前培训业采用较多的一种方式。它是指培训讲师结合咨询的思路，为企业设计一套培训的模板，包括训练、讲演、案例分析、游戏等各种培训工具的使用设计等。因为工程类咨询式培训的前提是企业先委托咨询公司做课题项目，咨询师对企业已具备十分充分的了解，并建立了一套新的策略或管理体系之后进行的成果型培训，所以没有项目意向的企业比较多采取第二种做法。咨询式培训的特点是比较重视对企业的前期需求调查。具体做法是企业本身先对自己的管理系统进行检查，找出问题，说明所存在问题的重要性，并决定通过培训的方式来解决这些问题。然后企业再物色本身就是本专业咨询师的培训师或者有本专业咨询经验的培训师到企业进行诊断，从而得出对问题的一致性判断。最后，咨询培训师根据诊断得出的报告设计出培训的课程大纲，交企业该项目负责人审议通过后进行课程细节完善，并在预定时间授课。

现场型咨询式培训是指请咨询师到企业现场咨询培训。一般由企业受训人员现场提出问题，讲师就该问题，现场做出解答。现场式咨询培训对于讲师有较高的要求，进行授课的讲师应具有深厚的理论功底和培训实战经验。这种培训要求讲师具备咨询师与培训师的共同特质，有经验和理论功底的培训师能现场就这些问题进行梳理，井然有序地进行讲解，并插入各种其他培训工具。如果仅仅是培训师，往往夸张有余，解决问题的深度与个性程度不足；如果仅仅是咨询师，对问题的解答往往过于严谨，无法跳离企业实际个性，感染力不足。

2.（1）提高工作质量。在职员工的培训往往意味着员工能够掌握正确的工作技能，增长见识，改正自己的错误或者不良的工作方法。工作技能的培训主要是传授在经验中总结提炼出来的最优工作法；工作方法的培训，会促进工作技能的改善，必然会促使工作质量的提高。

（2）提高员工的综合素质。企业对于在职员工的素质的培训，主要在于提高员工的综合素质，员工的综合素质的提高主要包括文化和技术两个当面。通过提供在职培训使新入职的员工很快地适应企业新环境，掌握生产新技术，而老员工则需要不断地进行充电，不断地学习新知识，掌握现代技术，不断地适应工作的需要，当整个企业员工的文化素质和技能素质得到提高以后，企业的经济效益迟早也会有相应的提高。

（3）提高工作效率。一个企业进行员工培训的重要目的是提高劳动生产率，降低损耗和劳动成本，使每一个员工在同等劳动条件和同等劳动时间下能够完成更多的工作。一般来说，一个企业的劳动生产率的高低是受到多方面的影响的，包括士气、组织、资本、设备、组织及其他相关因素的影响，但是员工的素质起到决定性的作用，国内外的企业管理中将劳动生产率与员工的素质关系用如下公式表示：

$$P=CM$$

式中，P 表示生产率；M 表示激励；C 表示员工素质或者员工合格的条件。所以说生产率就是员工与有效管理方式的乘积。只有不断地激励同时提高员工的文化和技能素质，才能提升企业的生产率。

（4）减少事故发生。据有关研究表明，未经过培训的企业员工所造成的事故的数量比受过培训的员工的数量高好多倍，尤其是在相对危险的机器设备上工作，未接受培训的员工除了操作上的原因外，心理素质较差也是其发生事故的重要原因。因此，对员工进行安全行为的培训是相对必要的，因为操作技能的训练必须通过不断地培训才能熟练。

（5）降低损耗，增产节约。经过企业培训的工人，劳动技术的娴熟程度会在一定程度上提高，必然会使生产过程中产品的合格率大大提高，从而降低工具的折损率，大大减少原材料的浪费，从而有利于企业节约成本，提高企业的经营效益。

3. 新员工入职培训的效果评估是非常重要的，它可以为企业确认本次培训的质量并为以后更好地开展此类培训提供建议。所以，与一般的培训项目一样，新员工入职培训也要进行效果评估。新员工入职培训的效果评估要重点考察入职需求的满足程度，可参考入职培训需求清单。与一般的效果评估一样，可以从四个层面去着手新员工入职培训的效果评估，但每一个层面都有其特殊的内容。

（1）结果层面评估的内容。结果评估可以通过货币形式，如投资收益率体现出来。它以简单、明白的数据说明入职培训的价值大小，是确定入职培训在各类培训中和组织各项工作中的地位的最有说服力的依据。结果层面的评估常用的指标是新员工像老员工一样有效进行工作的过渡期缩短了多少、新员工一年或两年后的主动离职率降低的程度等。

（2）行为层面评估的内容。行为层面的评估的主体可以是新员工的直接领导、同事、下属等。评估所得信息和分析结论应及时反馈到组织的决策层和各职能部门及员工的部门主管，以体现入职培训对个人工作绩效和组织绩效的影响，使更多的人认可入职培训，支持入职培训。该层面的评估主要是了解入职培训对新员工工作行为的影响程度，如新员工是否按照规

定的程序进行操作、能否有效地与同事沟通而得到工作上的帮助。此评估通常要在培训结束后一段时间内进行，如试用期结束时进行。

（3）学习层面评估的内容。学习层面评估也要在培训结束时及时进行，可以由培训部门的人员、指导人和培训师实施，其具体形式可以是模拟演练或实际操作、书面测试等。此项评估的信息应及时反馈给培训师和学员，作为对其工作、学习肯定和改进建议的依据，并登记存档，妥当保管，便于今后的使用。其评估主要是考察公司的文化被正确理解和理念被记住的程度；工作程序、岗位规范和安全生产条例等掌握的程度；公司管理制度和政策程序等被了解和理解的程度；新员工岗位知识和技能改善的程度等。

（4）反应层面评估的内容。反应层面的评估应该在培训结束趁学员对其所参加的培训活动还记忆犹新时进行，这种层面评估的具体形式可以是针对学员的问卷调查、召开学员座谈会等。具体的培训形式由培训部门的人员依据实际情况选定。为了帮助培训师和培训部门提高今后此类培训的质量，其信息反馈是必不可少的。此种层面的评估主要是为了解报告、讲授的内容是否清晰以及入职培训的内容是否必要全面；培训活动的安排是否高效和经济等；培训是否激发了员工的兴趣和热情、是否容易理解。

HAPTER 7

第七章 管理人员培训与开发

[内容提要]

管理人员的培训与开发是现代组织人力资源管理的重要组成部分,对企业发展及管理人员自身发展都有着重要作用。本章介绍了管理人员的培训与开发的流程、内容和评估。

[学习要点]

1. 管理人员培训与开发的含义、重要性及特点;
2. 管理人员培训与开发的流程;
3. 管理人员培训与开发的需求分析;
4. 管理人员培训与开发的方法;
5. 管理人员培训与开发的效果评估。

培训与开发

开篇案例：中国建设银行青年管理人员培训案例

中国建设银行成立于 1954 年 10 月 1 日，经过近 50 年的改革与发展，该行已经具备了参与国内外市场竞争的实力。到 2004 年 6 月末，资产总规模为 37 228 亿元，负债总规模为 35 223 亿元。资本充足率达到 8.17%，不良贷款率为 3.08%，达到了银监会要求的 3%~5% 的标准。2005 年 10 月，该行最正式在香港挂牌上市，成为中国首家上市的国有商业银行。

上市前夕，该行领导和人力资源相关部门已经意识到上市后，该行的经营管理各方面改革的实行和效益的提高，关键在于拥有一批高素质的银行经营管理人员，尤其要有一批高素质的青年管理人员，并在此基础上建立一个高素质领导人员的后备队伍。

在上述背景下，该行人力资源部首先决定与清华大学管理学院合作，对现有青年管理人员进行分期、分批的培训，培训内容包括现代银行管理知识和领导力提升相关课程。但是，如何对现有的管理人员进行甄别、如何发掘有潜力的管理人员、如何对这些青年管理人员进行培养，都是摆在该行后备队伍建设工作面前的难题。经过慎重考虑和分析，该行人力资源部门决定引入第三方人才测评机构，在培训班中加入以现代人才测评技术为主的素质测评，将测评与培训相结合，实现培训和测评双重目的。通过调研，他们把目光投向了国内知名的、专业从事人才测评服务的公司——诺姆四达测评咨询有限公司，从 2004 年 12 月开始，诺姆四达测评咨询有限公司先后 6 次为该行 5 期青年管理人员培训班和 1 期行长班的 269 名人员提供了测评服务。

截至 2006 年 4 月，该行共有 221 人接受了测评，其中推荐培养的有 70 人，推荐使用的有 25 人。在推荐使用的 25 人中，有 15 人（占 60%）已经根据测评的结果提拔到了新的高级领导岗位，这些人在岗位上发挥了很好的作用，公司对他们的表现都较为满意。

讨论题：公司为什么要对管理人员进行培训？管理人员培训包括哪些内容，与普通员工培训有什么不同？

资料来源：中华文本库

第一节 管理人员培训与开发概述

一、管理人员培训与开发的含义

在解释管理人员培训与开发的含义之前，要先了解什么是管理人员。

管理人员，顾名思义就是管理者，就是指挥别人活动的人，具体来说，管理人员是指在组织内部担任各级领导职务，在组织中行使管理职能、指挥或协调他人完成具体任务的人员。其工作绩效的好坏直接关系着组织的成败兴衰。一般情况下企业的管理人员包括基层管理人员、中层管理人员和高层管理人员。

对于管理人员培训与开发的含义,约翰·琼斯、迈克·伍德科克是从管理人员要适应环境的角度来界定的,他们在《管理人员开发手册》中指出管理人员开发是指组织采取的一系列措施,使管理人员能够适应工作环境的发展和变化。理查德·伊斯特本则是从管理人员管理下属和实现公司战略目标的角度来界定管理人员培训与开发的定义,理查德·伊斯特本在《管理人员开发》中指出管理人员开发是对管理人员的教育,以使他们能够有效地管理下属,同时能实现公司的战略和目标。

综上所述,本书是从管理人员管理下属和实现公司战略目标的角度来解释管理人员培训与开发的含义,认为管理人员的培训与开发是指公司为持续稳定地发展而不断地从内部或外部选拔、培养管理人员,培训和发掘他们的管理潜力,获得或改进与工作有关的知识、技能、动机、态度和行为,鼓励管理人员进行自我开发,提高管理人员的管理绩效以及对公司目标的贡献,公司所做的、有计划的、系统的各种努力。

由于内部提升已成为管理人才的主要来源,管理人员开发成为企业内部一项重要的人力资源管理活动。目前人力资源管理中,"开发"(development)与"培训"(training)两个词往往连用或混用,称为"培训与开发"(training & development)。一般认为,"培训"主要指获取目前工作所需的知识和技能,"开发"主要着眼于组织长期战略性目标。这种区分是相对的,事实上,任何培训都对组织或多或少具有长期的和战略的影响。本章不对培训与开发做严格区分,两个概念合用。

二、管理人员培训与开发的重要性

管理人员的培训与开发是现代组织人力资源管理的重要组成部分,对企业发展及管理人员自身发展都有着重要作用。企业发展最基本、最核心的制约因素就是人力资源。要增强企业的应变能力,关键是不断提高人员尤其是管理人员的素质,不断地培训、开发人力资源。

1. 适应企业内外部环境发展变化

目前市场竞争异常激烈,通过对管理人员的培训与开发,可以提高管理人员的素质,适应企业内外部环境的变化。随着社会的进步与发展,社会分工越来越细、专业化程度越来越高、信息资源共享高度发展、职业转换难度增加,企业内外部环境较之以前发生了日新月异的变化,企业必须持续地对管理人员进行培训开发,以适应这种变化。否则,企业管理人员不适应社会的快速发展,也不适应自己企业的发展变化,企业和个人最终都会在市场竞争中淘汰。

2. 提高企业竞争力

注重管理人员的培训与开发,有利于提高企业整体的管理能力,从而提高企业的市场竞争力。管理作为一种实践,不是生来就有的,而是通过后天的学习和实践逐步掌握的,是随着环境的变化不断发展的。管理者为了适应时代和环境的发展变化,必须不断加强学习,进行自我提高。企业对管理者进行相关培训,不仅使其在目前管理岗位上发挥最大的管理才能和提高管理效率,同时为管理者从事新的、更高一级的、复杂的管理岗位作准备。国外许多优秀的公司都非常注重对管理人员的培训,如摩托罗拉每年都要选送管理者到摩托罗拉大学进行培训,通用电气在克罗顿维尔管理学院对各级管理人员进行培训。

3. 减少企业的内部管理成本，提高管理效率

企业内部的沟通、联系、委托代理是有成本的，企业内部管理和被管理者之间、员工之间由于价值观、知识和管理水平的不同，对事物的认识及相互间的利益分配存在分歧与差异，因此相互间的摩擦和矛盾难免发生。通过教育培训，提高管理人员的素养，达成共识，形成合力，增强企业凝聚力，协调人际关系，协调集体与个人利益关系，化解矛盾，沟通思想，减少信息不对称，从而减少管理成本，提高管理效率。

4. 保障企业的未来发展

企业的生存和发展离不开人才，特别是优秀的管理人才。企业之间的竞争归根到底是人才的竞争。科学合理地选拔、培训、开发管理人员能够为企业的未来持续发展提供人才保障。因此，具有发展远略的企业都会在企业内部积极创造能出人才、多出人才的机制，选拔和培养自己未来的管理团队，企业的发展、经营、文化、战略才能传承，企业才能长久发展。中国少有百年企业，而国外的百年企业很多，如可口可乐、麦当劳等，最主要的原因之一就是国外百年企业拥有一批企业化管理人员，为企业的未来发展储备了优秀的管理队伍。

三、管理人员培训与开发的特点

企业是管理人员接受教育培训的主要支持者和提供者。工业发达国家如日本、美国等，很早的时候就提出了"人力资本"的概念，并且重视对人力资本的投资，其培训的手段、理念、体系的研究早已达到世界一流水平，并且形成独特的风格。企业管理人员培训有以下特点。

1. 企业从战略的高度重视或逐渐重视管理人员的培训

无论是从财力、物力，还是在人力、时间上，国外企业都对管理人员培训进行了大量的投入，并且把管理人员培训作为公司经营的一种战略，形成了完整的培训制度，设有管理人员培训机构或培训中心，并拨出专项培训经费。国内企业也逐渐意识到管理人员培训的重要性，从人力资本投资的角度考虑管理人员的培训，吸取国外培训手段和方法，在摸索中形成适合我国企业的培训体系。

2. 培训方式和培训手段的多样化

进行培训时，根据培训内容和培训对象的不同而采取不同培训方式，如在职培训、脱产培训、半脱产培训、送外培训等。目前的培训较多地使用了多媒体和计算机网络等先进的教学设备和培训手段。

3. 利用一切资源优化管理人员培训

企业不仅可以通过自身的管理干部培训学院和在职培训来对管理人员进行培训，还可以借助于社会各界的力量，广泛利用社会资源来为企业管理人员培训服务。培训师资不仅有企业内部的高层管理人员和培训讲师，同时有来自社会上各种高等院校的教师和专家。

4. 企业把管理人员培训与其职业生涯发展相挂钩

企业普遍重视管理人员的职业生涯设计，把培训与管理人员的职业生涯发展紧密结合，在不同的发展阶段提供不同的培训课程，为管理人员的成长提供帮助。例如，日本对企业职工的晋升顺序是"系长—课长—次长—部长—公司分长"。每名管理人员晋升前、后各有一次强制性培训学习，内容包括如何管理下属、管理章程、熟悉新的工作环境等。

5. 企业对管理人员培训效果的评估逐渐重视

企业要求测度管理人员培训投资回报率的呼声日益强烈，因为需要有明确的证据证明对管理人员培训确实能对企业的绩效及发展起到作用，使企业的高层管理者和股东下定决心对管理人员培训继续投资。目前，国外企业已经形成了较为完善的评估体系，培训效果比较理想，管理人员参与的积极性高；而国内企业正在逐步意识到对管理人员培训后评估的重要性。

四、管理人员培训与开发的原则

1. 战略性原则

管理人员的培训与开发必须适应公司的总体战略及人力资源规划战略，才能保证这一工作有效地促进公司战略及使命的实现。公司的部门将公司的总体战略进行细分，一般主要包括人力资源战略、市场营销战略、技术战略、品牌目标战略等。每一个细分战略的完成都直接关系到公司总体战略的实现，而公司的部门主要由员工组成，人员素质的高低直接关系到部门战略的实现与否，公司对人员培训与开发工作直接关系到公司战略的实现。

2. 有效性原则

管理人员的培训与开发工作必须建立在对公司发展进行全面分析的基础之上，同时结合公司的实际岗位情况以及管理人员特点，有目的地完成培训与开发的各项环节，这样才能保证培训与开发工作达到预期的目的。培训与开发工作完成后，要考评管理人员行为上有无明显的变化和改善。其中，对培训效果的评估是对培训与开发工作进行检验的有效途径。公司的培训与开发工作必须依据公司制定的人才发展战略，其工作的开展不能脱离管理人员实际的需求，只有在充分考虑管理人员的主观和客观意愿之后，才能实现企业培训与开发的既定目标。培训的有效性原则还体现在培训与开发工作的内容设计及培训方式选择等环节上。在设计与开发管理人员培训内容时，必须对每一种课程或培训与开发内容的有效性有一个大体的掌握，同时，依据本公司管理人员的特点及岗位的差异性，对不同人员制定差异化的培训内容，使培训与开发工作的效用最大。

3. 计划性原则

计划性原则是指公司必须将培训与开发工作纳入到公司整个计划管理的范畴，制订相应的规划、安排及处理措施。在公司日常管理中对这一工作有规范、有步骤地进行。只有这样才能保证对管理人员的培训与开发按照正常的轨道进行，保证培训与开发的质量，降低投入成本，增加预期收益。

4. 规范性原则

规范性原则是指公司管理人员的培训与开发工作必须制定相关的要求及流程，同时在流程实施的每一个环节注重科学的操作步骤，确保培训与开发工作的质量。管理人员培训与开发的流程中的每一个环节都不能忽视，同时应该按照既定的要求去实施才能达到培训与开发的收益要求。

5. 持续性原则

持续性原则要求企业将培训与开发工作纳入到日常的管理活动中，并且依据环境的变化不断地更新其培训内容，以满足企业发展趋势和环境变化等带来的新要求。公司必须认识到对管理人员的培训与开发是一个长期性的过程，在短期时间内可能无法明显地感知培训与开发给公司带来的收益。同时，公司不可能保证每次的培训效果都达到预期的目标，只有将对管理人员的培训与开发工作当成一个系统性的工程来完成，才能保证管理人员的成长和公司培训与开发收益的最大化。

第二节　管理人员培训与开发的流程

有效的培训体系是员工培训的重要保障，精心设计员工培训体系是非常重要的。企业开展管理人员的培训与开发活动，也需要有一定的投入，为了确保这种投入能带来有价值的成果，必须对培训活动进行精心设计和组织。一般而言，企业管理人员培训与开发的流程包括四个阶段：首先是培训需求分析阶段；其次是根据需求设计培训方案阶段；再次是培训实施阶段；最后是培训效果评估及反馈阶段。图 7-1 为管理人员培训与开发流程图。

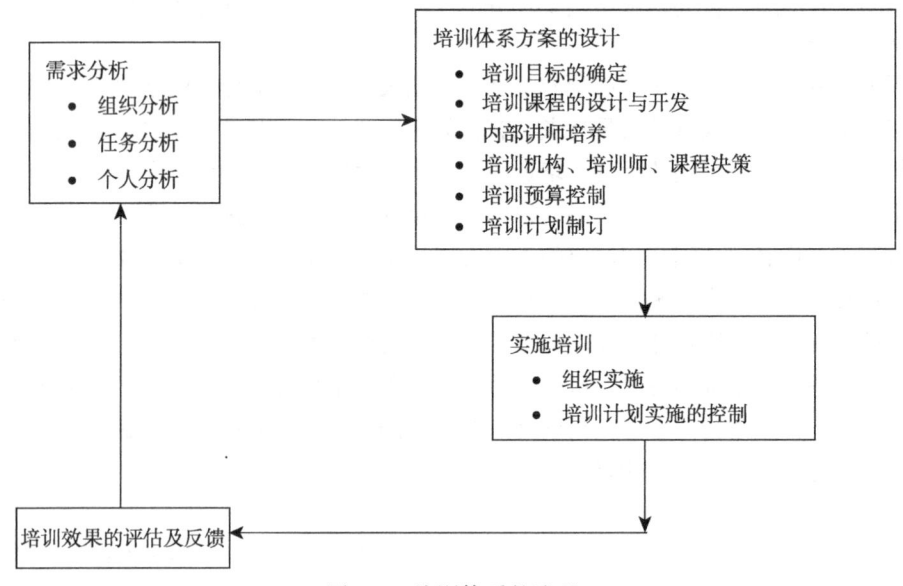

图 7-1　培训体系的流程

一、需求分析

在培训开发过程中，进行培训需求分析是管理人员培训开发程序中的第一步，也是最重要的一步。培训分析的过程也就是采用科学的方法弄清楚谁最需要培训、为什么要培训、培训什么等问题，并进行深入探索研究的过程。

（一）培训需求分析的作用

培训需求分析对企业的培训至关重要，它是真正有效实施培训的前提条件，也是培训工作准确、及时的有效保证。具体来说，培训需求的作用如下：①为按需培训提供依据；②确定员工的知识、技能需求；③了解培训对象现有的全面信息；④明确培训的主要内容；⑤提供培训材料；⑥了解员工对培训的态度；⑦有利于估算培训的成本，避免时间和金钱的浪费；

⑧提供测量培训效果的依据；⑨加强培训管理的关键。

（二）培训需求分析的特点

（1）从需求分析主体来看，需求分析的主体具有多样性，既包括培训部门的分析，也包括对各类人员的分析。

（2）从需求分析的客体来看，需求分析的客体具有多层次性，即要通过对组织及其成员的目标、技能、知识的分析，来确定个体的现有状况与应有状况的差距，组织的现有状况与应有状况的差距，以及组织与个体的未来状况。

（3）从需求分析的核心来看，需求分析的核心就是通过对组织及其成员的现有状况与应有状况之间差距的分析，来确定是否需要培训及培训的内容。

（4）从需求分析的方法来看，需求分析的方法具有多样性，如既可以采用全面分析法，也可以采用绩效差距分析法等。

（5）从需求分析的结果来看，需求分析具有很强的指导性，它是确定培训目标、确定培训规划的前提，也是进行培训评估的基础。

（三）培训需求分析的目的

培训与开发需求分析的核心是要确定达到绩效目标而存在的知识、技能、态度方面的差距。进行培训需求分析：首先需要分析理想的知识、技能、态度的标准是什么；其次分析管理人员目前具备的知识、技能、态度；再次对期望的与现有的知识、技能、态度之间的差距进行分析，并判断哪些差距是可以通过培训改善的，哪些差距是不能通过培训改善的；最后对培训与开发需求进行相应的细分，这样有助于强化其工作开展的针对性。

培训需要回答以下五个问题：①谁需要培训；②为什么他们要接受培训；③怎样对他们进行培训；④谁来组织实施培训；⑤怎样评价培训。

根据培训需要回答的五个问题，可以初步的得出培训需求分析的目的。

（1）可以正确制订企业的培训战略和培训计划，恰当确定培训内容和方式，以提高培训质量和效果。

（2）可以提高企业领导者对培训部门的信任和支持，使组织内形成一种有助于培训和有利于巩固培训成果的良好气氛。

（3）可以与培训对象之间建立一种相互理解、相互信任的紧密关系，使培训对象在开班前，就感到自己已参与到这次活动。

（4）可以灵活调整培训所需的实例材料，提高培训的针对性。

（四）培训需求分析的对象

企业的培训需求是由多个方面的原因引起的，确定进行培训需求分析并收集到相关资料后，就要从组织分析、任务分析、人员分析三个方面对培训需求进行分析。就组织层面而言，要进行组织发展的目标分析，即战略分析、组织运营问题分析、组织层面人员状况分析及组织文化分析。组织层面的需求分析要把握管理人员培训与开发的整体思路。就任务层面的需求分析而言，是要针对组织层面分析的问题，落实到具体的岗位上，如明确或完善岗位职责、提升岗位任职资格等。最后要分析个人的培训需求，将个体实际工作状况与要求标准相比较，即分析任职者的知识水平、工作技能的掌握、工作态度与其实际要求的差异，从而得到个人层面培训的具体需求。

因为培训需求评估的目标是要明确是否存在培训需求、谁需要培训等问题，所以需求分析评估过程需要经理、培训者和雇员的参与。高层管理者包括董事长、首席执行官和副总裁，他们是从公司发展前景的战略高度来看待需求分析评估过程的，而不是仅仅局限于特定的工作，他们旨在通过需求评估过程明确培训与其他人力资源活动相比在公司内所扮演的角色。也就是说，高层管理者要判断培训是否与公司的经营战略有关，如果相关，就要判断属于哪种类型的培训。同时高层管理者还要决策哪些职能部门或单位需要培训（人员分析），公司员工是否具有必要的知识、技术和能力来实现战略目标并能保持市场竞争力。对于中层管理者而言，更关心培训将如何影响本部门的财务目标的实现。因此，中层管理者的组织分析重点包括：①他们将在培训上投资多少；②哪种类型的雇员需要培训；③什么样的工作培训能够提升产品质量和顾客服务满意度。基层管理人员是企业的一线管理者，公司所有计划指令都必须透过基层管理者来落实到基层员工执行。基层管理人员的开发培训则应着重于提升工作效率以及为公司长期储备人才。

培训者应考虑培训与公司经营战略两者的协调一致。但是，培训者的主要关注点在于通过需求评估来获得需要他们去管理、开发和支持的培训项目的信息。其中包括是外购还是自行开发培训项目，哪些工作任务需要培训，中高层管理者对培训是否有兴趣并愿意提供支持等。

（五）培训需求信息的收集方法

培训需求信息的收集方法有：面谈法、重点团队分析法、工作任务分析法、观察法和调查问卷等。

二、培训体系方案的设计

对培训体系进行全方位、系统性地设计，包含以下六个方面。

（一）培训目标的确定

培训目标是指培训活动的目的和预期成果。目标可以针对每一培训阶段来设置，也可以面向整个培训计划来设定。培训是建立在培训需求分析的基础上的，培训需求分析明确了管理人员所需提升的能力，评估的下一步就是要确立具体且可测量的培训目标。

培训目标一般包括三方面的内容：①说明员工应该做什么；②阐明可被接受的绩效水平；③受训者完成指定学习成果的条件。

企业在确定培训目标时应把握以下原则：①使每项任务均有一项工作表现目标，让受训者了解受训后所达到的要求，具有可操作性；②目标应针对具体的工作任务，要明确；③目标应符合企业的发展目标。

（二）培训课程的设计与开发

培训课程的设计与开发是培训工作的一个重要组成内容，主要是对课程的目标、内容、课程教材、教学模式、教学策略、课程评价、教学组织、课程时间、培训教室、学员等要素进行综合考量与设计的过程。培训课程设计的程序为：①课程需求调查分析；②培训课程内容确定；③培训方式确定。

（三）内部讲师培养

外部培训师大多是以盈利为目的，对企业文化、制度和存在的问题了解不深，对员工的培训需求很难做到深入地调查，对培训后的改进措施也无力辅导，这些因素都会导致培训效果差强人意。而企业内部培训师对内部实际情况比较熟悉，不仅可以节省员工参加培训的成本，而且可以节省从企业外部聘用培训师的成本，在业务知识和技能等培训内容方面更有针对性和适用性。

一支成熟的内部培训师队伍是企业发展的强有力的基础。有的企业希望通过内部培训师制度建立企业内部培训的长效机制，营造持续学习的组织环境；一些规模较大的企业建立内部培训师制度，是为了促进不同地域、不同部门员工之间的学习和交流；有的企业通过内部培训师向客户和供应商提供培训，使之成为上下游战略联盟的纽带。有效的内部培训师队伍有利于加强企业员工知识分享、帮助员工实现自我价值、加强公司内部沟通，但是内部培训者缺陷也比较明显，如交流范围窄、选择范围小、权威性不够，受训员工可能缺乏积极参与的兴趣。

（四）培训机构、培训师、课程决策

除了使用自己的内部讲师培训，还可以向外部培训机构聘请培训师或购买课程。但是在选择外部培训师时有以下五点需要注意。

1. 明确企业培训需求，确定合适的培训师

培训需求是由培训需求调查和培训需求分析两个既相互独立又相互联系的过程所组成的，并且存在时间上的先后关系。可很多培训组织者喜欢自己"拍脑袋"，想做什么培训就组织什么培训。因此，如果想请合适的培训师，就一定要明确培训需求。看员工喜欢培训什么内容？希望什么样风格的培训师？如果员工希望在销售方面得到提升，培训组织者请到某优秀的团队管理方面的培训师，哪怕培训师讲得如何好，最终可能也达不到预期的效果。做好培训，就一定要根据企业相应的需求组织相应的培训师来授课。

2. 根据企业的培训目的来选择培训师

培训目的是指对一个意图的综合表述，如通过管理培训提高企业管理层的培训意识，重点是提高对管理理论的认识。那么这时请一些专业管理学方面的教授来授课可能更适合。如果请一个实战派培训师，专业知识欠缺，管理经验丰富，那么可能培训效果就大打折扣。

3. 根据培训对象来确定培训师的层次

培训对象是基层员工还是中高层管理者，是新入职的员工还是企业的在职员工，员工的教育层次，这些都必须了解清楚，只有这样才能有针对性地请培训师。

4. 以培训内容作为选择培训师的基本原则

不同的培训请不同的培训师，相信很多培训组织者都能把握，但是有一点却陷入了疑问。有些培训师是可以讲很多课程的，这个时候如何把握就显得尤为重要。有些培训师是万金油，

上讲天文，下讲地理。每个培训师都有他自己最擅长的课程，如果你的培训内容是某培训师常授课范围之内的课程，那么一定要弄清该课程是否是他的主打课程。因为有些时候，培训师在主打课程方面讲得非常好，但辅助课程未必就能把握到位。

5. 根据培训经费的多少来选择合适的培训师

量入而出，这是请培训师最起码的原则。不同的培训师、不同课程的培训师价格是不一样的。如果是给中高层培训，那么培训组织者一定要申请足够的经费，请更好的培训师。如果不能申请到足够的经费，随便请个一般的培训师给管理层授课，效果不佳时，管理层就会怨声载道，老板也会不满。如果是给一般的员工培训，培训经费可能就少一些。千万要把握一个原则，用适当的培训经费请合适的培训师，而不是一定要请最优秀的培训师，合适比优秀更务实。

（五）培训预算控制

预算控制方面，培训组织必须严格控制培训成本，遵循企业财务管理制度及培训相关制度。

（六）培训计划制订

制订年度培训计划和各类技能培训计划，包括目的、对象、机构、时间、地点、内容等。制订培训计划必须要综合考虑组织的发展规划、实力、培训目的、员工素质及人才培训策略等。在制订培训计划时，可以先制订组织级培训计划，再制订部门级培训计划。

三、实施培训

实施培训是整个培训设计过程中的一个实质性阶段，指定责任人负责培训管理、执行和协调，确定培训方式，确保培训工作顺利进行。

四、培训效果的评估及反馈

培训效果评价工作做得好与坏直接影响企业培训工作的质量。实际培训中，通过评价可以不断总结经验、发现问题，使培训方式、培训教材、培训讲师的选择更适合本企业的特点，从而达到预期的目的。这个过程中，对培训的评估是培训程序中很重要的一步，只有进行充分的评估才能找出培训中存在的问题，如教师的教学水平、学员的积极性、培训的内容是否有针对性、培训方法是否恰当等一系列问题，以利于下一步培训的改进和提高，同时明确培训的投资与收益情况，作为下一步培训决策的依据。

第三节　管理人员培训与开发的内容

一、不同层次管理人员的培训与开发

（一）高层管理人员的培训与开发

高层管理者的决策往往和企业的命运息息相关，但是高层管理者的知识结构也存在一个结构老化的问题，如何对高层管理者进行培训具有许多独特的地方。比如，培训的内容可能

更加侧重于宏观或者战略方面,培训时间的安排比较弹性,培训进程可能时常中断等。这些都是企业在对高层管理者进行培训中需要认真考虑的问题。

1. 高层管理者的责任

高层管理者往往关心的是整个企业的绩效和经济结果,而不是把精力放在个别部门和功能性的实务上。他们必须清晰地了解自己的角色和职责所在。

管理学大师彼得·德鲁克指出:"高层管理者是机构内负责指引领导、提供境界、设立标准的器官。"按照他的解释来看高层的责任包括:①追求企业使命;②为企业机构设定标准及形态,慎重思考企业的组织结构和组织设计;③培养企业未来的人力资源,尤其是高层人力资源;④与外界建立并维持良好关系;⑤参加各种仪式和典礼;⑥在企业遭遇重大危机时充当企业的备用工具。

按照企业的"领导中心"的观点来看高层管理者的责任时,主要职责包括:①为企业提供一个理想,指引一个前进的方向;②企业内部各成员信服其所选择的策略趋势;③调和各部门的冲突和偏见。

从工作范围来看,主要有规划、决策、组织、用人、导向、控制、创新和社会责任这八项。

2. 高层管理者的知识、素质和能力要求

在20世纪70年代,美国企业管理协会用了5年的时间,对4000名经理进行了研究,从中筛选出1812名最成功的经理,从中发现一个成功的经理人员需要具备以下19种能力:①工作有效性。语句简单明了,决策准确,工作效率高。②工作主动性。旺盛的求知欲和强烈的好奇心驱使他积极进取。③逻辑思维能力。能很有条理地分析每一件事的前因后果。④创造性。不断产生新概念,发明和建立新的管理制度。⑤判断力。善于抓住概念本质,从现象中找出各种规律。⑥自信心。知道应该做什么,而且相信能做好。⑦辅导他人的能力。善于根据不同类型的人,采取不同的指导方法,指导效果明显。⑧为人师表。能以身作则,模范遵守各种规章制度。⑨善于使用个人权利。能大权独揽,小权分散,抓住大事,把小事分给下属。⑩善于动员群众的力量。⑪利用交谈做工作。⑫人际关系技能。关心下级,甚至关心其家庭生活。⑬乐观。⑭团队协作精神。⑮自制力。有自觉性,能够控制自己的情绪。⑯果断性。能在思考后,当机立断做决定。⑰客观性。能听取各种意见。⑱善于自我批评。⑲勤俭艰苦和具有灵活性。

日本企业界则把管理人员应该具备的管理能力归纳为:思维决策能力;规划能力;判断能力;创新能力;洞察能力;劝说能力;对人的理解能力;解决问题的能力;培养下属的能力;调动积极性的能力。

综合来看,高层管理者应该具备的知识和素质能力包括以下四个方面。

(1)个性要素。包括:自信心、事业心、责任心、敢为性、坚韧性、独立性、廉洁性和支配性。

(2)必备知识。包括:理论知识与专业知识,具体包括管理知识、经济知识、科技知识、政治知识和交往知识。同时需要熟练掌握或者基本了解的学科有:战略管理、决策与控制、业务变革与流程改造、企业文化、管理学、管理哲学、国际企业经营学、财务管理、定量分

析、人力资源开发与管理等。除了以上有关基础知识和专业知识之外，还需要基本了解所管理业务要求的专业知识，如环境知识和组织知识。其中，环境知识有国家的法律法规、国家的相关政策、相关的环保知识、同行业务信息；组织知识有组织内制度与政策、企业主要工作流程、机构设置与部门设置、组织文化等。

（3）工作技能与综合能力要素。包括：前瞻或预测能力、战略决策能力、知人善任能力、组织指挥能力、应变能力、语言表达能力、协调能力、创新能力、学习能力、与媒体的公关和宣传的把握能力。

（4）工作经历和经验。根据不同的岗位，所要求的经历和经验不一。

3. 高层管理者应该培训的内容

作为企业高层管理者，在培训内容上要有与一般管理人员不一样的内容，主要应侧重公司环境（国内外形式）研究、经营的基本构思（经营哲学、基本方针和目标）、对策研究、决策及执行、人际关系（劳资关系、员工能力开发、部属培养、组织的人性化）和广泛的修养等。

（二）中层管理人员的培训与开发

1. 中层管理者培训的必要性

中层管理人员主要包括由企业各级各职能部门管理人员组成的精英集团，他们承担着企业日常经营中包括计划、供应、技术、质量、设备、动力、财务、销售、人事、教育、情报、计量、后勤等各种职能的具体计划、组织领导和控制工作，是企业的中坚力量。在一个集团中，要造就或者选择一个或者少数好的经理并不难，但要组织一个精明强干、高效率、高水准的经理集团却不容易；要找出在短期内干劲十足的经理集团也不难，但要培养出长期的、持续的、强有力的经理集团却是难的。

2. 中层管理者培训的目标

与高层管理者的培训相比，对中层管理者主要应该侧重于进行业务的培训，同时也要向他们传递相关的管理新知识和理念，使他们更好地理解和执行企业高层的决策方针，更有效地计划、组织、领导和控制企业的日常经营职能，实现企业从理想的目标向现实的业务产出的顺利转换。

因此，培训的目标应该包括：为其提供胜任未来工作所必需的经验、知识和技能，使他们能够适应不断变化的环境中复杂的具体问题；使企业的宗旨、使命、价值观和管理文化理念能够得到顺利传达，并且真正在企业中发扬光大；培养个别骨干分子成为企业未来高层管理者的接班人。

3. 中层管理者培训的内容

对中层管理者培训的主要内容是开发他们的胜任能力，使他们具备关于企业内外形式的认识和发展观点，提高他们关于业务的决策能力、计划能力，让他们深刻地理解和认识现代企业经营管理的体系和经营活动中人的行为，提高他们对人的判断和评价能力，真正做好上传下达的角色。

中层管理者培训开发的内容应不仅侧重在管理者本职位的任务、责任和权限，还包括经济动向、公司当前的问题、市场分析、顾客研究、同行情报、新技术及新产品开发、劳资关系处理、对部下的指导和培养、部门间的协作和工作改善等。

（三）基层管理人员的培训与开发

1. 基层管理者培训的必要性和目标

基层管理者是对企业生产、销售等经营活动第一线执行管理职能的直接管理层，包括在生产和服务一线中起监督、指导作用的监工、领班等。由于他们与实际操作员工最接近，其管理水平将直接影响着企业员工的积极性和对企业的忠诚度。

基层管理者是工人的技术传授者和督导者，不仅要更好地执行上级的指令，更要在自己判断基础之上提出改进和创新的建议。对其培训应该能够让他们提高对基层事务工作的了解，能够让他们很好地处理第一线日常工作出现的各种问题。

2. 基层管理者培训的内容

基层管理者在培训中由于所在的基层的特点，在培训内容上也有不同的侧重点。主要有两个方面：一是管理知识，包括总体经营计划及分计划，基层管理者的任务、责任和权限，人际关系及工作方法，会议组织与控制，合理化建议的组织和产生方法，各类规章制度等；二是管理工作的实施，包括了解本企业经营中存在的问题、产业和同行的信息、生产组织、人员调配、成本管理、劳动管理、速度管理、对部下的评价和奖惩、安全工作、创造发明、新产品开发等。

二、管理人员培训与开发的方法

管理人员培训与开发的方法直接关系到培训效果的好坏，是公司进行培训与开发工作的重要环节。管理人员培训与开发的目标是使管理人员及时更新知识，有针对性地提高岗位要求能力，使管理人员的行为和能力素质符合企业发展的新要求，从而更好地满足现从事岗位的要求乃至更高级别的岗位要求，促进工作效率的提高和组织目标的实现。所以在培训与开发方法的选择上一定不能脱离了培训目标这一重要标准。本节依据公司培训目的、培训内容及培训对象对培训方法进行了认真斟酌和选择，主要包括以下四种。

（一）直接传授型培训法

直接传授型培训法是指培训者直接通过一定的途径向培训对象发出培训中的信息。此种方法公司主要运用于知识的传授方面，它的主要特征就是信息交流的单向性和培训对象的被动性。

1. 讲授法

讲授法是指公司安排教师（可以是有经验的管理人员、外聘讲师、公司领导等）按照准备好的讲稿，系统地向公司的管理管理人员讲授经验、知识及技能要点等，它属于单一的传授形式。其主要目的在于使管理人员对学科知识、前沿理论有系统了解，使管理人员具备科学、完善及系统的管理知识理论。讲授法的优点在于：第一，知识全面系统，有利于大面积培养人才。无论是公司的处级管理人员、科级管理人员和基层管理人员都有必要对其管理知识有一个系统的了解和掌握，因为依靠经验管理的思维已经不能适应公司未来发展的要求。第二，对于培训环境要求不高。与其他的培训与开发方法相比，讲授法有利于公司的集中培

训,其地点可以设在公司的机关会议室,不仅节约培训成本,也方便管理人员参加公司管理。第三,有利于相互沟通。在大多数情况下,公司的管理人员很难聚集在一起讨论,平常只能与上级领导沟通。讲授法以上课的方式在公司的总部进行,使得无论是处级、科级还是队长级别的管理人员都有机会相互交流经验,一方面实现共同学习;另一方面也为高层领导了解基层干部的真实想法提供了条件。

2. 专题讲座

专题讲座是指企业在某一项工作或者某一工作环节上的培训与开发,其内容形式与讲授法相似,但是专题讲座的针对性更强,主要是针对某一方面或专题。例如,"工程信息系统培训",就要围绕公司的工程信息系统这样专题进行课堂传授,而专题讲座是针对某一个专题知识,一般只安排一次培训。例如,"消防安全知识讲座"就只针对消防安全知识进行专题性的讲授,一般在一个季度或一年中只进行一次。

专题讲座能够根据受训人员的具体特点进行灵活地安排,基本不会占用管理人员大量的时间,其形式也可以多样化。专题讲座最大的优点在于能够根据公司日常活动中出现的问题进行及时培训与开发。例如,公司引进一项新的技术,而对于这一技术的培训很可能不在管理人员的日常培训与开发计划中,此时,公司可以根据具体的技术要求和专业限制,临时选定受训的管理人员,满足其在这一方面的培训需求。在进行管理人员培训与开发过程中,由于专题讲座内容只集中于某一专题,培训对象易于加深理解,培训效果往往比较显著。

(二)工作轮换法

工作轮换是一种实践型方法,是通过让学员在实际工作岗位或真实的工作环境中,亲身操作、体验,掌握工作所需的知识、技能的培训方法。工作轮换法在队长级管理人员培训与开发中应用最为普遍。这种方法是让受训者在预定时期内变换工作岗位,使其获得不同岗位的工作经验,工作轮换将培训内容和实际工作直接相结合,具有很强的实用性,因此是管理人员培训与开发的有效手段。目前,由于公司在基层操作中专业限制比较强,所以此种方法只运用于队长级的基层管理人员,而且前提在于受训者目前的工作岗位必须和要轮换的岗位具有一定的相关性。使用工作轮换的方法好处在于,首先,能够丰富受训管理人员的工作经验,增加对企业工作的了解,同时为企业在管理团队建设中提供人才保障。其次,有利于管理人员找到正确的职业生涯规划。在轮岗过程中,管理人员能够更加明确自己的优点和不足,增强自我认识,为以后工作与晋升找到自己的位置。最后,工作轮换能够很好地增进部门之间的合作。在轮岗过程中,管理人员能够明确地站在别人的角度重新审视问题,使其更加深刻地理解相互之间的问题,改善人际关系。

(三)参与型培训方法

参与型培训方法中学员与培训讲师之间以互动的形式完成对某一具体方面的培训与开发,通过切实的参与使学员更容易理解与接收培训与开发的内容,提高培训与开发效率。适宜综合性能力提高和开发的参与式培训主要形式,包括头脑风暴法、案例研究法、敏感性训练法、模拟训练法等几种形式。

1. 头脑风暴法

头脑风暴主要是通过学员的自我思考，启发新方法及新创意的产生，在培训与开发的过程中调动学员的积极性，使知识从被动接受向主动获取的方式转化。在进行这类培训与开发时，组织人员应该尽量减轻参与者的压力，使其想法能够自由地表达，这样才能达到理想的培训效果。其操作要点在于：首先，只规定一个主题（与研讨法有所区别），即明确要解决的问题，保证讨论内容不泛滥；其次，让学员对这一问题进行自由发挥，提出自己的看法和方案，同时应该注意参与人员不要对任何发表的看法和方案作任何评论，以免造成人员的心理压力，使其不能很好地发挥；最后，组织全体参加者对各可行方案逐一评价，选出最优方案。

2. 案例研究法

案例研究法是根据培训与开发的目的有针对性地选取一些学员经常面对的或典型的事例进行分析和讲解，通过学员研讨或评论的方式对某一问题进行全员参与性的研究。案例研究法通过把案例的内容与学员的实际工作联系起来，达到提高管理人员分析问题和解决问题的能力。另外，其案例内容必须包含一定的管理知识，可以是其他企业的案例也可以是本公司发生的真实案例。案例研究法主要的形式包括：①分析描述。即描述解决某种问题的全过程（问题已解决，如对应聘者某一次成功的面试），这一过程可以是成功的也可以是失败的。这样，通过学员对整个过程的事后分析，提出一些合理性的意见和建议，这样不仅可以提高学员的知识观点，也可以为学员处理类似问题提供经验。②事件处理。让学员自行收集亲身经历的案例（自编案例，如老管理人员的管理问题），通过对这些以往的典型事例分析与研究，帮助学员总结经验教训，避免类似问题的出现。学员间通过彼此亲历事件的相互交流和讨论，可使企业内部信息得到充分利用和共享，同时有利于形成一个和谐、合作的工作环境。案例研究法的特点在于，第一，参与性强。与其他的培训与开发方式不同，案例研究法使学员从被动地接受知识转化为主动参与。第二，现实性。案例的选择主要来自管理人员自身的工作经验或真实发生的事情，通过研讨的方式将其融入知识传授中，有利于提高学员解决问题的能力。第三，生动性。学员之间通过对案例的分析达到交流的目的，教学方式生动具体，直观易学。

（四）网络培训

网络培训是指通过企业的内特网、外特网或因特网对学员进行培训的方式。由于公司的管理人员工作内容的差异以及分散型企业各个管理机构地理区域上的分散，很难将全部的管理人员召集在一起培训，另外，从公司业务流程上这也是不现实的。此时，采用网络的方式对管理人员进行能力培训和开发，可以使此问题得到解决。同时，这一培训方式的好处还包括：第一，资源丰富。网络上具有大量的培训与开发教程、音像视频、声音图片等多种形式的培训与开发资源，组织人员可以根据实际情况选取适合本企业管理人员的资源，满足管理人员多样化的培训与开发需求。第二，培训费用低。通过网络培训的方式可以节约企业在工作组织过程中人员成本及物资消耗，同时将培训与开发时间交由学员按照自身情况处理，节约了管理人员的时间成本。第三，形式灵活。网上培训的进程安排比较灵活，学员可以充分利用空闲时间进行学习，而不用中断工作。

三、管理人员培训与开发的内容与方法选择

管理人员培训与开发内容和方式的选择是管理人员能力评估与管理人员培训与开发的"桥梁",培训与开发内容和方式的选择是以能力评估结果为主要依据,但是在培训与开发内容和方式的选择过程中,不单单要看管理人员的能力评估结果,同时要考虑培训与开发的成本、培训人数、岗位级别等其他因素。

(一)根据管理人员的能力评估总分数确定其评估等级

培训内容等级具体划分情况见表 7-1。

表 7-1　培训内容等级划分

单项评估评分范围	内容培训等级
80 分<X≤100 分	高级培训内容
70 分<X≤80 分	中级培训内容
X≤70 分	低级培训内容

根据单科能力的评估结果确定培训与开发内容,可以将管理人员按照评估等级分为三类。

(1)能力评估级别为优秀者。对于此部分管理人员培训与开发应采用以能力开发为主,培训为辅的培训方式,充分挖掘该类管理人员的潜质。此部分管理人员已经基本掌握从事本岗位的能力及素质,但是在某些方面还存在一定的差距和不足,所以,其培训与开发的内容应该以单科能力评估的结果为依据,确定该人员在培训与开发体系中的位置。如果此项能力的培训效果优秀,则把此类人员作为储备干部,准备晋升到更高级别的岗位,充分发挥其能力和素质。

(2)能力评估级别为合格者。此部分管理人员的能力和素质与岗位所要求的能力和素质还存在一定的差距,有些能力水平较低,因此,对该部分管理人员的培训与开发应以能力培训为主,开发为辅的培训方式,进而提高此类管理人员的能力和素质水平。培训与开发内容方面同样采用单项评估结果定位内容培训等级,随着能力水平的提升,培训内容等级也不断地提升。

(3)能力评估级别为不合格者。此部分管理人员能力和素质都比较欠缺,综合能力不足,所以培训与开发的内容以基础培训内容为主,经过一段时间的培训后,该类管理人员的能力有所提高,则可以让其留在此岗位;如果能力没有提高,则需调离该岗位,调任到低一级的岗位。培训与开发内容方面同样也采用单项评估结果定位内容培训等级。

(二)根据岗位的层级选择培训与开发内容的目标值

不同的岗位层级对应不同的培训与开发内容,即使是同一能力,不同层级所对应的培训与开发内容也存在差异性,因此,相关领导根据被评估者的职位层级确定所选内容达到的目标值。如果达到此能力要求的目标值之后,可以进行更高层次能力的培训与开发。

(三)选择培训方式

在进行培训方式的选择时,既要考虑到管理人员的培训需求,同时要考虑到培训成本大

小。培训方式的选择应遵循用最小的培训成本获得最大的培训效果的原则。在遵循此原则的基础之上，根据培训内容的性质、岗位的工作特点及人员的特殊性等因素，设计出与培训内容相对应的最合理、最经济的培训方式。同时，由于管理人员能力素质参差不齐，差别很大，所以如果某一方面能力欠缺的人员数量过少，如果是核心能力和通用能力方面，将此类人员在此模块进行统一的培训与开发，如果是专业能力，则需要针对所需能力的特殊性，进行特殊对待，采取成本最低，效率最高的培训方式。

第四节　管理人员培训与开发效果评估与检验

一、管理人员培训与开发效果评估概要

21世纪，企业的核心竞争力来自人力资源的竞争，而管理人员作为企业的中坚力量，对其进行培养是至关重要的。如果缺乏一套科学的管理人员培训效果评估工具，在培训经费有限的情况下，企业看不到对管理人员培训带来的实际收益价值，很多企业就会减少对其培训的投入，管理人员本身也不会意识到培训对其自身发展产生的意义，这就造成企业对管理人员的培训不重视，进而使企业的发展受到影响。因此，一套科学的管理人员培训效果评估工具，对企业的培训前景，乃至企业整体发展战略有着重大的意义。

（一）培训与开发效果评估的重要性

1. 评估有助于了解培训的效果

没有科学的评估环节，培训的效果就无从考察，就不能了解在企业战略目标下，企业消耗了大量的人力、物力、时间等进行人力资源培训，效果到底如何，是否实现了培训的目的等。

2. 评估有助于总结教训，积累经验

任何事情不可能一次性做得尽善尽美，开展企业培训也是如此。培训中肯定存在一些局限，有些地方需要改进。只有经过评估，培训组织者和培训教授者才可以知道培训的得失所在，有的放矢地改革。

3. 评估可以促进培训管理水平的提升

培训评估能够让培训管理者全程审视培训的各个环节。经过这样的过程，培训管理者可以从中汲取经验教训，从而使培训需求更加准确、培训动员更有效、培训计划更符合实际、培训资源分配更为合理、培训内容与形式更加相得益彰，同时有利于对培训进行调整和纠偏。

4. 对各种建议，评估是最好的回答

创新必须经过试验，各种建议的价值应通过科学的评估方法来做出判断，过于轻率的判断对提出方和接受方都是不利的。同时，难免有人会认为培训活动不值得，对这种争议，评估也能给予最好的回答。

（二）培训评估应遵循的原则

评估原则是评估理念的具体化，评估原则的自觉使用与否，影响到评估的整体效果。具体来说，进行培训效果评估可依据以下五种原则。

1. 评估标准的科学性与可操作性相结合原则

古语曰："失之毫厘，谬以千里。"企业之所以进行员工培训是为了更好地提升企业的竞争力，这就要求制定的培训评估标准要科学、准确地反映企业的培训目标。同时在制定评估标准时，应尽量使评估标准具有可操作性，合理确定各项评估要素的权重指标，便于评估过程的数值汇总计算。

2. 定量评估与定性评估相结合原则

一个完整的评估体系，应该定量评估与定性评估相结合，单纯使用任何一种都不能很好地说明要评估的事务。定性评估没有定量评估相补充的，评估文字就会显得比较抽象，苍白乏力，没有说服力；同样，缺乏定性评估的定量评估容易使人搞不清评估事务的性质方向，不能明了评估者要说明的问题。

3. 评估的测验性与诊断性相结合原则

评估过程实际上就是一个数据收集、整理、分析、诊断的过程。为了保证诊断的科学性与正确性，数据的收集与整理必须严格按照统计学的科学方法进行，不能加入评估者个人的主观意愿。

4. 综合评估与重点评估相结合的原则

综合评估是指不仅对培训计划、组织管理、培训方法、培训效果进行评估，还要对人力资源培训开发的教材、培训者、被培训者等进行评估，从而使评估工作贯穿教育培训工作的全过程。而重点评估是突出对培训教育效果的评估。

5. 评估的全员参与性原则

评估是对一项活动的总结，涉及很多环节与因素，需要多方面的支持与配合。因此，培训评估不仅是评估人员的事情。所有参加培训的人员都应积极配合，这样才能保证培训数据的信度与效度，才能保证培训评估的诊断的正确性。

（三）培训评估时的注意事项

如果对培训评估的各项注意事项都有所留意，那会少走很多弯路。培训评估注意事项归纳起来大致有以下六点。

（1）培训评估的起点应是培训和组织战略目标之间的联系。换句话说，培训不仅应与战略目标相一致，而且应是战略目标的组成部分。

（2）应尽可能多地把评估放到培训过程中去进行，这样可适当降低事后评估的重复性。重复的评估会使成本成倍增加。

（3）应按照培训内容对实现培训目标的重要程度来确定评估的优先次序。

（4）培训评估应建立正确的观念。评估是为了让培训工作更有成效，花最少的成本评估最多的事情。一些错误的观念，如把评估视为增加控制和压力的手段等，应该及时革除。

（5）培训评估的实施并不是只将结果提交主管人员就算完成任务，最重要的是要用于改善目前的培训设计和效果，因此必须建立完善的反馈系统。

（6）培训评估是一个长期的、连续的过程。培训效果的评估活动是一种有目的、有意识的行为，因此在开展培训评估活动时，我们首先需要做的就是决定采用什么样的技术和工具。只要我们确定了评估的技术和工具，就可以配置资源来开发评估工具、分析信息并且对培训效果做出评价。

二、培训与开发效果评估理论简介

1959年，美国威斯康星大学唐纳德·柯克帕特利克（Donald Kirkpatrick）在其博士论文中提出了四个层次的培训效果评估模型，这也是目前国内外企业运用最广泛的评估模型。Kirkpatrick 把评估标准分成四个层级：反应、学习、行为、结果。

柯氏认为四级培训评估模式每个级别都是极为重要的，都会对下一级别具有一定的影响。当我们从一个级别进入另一个级别时，评估程序会变得相对复杂一些，所需的时间也相对要多一些。但与此同时，我们却可以从中得到更多极为重要的信息。对这四个级别的评估，培训人员不能仅仅凭借自己的理解，想当然地随意跨越。

1. 反应

反应是衡量学员对培训所做出的反应，也可称为满意度的测量。它是帮助培训方吸引新学员，维护现有学员的先决条件，即培训是否成败的关键。因为学员的信息会反馈到企业高层，从而可能关系到决定是否再培训。积极而肯定的反应、反馈是极为重要的，虽然它并不能完全保证学员在培训方面取得成功。但毫无疑问，负面而否定的反应会使培训成功的概率变得更为渺茫。此阶段评估可以在培训结束时填写，可得到及时的反馈，但也有一点不好，即学员当时的互动热情未退，或是碍于讲师情面而打分较高，因此最近几家 500 强的企业在实行一周后在网上完成评估，以期更加客观一些。研究表明有一些出入，但差别不大。

2. 学习

学习是学员在培训后能够在多大程度上实现态度转变、知识扩充或技能提升等相应结果。比如，跨文化沟通方面的培训目的是实现态度的转变；技术类培训项目则是出于提升技能这一目的；领导力、激励和团队建设等主题项目，其目的是实现所有上诉提到的三个目标。有些培训人士认为除非学员行为有了变化，否则培训不算成功。事实是有了其中一项就可以说实现了学习。学员要想在行为方面有转变，那么他们肯定会在上述一个或多个方面首先发生变化。

3. 行为

行为是指学员在培训后在多大程度上实现行为方面的转变。它不是培训成功必然出现的结果，但它的实现确是培训成功的重要标志之一。因为第一、第二级的培训可能实现了目标，而第三、第四级的培训没有达到预期效果。如果学员没有在行为方面出现预期的转变，那么对学员的反应和学习层评估就显得极为重要了。需要分析其是由培训本身无效造成的，还是学员没有处于适当的工作氛围、没有获得相应的培训回报造成的。

4. 结果

结果是指学员参加培训后能给企业带来的最终结果。包括：产量增加了，质量提高了，成本下降了，事故的发生频率降低了，事故的严重程度减轻了，销售收入增加了，员工流失率下降了，企业利润增加了。之所以要做培训，就是为了实现上述结果。当然这是最困难的一个环节，作者认为若企业实现任何上述一种目标，都不会仅仅被归因于培训的功劳，而要从各种原因中剥离出属于培训带来的效果。

关于培训评估，特别是第三、第四层的评估，我们必须要讨论培训人员和学员上级的关系问题。让学员上司参与培训评估环节，不仅因为他们会为学员营造一种鼓励员工做出行为转变的工作氛围，而是会让他们认识到培训人士是为他们服务的，最终的结果是他们要负责的。

培训评估中责任的二八原则。培训的开始和最后阶段最终负责人是学员的上司，负责80%，HR或培训人士负责20%；培训过程中，HR或培训人士负责80%，学员上级管理者负责20%（主要为学员提供时间、地点及保证出勤）。这就涉及两个二八原则，分清原则的意义很重要，从某种意义上说，学员的上级相当于父母一层，委托培训部相当于学校一层，而学员相当于子女一层。如果分清了责任，从一开始培训，父母曾就会对需求进行严格把关，在培训过程中积极配合，结束时对结果进行有效评估。这样培训部门就不会是孤军奋战，单方面向组织汇报以获得肯定并继续保留自己工作的尴尬局面了。

培训效果评估应该与受训人员、直线上级一起来做，理由如下：①培训需求分析、培训内容、培训的组织实施都是通过与受训人员、直线经理共同探讨或者说征询他们意见之后得出的，这样的培训容易实施。既然如此，培训效果评估也应该与受训人员、直线经理一起来做。②对培训内容吸收多少，只有受训人员才知道。培训内容能否运用到工作中或者说对工作是否有帮助，只有受训人员和其直属上司最有发言权。③人力资源工作者必须深入基层，与受训人员及其直属经理广泛沟通，方可将培训做到有的放矢。

具体步骤操作如下：①首先培训需求、培训内容要广泛征求直属经理意见，并且重点了解本次培训内容对受训人员可能有哪些帮助。②培训实施后，询问受训人员，培训内容对其来说帮助最大的是哪些。③比较分析受训人员与直属上司的认识差异，并达成共识。④培训结束后与受训人员沟通改进计划。⑤培训结束后与直属上司沟通改进计划跟进情况。

三、管理人员培训与开发效果评估的内容

（一）培训前的评估准备工作

1. 培训前动员会

在培训开始之前，企业领导及培训负责人应主持召开培训前的动员会，向受训管理人员宣传培训的重要性，上个年度的培训工作总结，本年度的工作基本情况及所要达到的目标，以及培训的具体安排等。培训前的动员会实际上是想调动学员的培训积极性，是对培训需求的评估，也是培训效果评估的前提与基础。

2. 学员培训前的情况调查

培训前还需要对受训管理人员进行基本的情况调查，调查的内容包括管理人员受训前的绩效水平、管理水平、出勤率、工作态度等。当然，根据管理人员所受训的项目不同，所要调查的指标也会不同，如管理人员将要针对领导方法进行培训，那么培训前将主要调查收集管理人员受训前的领导力、与下属的沟通能力、帮助下属发展提高的能力等指标的数据，用来为培训后的效果评估做比对。如果管理人员将针对项目的实施进行培训，那么培训前将要对项目管理人员的项目绩效、技能水平、职称等级等进行情况了解和调查。

特别要强调的是，培训前的情况调查里的有些指标可以通过员工的档案记录，有些则需

要问卷调查或者访谈来获取数据。其中，问卷发放时最好是在培训前集中填写作答，可以保证问卷的回收率和质量。

（二）培训后即刻的效果评估

培训后即刻评估就是在培训刚刚结束后或不久，对培训效果进行评估，这个阶段主要可以评估反应层次和学习层次的培训效果。

1. 反应层的评估

反应层评估主要是评估学员在培训结束后，对培训各个方面的态度和满意度。在这个层次，可以使用测量矩阵法、问卷调查和访谈等方法来进行评估。反应层的问卷设计主要采用李克特量表的方式设计，把指标的反应等级量化，易于作答，而且易于统计分析。只有数字化的选择而没有文字性的评论，会降低问卷的有效性，但是使用大量文字评论会使问卷的规模扩大很多，反而会对调查效率产生负面影响，因此，我们设计成为学员在打分之外，还有适当的书面评价，这样调查问卷的有效性就大大增强。

首先，对受训学员使用测量矩阵调查法，为了调查受训学员对培训课程的整体进行评估。它是通过对培训课程设计几个指标，然后通过建立测评矩阵进行计算，通过把优、良等赋值，从而得到对培训课程的一个总体评估。

当然，反应层次的评估还可以采用访谈的方法，对培训的相关方面做深入具体的调查了解，以便更好地完成培训效果的评估。

2. 学习层的评估

学习层次主要评估受训者掌握培训内容的程度，表明了培训的质量。在一定程度上表明培训的实际效果，且可用来预测培训的最终效果。学习层次比较典型有效的测量方法是测验。对于企业管理人员而言，根据培训项目的不同，在学习层次所使用的方法也不同。比如，如果项目管理人员接受了项目管理的培训，那么学习层次的评估方法可以使用考试获取等级认证等方式来反应学习的效果。如果管理人员接受的是沟通能力的培训，那么在培训后使用数字化的测验法不是很合理，因为沟通能力有些指标可以测验获得，但是更多的是在实践中才能进行评估的。但是可以采用访谈或者案例模拟等方法来评估管理人员的沟通能力是否有提高。

（三）培训后一段时间的评估

有些培训的影响不是在培训后立刻就能够看出来或者测量出来的，因此要在培训后的一段时间才进行培训效果的评估，分为行为层的评估和绩效层的评估。时间上不确定，一般在培训后3个月到1年。

1. 行为层的评估

行为层的评估更多地考虑到学员在接受完培训回到工作岗位后与未参与培训之前的表现。它实际上评估的是知识、技能和态度的迁移。根据柯克帕特利克的研究，行为上的变化可能在学员们第一次培训后的任何时间发生，也可能根本不会有行为上的变化，有的学者用"睡眠效应"（sleeper effect）来形容这种从培训到行为迁移时间上的滞后。企业管理人员的行为层评估可以采用问卷调查的方法，主要对企业管理人员和其下属进行发放，可以得到管理人员自我评估的调查数据和下属对其行为改变的评估数据。

2. 绩效层的评估

由于组织绩效指标的评估比较复杂，培训转化受许多因素的影响，如受训者特点、培训项目的设计、管理者支持、同事支持、技术支持、转化氛围和在工作当中应用新技能的机会等。因此，本节对绩效层的评估主要是想对培训的有效性进行分析，采用的是成对样本均值检验，采用的检验指标是企业管理人员的绩效指标。由于管理人员的绩效考核本身就是难点，不像其他种类员工可以以一些定量指标来进行绩效考核，管理人员的定性指标较多，所以企业管理人员绩效层的评估必须依赖于企业的绩效考核体系，需要有管理人员的绩效结果，在企业绩效考核体系不完善的情况下，可以灵活弹性地用绩效指标中的某个指标或某几个指标来评估，前提假设是：这个或者这些指标能够完全代表管理人员的绩效水平。成对样本均值检验是用于检验两组数据之间的差异在统计学上是否有意义，如学员培训前后的绩效水平是否有差异。

（四）培训总结

召开培训总结会为培训作总结与培训前的动员会一样重要，高层领导和培训负责人要肯定受训管理人员的努力。重点讨论培训学到的知识如何转化到工作当中。

（五）跟踪反馈

培训效果的评估是培训的最后一个环节，但由于人员的复杂性，以及培训效果的滞后性，想要客观、科学地衡量员工的培训效果非常困难，所以，培训效果评估是培训系统中最难实现的一个环节。企业管理人员是企业中比较复杂的群体，对其的效果评估也是比较复杂的。评估工作是一项长期持久的工作，要不断地跟踪评估结果，检验评估结果，反馈评估结果，这是一项协作工程，其中最重要的是企业要有专门的培训部门，负责不断收集评估信息、了解最新的管理人员动态，建立数据库。只有在得到反馈意见的基础上精益求精，培训项目才能得到提高。

培训部门首先应对评估结果进行研究，了解此次培训的不足，以便对下次培训改进，以期培训的各个环节更加完善。受训的管理人员收到评估结果后，培训负责部门应该及时记录受训管理人员的反馈信息，受训管理人员对自己的培训价值有了了解，在下一次的培训中，培训的目标也会更明确。还应把评估结果反馈给企业高层，他们是决策培训是否还有必要、决定培训投入经费多少的重要人物，通过效果的评估，决策层可以看到培训的真正价值，也会对培训更加重视。因此，对他们的反馈工作是很有必要的。

跟踪反馈评估结果是一个长期工作，通过跟踪反馈评估结论，可以有效地检验培训效果，评价评估方案，使培训与开发工作达到最大成效。

习　　题

一、单选题

1. 管理人才的主要来源是（　　）。

A. 自我发展　　　B. 内部提升　　　C. 外部引进　　　D. 委托代理

2. 企业发展最基本、最核心的制约因素是（　　）。
A. 核心技术　　　B. 资本控制　　　C. 人力资源　　　D. 员工效率
3. 管理人员培训开发程序中最重要的一步是（　　）。
A. 需求分析　　　　　　　　　　B. 培训体系方案的设计
C. 实施培训　　　　　　　　　　D. 培训效果评估与跟踪
4. 需求分析的核心是（　　）。
 A. 用最小的成本取得最大的培训效果
 B. 进行培训成本核算
 C. 对培训目标的建立
 D. 对组织及其成员的现有状况与应有状况之间差距的分析
5. 不属于参与型培训方法的是（　　）。
A. 头脑风暴法　　B. 案例研究法　　C. 工作轮换法　　D. 模拟训练法
6. 对于能力评估级别为优秀者的管理人员培训与开发应采用以（　　）为主。
A. 拓展战略思维　　　　　　　　B. 提升社会责任
C. 培养综合能力　　　　　　　　D. 能力开发
7. 培训方式的选择应遵循（　　）的原则。
A. 以最大限度提升员工能力为中心　　B. 最小的培训成本获得最大的培训效果
C. 最大限度弥补员工能力短板　　　　D. 以人为本
8. 培训评估的起点是（　　）。
A. 应尽可能多地把评估放到培训过程中去进行　B. 培训评估应建立正确的观念
C. 培训和组织战略目标之间的联系　　　　　　D. 培训评估是一个长期的、连续的过程
9. （　　）是培训系统中最难实现的一个环节。
A. 需求分析　　　　　　　　　　B. 培训体系方案的设计
C. 实施培训　　　　　　　　　　D. 培训效果评估与跟踪
10. 下列关于培训评估的行为层的评估中正确的是（　　）。
A. 采用的检验指标是企业管理人员的绩效指标
B. 采用的是成对样本均值检验
C. 主要是想对培训的有效性进行分析
D. 更多地考虑到学员在接受培训回到工作岗位后再工作表现上产生的变化

二、多选题

1. 一般情况下企业的管理人员分为（　　）。
A. 基层管理人员　　　　　　　　B. 中层管理人员
C. 高层管理人员　　　　　　　　D. 董事会
E. 股东大会
2. 管理人员培训与开发遵循的原则主要有（　　）。
A. 战略性原则　　　　　　　　　B. 有效性原则

C. 计划性原则　　　　　　　　D. 规范性原则

E. 持续性原则

3. 培训需求分析的主体包括（　　）。

A. 培训所需的成本　　　　　　B. 培训的部门

C. 培训的对象　　　　　　　　D. 培训者

E. 培训的时间地点

4. 高层管理者培训与开发的特点主要包括（　　）。

A. 培训成本可适当宽松　　B. 侧重宏观或者战略方面　　C. 培训时间安排比较弹性

D. 培训进程可能随时中断　　E. 培训地点不固定

5. 直接传授型培训方法包括（　　）。

A. 头脑风暴法　　B. 模拟训练法　　C. 工作轮换法　　D. 讲授法　　E. 专题讲座

6. 直接传授型培训方法的主要特征有（　　）。

A. 增进部门之间的合作　　B. 信息交流的双向性　　C. 信息交流的单向性

D. 培训对象的被动性　　E. 培训对象的主动性

7. 培训与开发内容和方式的选择过程中，应该考虑的因素包括（　　）。

A. 管理人员的能力评估结果　　B. 培训与开发的成本　　C. 培训人数

D. 岗位级别　　　　　　　　　E. 企业未来发展战略

8. 培训评估应遵循的原则包括（　　）。

A. 最小的成本获得最大的评估效果原则

B. 评估标准的科学性与可操作性相结合原则

C. 定量评估与定性评估相结合原则

D. 评估的测验性与诊断性相结合原则

E. 综合评估与重点评估相结合原则

9. 美国威斯康星大学唐纳德·柯克帕特利克把评估标准分成（　　）。

A. 反应　　　　B. 学习　　　　C. 行为　　　　D. 提升　　　　E. 结果

10. 关于培训评估中责任的二八原则论述正确的是（　　）。

A. 在培训的开始和最后阶段，学员的上司负责80%

B. 在培训的开始和最后阶段，培训人士负责20%

C. 在培训过程中，学员的上司负责20%

D. 在培训过程中，培训人士负责20%

E. 以上都不正确

三、简答题

1. 简述管理人员培训与开发的重要性。

2. 简述中层管理者的培训内容。

3. 简述工作轮换法的内容。

4. 简述培训与开发效果评估的重要性。

习题解答

一、1. B 2. C 3. A 4. D 5. C 6. D 7. B 8. C 9. D 10. D

二、1. ABC 2. ABCDE 3. BC 4. BCD 5. DE 6. CD 7. ABCDE 8. BCDE
9. ABCE 10. ABCD

三、1. 适应企业内外部环境发展变化；提高企业竞争力；减少企业的内部管理成本，提高管理效率；保障企业的未来发展。

2. 对中层管理者培训的主要内容是开发他们的胜任能力，使他们具备关于企业内外形式的认识和发展观点，提高他们关于业务的决策能力、计划能力，让他们深刻地理解和认识现代企业经营管理的体系和经营活动中人的行为，提高他们对人的判断和评价能力，真正做好上传下达的角色。

中层管理者培训开发的内容应不仅侧重在管理者本职位的任务、责任和权限，还包括经济动向、公司当前的问题、市场分析、顾客研究、同行情报、新技术及新产品开发、劳资关系处理、对部下的指导和培养、部门间的协作、工作改善等。

3. 工作轮换是一种实践型方法，是通过让学员在实际工作岗位或真实的工作环境中，亲身操作、体验，掌握工作所需的知识、技能的培训方法。工作轮换法在队长级管理人员培训与开发中应用最为普遍。这种方法是让受训者在预定时期内变换工作岗位，使其获得不同岗位的工作经验，工作轮换将培训内容和实际工作直接相结合，具有很强的实用性，因此是管理人员培训与开发的有效手段。目前，由于公司在基层操作中专业限制比较强，所以此种方法只运用于队长级的基层管理人员，而且前提在于受训者目前的工作岗位必须和要轮换的岗位具有一定的相关性。

4. 评估有助于了解培训的效果；评估有助于总结教训，积累经验；评估可以促进培训管理水平的提升；对各种建议，评估是最好的回答。

HAPTER 8

第八章 公共部门培训与开发

[内容提要]

公共部门培训与开发是政府人事管理系统的一项基本的管理职能。本章通过对公共部门开发的概述,重点对公共部门培训与开发的需求分析、培训与开发的实施及效果评估进行分析和说明。

[学习要点]

1. 公共部门的定义,公共部门培训与开发的含义、必要性及特点;
2. 公共部门的培训与开发的需求分析、内容与步骤;
3. 公共部门培训与开发的原则;
4. 公共部门培训与开发的需求分析;
5. 公共部门培训与开发的类型及方式。

开篇案例：中国地方高官到哈佛接受培训

根据中国国务院发展研究中心、清华大学和哈佛大学肯尼迪政府学院2002年签订的三方协议，从2002年起的5年内，三方共同开办针对中国政府官员的"公共管理高级培训班"（MPA），每年一期，每期培训约60名中国中高级干部。另据《环球时报》驻联合国特约记者肖岩报道，国务院发展研究中心为此次培训官员确定的条件是，必须是大学本科以上学历、在本岗位至少有两年工作经验、年龄在45岁以下的地市级或司局级以上国家干部，且将以中青年、地方干部为主，而副部级干部年龄则可适当放宽。按照计划，入选学员首先在清华大学接受一个半月的培训，然后入读肯尼迪政府学院。

赛奇是哈佛最有名的中国问题专家之一。这两年来，他主讲的"中国政治经济改革"课程是肯尼迪政府学院学生们最爱听的课程之一。不过，赛奇现在忙碌的原因还不仅是教学，他是肯尼迪政府学院与亚洲有关的所有培训项目的负责人，其中最重要的一项就是对中国官员的培训。对此，赛奇表示，据他了解，中国经过20多年的改革之后，中央政府目前无论在执政经验上，还是在决策能力上都有了长足进步；但与此同时，地方官员的问题相对多一些，往往中央三令五申的政策到了地方却无法完全实施或在实施中走了样。在最终确定的60名参训官员当中，11名来自中央国家机关，其余则来自地方政府机关。

教师阵容非常"豪华"。记者在课程表上看到其中有政府学院的院长约瑟夫·奈，哈佛大学东亚系教授、素有"中国先生"美称的中国问题专家傅高义，有前克林顿政府的高官，也有哈佛各学院的著名学者。哈佛大学所在的波士顿是美国历史名城，风景秀美，离纽约和华盛顿等美国东北部大城市也很近。但在培训期间，所有中国学员几乎足不出户，连哈佛校园都没看全，波士顿的名胜什么样更是没几个学员能说得上来。在政府学院，记者看到了进修班的课程表，即使按一位普通大学生的标准，学员们的作息时间也够紧的。每天上午6时，哈佛还在睡梦中时，中国培训班学员已经起床早锻炼，7时整，早餐开始。上午8时，学员开始在教室里就教授布置的案例展开讨论。而从上午9时到下午5时半，学员们则要上四节各一个半小时的大课，培训内容主要包括如何围绕目标安排财政预算和各部门合作、改革过程中政府职能的转型，以及公共财政和城市信息化问题。负责具体安排课程的张伯赓说，中国官员在美国的培训重点是学习公共管理的最新理论和工作方法，所有课程被穿插在60个具体案例中展开。此外，非政府组织作为社会管理的第三种力量，也向学员们作了介绍。赛奇教授表示，培训内容主要有四项：一是公共管理的战略性分析，即如何围绕目标安排财政预算和各部门合作等问题；二是改革过程中政府职能的转型问题；三是公共财政问题；四是城市信息化问题。

据人民日报社下属的《环球时报》报道，中国政府对第一期培训"很满意"。由于第一期的学员"收获颇丰"，不少地方打算派"一把手"参加培训。报道说，美国的教授们开始有些担心中国学员"内向，不爱发表意见"，但他们很快就发现自己错了，在讲课中，当他们提出一个观点之后，学员们提出的不同意见竟达五六种之多。学员们对一些问题提出的解决方案有时连教授们都觉得很有启发。

讨论题

1. 你认为把中国政府官员送到哈佛接受培训对我国政府未来的发展具有何种意义?
2. 你认为应该如何拟定参加培训官员的甄选标准?参加培训的官员应该具备哪些资历和素质?
3. 你对哈佛的培训内容、授课形式以及中国学员的表现有什么看法?

资料来源：谭融. 公共部门人力资源管理：理论与案例. 天津：天津大学出版社，2003

第一节 公共部门培训与开发概述

一、公共部门培训与开发的含义

(一) 公共部门的界定

著名的经济学家希克斯认为：公共部门是指这样的一种可以提供服务和产品的部门，其所提供服务和产品的范围与种类不是由消费者的直接意愿决定的，而是由政府机构决定的，在民主社会是由公民的代表权决定的。这一定义突出了公共部门的政治性和权威性。国内学者赵曼等认为公共部门是指负责提供公共产品或进行公共管理，致力于增进公共利益的各种组织和机构，这一定义突出公共部门增进公共利益的目的。吴江和胡治岩认为，"公共部门主要是指以公共权力为基础的，运用公共权力管理社会公共事务，谋取社会公共利益的，具有法律和习惯所赋予强制性权力的管理组织结构"，这一定义着重公共权力在公共部门的基础作用。综合以上三种定义的特点可概括为：公共部门是以公共权力为基础，具有强制性、非营利性的，负责向社会大众提供公共产品、公共服务并实施公共管理以实现公共利益为目的的机构和组织。这一定义比较全面地表述了公共部门的基础、特点和目的。

公共部门是与私营部门相对而言的，在西方国家公共部门主要包括行政机构、国有工业、公用事业及辅助部门，这相当于我国的政府组成部门及相应的职能部门、国有企业、公共事业单位等。它是以公共权力为基础，受到公众的信任和支持，不以市场取向和营利为存在目的，也不存在利益的偏私，因此公共部门是指负责提供公共产品或者进行公共管理，致力于增进公共利益的各种组织和机构。公共人力资源也就是在公共部门从事生产和服务的工作人员，主要依靠国家财政支付其工资。

广义上讲，公共部门应包括"纯粹的"公共部门和"准"公共部门两个部分，泛指掌握一定的公共资源，拥有和行使一定的公共权力，依法管理社会公共事务，以谋取社会的公共利益为目的的组织体系，以及由政府投资开办、以国营形式运作的国有企业和科研机构、学校、医院等提供公共产品和公共服务的国有事业单位。狭义的公共部门一般是指政府行政、立法、司法部门。

(二) 公共部门的特点

公共部门的特征主要体现在：公务性、合法性、权威性、广泛性、强制性、系统性、层级性和集中统一性。公共部门的产出是维持社会存在与发展的公共物品和服务、公共秩序源泉、社会价值分配。其中，国家行政机构是公共部门这一角色的主要承担者。具体来看，公共部门有以下特点。

（1）公共部门以追求公共利益为价值取向，其目的和动机是谋求社会的公共利益，一切措施都是在公平、公正、公开原则指导下为社会公众服务的，且会以最好的服务来争取社会公众的拥护与支持。

（2）公共部门的活动受法律、法规的限制，并具有法律的权威。公共部门的活动必须在宪法和法律的规范下进行。公、私部门之间一个明显区别是公共部门一切要依据法律规定而行动，缺乏法律授权则不能行动；但私人部门只要法律未明文禁止的行动即可为之。

（3）公共部门受到广泛的公共监督。公共部门的公益性质要求公共部门的活动必须要受到舆论或社会公众的批评与监督。

（4）公共部门受政治环境的高度影响。公共部门的目标和执行过程，一般发生在具有政治意义的环境中，其所指定的各种政策一般具有政治意义。

（三）公共部门培训与开发

公共部门培训与开发是政府人事管理系统的一项基本的管理职能。它是指国家行政机关、国有企业事业组织与人事行政主管机关，通过法律、法规的规定，运用一定的形式和方法，有计划、有组织地对公职人员进行以提高政治素质、业务能力和工作绩效为主要目的的继续教育和训练活动。因此，公共部门人力资源培训是一个包含很广泛内容的培训体系，仅仅从培训对象来区分，至少就可以划分成公共部门担任领导职务的行政人员和非领导职务行政人员的培训。

作为一种成人继续教育，公共部门人力资源培训与一般的学校常规教育有所不同。首先，公共部门人力资源培训是以提高工作岗位的工作效率和水平，改进工作方式为核心目的，因此，它的针对性较强。培训的内容和方式，基本上都是围绕着公职人员从事行政活动所必备的政治素质、职业道德，以及知识、能力和技巧上。其次，公共部门人力资源培训是一种终身的、回归的继续教育，是常规教育的发展和延续，属于"第二过程教育"的再教育，它伴随着公职人员个人职业生涯发展的始终。再次，公共部门人力资源培训的内容是根据职位或职务的具体要求，向受训者灌输专门的知识和特殊的技能，以工作需要为着眼点。从长远和整体上看，培训被作为提高整个政府组织绩效的基本途径和手段。最后，公共部门人力资源培训的形式多样灵活，伸缩性较强。

二、公共部门培训与开发的原因

培训对个人和组织发展的重要性似乎是不言而喻的。但是，在实际的管理运作中，它常常被作为一种被动的行为或补救措施，即当组织诊断出现问题时，才会考虑到对员工的培训。因此，充分认识到公共部门人力资源培训的必要性和作用，有助于在人力资源管理中，以正确的观念和态度从事这一重要工作，积极发展和完善培训制度、体系及其技术、方法。

（一）外部环境的变化使公共部门培训与开发成为迫切需要

科技革命、信息社会与知识经济时代的到来，使公共部门人力资源管理面临着前所未有

的挑战。21世纪科技革命给我们带来了信息社会和知识经济社会。"劳动价值论"诞生于工业经济的初期,必将被新的"知识价值论"所取代。这些特征也已渗透到政府部门和行政管理工作中。这无疑要求公职人员必须接受终身的教育和培训,不断地进行知识与技能的更新,才能适应社会发展的需要,跟上时代前进的步伐。

当今公共部门所面临的问题更为复杂,往往带有多因、相互连带、性质难以判断等特征,解决难度大。这就需要公共部门的工作人员必须强化准确判断事物和有效解决问题的能力,并掌握处理各种问题的先进技术手段。对于涉及广泛而复杂领域的问题,通常需要专家团队的有机组合才能得到有效解决。社会问题的这一复杂性和专业性特征,需要一组人的协同工作,经常形成临时性的组合团队来解决特定的问题。团队工作方式强调个体成员在团队中的工作能力及协同配合,而不是个体成员的工作技能。所以,为增强公共部门工作人员处理复杂问题的能力及团队合作能力,必须对他们进行培训与开发。

同时相比半个世纪以前,今天政府要面对诸如犯罪、失业、环境污染、食品安全等一系列问题。这些问题往往带有多因、相互连带和性质难以判断等特征,解决社会问题的难度在不断加大。这使得政府公职人员必须强化准确判断事物和有效解决问题的能力,同时还能够用自己掌握的先进技术手段处理各种问题。因此,作为公共事业的管理者与社会问题的解决者,只有根据形势与发展的需要,通过培训途径不断地完善自我知识、能力和素质,才能出色履行国家和人民赋予它们的责任。

(二)公共部门角色的变化要求对人力资源进行培训和开发

当今政府公共部门越来越多地由直接管理者向指导者和服务者转变,公共管理由目标管理模式进一步发展到绩效管理或全面质量管理。管制型政府向来只从便于自身控制、管理出发,整个社会运行都由政府在主导推动,政府提供什么样的服务,以及怎样提供服务,都是政府独断和一厢情愿的强制性提供,而较少地考虑社会公众的愿望和多样化需求,政府与公众是一种命令–服从式的单向关系,公众只能被动地接受政府的"恩赐"。而服务型政府则不同,它要求政府的施政目标必须首先征得服务对象,即民众的同意。其次,还必须经过一定的民主法定程序,即要公民参与到决策的过程中,由民众和政府通过双向的交流互动,达成一致来决定。从这一点说,政府只能在法律和人民授权的范围内行事和提供服务,政府必须依法行政,必须是法治政府,而不是任意性的、长官意志型的政府。

服务型政府与公共部门人员角色定位有着内在的契合,这就要求公共部门人员在角色上必须符合服务型政府的要求。服务型政府的最本质内涵仍然是对服务的重视,服务型政府要求服务行政,因此服务型政府也必然要有这些特征,而这些特征很多需要通过公共部门人员来表现出来,在明确服务型政府的内涵和特征基础上,公共部门人员要想满足服务型政府中的特殊要求,就必须实现角色过渡,必须处理好服务与管制、官与民、服务与责任的关系。这显然需要公共部门不断更新它的人力资源、人员队伍及其知识技能,进行相应的培训与开发。

从战略高度上看,国家已将公共部门人力资源开发与培训纳入到整个社会、经济发展的长期规划之中。人是事业发展的根本保证,国家社会、经济的发展离不开优秀的人才。公共部门人力资源作为维护维护政权稳定、促进社会进步的精英力量,它的发展方向和人才结构模式势必成为政府长期宏观规划的重要组成部分。因此,对公共部门人力资源培训是一项战略性的任务,它关系到国家、民族的前途和命运。

三、公共部门培训与开发的特征与原则

(一)公共部门培训与开发的特征

与营利性的或私营的企业组织相比,公共部门自身的性质和对公共部门人员的特殊要求,使得公共部门人力资源培训除了培训工作的一般特点外,在培训目标、方向和知识构成等方面具有明显的特点。

(1)公职人员的政治理论和政治素质的培养在公共部门人力资源培训中占有重要比重。公共部门人力资源是构成国家政权组织体系的重要力量,换句话说,他们的所作所为负有维持国家机器运行的使命,能够确立和保持政府的合法性地位,提供安定团结的政治、社会环境。每一个公职人员的行为都在公众面前展示和代表了国家和政府的形象,都为维护政府的政治合法性做出应有的贡献,可见,公职人员的行为与政治之间存在着密切关系。因此,公共部门人力资源培训必须着力于对公职人员政治素养的教育。

(2)在发展中国家里,公职人员的法律观念和法律意识也是公共部门人力资源培训的重点。在发展中国家,随着经济的起飞,权力行政正向法制行政过渡。依法治国、依法行政将成为这些国家治国安邦的主旋律。国家公职人员是法律的执行者,在很多情况下还是法律、法规的解释者,因此,公务员的法律素养的培养关系到他们能否有效地依法行政,在法律规定的范围中从事行政活动,而不是利用手中的权力随心所欲,侵犯公民的合法权益。

(3)在公共部门人力资源培训中,应注重通才发展和专才发展相结合。通才类人才是指以法律、政治等社会科学学科为知识背景的人才,他们适用于弹性大、工作性质综合的行政事务;专才是指以专业、技术化程度较高的学科为知识背景的人才,他们适于从事比较专业化的行政管理活动。公共部门人力资源培训依据政府的发展趋势,根据工作需要,在不同层次上设计了通才发展和专才发展相结合的道路,使人才培养过程适应行政管理性质的要求。

(4)发展公职人员的职业能力,建立与不断完善公共部门人力资源在职培训和终身教育的体系,促进培训工作本身日益职业化进程。信息知识社会,技能的更新速度越来越快,学习已经不是公职人员人生某个阶段的事情,单纯学习一种知识也不可能终身受用。公职人员的职业能力要跟得上时代飞速发展的步伐,就必须将教育和培训通过各种方式贯彻于一生。为此,公共部门应该不断地完善公职人员的终身教育体系。

(5)发展公务员的人格素质已是公共部门人力资源培训刻不容缓的任务。任何一个人的素质都可以由认知能力和人格两大方面组成。前者标志着一个人的智力水平,反映出认识事物、把握事物本质的速度和能力,它包括知识、学习能力等;后者则是反映一个人个性、品德、价值观和和态度等,体现出他对社会的认识和处理人际关系的能力。人们普遍认识到,一个人仅有智力能力是不够的,还必须有健全、完善的人格,这样才能在人生的道路上不畏挫折和失败,才能努力发展自己,取得更大成绩。所以,对公务员的培训而言,人格素质培

养应该是与公务员知识、技能教育并重的内容，它不可或缺。

（二）公共部门培训与开发的原则

（1）以人为本原则。在培训过程中要始终坚持以人为本的原则，充分了解公共部门岗位特点以及员工的素质和能力特点，根据组织、岗位和员工的实际需要，有针对性、分层次、分先后地设计培训项目，组织实施培训项目。引导公务员积极参加规定的培训项目，同时鼓励员工自我开发、自选学习课程和项目，提高培训的有效性和公务员培训满意度，促进员工的全面发展。

（2）需求导向原则。根据社会经济发展的需要和各类公务员职位、职责的不同需求，确定有针对性的培训内容，选择合适的培训方式。做到以需求为中心，实施培训层次化、内容差异化、形式多样的培训。只有针对性强的培训与开发才能更为有效，为使公共部门的培训与开发更具有针对性，在培训开发活动实施之前，就要从长远的发展目标或近期目标出发，采用适宜方法和技术，对组织及其成员的现有素质构成、知识和技能、绩效表现等进行鉴别和分析，以明确培训与开发的方向、内容、方式等。

（3）讲求实效原则。公共部门培训遵循"按需培训、学以致用"的原则，选择切合实际的培训内容，注重实际效果，并把公务员培训期间的成绩和鉴定与公务员的绩效考核、任职和晋升结合起来，确保培训收到应有的培训效果。不能走形式或虚张声势，应该根据不同时期社会经济发展的不同需求，以及公共部门各个岗位的不同要求，设计不同的培训内容，选择不同的培训方式，理论联系实际，使人力资源的培训与开发同使用结合。在培训方案制订过程中，也应考虑人员本身的特点，以使培训与开发更具针对性。

第二节　公共部门培训与开发的需求分析

公共部门的培训与开发是由培训需求分析、培训项目的设计和实施、培训效果评估等环节所构成的复杂连续的网络体系，该培训与开发系统的构建有助于公共部门科学、系统地开展员工培训和开发活动，并最终对公共部门人员工作绩效和组织绩效的提升发挥重要的作用。

一、公共部门培训与开发需求分析的内容

（一）组织分析

培训需求的组织分析主要是通过对组织的目标、资源、特质、环境等因素的分析，准确地找出组织存在的问题与问题产生的根源，以确定培训是否是解决这类问题的最有效的方法。培训需求的组织分析涉及能够影响培训规划的组织的各个组成部分，包括对组织目标的检查、组织资源的评估、组织特质的分析及环境的影响等方面。组织分析的目的是在收集与分析组织绩效和组织特质的基础上，确认绩效问题及其原因，寻找可能解决的办法，为培训部门提供参考。通常组织分析主要包括下列三个重要步骤。

（1）组织目标分析。明确、清晰的组织目标既对组织的发展起决定性作用，也对培训规划的设计与执行起决定性作用，组织目标决定培训目标。假若组织目标模糊不清晰，培训规

划的设计与执行就显得很困难。

(2) 组织资源分析。如果没有确定可被利用的人力、物力和财力资源，就难以确立培训目标。组织资源分析包括对组织的资金、时间、人力等资源的描述。首先，组织所能提供的经费将影响培训的范围和深度。其次，培训是需要相当的时间的，如果时间紧迫或安排不当，极有可能使培训的结果大打折扣。最后，对组织人力状况的了解非常重要，它是决定是否培训的关键因素。组织的人力状况包括工作人员的数量、工作人员的年龄、工作人员对工作与单位的态度、工作人员的技能水平和知识水平、工作人员的工作绩效等。

(3) 组织特质与环境分析。组织特质与环境对培训的成功与否也起重要的影响作用。因为，当培训规划和组织的价值不一致时，培训的效果则很难保证。组织特质与环境分析主要是对组织的系统结构、文化、资讯传播情况的了解。首先是系统特质分析，即对组织的输入、运作、输出、系统互动及与外界环境间的交流特质进行分析，使管理者能够系统地面对组织，避免组织分析中以偏概全的缺失。其次是文化特质分析，即对组织的设施、规章、制度、组织经营运作的方式、组织成员待人处事的特殊风格进行分析，使管理者能够深入了解组织，而非仅仅停留在表面。最后是资讯传播特质分析，即对组织部门和成员收集、分析和传递信息的分工与运作的分析，促使管理者了解组织信息传递和沟通的特性。对上述问题和特性的了解，将有助于培训需求分析者全面真实地了解组织。

(二) 工作分析

工作分析的目的在于了解与绩效问题有关的工作的详细内容、标准，和达成工作所应具备的知识和技能。工作分析的结果也是将来设计和编制相关培训课程的重要资料来源。工作分析特别需要富有工作经验的员工积极参与，以提供完整的工作信息与资料。

工作分析依据分析目的的不同可分为两种：一般工作分析和特殊工作分析。一般工作分析的主要目的是使任何人能很快地了解一项工作的性质、范围与内容，并作为进一步分析的基础。其内容为：工作简介，主要说明一项工作的性质与范围，使阅读者能很快建立一个较为正确的印象。工作简介包括：工作名称、地点、单位、生效及取消日期、分析者、核准者等基本资料。工作清单，是将工作内容以工作单元为主体，以条例方式组合而成，使阅读者能对工作内容一目了然。而每项工作单元又可加注各工作的性质、工作频率、工作的重要性等补充资料，这对员工执行工作，管理层进行工作考核和进行特殊工作分析均有益处。

特殊工作分析是以工作清单中的每一工作单元为基础，针对各单元详细探讨并记录其工作细节、标准和所需的知识技能。由于各工作单元的不同特性，特殊工作分析可分为：①程序性工作分析。程序性工作具有固定的工作起点、一定顺序的工作步骤和固定的工作终点等特性。程序性工作分析通过详细记录工作单元的名称、特点、标准、应具备的知识技能、安全及注意事项、完整操作程序等，为员工的培训和培训评估提供依据。②程式性工作分析。程式性工作分析多无固定的工作程序，对工作原理的了解和应用程度要求也较高，其工作内容主要强调工作者和系统间的互动。③知识性工作分析。知识性工作属于内在思维的工作行为，可以说是人与人，或人与知识间的交流互动，而且是以无形的知识为桥梁，进行理性的思考、沟通与协调，以达成工作需求。知识性工作分析是一种研究程序，它能够帮助企业管理者、培训需求分析者确认影响工作绩效的有关重要知识。

（三）个人分析

个人分析主要是通过分析公务员个体现有状况与应有状况之间的差距，来确定谁需要和应该接受培训及培训的内容。个人分析的重点是评价公务员实际工作绩效和工作能力，主要包括以下四个方面。

（1）个人考核绩效记录。即个人的工作能力、平时表现（请假、怠工、抱怨）、意外事件、参加培训的记录、离（调）职访谈记录等。

（2）公务员的自我评量。自我评量是以个人的具体工作内容为基础，由个人针对每一单元的工作成就、相关知识和相关技能真实地进行自我评量。

（3）知识技能测验。以实际操作或笔试的方式测验个人真实的工作表现。

（4）个人态度评量。对工作的态度不仅影响其知识技能的学习和发挥，还影响与同事间的人际关系，这些又直接影响其工作表现。因此，运用定向测验或态度量表，就可帮助了解公务员的工作态度。

通过上述分析，我们就可以清楚地了解到公务员是否缺乏技能，组织是否缺乏和谐的人际关系和管理技能，组织是否被认为观念复杂，组织和个人利益是一致还是冲突，对这些问题的不同回答，将产生不同的培训需求。如果是技术能力方面的问题，那么进行传统的培训是适宜的。如果是人际关系方面的原因，则需要进行管理培训。如果是观念认同的问题，就需要重新确定组织目标或做出解释。

二、公共部门培训与开发需求分析步骤

分析工具是做好培训需求分析工作的基本保证。从实际操作层面来看，培训需求分析可以归纳为三个基本步骤，配以相应的分析工具，获取必要的信息，并辨认信息的实际含义，就能帮助培训管理者完成与培训需求相关的分析。

（一）运用查找绩效差距的方法与工具

绩效差距是培训需求分析的切入点，一旦发现公务员在什么方面存在绩效差距，就等于确定了绩效差距领域，找到了要分析的目标。而确定绩效差距领域的关键途径是要获取什么人在什么方面存在绩效差距的具体信息，这主要可以从两个方面着手。

一方面，从上级领导那里获取信息是重要的途径之一。由于上级领导对下属的情况熟悉，最了解下属工作绩效的问题在哪里，所以只要提供一定的工具，就能帮助他们或通过他们获取存在绩效差距的信息，由此辨别是什么领域存在绩效问题。另一方面，直接从公务员个体那里获取信息也是一个重要途径。由于公务员对自己工作中的问题、障碍有切身的感受，那么通过他们了解情况也能获取一定的重要信息。这些信息对于绩效差距问题的澄清有重要意义。当然，公务员自身不一定完全清楚自己不懂什么或在工作上缺少什么，以及需要什么样的培训，这就需要由上级领导给予确认和补充，才能保证信息的准确与完整。

（二）寻找绩效差距原因的方法与工具

一旦收集了必要的绩效差距信息之后，就可以进一步分析存在绩效差距的原因是什么，

以便确定解决方案。绩效差距存在多种原因，培训并不是唯一解决方案，只有在公务员本身不是因为难以克服的个性特征原因而存在知识、技能和态度等方面能力不足的情况时，培训才是必要的。因此，在获取必要的绩效差距信息后，需要深入思考、反复斟酌，对产生绩效差距的真实原因做出判断，才能决定是否采用培训方案。

（三）制订解决方案

找出了差距原因之后，自然就容易得出解决问题的方案。操作时还需要进一步思考和细化，以增强其针对性。如果公务员的学习动机不强烈，认为培训课程对自己的职业并不重要，他就不会积极努力地去学习。同时，公务员不同的家庭背景和教育背景增加了方案制订的难度。如果公务员的学习动机不强烈，或存在学习阻碍，让这样的员工参加培训，培训效果自然会受到削弱。

三、公共部门培训与开发需求分析的方法

人力资源培训与开发需求分析方法有赖于一定的技术方法。公共部门人力资源培训与开发需求分析方法与企业人力资源培训与开发需求分析方法在手段上并无二致。

公共部门培训需求分析所依据的信息依靠多种方法来获得，具体包括直接观察法、面谈法、问卷法、绩效评估法、咨询法、团队讨论法、测验法、评价中心法、书面资料法等。具体实施时结合实际情况进行选择。

第三节　公共部门培训与开发的实施

一、公共部门培训与开发的目标定位

培训目标是基于培训需求分析确定的，它反映了公共组织对培训项目的基本意图和期望。培训目标既是确定培训内容和培训方法的基本依据，也是评价培训效果的主要标准，因此，培训目标的确定必须明确、具体并且是可以衡量的。无论是公共部门还是其他企业管理部门，进行人力资源管理的目标与任务，主要包括以下三个方面：

（1）保证组织对人力资源的需求得到最大限度地满足；

（2）最大限度地开发与管理组织内外的人力资源，促进组织的持续发展；

（3）维护与激励组织内部人力资源，使其潜能得到最大限度的发挥，使其人力资本得到应有的提升与扩充。

通常，培训目标应该清楚地阐述受训者在接受培训之后，能够做什么，在什么情况下能够做到什么程度。可见，培训目标包括三个基本的构成要素：受训者在完成培训之后的行为表现，行为赖以发生的特定环境条件，以及组织可以接受的行为业绩标准。

二、制订和实施培训与开发计划

有了需求分析结果和培训与开发目标，还需将目标具体化，制订具体的员工培训计划就被提上日程，内容包括明确培训目标、设计培训项目并组织实施、甄选培训师及选择相应的

培训方法等。培训与开发计划涉及培训内容的设计和各类培训活动的安排,包括课程内容的设计、培训人员的选择、培训与开发具体的方法选择、经费预算等。

1. 课程内容的设计

课程设计的指导思想要贯彻和体现培训目标,使培训目标通过一系列的课程内容能够转化为受训者的行为表现并达到一定的绩效标准。因此,培训内容应以培训目标为依据,设计培训活动的基本内容。

2. 培训人员的选择

要确定接受培训与开发人员的类型与规模。包括:哪些人员要接受培训,受训者有什么特点,是新录用人员还是原有人员,是一般干部还是领导干部,培训人数是多少,等等。

3. 培训与开发具体方法的选择

培训与开发的具体方法主要涉及培训的时间、地点、方式、教材、师资、方法、课程设置与考核方式等。

4. 经费预算

要根据培训的种类、内容及经费的拨付情况等各个方面因素合理确定预算。

三、公共部门培训与开发模式的类型

(一)岗前培训和岗位培训

由于培训的对象、内容、条件、形式、目的等各不相同,在实践中形成了各不相同的培训种类,按照我国《国家公务员培训暂行规定》的规定,公共部门培训的种类可以分为四类:初任培训、任职培训、专门业务培训和更新知识培训。

1. 初任培训

初任培训也叫入门培训、职前培训等,是指国家行政机关对新录用担任主任科员以下的非领导职务的公务员在正式上岗前所进行的理论和实践教育培训。初任培训内容主要包括政治理论、依法行政、公务员法和公务员行为规范、机关工作方式方法等基本知识和技能,重点提高新录用公务员适应机关工作的能力。初任培训由组织、人事部门统一组织。专业性较强的机关按照组织、人事部门的统一要求,可自行组织初任培训。

初任培训应当在试用期内完成,培训时间以三个月期限为宜。分为集中脱产培训和业务实习两个阶段,其中两个月(或一个月)可集中在行政学院内培训。特殊专业的补充人员,可经市级培训主管部门批准去对口院校在行政学院指导下进行培训,一个月后回本单位实习。实习教学由学员所在单位负责,要向学员提供实习计划和布置调研课题。学员在本单位老员工指导下完成分配的工作,并在老师指导下完成学院布置的调研报告或论文,实习结束回学院交流或答辩。

培训内容,主要是学习政治、职业道德、工作程序、工作方法,即拟任职务的必备知识和技能。职位(岗位)实习要全面,使其在培训中进入准工作状态。

2. 任职培训

任职培训,是指机关对准备晋升领导职务的公务员,按照晋升职位的要求所实施的相应的培训。培训的目的在于,通过对拟任领导职务的公务员进行所需的政策水平、组织领导能力和专业知识能力的培训,为公务员履行拟晋升的职务打好基础。

培训时间:按不同职务层次的要求不同而有所不同,一般可安排两至三个月。因为这种培训是适应性的,带有强化的性质。

培训内容:主要学习补充任职(拟任职务)要求的政治思想水平、工作能力及相应的资格条件所需知识。

转任培训也属于任职培训的一种形式。转任培训,是指国家公务员在国家行政机关内跨地区、跨部门、跨职责转换职位的人员的培训。

培训时间:一般可安排两至四周,跨职责转换职位的人员可适当长些。

培训内容:主要学习新职位及其所处地的有关政策和行政法规,新职位所必备的专业知识和实际操作技能。要根据不同人员的情况确定相应不同的培训内容,使其符合拟任职位规定的条件。

3. 专门业务培训

专门业务培训是为国家公职人员从事专项业务工作而提供所需知识和技能的培训,如税费改革业务培训、财政集中支付业务培训等,培训内容根据具体工作需要而定,培训时间以一至二周为主。

4. 更新知识培训

更新知识培训是公共部门有计划地对在职公职人员所进行的以更新知识为主要目的的全员培训,也称轮训。培训内容根据不同职位的要求和经济社会发展需求而定。更新知识培训使公共部门能够更好地适应时代发展需要,满足不同时期的不同需求。

(二)在职培训与脱产培训

1. 在职培训

在职培训是指不脱离工作岗位,在实际工作中学习业务和技能,常见的在职培训方式有工作实习法、工作轮换法等。在职培训将培训和工作紧密结合起来,融培训于工作之中,使培训和工作之间产生互动,使员工从工作中获得培训,从培训中获得更多的工作机会,从而获得更有价值和实际意义的提升。同时在职培训成本较低,因此成为很多公共部门优先选择的一种培训方式,但是在职培训也有一些不足,如培训内容不全面等。

2. 脱产培训

脱产培训是指培训对象离开工作岗位,集中进行教育培训。一般采取课堂授课、研讨会、学历教育、出国培训等形式进行,脱产培训较在职培训更为系统和全面。

四、公共部门培训与开发方式

1. 部内培训

部内培训即由各行政部门内部设立机构组织培训,其培训的时间、课程设置和培训要求均要各部门自己确定。例如,我国政府各部所属的管理学院培训基地的培训毕属此列。这种培训按职务或专业进行,专业对口,有较强的针对性,时间和人员都便于灵活安排。

2. 部际培训

部际培训指由政府若干部门横向联合举办的培训。这种跨部门举行的培训班,或由政府

几个部门共同组织,或由学会或学校帮助组织,培训费用则由政府各部门共同承担,为同一专业或同一层级的公务员开设某些共同的课程。

3. 交流培训

交流培训即通过人员的交流或学术的交流对公务员实施培训。人员的交流培训是指通过人员在政府部门之间、各地区之间、政府部门和企业之间的调任或借调,使公务员扩大知识面,增长才干,掌握在各种环境中分析问题、解决问题和协调矛盾的能力。

4. 工作培训

工作培训即在实际工作中对公务员压担子,使其实际工作能力有所提高。通过行政首长或经验丰富的公务员在工作中言传身教,也能使公务员在行政实践中积累知识,获得经验,增长才干。例如,在我国行政管理中,主管部门让某些有培养前途的年轻公务员到某些部门或地方,通过实际工作进行锻炼,增长他们的才干。

5. 学校培训

学校培训即公务员管理机构或各行政部门选送部分有培养前途的公务员,或者由公务员本人依据有关规定,到政府的高中级行政学院或国内外高等院校接受培训或进修。

6. 选择培训

选择培训即允许公务员根据自己的知识结构和个人兴趣,制订培训计划,自由选择培训专业和课程。选择培训的方式主要有两种:一是鼓励公务员利用闲暇时间到附近学校或夜校去补习、进修,其学费由政府负担。例如,有些地方或部门的行政官员根据自己的工作情况,参加有关院校的函授、夜大学习而费用由工作单位承担。二是公务员向政府申请培训假期,脱产学习。

7. 出国培训

出国培训也属于外部培训,但有区别。政府派遣公务员到外国考察学习、进修、实习,广义上属于出国培训。它主要有两种不同的情况:一种是公务员的本职工作与外国政府的某部门有联系,到国外专门了解与自己业务有关的知识或技术;另一种是非涉外部门的公务员到国外,一般地学习专业知识。主要优点是身临其境,便于直接学习外国的先进经验,增进国际间的交流,短时间内迅速了解外国的政府状况及工作程序等。

8. 委托培训方式

委托培训方式指不在所属部门进行,而委托给其他部门或高等院校举办公务员专修科或专修班进行的培训。主要优点是使政府部门可以利用大专院校尤其是行政学院的培训,使学员得到较全面系统的学习(可谓正规培训)。行政机关部门不必负担培训的组织管理工作。这种培训方式在国外被广泛地采用,但不能委托民间、个人组织。

第四节 公共部门培训与开发的效果评估

一、公共部门培训与开发效果评估分析

公共部门人力资源的培训与开发是公共部门的一项十分重要的投资活动。任何形式的培训与开发活动都应该开展效果评估以检验培训与开发的成效。培训与开发的效果评估直接影

响到培训与开发整体工作的质量及后续的连续性。借由效果评估可以不断总结经验、发现问题，从而改进培训与开发工作，提高培训与开发的效果。公共部门的培训效果评估的基本内容、模型和常用方法与企业的培训效果评估并无太多区别。

1. 培训与开发效果评估的目的

培训效果评估的目标可以分解为：①确定是否成功地实现了培训项目的培训目标；②评估人力资源开发过程中的优缺点；③比较人力资源培训项目的成本与利润；④确定谁将参加将来的培训；⑤衡量各种测验、案例和练习是否清楚有效；⑥确定哪些学员在本次培训项目中的收获最大；⑦能够强化学员所学到的主要内容；⑧收集数据，以便将来推广其他的培训项目；⑨确定某个培训项目是否能够满足某种特殊的要求；⑩建立数据库以便帮助管理层做出决定。

2. 培训与开发效果评估的主体

在现代的组织中，一个培训活动至少有四种人需要知道培训效果。第一，培训的主管和培训师，通过评估改进培训项目；第二，组织管理层，通过评估为下一步决策提供参考；第三，受训者，通过评估知道自己的提高程度；第四，受训者的直接上级，通过评估结果了解下属的情况，为以后工作提供指导。

3. 培训与开发效果评估的客体

培训效果评估既对人评估，也对组织评估。培训效果评估的客体包括：①培训过程，包括培训需求、培训目标、培训内容、培训形式、培训手段、培训设备等；②培训效果，包括反应效果、学习效果、行为效果、业绩效果、培训效益等；③培训管理，包括培训组织、培训实施、培训系统、培训人员等。

4. 培训与开发效果评估的分类

培训效果评估是培训工作最后的环节，可以分析培训工作是否取得预期效果，也可以为以后的培训工作提供参考性意见等。培训效果评估按评估实施的时间来划分，可以分成培训前的评估、培训过程中的评估和培训结束后的评估。培训前的评估主要是指对培训安排和预算的评估等；培训过程中的评估是指培训内容和方法的评估、培训课程设计和师资选择的评估、受训者接受状态的评估等；培训结束后的评估则指受训者培训效果评估、组织收益评估、培训工作的成本收益评估等。

二、公共部门培训与开发效果评估的目标和内容

（一）培训与开发效果评估目标的确定

公共部门的培训应该着重提高受训者的总揽全局的能力、宏观决策能力、运用市场经济规律能力、驾驭复杂局面处理复杂矛盾能力、科学管理能力、依法行政能力、专业化行政管理的能力等。对于微观的培训活动应该根据不同情况有不同的目标。根据 CIRO 模型，培训包括三个目标层次：直接目标、中间目标、最终目标。培训的直接目标是指为改变行为而必需的新知识、新技能和观念态度的变化；培训的中间目标是指未达到最终目标而需要改变的员工行为；培训的最终目标是指培训项目将消除或克服组织内部的特殊缺陷。培训效果评估的目标按照评估的深度和复杂程度分为深层次目标和浅层次目标。浅层次目标是指主要对培

训的直接目标和中间目标的评估。例如，如果某个培训就是针对受训者实际工作中常犯的错误进行，由于这只是一次经常性培训，不可能也没有必要作全面的效果评估，那么培训的目标就是纠正工作中的错误行为。所采取的评估方法如问卷、试题也主要侧重于这方面的问题。深层次目标主要是对培训最终目标实现情况的评估，包括培训对个人的各种能力的改变情况和对组织整体业绩的改变情况的评估。因此，深层次目标既要对受训者评估，也要对组织评估。一般来说，一次大型的、长期的、重要的培训活动需要确立深层次目标。对于深层次的目标需要进行全面评估，从反应、学习、行为到结果层面都要进行评估。

另外，在目标确定后还应该注意对目标进行沟通。根据"皮格马立翁效应"，如果一个评估目标的确定过程由部门高层管理者、培训与开发工作人员、培训师、受训者进行沟通，将培训的评估标准所反映的对结果的期望，传递到学员那里，学员的学习动机和行为会因此受到积极影响，从而获得更好的成绩。

（二）培训与开发效果评估的主要内容

1. 评估内容的分类

效果评估的内容可以分成两个方面：一方面是评估培训对各方面的影响；另一方面，评估培训项目本身的组织、运行情况。培训效果评估首先是评价培训的效用，因此宏观上可以将评估的内容划分为对个人层面的评估、对组织层面的评估、对社会层面的评估。

（1）对个人层面的评估。受训者是培训的最直接受益者，因此评估培训对受训者的效用可以分解为对受训者知识改变的评估和对个人能力改变的评估。受训者的知识改变包括三个方面，即岗位业务知识的改变、相关知识的改变、工作技能知识的改变。岗位业务知识是受训者必须达到的要求，通过培训，受训者要具备胜任本岗位所需要的基本业务知识；相关知识是指与本工作岗位相关联的知识，目前很多工作都需要综合的知识作支撑；工作技能知识是指受训者能够完全胜任本岗位所需具备的知识、技术、技能、技巧等。

能力是指完成某种工作并直接影响工作效率的本领。所以效果评估需要对个人能力的改变进行评估，包括智力、主动能力、协调能力、技术能力。对智力的评估包括观察力、记忆力、思维能力等岗位任职能力；主动能力主要侧重于评估是否主动、是否积极进行探索能力；协调能力主要评估受训者在工作过程中处理各种矛盾及冲突能力的变化；技术能力侧重于评估受训者运用工作技巧解决工作中具体问题的能力，如对很多公共部门的工作人员来说，技术能力包括决策能力、综合分析能力、工作组织能力、应变能力。

（2）对组织层面的评估。对组织的效用主要是指对组织经济效益变化的评估。对组织经济效益变化的评估也可以分解为评估组织的绩效变化、组织收益的变化、组织成本的变化。①绩效。例如，公共部门内部工作效率变化等。②收益。由于公共部门不是以利润最大化为目的，所以衡量培训后组织收益的变化可以转化为衡量培训前后公共服务质量的变化、公众的满意度变化等。③成本。例如，通过培训评估部门的管理成本的变化等。

（3）对社会层面的评估。即评估通过培训对社会产生了哪些有益的影响。由于公共部门的一个主要职责就是为广大公众提供公共服务，所以这一方面的评估对公共部门比较为重要。但是，由于对社会效益变化的评估一般很难量化，所以一般对个别公共部门不很常用，只有在全国范围内的大型培训活动把它作为评估的内容。

2. 具体评估内容

以上是在思路上分析培训效果评估的内容，在具体操作中，可以把对个人层面、组织层面、社会层面的评估继续分解为具体的评估内容。

（1）对个人层面的评估。具体如下：①培训内容是不是工作必需的知识；②培训内容是不是与工作有关系的新的理论知识，是不是工作需要的新的业务知识和技能；③培训内容能不能适合工作任务和工作标准提高的要求，对改善工作、胜任工作任务有什么帮助。

（2）对组织层面的评估。包括评估培训前后的：①组织工作效率的变化；②公众满意度的变化；③组织工作氛围变化；④组织各种成本的变化。

（3）对社会层面的评估。具体如下：①培训活动是否改变了人们的生活方式和思想观念；②培训活动是否有效地改变了人们对某个事物的看法；③培训活动是否有效地提高人们政治思想和伦理道德水平。

（4）对培训活动的评估。具体如下：①培训内容的深度和广度，培训教材的适用性；②培训时机是否及时，培训活动日程安排是否合适；③受训者的参与度如何，受训者与教师交流的时间是否合适；④教学手段和教学方法的是否丰富；⑤培训项目预算是否准确；⑥受训者与受训者直接上级对培训结果的评价情况。

三、公共部门培训与开发效果评估指标

公共部门的范围很广，因此各部门的特点差异很大，具体到每个培训项目更是千差万别。因此，本节只论述培训效果评估指标的框架。此框架的重点在于一般公共部门的适用性，所以在实际运用中可以根据本部门的情况予以增删。其次，本节建立的培训效果评估指标体系是以培训时间的先后为标准划分的，关于培训需求分析的指标在这里不再论述。

（一）培训与开发前评估指标

培训前的评估指标主要分为环境资源评估指标和培训计划评估指标。

（1）环境资源评估指标。主要是对培训前现状的评估，主要包括对环境现状的分析、对组织现状的分析、对受训者个人现状的分析和对可用资源现状的分析。对环境资源的评估与培训需求分析相结合得出培训效果评估的可行性论证。环境资源评估指标可以分为四类：环境评估指标、组织评估指标、个人评估指标、可用资源评估指标。每一个分指标又可根据具体需求分二级指标。

（2）培训计划评估指标。部门培训计划必须紧密地和部门的发展战略和人力资源战略结合起来，满足本部门发展和受训者个人发展的需求，考虑到培训内容的超前性和培训过程的不确定性。通过对培训计划的评估并不断修改，逐步提高培训的质量。

（二）培训与开发中评估指标

培训中的评估指标主要分为培训内容评估指标、培训工作评估指标、培训方式评估指标、反应评估指标。

（1）培训内容评估指标。主要是针对培训内容的各个方面进行评估，包括培训内容是否

完整、培训内容是否新颖、培训内容是否易于为受训者理解等。

（2）培训工作评估指标。主要是评估培训组织机构对培训过程的管理、组织、后勤保障情况，包括对培训纪录、培训制度、后勤服务、受训者投诉情况进行评估。

（3）培训方式评估指标。主要评估培训过程中，培训的方法和形式是否有利于受训者吸收知识，包括对培训的方式、培训的生动性、课堂的气氛、互动情况等进行评估。

（4）反应评估指标。主要是通过观察培训或授课过程中受训者的反应来评估，并结合培训后的反应评估指标做出综合评价。

（三）培训与开发后评估指标

培训后的评估指标主要分为反应评估指标、学习评估指标、行为评估指标、结果评估指标、目标实现情况评估指标。

（1）反应评估指标。主要是评估受训者对培训项目的评价，这些项目包括培训材料、培训师、设备、方法等。

（2）学习评估指标。主要测量受训者对教授的原理、技术和技能等的获取程度。学习评估是评价培训是否起作用的重要指标，只有在理论上知道怎么做，才能体现在行动上。因为对学习层面的评估根据不同的培训内容有不同的评估指标，在这里不分解论述。

（3）行为评估指标。主要评估测量培训项目中所学习的技能和知识的转化程度，受训者的实际工作有没有得到改善。

（4）结果评估指标。主要评估培训产生的效果，不仅包括对个人的效果，也包括对组织的效果。主要测量培训活动对个人和组织有什么具体的贡献，一般多用定量指标来表示。结果评估指标中有一个比较重要的分指标：成本收益指标。它主要衡量培训活动对组织的影响。因为培训的具体收益一直是计算的难题，并且公共部门是不以营利为根本目的的，大部分工作提供的是管理和服务，因此培训的收益更加难以完全量化。所以，笔者建议公共部门在衡量培训收益上应采取定性和定量相结合的办法，通过部门培训后的运营成本下降和整体表现与培训前对比来总结培训收益。

（5）目标实现情况评估指标。主要通过培训后的结果达成情况和培训的目标进行对比得到。目标实现情况评估指标是培训总结的重要内容，它能够体现培训的整体效果。

四、公共部门培训与开发效果评估实施与反馈

（一）评估时机的选择

评估时机对效果评估的结果也会有影响，评估得太早，有些培训的效果没有展现；评估的不及时，有些内容受训者有可能会忘记。评估时机可以简单分为培训前评估、培训过程中评估、培训后评估、多重评估和培训后跟踪评估。

（1）培训前评估。主要获取受训者接受培训前的知识与技能水平、业绩状态。培训前评估应注意两点：首先，如果预期培训前测试影响受训者后来的绩效表现时，则应该避免进行培训前的测试；其次，为了使结果有可比性，培训前的测试和培训后的测试的内容应该大体相同，并且两次测试应该在类似的条件下进行。

（2）培训中评估。为获得在培训过程中有关知识、技能的掌握情况和态度的变化情况，需要做过程中的评估。培训中的评估注重评估受训者的反应和学习情况，衡量完成培训目标的进展情况，获得有关部门和人员的反馈信息。

（3）培训后评估。主要是评估培训刚结束后的受训者的知识掌握情况、技能使用情况。

（4）多重评估。为了对培训前后的趋势变化做出相应的判断，需要在培训前、后做多重评估。在培训前进行多重评估，其目的在于衡量培训前的趋势。培训后进行多重评估，目的是衡量技能的使用程度，了解培训的进展情况及培训的长期效果。

（5）培训后跟踪评估。培训后跟踪评估是指在培训结束后预定时间段内，对受训者在培训中学到的知识、技能等内容进行测试。其中，第三层次评估往往在培训结束后几个星期内进行。由于需要一段时间来等待培训效果的展现，所以第四层次评估一般在培训结束后三到六个月时间内进行。

（二）培训的成本收益分析

培训效果评估的结果层评估，要求能够评估培训为整个组织带来的实际效果，因此目前最常用的就是通过培训的成本收益分析来直观反映培训的作用。培训的成本收益分析也叫做培训的投入产出分析，它包括两个方面：一是对培训活动的投入进行评估；二是对培训活动的收益进行评估。由于公共部门的非营利性，所以在进行培训成本收益分析时在计算培训收益时，困难比较大。笔者在前面设计指标体系时，已经针对这个问题，对衡量公共部门培训收益的指标进行改良，因此在这里只论述公共部门应该怎样做成本收益分析。

1. 培训成本的衡量

培训的成本可以分为两类：直接成本和间接成本。培训的直接成本是指公共部门为该培训所发生的有原始凭证纪录的、真实的成本，包括培训活动组织过程中发生的人力、物力、财力支出。除了直接成本外的，属于间接成本范畴。间接成本主要包括以下三类。

第一，培训管理费用的摊销。培训部门发生的管理费用是整个人力资源开发活动发生的费用，很难计量到具体每一个培训项目，必须按照一定的标准进行分摊，可以按照培训人数或者培训发生的直接支出进行分摊。

第二，培训的机会成本。培训的机会成本包括两个方面：一是培训费用用于投资的收益；二是培训组织人员如果把时间和精力用于其他工作所创造的价值。

第三，额外增加的支出。由于受训者参加培训，可能会给正常的工作带来影响。所以部门有可能临时增加人员来顶替受训者的工作，由此发生的工资计入培训的间接投入；部门如果没有临时增加人手，则其他岗位的任职人员增加工作量，由此产生的加班工资也记入间接投入。

2. 培训收益的衡量

如果将培训所产生的所有有利于公共部门的成果统称为收益，那么培训对于公共部门的收益可以分为有形的收益和无形的收益。有形的收益体现在业绩的改善上，在公共部门，通常表现为劳动力的节省、工作效率的提高、其他成本的节省等方面。企业一般以单位利润或单位成本为基础，将有关数据折算成利润或成本，转化为货币价值，或者将质量的改进情况

直接折算成成本的节约价值。但由于公共部门本身工作的特殊性，衡量成本的变化比较可行，但衡量培训的收益比较困难。通常可以衡量因为受训者工作能力的提高而节省的组织或个人的机会成本来代替培训收益这个指标。例如，以前某个机构（或个人）申请一件事务，政府平均需要三天时间来解决，但经过对工作人员工作能力的培训，目前一件事务仅需要两天来解决，这节省下来的"一天"的这个机构（或个人）的机会成本就可以看成培训的效果。如果节省成本的对象是个人的话，这个机会成本可以参考 L 年度本地区平均的日工资；如果是企业的话，可以参考上年度本地区本行业企业的平均日收益；如果是公共部门的话也可以采取同样的转移衡量的方法来衡量其机会成本。

对于培训的无形收益的计算，目前常用的方法就是估计法。它可以利用不同的渠道进行估计，以转化为货币价值。

（1）由受训者、受训者的上级及公共部门的高层管理者估计软数据的货币价值。由于他们对培训过程及效果比较了解，并且从事本职工作多年，有着丰富的经验，所以他们提供的对数据的货币价值的估计结果具有很强的参考价值。

（2）邀请内部和外部专业人士参与估计工作。由于这些专家专门从事数据的转化工作，所以他们提供的估计更为准确。但由于专家的费用比较高，所以只适用于比较重要的培训效果评估。

（3）利用外部相关的调查数据来估计本部门内部数据的货币转化。目前社会上有很多中介服务机构、调查机构及行业协会经常进行专门的调查。这些成果，特别是有关数据估计的研究成果可以为本部门的货币转化提供重要的参考。评估人员在使用数据转换方法时，应考虑到这些方法的可用性和便捷性，应该选择那些具备将数据转换为货币价值的知识和能力的主体，这样才能获得具有参考价值的数据。

3. 培训成本和收益的比较

核算完相关收益和成本后，则可以通过分类比较或简单加总相减来计算培训的净收益。

4. 成本收益分析应注意的问题

（1）应针对进行过培训需求分析的培训部分进行核算。因为没有先前的培训需求分析，效果评估就会出现问题。所以建议只对那些进行了系统培训需求分析的培训部分进行成本收益分析。

（2）秉承保守原则。在成本收益分析时，采取保守方法可以提高准确性和可信度。保守原则既适用于培训收益的核算，也适用于培训成本的核算。

（3）对其他因素的影响加以考虑是非常重要的，所以不能忽略该过程中的这一步骤。

（4）谨慎处理存在争议的问题。在进行培训效果评估时经常会出现一些比较有争议的问题。最好避免就哪些是可以衡量的，哪些是不能衡量的问题的争论。因为争论对效果评估没有任何正面的影响，除非有关于这一问题的关键证据。

（5）成本收益分析不一定需要在每一个培训项目中使用。这是由成本收益分析的复杂性决定的，只有关系部门生存和发展的重大培训活动的评估时才需要使用。

（三）撰写评估报告

在分析各种资源和数据后，对此次培训项目给出评估报告。标准的评估报告分为以下六个部分。

（1）评估目的的概要。简要叙述开展此次评估的目的、对象、评估类型、评估性质及期待的结果。

（2）评估过程及方法。这一部分主要说明制订和实施评估方案的主要过程，包括评估方法的使用、调查内容及范围。

（3）效果。这是评估报告的主要部分，要求说明评估的结果和目标的关系，并将有关数据作为客观事实写出来。

（4）分析与建议。主要是解释培训结果，依据结果进行综合分析，同时指出应用价值，并客观分析问题，提出建议与措施。

（5）结论。这部分主要用来概括全部效果评估的结果。

（6）附录。这是报告的结尾，一般将本次评估使用的资料，如问卷调查等附在报告正文后面备案。

（四）输出评估

输出评估主要是针对培训评估的结果的。一方面将结果与最初的目标进行比较，评估培训完成的情况，并用来改进以后的培训项目；一方面需要进行评估结果的反馈和沟通。

（1）输出评估是根据培训结果和培训目标相对比来完成的。它可以作为以后改进培训项目的最终依据，也是最后培训总结的重要内容。具体评估内容可以参见评估指标体系中的目标实现情况评估指标。

（2）培训结果的反馈和沟通是非常重要的。因为培训的结果需要相关人员知晓，这样才达到了组织培训的目的。一般来说，在一个组织内，培训的结果需要让以下四种人知道。

一是培训组织人员。因为他们需要这些信息来改进培训活动，只有在得到反馈的意见的基础上，培训才有可能得到提高。

二是公共部门的管理层人员。因为他们是决策性人物，决定着未来的培训活动的开展。另外，培训效果评估的基本目的之一就是为决策提供参考依据。管理层最想知道能从培训中得到什么，以及培训是否需要更多的投入。所以应该向管理层沟通培训的信息。

三是受训者。他们也应该有权利知道自己的培训效果怎么样，并且将自己的业绩与其他人的业绩进行比较。结果的反馈有助于他们继续努力。

四是受训者的直接上级。这样有助于他们掌握受训者的学习情况，并结合受训者的实际表现为以后培训工作提供指导意见。

（五）反馈调整培训项目

在对搜集到的信息进行认真分析的基础上，培训组织人员可以具体调整培训活动。如果本次培训活动得到了一致的好评，则在以后继续发扬；如果最后的评估结果表示，培训有一些问题，则要有针对性地解决问题。

培训与开发

习 题

一、单选题

1. 下列哪项不是公共部门的特点（　　）。
   A. 追求公共利益为价值取向　　B. 受到广泛的公共监督
   C. 以盈利为目的　　　　　　　D. 受政治环境的高度影响

2. 培训需求分析中，通过对组织的目标、资源、特质、环境等因素的分析，准确地找出组织存在的问题与问题产生的根源，以确定培训是否是解决这类问题的最有效的方法属于（　　）。
   A. 组织分析　　B. 工作分析　　C. 个人分析　　D. 市场分析

3. 培训需求分析中，目的在于了解与绩效问题有关的工作的详细内容、标准和达成工作所应具备的知识和技能的是（　　）。
   A. 组织分析　　B. 工作分析　　C. 个人分析　　D. 市场分析

4. 国家行政机关对新录用担任主任科员以下的非领导职务的公务员在正式上岗前所进行的理论和实践教育培训属于（　　）。
   A. 初任培训　　B. 任职培训　　C. 专门业务培训　　D. 更新知识培训

5. 公共部门对准备晋升领导职务的公务员，按照晋升职位的要求所实施的相应的培训属于（　　）。
   A. 初任培训　　B. 任职培训　　C. 专门业务培训　　D. 更新知识培训

6. 为国家公职人员从事专项业务工作而提供所需知识和技能的培训称为（　　）。
   A. 初任培训　　B. 任职培训　　C. 专门业务培训　　D. 更新知识培训

7. 公共部门有计划地对在职公职人员所进行的以更新知识为主要目的的全员培训属于（　　）。
   A. 初任培训　　B. 任职培训　　C. 专门业务培训　　D. 更新知识培训

8. （　　）直接影响到培训与开发整体工作的质量及后续的连续性。
   A. 培训与开发的需求分析　　B. 培训与开发的目标定位
   C. 培训与开发的方法选择　　D. 培训与开发的效果评估

二、多选题

1. 公共部门的特点有（　　）。
   A. 追求公共利益为价值取向　　　　　　B. 受到广泛的公共监督
   C. 活动受法律、法规限制，并具有法律权威　　D. 受政治环境的高度影响

2. 公共部门培训与开发的原则包括（　　）。
   A. 以人为本　　　　　　　　B. 需求导向
   C. 讲求实效　　　　　　　　D. 盈利为主

3. 公共部门培训与开发需求分析的方法包括（　　）。
   A. 直接观察法　　B. 面谈法　　C. 问卷法　　D. 绩效评估法

4. 按照我国《国家公务员培训暂行规定》的规定，公共部门培训的种类可以分为（　　）。

A. 初任培训　　B. 任职培训　　C. 专门业务培训　　D. 更新知识培训
5. 公共部门培训与开发的方式主要包括（　　）。
A. 部内培训　　B. 部际培训　　C. 交流培训　　D. 工作培训

三、简答题

1. 简述公共部门培训与开发与一般常规教育培训的不同。
2. 简述公共部门培训与开发的必要性。
3. 简述公共部门培训与开发的特征与原则。
4. 简述公共部门培训与开发需求分析中个人分析的内容。
5. 简述公共部门培训与开发的方式。

习 题 解 答

一、1. C　2. A　3. B　4. A　5. B　6. C　7. D　8. D
二、1. ABCD　2. ABC　3. ABCD　4. ABCD　5. ABCD

三、1. 首先，公共部门人力资源培训是以提高工作岗位的工作效率和水平，改进工作方式为核心与直接的目的，因此，它的针对性较强。培训的内容和方式，基本上都是围绕着公职人员从事行政活动所必备的政治素质、职业道德，以及知识、能力和技巧上。其次，公共部门人力资源培训是一种终身的、回归的继续教育，是常规教育的发展和延续，属于"第二过程教育"的再教育，它伴随着公职人员个人职业生涯发展的始终。再次，公共部门人力资源培训的内容是根据职位或职务的具体要求，向受训者灌输专门的知识和特殊的技能，以工作需要为着眼点。从长远和整体上看，培训被作为提高整个政府组织绩效的基本途径和手段。最后，公共部门人力资源培训的形式多样灵活，伸缩性较强。

2. 从外部环境的变化使公共部门培训与开发成为迫切需要和公共部门角色的变化要求对人力资源进行培训和开发等方面阐述。

3. 与营利性的或私营的企业组织相比，公共部门自身的性质和对公共部门人员的特殊要求，使得公共部门人力资源培训除了培训工作的一般特点外，在培训目标、方向和知识构成等方面具有明显的特点。①公职人员的政治理论和政治素质的培养在公共部门人力资源培训中占有重要比重。②在发展中国家里，公职人员的法律观念和法律意识也是公共部门人力资源培训的重点。③在公共部门人力资源培训中，注重通才发展和专才发展相结合。④发展公职人员的职业能力，建立与不断完善公共部门人力资源在职培训和终身教育的体系，促进培训工作本身日益职业化进程。⑤发展公务员的人格素质已是公共部门人力资源培训刻不容缓的任务。原则包括以人为本、需求导向及讲求实效等。

4. 个人分析主要是通过分析公务员个体现有状况与应有状况之间的差距，来确定谁需要和应该接受培训及培训的内容。个人分析的重点是评价公务员实际工作绩效和工作能力。主要包括：①个人考核绩效记录。即个人的工作能力、平时表现（请假、怠工、抱怨）、意外事件、参加培训的记录、离（调）职访谈记录等。②公务员的自我评量。自我评量是以个人的具体工作内容为基础，由个人针对每一单元的工作成就、相关知识和相关技能真实地进行自我评量。③知识技能测验。以实际操作或笔试的方式测验个人真实的工作表现。④个人态

度评量。对工作的态度不仅影响其知识技能的学习和发挥，还影响与同事间的人际关系，这些又直接影响其工作表现。因此，运用定向测验或态度量表，就可帮助了解公务员的工作态度。

5. 公共部门培训与开发的方式主要包括部内培训、部际培训、交流培训、工作培训、学校培训、选择培训、出国培训和委托培训等。

HAPTER 9

第九章 培训效果评估

[内容提要]

本章介绍了培训效果评估的内容、培训效果评估模型、培训效果评估的方法与过程、培训效果评估的有效实施四部分内容。

[学习要点]

1. 培训效果评估的含义;
2. 培训效果评估的内容;
3. 培训效果评估的层次和方法;
4. 柯克帕特里克模型;
5. 培训效果评估方案的设计和选择;
6. 培训效果评估报告。

培训与开发

✿✿✿✿✿✿✿✿✿✿✿✿✿✿✿✿✿✿✿✿✿

开篇案例：某公司的员工培训和评估

某公司决定对公司业务员进行为期一个月的营销培训，人力资源部的经理让培训主管对此事全面负责，并让其做好本次培训的评估分析。培训主管对本次营销培训十分认真，积极设计了评估过程中的测评问卷，计划对培训过程跟进评估，从而形成有效的评估报告。在培训期间，培训主管就会对受训者进行问卷测试，总结培训效果并向大家说明情况，然而才到第二周，一些业务员就不愿意做问卷了，这些业务员认为自己参加培训是为了学习营销知识和经验，而并不是来做问卷测试，这导致培训计划很难进行下去，最后也无法拿出一个很好的评估报告。

事实上，培训活动与管理中的控制功能相似，在公司培训的某一项目或课程结束后，一般要对培训效果进行一次总结性的检查或评估，以便找出受训者究竟有哪些收获或提高。通过总结性的评估可以对培训效果进行正确合理判断，以便于了解某一项目是否达到预先定下的目标和要求。本案例中培训主管做的培训评估无法良好进行的原因在于他只是主观地想要进行培训评估，但是却忽视了评估形式的正确应用，造成员工抵触情绪。因此，学好本章内容对于提高培训效果至关重要。

资料来源：中国人力资源网

✿✿✿✿✿✿✿✿✿✿✿✿✿✿✿✿✿✿✿✿✿

第一节　培训效果评估概述

一、培训评估的内涵

当组织的某个培训项目结束后，针对培训项目，需要掌握此次培训项目的目标是否达成，此培训项目是否对组织效率和工作绩效的提高有利，企业在培训的过程中是否有效地安排了培训的内容、方法和日程，培训人员的水平是否得到提高及其教学质量如何，此次培训经费的支出是否合理适度，培训是否收到了明显的效果，培训是否有需要改进的方面，等等。这说明企业对培训效果的关注。那么，究竟什么是培训效果呢？所谓培训效果，就是指组织和受训者双方从培训当中所获得的收益。所以，从这两方面来说，培训效果有以下两层含义：一方面，对于受训者而言，培训效果意味着获得不断变化和具有挑战性的新境况所需的新知识和技能的多少；另一方面，对于组织而言，培训效果意味着经由培训而带来的绩效提高的状况以及人力资本投资的价值增值程度。培训的效果如何，往往要通过一定的手段来衡量，衡量的过程就是进行评估的过程。

1. 定义

培训评估是一个运用科学的理论、方法和程序，从培训项目中收集数据，并将其与整个组织的需求和目标相联系，以此来确定培训项目的价值和质量的过程。

企业培训评估，是指企业人力资本投资项目完成一段时间后，以实际情况为基础，依照一定的标准，对企业人力资源开发活动的项目决策、设计实施、生产运营效果等全过程进行系统评价的一项经济活动，是人力资本投资项目管理的一个重要内容，也是最后一个环节。通过评估，判定是否达到了预期的目标，具体活动中计划、组织、实施与调控工作的绩效如何，各部门、各环节的协调状况、投入产出状况等，以便总结经验和教训，提出建议和改进工作，不断提高项目决策水平和投资效果，更好地做好企业员工培训与管理工作。

2. 培训项目的价值判断

培训评估关注的是价值判断。因此，在培训结束后，可以采用不同的评估标准，从不同的利益角度来判断培训的价值，且这些标准必须是与工作相关的。第一，对培训活动本身进行价值判断；第二，对学员实际工作情况进行价值判断；第三，对组织绩效指标进行价值判断；第四，对学员与工作没有直接关系的一些表现进行价值判断，如评估学员的道德表现、社会责任感等。

二、培训评估的内容

根据培训评估的时间选择差异，可以将培训评估分为：事前评估、事中评估和事后评估，也可称为培训前评估、培训中评估和培训后评估。评估各阶段的特点不同决定了这三个阶段有着不同的内容。

1. 事前评估

事前评估是在培训项目开始之前的评估，因此又称培训前评估，指改进培训过程的评估。事前评估对于培训项目评估的进行提供了以下保证：第一，事前评估的顺利开展有利于培训项目组织合理且运行顺利；第二，事前评估通常用于收集关于培训项目的定性数据，其中包括对培训项目的看法、信任和感觉。这些信息的收集基本通过调查问卷以及与潜在受训者或管理人员进行访谈获得。管理人员是购买或者说是为受训者参加培训计划支付经费的人。进行事前评估，要求雇员和管理者实际参与计划或预演培训内容，提高受训者的学习效果和对培训项目的满意程度。

2. 事中评估

事中评估是指介于事前评估和事后评估之间的评估，因此，事中评估又称培训中评估，它贯穿于整个项目培训的过程之中。事中评估的内容很多，包括监测评估培训活动的参与状况、监测评估培训活动的内容、监测评估培训的进度与培训效果，此外，还包括对培训环境、培训机构和培训人员等进行监测评估。

3. 事后评估

事后评估一般发生在一个培训项目结束之后，因此，事后评估又称培训后评估或培训效果评估，指用以衡量受训者参加培训项目后改变程度的评估，即受训者在培训项目完成后是否掌握了培训目标中确定的知识、技能、态度、行为方式等。事后评估还包括对公司从培训中获取的投资回报的测量或培训效用的测量。事后评估收集定量数据通常用应用测试、行为打分或绩效的客观评价标准（如销售额）等方式来进行。

三、培训评估的方法

在培训评估的过程中，我们应当既要注意评估的全面性，又要突出评估重点。评估的全面性是指不仅要对培训的计划、组织管理、方法及效果进行评估，还要对培训的教材、团队及培训教学的组织进行评估，从而使评估工作贯穿于培训工作的全过程。通过考察项目的培训活动和受训者的知识、技能、工作态度和工作成绩来评价是否实现了培训项目要求的目标，这也是培训评估的关键所在，为了满足以上这些要求，我们常常使用以下三种方法进行培训评估。

1. 测试比较评估法

简单的测试很难准确评估培训的效果，为了保证测试的有效性，需要有相应的参照物用来对比，测试比较评估法是衡量受训者知识掌握程度的有效工具，主要做法是在培训项目开始和结束时，为了体现出被测试者受训前后的差别，分别用难度相同的测试题对受训者在培训前后进行测试。根据测试的结果，如果受训者在培训结束时的测试成绩比开始的时候成绩高出很多，那就表明经过培训受训者的知识、技能和经验确实增加了。但是这种评估方法也有其局限性，那就是不能体现参加培训与未参加培训员工之间的差别。因此，在实际应用中，我们可以采用以下方法来克服这一缺陷：首先，将受训者组成一组，然后再挑选一组与受训者的基本素质和才能相当，却没有参加受训的员工组成参照组，最后分别对这两组的员工进行测试，从而得到更为全面的测试数据。

2. 工作绩效评估法

培训项目的效果并不是在培训结束后就会立即显现，一般情况下，在培训结束一个月左右，当培训单位对受训者再次以书面调查或面谈的形式进行绩效考核时，就会清晰地看到培训的效果。比如，受训者工作效率是否有所提升、工作成绩是否有所进步、团队协作能力是否得到改善等。工作绩效评估通常包括两个方面的内容：第一个方面的内容是目标评估，目标评估是绩效评估的核心内容，而目标可以分为定量目标和定性目标。培训主管在选择目标时，应当选取能体现岗位职责的指标，这也是衡量绩效的依据。第二个方面的内容是过程评估，过程是绩效的重要保证，过程评估是绩效评估的另一个重要内容，没有好的过程就不可能有好的结果。通过过程评估，如对受训者考勤及服务态度、工作饱满程度等指标的考察，培训单位就能了解员工的工作状况。

3. 工作态度评估法

工作态度评估法主要着眼于受训者在培训前后工作态度的变化。如果受训者在培训结束后，对其工作表现出了高度的热情、积极的工作态度、强烈的组织纪律感及高度的工作责任心等，则表明培训项目是具有成效的，这也是培训评估的一个可行的办法。

四、培训评估的形式

（一）正式评估和非正式评估

1. 正式评估

正式评估是指事先制订完整的评估方案，并且由专门的机构与人员按严格的程序和规范所进行的政策评估。在一些比较正式的场合，如为了向特定群体说明培训的效果时，或者是当评估报告要被企业的高级管理者用来作为其决策的依据时，就需要进行正式评估。正式评估往往具有比较详细的评估方案、测度工具和评判标准，评估更具有可信度。值得注意的是，在正式评估中，降低了对评估者自身素质的要求，评估者本身不再起关键作用，最关键的是是否选择了恰当的评估方案和测试工具。长期实践以来，已经形成了一套成熟的评估方案和测试工具。当然，即便在一些正式的评估中，也并不是等于完全排除了评估者的主观因素。例如，涉及对受训者在培训中的满意度或者受训者对于其工作态度的转变进行评估时，评估者的主观因素就会对评估造成影响。因此，作为一名评估者，必须明确正式评估与非正式评估的差别。

正式评估的优点在于评估结论更有说服力，因为正式评估是在数据和事实的基础上做出判断，正式评估也更容易将评估结论以记录和报告等书面形式表现出来，便于查看。另外，还可将评估结论与最初计划进行比较核对，做进一步的分析。

2. 非正式评估

非正式评估是指那种对评估者、评估程序、评估方法和评估资料都没有作严格要求而进行的局部的、分散的政策评估。虽然非正式的培训评估是由评估者依据自己的主观来进行判断，而不是用事实和数字来加以证明，但有时也能够发挥很大的作用，尤其是在对受训者之间的关系或者是受训者对待评估的态度做出评估时。因为要把这些问题数据化并用这些数据进行客观分析，是一件极为复杂的事情，需要耗费很多时间。这时采用非正式评估比较适合。

非正式评估的优点除了它的方便性之外，还在于它可以在培训对象不察觉的情形下对其进行观察，这样可以减少一般的正式评估给培训对象的情绪带来的紧张和不安，从而有助于取得的信息资料的真实性，增强评估结论的客观性和有效性。

（二）建设性评估和总结性评估

1. 建设性评估

建设性评估是指在培训过程中以改进而不是以是否保留培训项目为目的的评估。建设性评估认为如果评估结论表明培训并不是培训者所认为的运转，此时应该考虑对培训项目做出适当的调整，如改变培训的形式或者内容等。因此，建设性评估一般是非正式的评估。

在培训过程中，建设性评估是培训项目改进的依据。除此之外，建设性评估还可以帮助受训者了解自己通过培训学习的进步，从而产生某种心理上的满足感和成就感。这对于受训者有较大的激励作用。当然，企业也不要过于频繁地进行建设性评估以免让受训者产生乏味和重复学习的感觉，失去建设性评估的激励作用。毕竟，如果受训者对频繁的评估感到厌倦，甚至测试的时间还比其学习、工作的时间多的话，评估就很难成功。所以，评估的频率对于建设性评估的成功与否至关重要。

2. 总结性评估

总结性评估是指在培训项目结束时，为评价受训者的学习效果和培训项目本身的有效性而进行的评估。一般来说，这种评估是正式的评估。总结性评估大多应用于为组织的决策提供依据或者当评估结论被作为决定给受训者某种资格的标准时。但是，与建设性评估相比，无论评估结论如何，总结性评估侧重于决定是否保留培训项目，却不能作为培训项目改进的依据，强调是否给受训者某种资格，但对于受训者学习的改进没有作用。

建设性评估关注评估的频率，不能太高也不能太低。而总结性评估关注整个培训项目过程中受训者获得的进步。对于一个长期培训而言，评估者能否对受训者所学习的全部内容进行全面的评估，这个问题十分突出，因此，评估者需要定期地对受训者进行阶段性测试，间断时间不宜过长。另外，需要注意的是，不管是培训者还是受训者，培训的目标和预期效果在整个培训过程中都应该明确。

五、培训评估的功能

1. 通过培训评估，可以评价项目培训的实际效果

在培训项目结束后，都应当对培训的效果进行检查和衡量，那种只培训而不评估的培训作用甚微。培训评估就是有效检查和评价培训项目效果的一个重要手段，通过培训评估，可以检查培训是否达到了培训项目的预期目标，通过培训评估还可以考察培训项目是否提高了工作绩效的效度和组织的效率。

2. 通过培训评估，可以改善员工开发的程序和成效

在培训评估的过程中，一般都会涉及培训成本与最终效益的对比分析，对培训项目预期目标的判定以及对于培训程序的检查和审视等。通过这样，就可以对组织员工开发的目标、程序、成效进行细致的比较和分析，从而评定培训计划过程中的优点和缺点，找出造成问题和缺陷的根本原因，提出改进的措施。组织也可以完善员工开发的程序，提升员工开发的成效。此外，组织在评估活动结束之后，还可以建立一个员工的培训资料库，详细记录员工的知识、技能和特长等方面的资料。这样，不仅可以促使组织深入地了解员工情况，对今后的员工继续培训也能提供有益的指导，提升员工的潜能，还可以为组织做好人力资源培训的长期规划发挥重要的参考价值。

3. 通过培训评估，可以提高受训者的满意度

在分析培训评估的内容时，我们曾提到在事前评估阶段，评估人员通常会通过调查问卷及与潜在的受训者或管理人员的访谈来对培训项目的定性数据进行收集。主要包括员工对培训项目的看法、态度等。这些数据的收集本身就是一个和员工沟通的过程，从某种角度而言，普通员工也参与了培训计划的制订过程。通过这个过程，就能有效地提供有关完善培训项目信息的方式和做法，也能够增加受训者对培训项目的满意度，从而为培训项目的合理组织和顺利运行提供一定程度的保障。

第二节　培训效果评估模型

一、柯克帕特里克模型

1976年，唐纳德·柯克帕特里克（Donald L. Kirkpatrick）提出四个层次的培训效果评估模型，即柯克帕特里克培训效果评估模型，也称为柯氏评估模型。这也是目前最为人们熟知，企业应用最为广泛的培训评估模型之一。柯克帕特里克将培训效果分为四个递进的层次：反应层级、学习层级、行为层级、效果层级，并且提出在这四个层次上对培训效果进行评估。在柯氏评估模型中，评估的对象主要是受训者，反应和学习评估是对培训过程进行的评估，而行为和效果评估则是针对培训结果进行的评估。该模型的主要内容如下。

（一）反应层级评估

反应层级评估是用来评估学员对培训课程、培训讲师和培训项目安排的喜好程度，可以反映出学员对项目结构、内容和方法的看法，以便于提供改进培训的建议和评价，也可以让学员感觉到组织对学员意见的尊重。一般来说，反应层级评估主要发生在培训项目结束时，常常通过问卷调查来收集受训者对于培训项目的效果和有用性的反应。这个层次的评估可以作为改进培训内容、培训方式、教学进度等方面的建议或综合评估的参考。然而，这个层面的评估仍然不能作为评估的结果。

（二）学习层级评估

学习层级评估是目前最常见，也是最常用的一种评价方式。学习评估是要评估学员在培训项目中的进步，它实际上评估的是知识、技能和态度的迁移。它是测量受训人员对原理、技能、态度等培训内容的理解和掌握程度。学习层评估可以采用笔试、实地操作或者工作模拟等方法来考查。培训组织者也可以通过书面考试、实际操作等方法来了解受训者在培训后与培训前的差别，看其在知识及技能的掌握方面是否有提高、提高的程度如何等。

（三）行为层级评估

行为层级是考查培训效果的最重要的指标。行为层级的评估指在培训结束后的一段时间里，由受训者的上级、同事、下属或者客户观察他们的行为在培训项目前后是否发生变化，如受训者是否将培训中学到的知识实际运用在工作中。这个层级的评估还包括受训者自己的主观感觉。因此，通常需要借助于一系列的评估表来考察受训者培训后在实际工作中行为的变化并以此来判断其所学的知识和技能对实际工作的影响。

（四）结果层级评估

结果层级的评估即判断培训是否能给企业的经营成果带来具体而直接的贡献，这一层级的评估上升到了组织的高度。结果评估是四级评估模型中最重要也是最困难的评估，它用来评估培训项目给企业带来哪些变化。结果层评估可以通过一系列指标来衡量，如可以通过事故率、生产率、流动率、质量、士气这些指标来评定。通过对这些指标的分析，管理层能够了解培训所带来的收益。

二、其他的培训评估模型

（一）考夫曼的五层次评估模型

考夫曼（Kaufman）在四级评估模型的基础上，扩展了柯克帕特里克的反应层级的内涵，增加了第五个层级，社会效益。考夫曼认为培训前的各种资源的获得对于培训能否成功是至关重要的，因而，他在模型的第一个层级里加上了对资源获得可能性的评估。

考夫曼认为培训所产生的效果不应该仅仅对本企业有益，它最终会作用于企业所处的环境，从而给企业带来效益，这就是社会效益。考夫曼五层次评估模型如表9-1所示。

培训与开发

表 9-1　考夫曼的五层次评估模型

	评估层次	评估内容
1	可能性和反应	可能性因素说明的是针对确保培训成功所必需的各种资源，如人力、物力和财力的有效性、可用性和质量；反应因素说明的是方法、手段和程序的接收情况和效用情况
2	掌握	评估个人和小组的掌握能力情况
3	应用	评估学员在接受培训项目之后，其在工作中知识、技能的应用情况
4	组织效益	评估培训项目对组织的贡献和报偿情况
5	社会效益	评估社会和客户的反映、结果和报偿情况

（二）Philips 的五层次 ROI 框架

Philips 的五级投资回报率模型在柯氏模型之上增加了一层评估——投资回报率（return on investment，ROI）。它是将培训所带来的货币利润与成本进行比较。由于组织越来越倾向于把培训看成投资活动，然而通常在培训结束后，绝大多数的公司只是报告培训项目的费用支出、培训的时间和培训覆盖的人员数量，却没提及培训对公司带来的价值、受训者所学习到的知识技能及由培训带来的投资回报。所以，这个模型特别强调培训的成本与收益评估，投资回报过程成为评估的关键部分。只有进行了这层评估之后，整个评估体系才算是完整的。五层次 ROI 框架分别是反应和既定计划的活动评估、学习评估、工作应用评比、组织结果评估和投资回报率分析。前四个层次与柯氏模型一致，培训的投资回报=培训收益/培训成本。

（三）CIRO 和 CIPP 评估模型

1. CIRO 评估模型

1970 年，Warr、Bird 和 Rackham 设计了 CIRO 四级评估模型，这四级包括情境评估（contextual）、投入评估（input）、反应评估（reaction）和结果评估（outcome）四个方面。该评估模型认为，评估必须从这四个方面进行。

（1）情境评估是指收集绩效缺陷的信息，对信息进行分析来确定培训需求，并在此基础上制定直接目标、中间目标和最终目标三个层次的培训目标。直接目标包括为达到中间目标，员工必须获取的新知识、技能和态度等；中间目标包括最终目标所要求的员工在工作行为上的改变；而最终目标是组织可以通过培训克服或消除的特别薄弱的地方。

（2）投入评估是为了确定评估的可能性，收集和开发有关人力资源的信息，分析和确定培训需求与培训目标。

（3）反应评估是指获取和使用参与者的反应来提高培训过程。这个评估过程的典型特征是参与者的主观评价。参与者的主观评价是非常重要的，但是评价质量的好坏在某种条件下依赖于信息收集的方法是否具有系统性和客观性。

（4）结果评估旨在检验培训的结果，需要收集和分析同培训结果相关的信息、评价与确定评估结果。该评估被认为是评估过程中最重要的一个部分。它包括四个阶段：界定趋势目标、选择或构建这些目标的测量方法、在合适的时间进行测量以及根据评估结果改善以后的培训。

2. CIPP 评估模型

1965 年，Daniel Stufflebeam 设计了 CIPP 四级评估模型。这四个评估活动是情境评估

（context）、投入评估（input）、过程评估（process）和成果评估（product），该评估模型与CIRO模型相似。目前，该模型也被广泛应用。

（1）情境评估旨在确定相关的培训环境，鉴别需求与机会，并对特殊问题进行诊断。投入评估的内容有收集培训资源信息、评估培训资源、确定如何有效使用资源才能达到培训目标、确定项目规划和设计的总体策略是否需要外部资源的协助。

（2）投入评估可以提供如何最佳使用资源去成功实施培训的信息，有助于制订培训项目计划和培训设计的一般策略。通常投入评估的结果有关于制度、预算、时间安排、建议书和程序等方面的内容，可形成培训方案。

（3）过程评估是通过填写收集反馈表以及对现存记录的分析提供信息反馈给负责培训实施的人，它可以监控可能的失败来源，或给预先的决策提供信息，从而帮助决策者在众多培训方案中选出可能获得最大成效的方案，也是该评估方法的最大效能所在。

（4）成果评估主要是对培训活动所达到的目标进行衡量和解释，目标包括预定目标和非预定目标。成果评估不限于培训评估之后进行，它既可以在培训中也可以在培训后进行。

从上述 CIRO 模型与 CIPP 模型的描述中，可以看出，两者极为相似，两个模型均为四层次的评估方法，都显示了评估的全程意义、过程意义和反馈意义。两者的反应评估和输入评估的内容大体相同。CIPP 模型是将评估活动贯穿于培训过程的每个环节，表现出对培训活动执行情况的监控，CIPP 模型通过成果评估对后续培训产生影响，提供相关信息。CIRO 模型将评估活动介入到了整个评估过程的其他环节，体现了一种系统培训模式的思想。但是它未能将评估与培训执行这一重要环节专门结合起来，也没有使反应评估和输出评估作用于后续培训活动中。CIPP 模型相对于 CIRO 模型优点在于对后续项目设计产生价值，可以对培训评估起到推动作用。与柯氏模型相比，它们的评估范围更宽泛，包括了培训需求和培训计划，培训成果的有效性只是其中的一部分，而 CIPP 方法还包括培训设计方案等。总之，情境评估有助于形成目标，投入评估帮助计划培训项目，过程评估引导培训实施，成果评估有助于回顾决策。

第三节　培训评估方案设计与选择

一、培训评估方案的设计

评估结果是否可信和评估方案本身的设计是分不开的。实际应用中，没有任何一个评估方案能保证评估结果的绝对准确，培训部门要做的是尽可能地排除评估结果的不准确性，寻求一个相对更为严谨的方案。

（一）效度威胁

评估结果的准确性问题，其实就是评估结果的歧义问题。在对结果的歧义分析上，常常涉及效度威胁。效度威胁是指两个方面的怀疑，第一个方面是怀疑评估结果的可信性；第二个方面是怀疑将评估结果推广到其他受训者和其他情况的可能性。其中，评估结果的可信度也被称为内在效度。内在效度与企业特点、成果测量及参与评估研究的人员特点有关。这些特点可能导致培训评估得到错误的结论。同时，培训者还希望能将评估结果推广到其他团体和情形中去，这就是说，除了内在效度之外，培训者还关心评估研究的外在效度。因为评估一般不能将未来会参加培训的人或者所有完成培训项目的学员都包括进去，所以培训者很想让培训计划对以后类似的项目参与者同样有效。因培训者通常想利用评估研究来改进培训计划，或对培训计划的效果进行验证和说明。所以，降低效度威胁是非常重要的。降低效度威胁的常用方法包括前测和后测、利用对照组及随机抽样。随机抽样是评估群体数量过大时常用的一种统计评估方法。随机抽样的效度主要体现在随机抽样时没有人为因素的影响，某群体中某一个体被抽中的机会均等，避免了非随机状态下评价样本类似、集中等状况所带来的低效度。

（二）培训评估方案设计的类型

可以用来进行培训评估的方案有许多，每一种方案都有各自的优势和劣势。常见的有以下四种评估方案。

1. 后测方案

后测方案是指只收集培训后成果的评价方案。这个方案可以通过附加一个对照组（有助于排除对变化的其他解释）得到加强。后测方案适用于这样的情况：受训者在培训前具有相似的知识水平、行为方式和绩效成果。

2. 前测和后测方案

前测和后测方案是指对培训之前和之后的成果都进行收集的评估方案，它首先进行培训前的测量，作为培训成果的标准或基准线。在培训完成后，进行另一次测量，这被称为培训后测量标准。对培训前标准和培训后标准进行比较，能够显示受训者参与培训后的改变程度。

3. 有对照组的前测和后测方案

对照组是指没有参加培训项目的一组员工。对照组应具有与受训者相似的特征，如性别、教育水平、年龄、在职年限、技能水平等。这种设计是在培训前没有对培训组和对照组进行过测量，只在培训后对两组在某方面的知识、态度或技能进行评估，这两组在这些指标上的差异被认为是由培训导致的。在培训评估中利用对照组有助于排除培训之外的因素对成果衡量的影响，而且有助于控制历史、测试、仪器和成熟度等企业特点的影响，有对照组的前测和后测方案是指既包括受训者也包括对照组，需要收集两个小组培训之前与培训之后的成果衡量。如果受训者的进步大于对照组，说明是培训导致的这种差距。这种方案能控制大部分的效度威胁。

4. 时间序列方案

时间序列方案是指在培训前后每隔一段时间检测一次培训成果的评估方案。时间序列也可以采用对照组。时间序列方案的优势在于它可以对培训结果进行长期稳定的分析。它还常被用于评估那些可观测的成果，如在一段时间内不断变化的事故发生率、生产率或缺勤率等。

二、影响培训方案选择的因素

既然每一种方案都有其自身的特点，所以我们不能断然地说哪一个方案是最好的，评价一个方案的优与劣要考虑到许多的相关因素。

有人认为评估方案的好坏并不重要，得出这一结论的原因主要是：第一，该企业的管理者和培训者可能不愿意为收集成果投入大量的时间与精力；第二，管理者和培训者可能缺乏进行评估研究的专业技术；第三，该企业可能认为培训是一种没有或只有很少回报的投资。

在遇到下列情况时，企业应该考虑采用较为严谨的评估方案：第一，企业要利用评估结果修改培训项目；第二，企业的培训计划正在执行中而且可能会对许多职工和服务对象产生影响；第三，该项培训成本的确定取决于多个指标；第四，企业中拥有了设计和评价有关培训评估研究数据的专业技术；第五，企业需要用培训的成本证实该项培训确实可以发挥作用；第六，企业有足够的时间去进行评估；第七，企业对培训前后员工能力水平的变化很感兴趣，或想要对不同培训项目进行比较。

在培训评估方案的选择过程中，我们还应该对修改的可能性、重要性、范围、培训目标、企业文化、专业技术、成本和时间限定等因素进行考量（表9-2）。

表 9-2　影响培训方案选择的因素

影响因素	该因素如何影响评估方案的类型
修改的可能性	培训项目能够修改吗？
重要性	无效的培训会对顾客服务、产品开发或员工间的关系产生影响吗？
范围	有多少员工参与培训？
培训目标	培训是为了学习、成果转化还是两者兼顾？
企业文化	对结果的解释是企业准则和期望的一部分吗？
专业技术	是否具有分析复杂研究成果的专业技术？
成本	评估是不是成本很高？
时间限定	我们何时需要评估结果信息？

第四节　培训评估程序

培训评估的整个过程主要有培训评估决定、培训评估规划、培训评估信息以及培训评估报告的编写四部分。

一、培训评估决定

在进行评估决定之前，培训项目的组织者或实施者要对评估的可行性、评估目的和评估的参与者进行调查或确定。

1. 评估的可行性分析

评估的可行性分析是指评估开始之前，为确定评估是否有价值、评估是否有必要而进行的研究过程。可行性分析主要包括两个方面：一是决定该项目是否交由评估者评估；二是了解项目实施的基本情况，为以后的评估设计奠定基础。

一般来说，必须评估的内容包括以下六个方面：第一，培训项目所需经费超过一定警戒线；第二，培训项目的时间较长；第三，培训项目确定的受训者范围大；第四，培训效果，

如顾客满意度、产品质量等;第五,一个部门的培训项目对其他部门产生的影响很大;第六,当企业面临一系列重大改革措施,需要培训评估结论作依据。不宜评估的内容包括以下四个方面:第一,培训项目目标不明,评估无标准;第二,培训评估的结果得不到利用,如评估者动机不纯;第三,培训所需资源不足;第四,评估时间仓促,致使信息数据收整不全,或培训效果需要更长时间才能显现出来。

2. 评估目的明确

一个良好的企业培训评估对企业成功培训起到积极的作用,因此,进行培训评估之前一定要搞清楚评估的目的。评估的基本目的是满足管理者的需要,要结合管理者的意图,明确相关的培训目的,这样才能使评估报告有意义。

二、培训评估规划

1. 确定评估者

评估者主要分为外部评估者与内部评估者。外部评估者是来自组织之外的评估工作者,如来自研究机构或专门的评估咨询公司。内部评估者来自组织内部,可属于组织专门从事评估的部门,也可能临时从其他部门抽调出来从事该项目的评估工作。

选定评估者要考虑被评估项目的特点、内容、目的和评估者本身所具有的优势和弱点等方面。外部评估者多来自研究机构或专门的评估咨询公司,对评估过程中遇到的技术难题有较强的处理能力,而且外部评估者比较熟悉各种评估技术与方法,评估操作比较熟练。此外,外部评估者对培训中存在的问题反映比较客观,不受内部关系影响。而内部评估者的优势在于其对培训项目的具体内容、运作过程、注意事项、有关项目执行者的情况及项目提出的原因和意义等方面比较了解。另外,内部评估者可以借助内部关系,因此比较容易取得培训项目有关人员的信任、合作与支持,这都有利于评估者获得全面信息及敏感信息,把握问题的关键。

2. 确定评估对象

由于培训评估是需要花费成本的,所以不一定在所有的培训结束后都要进行评估。一般来说,新开发的课程应着重于培训需求、课程设计、应用效果等方面的评估。新教员的课程应着重于教学方法、质量等综合能力方面的评估。外请培训企业进行的培训应着重于课程设计、成本核算和应用效果等方面。综上所述,选定评估对象,我们才可以有效地针对这些具体的评估对象开发有效的问卷、试题、访谈提纲等。

3. 完善评估数据库

进行培训评估之前,培训主管必须将培训前后发生的数据收集齐备,因为培训数据是培训评估的对象,尤其是在三级、四级的评估过程中必须要参考这些数据。培训的数据按照能否用数字衡量的标准可分为两类:硬数据和软数据。硬数据是对改进情况的主要衡量标准以比例的形式表示,是一些易于收集的无可争辩的事实。这是最需要收集的理想数据。硬数据可以分为四大类:产出、质量、成本和时间,几乎在所有组织机构中这四类都是具有代表性的业绩衡量标准。有时候很难找到硬数据,这时软数据就很有意义。常用的软数据可以分为六类:工作习惯、氛围、新技能、发展、满意度和主动性。

4. 确定评估形式

在选定评估对象和完善评估数据库之后，评估者需选择恰当的评估形式，只有在确定评估形式的基础上，才能设计出合理的评估方案并选择正确的测度工具，同时对评估的时机和进度做出准确的判断。评估形式的选择以评估的实际需要以及这种形式的评估所具有的特点为依据。评估的形式主要有非正式评估和正式评估、建设性评估和总结性评估等。

5. 确定培训评估层次

根据柯克帕特里克模型，评估包括反应层级、学习层级、行为层级和结果层级四个层次。作为培训主管，要确定最终的培训评估层次，因为这将决定培训评估开展的有益性和有效性。一般而言，所有课程都可以进行一级评估。如果希望学员学会一些课程中所讲的某些特殊知识或运用某一具体技能，可以进行二级评估。三级评估主要使用于那些意在改变工作表现，而且客户对实际效果期望很高的课程。

6. 选择评估方案与测试工具

对于评估的实际操作人员而言，最重要的莫过于选择一套合适的评估方案和测试工具。评估方案主要解决数据收集、信息获得的问题，它构成了整个评估过程的骨架。测试工具则主要回答收集数据、获取信息的方式问题，它是评估过程的血肉。评估方案选择直接影响数据反应培训效果的程度，评估方案和测试工具与培训项目、培训对象的匹配程度则直接决定了评估项目最终能否取得成功。由于作用和特点不同，建设性评估和总结性评估各自的评估时间和评估地点也不同。建设性评估可以在培训的各个阶段中进行，这类评估的信息反馈到培训部门之后，就可以为培训部门调整课程的难度和内容提供必要的依据。

实施了建设性评估，并不意味着总结性评估不再重要。恰恰相反，因为每一个培训项目的参与者都希望知晓培训的成效，所以，几乎在每一项培训计划结束之后，都要进行总结性评估。

三、培训评估信息

信息是培训评估的基础。要进行培训评估，首先就是收集与培训有关的信息，然后在收集相关信息的基础上才能够设计出适用的评估方案，也才有可能做好培训评估工作。

（一）培训评估信息的主要内容

评估是一种对比活动，就是将评估对象包括受训者的反应、受训者的学习成绩、受训者的工作表现、对组织产生的影响四者表现出来的事实等一一对照标准，判断事实与标准之间的距离以及距离的大小与性质。对事实的把握就是我们所说的信息的收集过程，同时这也是一个信息的过滤过程。为了保证过滤工作的有效性，就要确定将要收集信息的内容。评估信息的内容大致有：培训信息库的外部培训信息；组织决策者的指导性文件；专业培训顾问的培训信息；组织服务对象的反馈信息；人力资源部门的人员招聘、调动等信息；财务部门的经营信息；生产服务部门的生产和服务情况信息；新事业开发部门的信息；组织决策者的组织目标和战略规划资料；人力资源部门关于职工绩效考核报告；企业组织中各个部门的具体工作计划；培训主管部门备存的关于以往培训情况的记录性资料；等等。由于评估信息的内

容繁多，不但涉及培训工作本身，还涉及企业各个层面培训工作的开展，这些信息内容究竟哪些是有价值的，哪些是没有价值的，主要依照与培训的相关度来进行判断，通常相关度越高，信息内容的价值也就越高。

（二）培训评估信息的搜集

评估信息的搜集要求做到全面、完整、准确。为了实现培训评估信息的有效搜集，首先就要明确评估信息搜集的渠道；与此同时，选择合适的信息搜集的方法也是确保评估信息搜集成功的关键。

1. 培训评估信息搜集的渠道

单一渠道的信息都是不全面的，我们需要多渠道、全方位的信息。信息获取的主要渠道有：来自领导层的主要信息；来自各部门的主要信息；来自外部的主要信息；来自组织内部个人的主要信息；来自档案资料的主要信息。

2. 培训评估信息搜集的方法

（1）问卷调查法。问卷调查法适用于了解受训者工作行为变化的信息，尤其适用于了解受训者对培训项目的反应的信息。不同的层面，问卷调查法的操作方式是不同的。在收集受训者的培训反应的信息时，调查表由受训者填写；当需要收集受训人员工作行为变化信息时，调查表可以由受训者的上司、同事及受训者本人填写，有时也可以由受训者的家属或者与受训者有工作关系的外部服务对象填写。问卷调查法的优点在于可以在短时间内收集到大量的反馈信息，花费较低，问卷对象可畅所欲言，易于总结汇报。当然，问卷调查法也是有缺点的，那就是无法获得问卷之外的内容，需要耗费大量的时间和技术能力，特别是问卷设计能力。

（2）员工访问法。员工访问法是指通过对受训者直接面对面的访谈，去了解受训者工作行为、变化事实的信息搜集方法。这个方法也可以用于补充收集受训者的培训反应方面的信息。员工访问法的优点在于可控制性。它通过面对面的提问，可以系统地了解所关心的内容，并且可以进行跟踪提问和劝导。该法的缺点在于，回答者可能出于自身利益的考虑而不合作，或有意无意地歪曲有关培训工作中的真实信息。

（3）员工观察法。员工观察法是指通过在工作现场观察受训者实际工作表现的事实，进行信息收集的方法。员工观察法的优点在于基本上不妨碍观察对象的正常工作和集体活动，所得的资料与实际培训活动之间的相关性较高。而缺点在于必须十分熟悉被观察对象所从事的工作程序及工作内容，而且在进行观察的时候，被观察者可能故意露出假象以掩盖事实。

（4）情景模拟法。情景模拟法是指在培训项目结束之后，受训者在模拟真实的工作情景中，通过对模拟作业的结果进行考评，从而来获取受训者的培训效果信息。

（5）培训成果测试法。培训成果测试法是指通过考试的方式来了解受训者的培训成果。在这种条件下，出现的变化可以被认为纯粹是由培训引起的。

面对不同的问题需要不同的信息搜集方法，我们在搜集信息的时候必须选择适合的方法手段，或在特殊的情况下综合使用几种方法。在确定信息搜集方法时主要根据以下两点来决定。第一，根据评估的目的来选择信息搜集方法，可以根据目标人群的规模以及在组织运营中的重要程度来选择信息搜集方法。如果是大规模和重要的人群，那么需要多花些时间和财力进行较为详细的需求评估。第二，根据信息搜集对象对培训的抵触程度来选择信息搜集方法。

（三）培训评估信息的加工

评估信息的加工是一项重要工作。收集好评估信息之后，所得到的只是有关培训的原始数据，这并不是真正可用的信息，这些原始的数据必须经过加工处理之后，才能够为评估工作提供有用参考。

培训评估信息加工是指将收集到的有关培训的原始状态的数据按照一定的程序和方法，进行分类、分析、判断、编制，使之成为一份真实、准确的信息资料，以便在对培训工作进行评估中加以利用的活动。培训评估信息的加工一般工作程序包括以下四个方面。

（1）分类。对原始数据的分类可以按照时间、空间、行为、情感、绩效等标准进行。分类能梳理零乱、无序和让人无所适从的原始数据，使之各自归于明确的类别，如员工对培训的认知反应类、员工的行为改变类等。

（2）比较。比较是一种分析研究工作，通过对收集到的数据比较分析，就可以得出培训工作状态的发展趋势，为下一步的培训工作提供思想和精神准备。通过比较可以提高培训评估信息的质量。

（3）综合。按照一定的要求和程序，对收集到的有关培训工作数据资料进行综合处理，使原始的数据资料得到增值。利用综合处理过的数据可以解决原始状态的数据所不能解决和解释的多种问题。也可以从杂乱的数据资料中形成新的理解和结论，从而得到新的更具有工作、决策指导意义的信息。

（4）编制。编制是评估信息加工过程的产出环节，包括把加工过的数据资料编写成新的信息资料和对加工过的内容进行编目和编制索引，以方便利用者提取和使用。

培训评估信息加工的四个环节一般是递进的过程，某些情况下，也可能是同时或穿插进行的过程。我们要注意到诸环节之间的相关性和制约性，使诸环节组成培训评估信息加工的有机过程。

四、培训评估报告的编写

培训主管在分析以上调查和数据之后，再结合学员的结业考核成绩，对此次培训项目给出公正合理的评估报告。编写培训评估报告是整个培训工作的尾声，也是影响培训评估结果的重要环节。因此，在编写评估报告时需要了解培训评估报告的撰写要点和报告的构成。

1. 培训评估报告的编写要点

培训评估报告的编写要点如下：①用辩证的眼光来分析问题；②考虑评估者本人存在的偏见；③考虑到培训评估的短期效果和长期影响。

2. 培训评估报告的构成

培训评估报告的构成包括：①培训背景的说明；②培训概况的说明；③培训评估的实施说明；④培训评估信息的表述；⑤培训评估信息的分析；⑥培训评估结果与培训目标的比较；

⑦培训项目计划的调整或可行的建议的提出。

值得注意的是，如果是外训项目，培训主管还可以要求此次培训的培训机构基于本培训项目的评估提交报告书，对培训项目做出有针对性的调整。通过对评估数据、评估问卷进行详细的考查后，来评估培训的效果。假如培训项目得到了学员的认可，效果很好，则培训项目可以继续进行；如果评估表明培训项目的某些部分不够有效，培训机构就可以有针对性地考虑对这些部分进行重新设计或调整；如果培训项目没有什么效果或是存在问题，那么培训机构就要考虑取消该项目。

习　题

一、单选题

1. 对评估标准的最重要的要求是（　　）。

    A. 可操作性　　　　B. 条理性　　　　C. 客观性　　　　D. 系统性

2. 评估的含义是（　　）。

    A. 对评估对象做出评价　　　　　　B. 对收集到的事物的反应做出分析

    C. 对某一事物的价值做出判断　　　D. 对事物的优劣分出等级

3. 培训评估意义的体现来自于对培训过程的（　　）。

    A. 全程评估　　　B. 培训前评估　　　C. 培训中评估　　　D. 培训后评估

4. （　　）就是在培训过程中以改进而不是以是否保留培训项目为目的的评估。

    A. 非正式评估　　B. 建设性评估　　　C. 正式评估　　　　D. 总结性评估

5. （　　）是第一级评估，即在课程刚结束时，了解学员对培训项目的主观感觉或满意程度。

    A. 反应评估　　　B. 学习评估　　　　C. 行为评估　　　　D. 结果评估

6. 柯氏评估模型中的学习评估是指（　　）。

    A. 测定被培训者的学习获得程度

    B. 评估学员的学习行为特征

    C. 考察被培训者的知识运用程度

    D. 考察受训者的学习态度

7. 柯氏评估模型中的反应层评估指的是（　　）。

    A. 对所反应的培训教师的评估

    B. 评估接受培训部门的反应

    C. 评估上级部门的反应

    D. 评估学员对培训的满意程度

8. 柯氏评估模型中的成果评估是（　　）。

    A. 评估员工培训后的素质

    B. 评估培训创出的经济效益

    C. 综合测评教师的授课效果

    D. 评估受训者派出部门的满意程度

9. 对评估效果起关键性作用的因素是（　　）。
A. 评估指标体系　　B. 评估程序　　C. 评估制度　　D. 评估实施者
10. 培训评估的反馈对象是（　　）。
A. 部门领导　　　　　　　　　　B. 上级主管部门
C. 培训支援部门、受训者和教师　　D. 全体员工

二、多选题

1. 柯氏四级评估模型分别是（　　）。
A. 主管和同事评估　　B. 学习评估
C. 结果评估　　　　　D. 行为评估
E. 反应评估

2. 培训评估方案的基本内容是（　　）。
A. 评估指导思想　　B. 评估目的
C. 评估标准集、量表和评判依据
D. 评估权重集　　　E. 各类表格

3. 培训评估指导性原则的要点是（　　）。
A. 指导应及时　　　　　B. 评估的最高目标是指导
C. 根据评估结果实施指导　D. 评估与培训指导相结合
E. 加强指导的针对性

4. 在使用柯氏培训评估模型时，应避免三大误区。它们是（　　）。
A. 该方法在使用时比较复杂，很难掌握
B. 该模型仅能有限地在反应层和学习层发挥作用
C. 该模型仅对一般的培训课程和项目的评估有效
D. 该模型仅针对管理培训项目有效
E. 该模型与培训教学设计、胜任特征及绩效管理毫无关联

5. 评估策略制定所要回答的问题是（　　）。
A. 为什么评估　　　B. 如何评估
C. 谁进行评估　　　D. 何时评估
E. 评估谁

6. 确定评估标准应遵循的原则是（　　）。
A. 要以计划目标为基础　　B. 要与培训计划相匹配
C. 要有适度超前性　　　　D. 要具体，可操作
E. 要有一定可信度

7. 在开展培训评估的基础性工作时要注意把握的要点是（　　）。
A. 建立评估基础台账
B. 制订评估工作实施计划方案
C. 在清楚了解评估目的前提下进行信息、资料收集

D. 信息加工与起草评估方案建议书

E. 树立正确的评估意识

8. 培训评估的作用主要是（　　）。

　　A. 宏观调节　　　　　　　　　B. 目标导向

　　C. 鉴定与考核　　　　　　　　D. 指导与促进

　　E. 信息反馈与调节

9. 培训效果评估的主要内容包括（　　）。

　　A. 培训目标达成情况评估　　　B. 培训工作者的绩效评估

　　C. 培训效果效益综合评估　　　D. 培训需求整体评估

　　E. 培训计划评估

10. 培训评估前应先回答的问题是（　　）。

　　A. 评估目的是否明确　　　　　B. 评估为谁进行

　　C. 谁是本评估报告的读者　　　D. 谁会对评估结果表示关心，关心什么

　　E. 谁根据评估结果采取行动

三、简答题

1. 简述培训评估的内容。
2. 简述培训评估的形式。
3. 简述培训评估的功能。
4. 简述培训评估的程序。

四、案例分析

RB 制造公司是一家位于华中某省的皮鞋制造公司，拥有近 400 名工人。大约在一年前，公司因产品有过多的缺陷而失去了两个较大的客户。RB 公司领导研究了这个问题之后，一致认为：公司的基本工程技术方面还是很可靠的，问题出在生产线上的工人，质量检查员，以及管理部门的疏忽大意、缺乏质量管理意识。于是公司决定通过开设一套质量管理课程来解决这个问题。

质量管理课程的授课时间被安排在工作时间之后，每周五晚上 7：00~9：00，历时 10 周，公司不付给来听课的员工额外的薪水，员工可以自愿听课，但是公司的主管表示，如果一名员工积极地参加培训，那么这个事实将被记录到他的个人档案里，以后在涉及加薪或提职时，公司将予以考虑。

课程由质量监控部门的李工程师主讲。主要包括各种讲座，有时还会放映有关质量管理的录像片，并进行一些专题讲座，内容包括质量管理的必要性、影响质量的客观条件、质量检验标准、检查的程序和方法、抽样检查及程序控制等。公司所有对此感兴趣的员工，包括监管人员，都可以去听课。

课程刚开始时，听课人数平均 60 人左右。在课程快要结束时，听课人数已经下降到 30 人左右。而且，因为课程安排在周五的晚上，所以听课的人员都显得心不在焉，有一部分离家远的人员课听到一半就提前回家了。

在总结这一课程培训的时候，人力资源部经理评论说："李工程师的课讲得不错，内容充实，知识系统，而且他很幽默，使得培训引人入胜。听课人数的减少并不是他的过错。"

讨论题：

1. 您认为这次培训在组织和管理上有哪些不合理的地方？
2. 如果您是 RB 公司的人力资源部经理，您会怎样安排这个培训项目？

习 题 解 答

一、1.C　　2.C　　3.A　　4.B　　5.A　　6.A　　7.D　　8.B　　9.D　　10.C

二、1. BDCE　2.BCDE　3.BD　4.BCE　5.ACD
　　6.ABDE　7.BCD　8.BCDE　9.ABC　10.BCDE

三、1.（1）培训评估的整个过程可以分为三个阶段，即事前评估、事中评估和事后评估。

（2）事前评估又称培训前评估，指改进培训过程的评估，它是在培训项目开始之前的评估。介于事前评估和事后评估的评估就是事中评估，事中评估又称培训中评估，它贯穿于项目培训的整个过程。事中评估包括监测评估培训活动的参与状况、监测评估培训内容、监测评估培训进度与培训中的效果、监测评估培训的环境、监测评估培训机构和培训人员等。事后评估又称培训后评估或培训效果评估，事后评估用以衡量受训者参加培训项目后改变程度的评估，即受训者是否掌握了培训目标中确定的知识、技能、态度、行为方式或其他成果，它一般发生在一个培训项目结束之后。

2.（1）非正式评估和正式评估。非正式评估是指评估者依据自己的主观意识来进行判断，而不是用事实和数字来加以证明。但是在一些正式的场合，尤其当评估结论要被高级管理者用来作为决策的依据，或者为了向特定群体说明培训的效果时，就需要进行正式评估。正式评估往往具有详细的评估方案、测度工具和评判标准。它尽量剔除主观因素的影响，使评估更具有可信度。

（2）建设性评估和总结性评估。建设性评估就是在培训过程中以改进而不是以是否保留项目为目的的评估。如果评估结论表明培训并不是像培训者所期望的那样运转，就可以对培训项目做出适当的调整，如改变培训的形式等。建设性评估常常是一种非正式的主观评估。总结性评估是指在培训结束时，为对受训者的学习效果和培训项目本身的有效性做出评价而进行的评估。这种评估常常是正式和客观的。

3.（1）通过培训评估，可以有效地检查和评价项目培训的实际效果。

（2）通过培训评估，可以改善员工开发的程序和成效。

（3）通过培训评估，可以提高受训员工的满意度，保证培训的顺利运行。

4.（1）培训评估的整个过程主要有培训评估决定、培训评估规划、培训评估信息以及培训评估报告的编写四部分。

（2）在进行评估之前，培训项目的组织者或者实施者要对评估的可行性、评估目的和评估的参与者进行调查或确定。

（3）培训评估规划的步骤是：第一，确定评估者；第二，确定评估对象；第三，完善评估数据库；第四，确定评估形式；第五，确定培训评估层次；第六，选择评估方案与测试工具。

（4）评估信息的搜集要求做到：全面、完整、准确。而要保证这个效果的达成，就要明确评估信息搜集的渠道；与此同时，选择适合的信息搜集的方法也是保证评估信息搜集成功的关键。

（5）培训主管在分析以上调查和数据之后，再结合学员的结业考核成绩，对此次培训项目给出公正合理的评估报告。编写培训评估报告是整个培训工作的尾声，也是影响培训评估结果的重要环节。因此，在撰写评估报告时不可凭一两个人的观点，那样会大大影响评估结果的价值，也失去了培训评估的重要意义。

四、1. RB公司的培训不合理之处在于：①没有对员工进行培训需求调查与分析，培训工作的目标不明确，也不了解员工对培训项目的认知情况；②培训时间安排不合理，在周五晚上进行培训，学员"心不在焉"，影响培训效果；③没有对培训过程进行监控，不能及时发现问题，解决问题；④对培训工作的总结程度不够，没有对培训的效果进行评估；⑤没有详细的培训计划，具体表现在对待受训员工没有"制度性"的规定，不利于提高受训员工的学习积极性。

2. 作为RB公司的人力资源部经理，在此次培训工作中应该做到：①首先进行培训需求分析，了解员工对质量监管培训的认识，了解员工的要求；②对培训做总体的规划，包括合理的培训时间、地点，培训经费预算，培训讲师的安排甚至对讲师的培训等；③选派合适的人选对培训的全过程进行监控，及时发现问题、解决问题；④培训结束时，对受训人员进行培训考核，以了解培训工作的效果；⑤对培训的总过程及结果进行总结，保留优点，剔除缺点，为下一次培训积累经验。

HAPTER 10

第十章 培训成果转化

[内容提要]

本章介绍了培训成果转化的含义、培训成果转换模型、影响培训成果转化的因素及促进培训成果转化的途径四部分内容。

[学习要点]

1. 培训成果转化的含义、障碍;
2. 培训成果转化的相关理论;
3. 培训成果转化的影响因素;
4. 促进培训成果转化的途径。

培训与开发

开篇案例：某企业培训成果的转化

培训活动结束后，我们会经常听到来自各方不同的声音。一些参加培训的员工会说："这次培训确实学到不少新东西，有些对工作上帮助还挺大。"也会有员工认为也就是听个热闹，回来后还是继续之前的工作。另外，部门经理会反映："他们培训回来，就学了点花架子。工作没什么提高，却不把我这当头的放眼里了。"还有管理者认为某些员工培训后，工作甚至没有以前踏实，有些员工甚至还会抱怨公司有这样那样的缺点，向公司开出条件。

作为培训的组织管理者，一次培训活动其实从开始到结束，花费了很多的人力物力，但是，如果培训没有达到预期的效果，甚至还有员工在培训结束后有很多抱怨，这时就涉及培训活动另外一个重要的问题，也就是培训成果的转化问题。

众所周知，培训的最终目的其实是提高员工的工作业绩，为企业创造更多的利润。事实上，企业培训在国外已经有了100多年的历史，另外，曾经有国外的专业培训机构做过实验，企业在培训中每投入1元将获得25元的回报。如果当真如此，培训活动给企业带来的回报应该很大，但这又怎么解释为什么一些培训活动培训效果不如预期。这其中当然有很多原因，不过当中一个很重要的原因就是企业的培训成果转化工作没有做好。

培训成果转化难以实现的原因有很多，主要是因为，在现在很多企业的培训管理者的意识里，只要培训课程结束，员工重新回到工作岗位，那么也就意味着培训结束了。当然，在这些企业里，普遍存在着一些问题，包括缺乏及时辅导、缺乏跟进和督促、缺乏管理者的支持及缺乏转化的环境。要提高培训效果，解决以上问题很关键。

事实上，在实际情况中，我们还要根据企业的发展阶段、内部制度流程、企业文化、员工特质等各方面的因素来采取合适的方法。为了促进培训效果的顺利转化，还应适当开展一些激励措施，如"培训课程知识走廊、标杆学员分享、转化成果展示"等，从而激发员工主动运用培训所学，促进知识转化。

总之，培训成果转化难是一个极受关注的问题，我们将通过这一章的内容来掌握培训成果转化的相关理论及影响因素，从而促进企业培训成果的转化。

资料来源：中国人力资源开发网

第一节 培训成果转化概述

一、培训成果转化的内涵

企业培训开发的目的之一就是促使受训者有效且持续地将所学的知识和技能运用于工作当中。由于培训开发成果的学习、长时间的维持及在工作中的不断应用不单纯是培训开发活动能够解决的，所以企业必须创造有利的组织氛围来确保培训开发成果的应用，并防止受训者回到已经掌握的、习惯的行为方式上。

曾经有许多学者对培训开发成果转化的定义有过论述。斯温尼（Swinney）将培训开发成果转化定义为一种课堂效果与期望现实环境中发生的绩效两者之间的有机联系。鲍德温（Baldwin）和福特（Ford）认为培训开发成果转化是将在培训开发过程中获得的技能推广到实际的工作环境中，并且始终保持这种获得的技能的过程。纽斯姆（Newstrom）指出培训开发成果转化是指受训者将培训开发中的所学的知识、技能、行为方式和认知策略有效且持续地运用于工作当中。泰勒（Taylor）将工作场所的培训开发成果转化定义为受训者将参加培训开发后获得知识、技能有效地运用到工作当中。此外，布罗德（Broad）的定义是这样的，培训开发成果转化是指受训者持续并有效地将培训开发活动中获得的知识和技能应用到个人、组织或社团的任务中，这些任务是在他的职责范围之内的。虽然这些定义说法不尽相同，但归根到底，培训开发成果转化所要强调的是以下两方面的内容。

（1）培训者在培训过程中，要确定三个方面：第一，我们期望受训者在培训之后必须改变什么行为；第二，培训开发成果转化发生的情境；第三，受训者在面对变化的工作情境时能够应用所学内容的程度。也就是说，在什么样的情形和什么样的行为中，我们期望受训者运用他们在培训开发活动中所获得的知识、技能等。

（2）培训者需要确定的另外一个问题就是行为维持的问题及新行为在转化环境当中保持的问题。也就是说，我们期望受训者学习到的知识、技能和态度能保持多久的时间以及工作中哪些因素能够加强知识和技巧的发展。

综上所述，培训开发成果转化，指的是受训者能够持续而有效地将其在培训过程中所获得的知识、技能、行为和态度运用到工作当中，从而发挥培训开发项目的最大价值的过程。当人力资源开发成为企业人力资源管理的核心环节时，培训开发如何转化成业绩就成了关键问题。当个人的知识、技能、行为和态度的转变与组织的需求紧密地联系在一起时，培训开发成果转化就成为核心问题。因此，如果企业要想通过培训开发提高员工和组织的整体业绩，就必须了解如何实现企业中的培训开发成果转化。

二、培训成果转化的障碍

培训过程中转化环节之所以会缺失，是因为存在着影响培训成果转化的障碍因素。

（一）培训转化的观念分析

第一，培训是一种福利。片面强调培训仅仅是员工一种福利的观念，忽视员工参加培训的义务性，造成员工漠视培训，想参加就参加，不利于培训绩效的提升。通常而言，福利是对主要利益的附加，如对薪资的附加，常见的福利如交通补贴、餐费补助、住房补助、医疗保险等，既然是一种福利，员工自然可以在要与不要之间取舍。企业组织培训，员工参加培训应该既是权力也是义务，因此员工有享受培训的权力，企业也有约束员工参加培训的权力。企业完全可以把员工参加培训纳入绩效考评之中，让员工感受到竞争压力，督促员工努力去学习。

第二，培训是中基层管理者的事。许多企业尽管重视员工培训，但只关注公司中基层员工的培训，忽视公司高层的培训。企业需要清醒地认识到，对公司高层进行必要的管理知识

和技能培训是必要的。一些企业的管理者是从基层岗位上提拔上来的,尽管职位发生变化,但个人素质并没有太大变化。从企业长远发展的角度看,他们更应该加强培训,强化在企业战略管理、人力资源、财务管理、市场营销等方面的理论知识和能力。如果偏重中基层员工的培训,员工素质得到全面提升,而管理者的思想理念和技能并没有得到提升会造成管理者与优秀员工之间的理念或技能冲突,员工的发展受到管理者的严重制约,对企业造成不应有的损失。

第三,培训是人力资源部门的工作职责。人力资源部门在企业中的角色比较尴尬,高层不重视,中层不支持,基层不理解,就好比一个"孤独的漫步者"。企业高层或许这样认为:企业所出现的各种问题,主要是因为员工素质不高,员工是人力资源部招聘并负责培训的,员工素质差是培训做得不好,所有这些问题不是我们管理人员的责任。"培训是人力资源部门的事"是一种偏见。

第四,培训万能论。企业在重视培训的同时,也走入了另一个误区,那就是过分倚重于培训工作,认为培训是万能的,一旦出现经营管理危机,就会想到培训,把培训当成解救企业的万能钥匙。培训并非万能,培训只能解决"不能的问题",解决不了"不为的问题"。企业领导不能将培训看成是万能的,对培训产生完全的依赖,而需要以一颗平常心对待培训。

(二)培训转化的执行分析

第一,缺乏科学的需求分析基础。即使管理者已认识到培训的重要性,也不能保证培训的有效开展,因为企业对员工的培训需求缺乏科学、细致的分析,使培训工作带有很大的盲目性、随意性及没有针对性。企业如果设计培训时没有将本企业发展目标、岗位技能要求和员工的生涯设计有机结合,就会让培训变成一种盲目的救火式、应急式、毫无规矩、偶然的、随意性的工作。

第二,重视投入,忽视产出。企业培训年度计划通常提供的是企业年度培训经费投入和培训课程计划安排,一旦开始后就很少有人过问,直到结束时才进行简单的考试,对培训绩效缺乏系统管理,难以保证培训转化效果。

第三,重前期准备,忽视培训的监督和沟通。许多企业重视培训的前期准备、策划和选择过程,进入实施阶段时,却忽视了对培训的监督和沟通。培训实施需要必要的监督和沟通,以便实时掌控学员的学习信息,同时使培训项目在不断反馈过程中得以改善。如果培训过程中缺少监督和沟通将造成事倍功半。

三、培训成果转化模型

由于培训转化过程中经常会受到一些障碍因素的影响,所以培训与工作实践之间存在一定的差距。为了缩小这种差距,需要从受训者和培训管理者两个层面入手,因为培训成果与工作实践的统一是与这两者之间的互动分不开的。

从受训者来看,首先应该有非常明确的培训目的;其次,应该积极地参与培训,任何置身事外或消极敷衍的态度都会使培训效果大打折扣。同时,在培训中受训者总会遇到以前学过、看过或听过的东西,这个时候要以开放的心态去积极聆听和汲取。一方面,可以作为复习巩固；另一方面，受训者还可能得到一个全新的角度和认识，这同样是一种收获。最主要的是，在培训之后，受训者还要对培训过的内容及时地进行回顾和整理。这是学以致用、实现成果转化的基本前提。所以，采用新的方法和技能这个过程对于受训者而言，并不是一件容易的事，受训者本人也应当明白，在运用培训内容的过程中总会遇到一些困难，这是不可避免的，必须有意识地要求自己这样做并努力坚持下去。回复到原来固有的行为和技能模式并不意味着受训者就应该放弃培训中所学到的内容，而应当再去尝试。因为对于还没有能够适应和习惯新方法和技能的受训者来讲，用起来自然不如旧方法熟练和快捷，甚至绩效还可能出现下降。这就要求受训者能坚持住，并及时寻求外界和培训管理人员的帮助。培训管理者在弥合培训和工作实践差距过程中发挥着不可替代的作用。培训的管理者是单位培训的具体推动者，他们应该比受训者更清楚该项培训的目标和意义，他们不希望看到培训失败，这就要求培训管理者在整个培训过程中建立一个由培训成果向工作实践转化的机制。培训工作中出现的失败，绝大多数都是由这种培训转化机制的缺失所导致的。图10-1向我们展示了一个培训转化过程的机制。培训成果转化包括把培训内容推广到工作当中，并使员工在工作中持续使用所学技能这两个方面的内容。

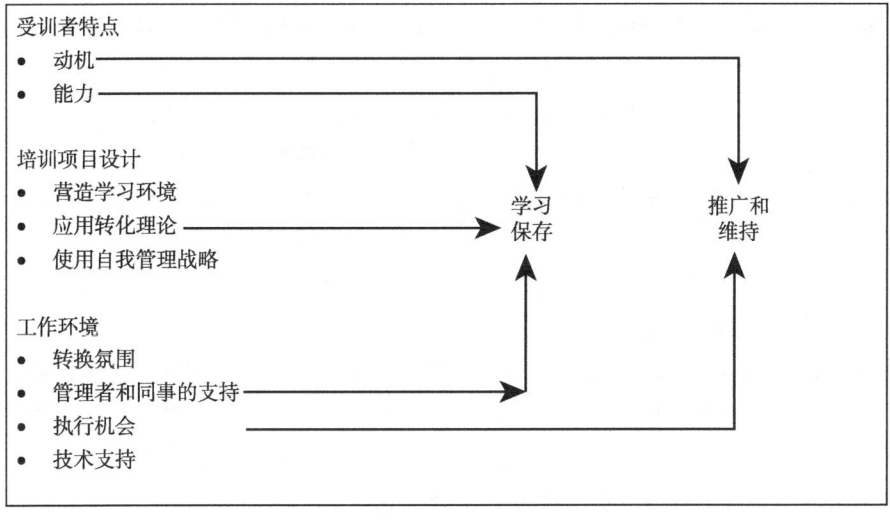

图 10-1　培训成果转化机制

为了更好地理解培训成果转化机制，我们首先要对其中涉及的概念加以明确。模型中所涉及的概念有：第一，推广和维持能力。推广能力是指受训者在遇到与学习环境类似，但又不完全一致的问题和情况时，将所学习的技能包括语言知识、行为技能等应用到工作当中的能力；维持是指长时间持续应用新获得的能力的过程。第二，受训者特点。受训者的特点是指受训者的兴趣爱好、求知动机、发展愿望及所拥有的包括认知能力和阅读技能的基本技能等。第三，培训项目设计。培训项目设计是指培训项目的组织与协调。第四，工作环境。工作环境是指能够影响培训成果转化的所有工作上的因素，包括管理人员支持、团队成员支持、技术支持和在工作中应用新技能的机会以及企业文化等。为了保证推广和维持所获得的培训成果，人们必须要学习并保持各种能力。培训项目设计、受训者的能力和工作环境将会影响学习、保存、维持和推广。培训项目设计涉及学习环境方面的重要特征。受训者特点包括影响学习的各种能力和动机。如果受训者不具备掌握所学能力的基本技能，如认知能力、阅读能力，缺乏学习动机，不相信自己能掌握所学能力即自我效能程度低，那么，学习行为与培训转化能否发生是很令人怀疑的。工作环境对学习、保存和转化的影响尤其不容忽视。

第二节　培训成果转化的相关理论

培训开发设计指构建在培训开发项目中的用以提高培训开发成果转化概率的因素。为促使培训成果转化，我们要学习培训转化的相关理论和自我管理原理。

一、同因素理论

当受训员工工作和培训时所学到的内容完全相同时，培训转化才能发生，这就是同因素理论。能否达到最大限度的转换，取决于任务、材料、设备和学习环境特点与工作环境的相似性。用心理学的术语来表达，就是培训环境与工作环境的模拟非常逼真，即逼真度相当高。逼真度是指培训环境与工作环境相似的程度。开发测量工作相似度的工具可以利用同因素理论。工作相似性是一种衡量指标，用来衡量员工能够接受的一种工作所需的知识、技能培训适用于另一工作的程度。很多培训开发利用了这一理论，尤其是与设备操作相关或含有特殊程序的培训项目。一个有关同因素理论的应用是培训飞行员使用的模拟器。飞行员的培训是在一个类似喷气式飞机的驾驶舱的模拟器中进行的，它与真正的飞机在各个方面（如计量器、仪表、照明）都相差无几，即我们说的学习环境与工作环境完全吻合。如果飞行员是在这样的模拟器中学习飞行、起飞、降落和处理紧急情况的技能，那么他们就会将这些技能转换到工作环境中，即实际的飞机驾驶中。

同因素理论尤其重视"转化力"的发生。转化力指受训者将所学技能准确运用于工作上的能力。如果培训项目强调转化力的话，培训设计要包含以下要素：第一，培训项目一定要传授具体的概念和程序；第二，详细说明培训任务和实际工作任务之间的所有区别；第三，强调受训者关注培训任务和工作任务之间的重要差别，而不是不重要的差别；第四，受训者在培训中学习的行为和技能必须有利于高绩效的产生。

同因素理论要求培训的环境和工作的环境完全相同，适合工作环境的特点稳定并且可预测，如设备操作使用方面的培训；这个理论的局限性在于没有指出当培训环境与工作环境不相同时应该如何转化，如人际交往技能的培训。

二、激励推广理论

激励推广理论指出，培训成果转化的方法是要建立强调最突出重要特征和原则的培训，同时明确这些原则的适用条件和范围。激励推广理论强调"远程转换"。远程转换指工作环境（问题、设备和任务）不同于培训环境时，受训者在工作时运用所学技能的能力。管理技能方面的培训设计可以利用激励推广理论，因为管理技能培训项目是一种行为模仿培训，是以社会学习理论为基础的。我们早期关于社会学习理论的讨论、模拟、实践、反馈和强化在学习中扮演着的重要角色。开发行为模拟项目的步骤之一是要明确成功处理一种情况所需的关键行为。示范者在录像中演示这些关键行为并为受训者提供实践这些行为的机会。在行为模拟培训中，关键行为可适用多种情况的处理。实际上，行为模拟培训的学习是要求受训者能在各种与培训情形不完全一致的情况下应用这些行为。

三、认知转换理论

信息加工模型是认知转换理论的理论基础。信息的储存和恢复是这一学习模型的关键因素。由认知转换理论可知，受训员工恢复培训所学技能的能力决定了培训的转化与否。这一理论认为可通过向受训者提供一些有意义的资料和材料来增多他们将工作中遇到的情况与所学能力相结合的机会，进而提高培训成果的转化。同时向受训者提供对所学技能进行编码记忆的技能，这样他们就更容易恢复这些能力。

认知转换理论的影响可从培训设计的另一方面来探讨，即鼓励雇员思考培训开发内容在实际工作中的可能性应用。许多培训开发项目包括让受训者找出工作中遇到的问题或状况，然后讨论运用培训开发内容的可能性。通过练习能够让员工发现一定的线索，从而增加他们回忆并巩固培训内容进而将其用到工作中。培训的操作练习能够让受训员工理解所学到培训内容和实际应用间的联系，如此便可以在需要的时候更快地回忆培训所学到的技能。

四、自我管理战略

自我管理是指个人控制决策制定和行为方式的某些方面的尝试。培训开发项目应让员工做好在工作中运用新技能和采取新行为时进行自主管理的准备。特别是在培训的进展过程当中，应当让受训者有机会制定在工作中运用新技术和采取新行为的目标；确定在何种条件下可能无法达到既定的目标；列举运用新技能、采取新行为的积极与消极后果；监督整个新技能和新行为的应用过程，自我强化。

研究表明，应用自我管理战略的受训者的转换行为和技能水平比没有应用自我管理战略的受训者转换行为和技能水平高。之所以强调自我管理的重要性，是因为受训者可能会在工作环境中遇到许多阻止其进行培训转换的障碍。这些妨碍因素往往会导致偏差过失的出现，从而阻止了转化的进行。偏差过失指受训者继续使用以前学过的有效性差的技能，而没有尝试使用培训项目中所强调的技能的情况。继续使用陈旧的行为方式和技能形式的现象是十分普遍的。对于受训者而言，关键问题在于避免走老路或使用过时、无效的各种能力，如知识、技能、行为方式、策略等。此外，受训者也应该明白过失是很常见的，要做好准备去应对它们，那些没有做好犯过失准备的受训者可能会放弃应用新技能的尝试——特别是那些自我效能程度低和自信心不足的受训者。

第三节　影响培训成果转化的因素

在培训成果转化的过程中，整个转化工作会受到诸多的工作环境因素的影响，其中主要

包括受训者的特点和工作氛围两个方面，工作氛围包括管理人员的支持、同事和培训团队的支持、应用所学技能的机会、技术支持、企业文化等。

一、受训者特点对于培训成果转化的影响

培训成果转化氛围是指，促进或阻碍受训者将培训中学到的技能或行为方式应用到实际工作中的各种环境因素所共同组成的气氛和情调。这些因素包括管理人员和团队成员的支持、应用技能的机会以及结果。一个有利于培训成果转化的氛围包括以下六个方面的特征：直接主管和团队成员鼓励受训者使用培训中获得的新技能和行为方式，并为其设定目标；受训者的工作特点能够促进其应用在培训中获得的新技能和行为方式；直接主管支持应用培训中获得的新技能和行为方式；使用从培训中获得的新技能和行为方式的受训者不会受到公开责难；受训者会因应用从培训中获得的技能和行为方式而受到外在奖励；受训者会因应用从培训中获得技能和行为方式而受到内在奖励。研究表明，培训转化氛围与管理者在培训之后的管理行为和人际关系行为的积极变化密切相关。

二、工作氛围对于培训成果转化的影响

（一）管理人员的支持

管理者的支持是指受训者的上级管理人员强调参加培训项目的重要性，强调应当将培训内容运用到工作当中去。管理人员的支持对于培训成果的转化尤为重要，上级管理人员的支持程度越高，则培训成果越有可能得到转化。反之，若管理人员没有对培训给予足够的重视，不了解培训的大致内容，不清楚应如何为员工创造有利于培训成果转化的条件甚至很少为受训员工提供应用新技能的工作机会，那么就会阻碍培训成果的转化。实际上，管理人员所能够提供的最低层次的支持是允许受训者参加培训，而最高层次的支持则是作为一名培训师亲自参加培训。为实现最大程度的培训成果的转化，培训者需要获得最高水平的支持。管理人员还可通过强化（使用行动计划）来促进转化的进行。行动计划是指描述了受训者和管理人员所采取的、保证培训成果转换到工作当中去的具体步骤的书面文件。行动计划应明确两点：一是受训者将要从事的特定项目或难题；二是需要管理人员提供的有助于受训者进行培训成果转化的各种设备和其他资源。另外，行动计划还应有具体的时间表，表明管理人员和受训者共同商定的所学技能在工作中应用的进展安排。既然管理人员的支持是非常重要的，那么该如何判断在培训转化过程中管理人员的支持水平呢？下列因素是通常应该考虑的：是否知道本门培训课程是关于哪方面的内容；是否知道培训与员工要做的工作是否符合；是否有可靠的方法证明培训会对员工有所帮助；是否有可靠的方法证明培训有助于部门工作绩效的改进；是否明确组织提供培训的原因；在绩效评价中，是否能对员工在培训中所学内容进行评价；是否对培训有足够的了解，并在员工返回工作岗位时对其提供支持；是否对员工参加培训的行为感到高兴；是否已和将要参加培训的员工讨论了课程的内容；是否让员工知道你关心课程的内容。

一般来说，企业至少要安排一个专门的时间来向受训者的上级管理人员解释培训的目的，

并且告诉他们，企业期望他们能鼓励员工参加培训、为受训者提供实际练习的机会、强化培训内容的应用、对受训者进行追踪以评价受训者在将培训内容运用实际工作之中所取得的进展。当然，我们也可以通过一些措施来提高管理人员支持度，如召开专门会议向管理人员说明培训目标，鼓励管理者和受训者共同制订行动计划，鼓励管理人员作为培训师参与培训活动等。

（二）同事和培训团队的支持

从心理学角度来看，人一般都更倾向于安定的环境。因此，当企业进行培训的时候，员工们就会担心变革会冲击他们已掌握和习惯了的工作方法和已有的业务知识，担心改革会威胁他们的工作安全。这样对员工及时将培训中学到的新的技术和方法运用到工作实践中不利，从而损害培训的效率。此时，如果能够在受训者之间建立起一种支持网络，会有助于强化培训成果的转化。支持网络指的是由两个或两个以上的受训者自愿组成的一个小群体，他们同意定期会面以讨论将培训中学到的技能转化到实际工作方面所取得的进展。这种会面既可以是面对面讨论的会议方式，也可以采取通过电子邮件来进行沟通的方式。通过这种交流，受训者可以彼此分享在将培训内容运用到工作方面所取得的成功经验。他们还可以讨论如何争取到在运用培训中所传授的技能时所需要的资源，或者如何对待将培训内容运用于实践产生干扰的不良环境等问题。另外，培训师的支持同样重要。培训师可以利用内部简讯的形式指导受训者进行培训成果的转化。培训师还可以向受训者推荐一名以前参加过同样培训项目的有经验员工作为咨询人员，为培训转化提供建议和支持。

（三）应用所学技能的机会

应用所学技能的机会是指受训者所得到的或受训者自己努力寻找的运用在培训项目中所学到的新知识、新技能及新行为的机会的程度。应用的机会受到工作环境和受训者动机两个方面的影响。受训者应用在培训中所学的途径之一是安排他们去从事需要运用所学内容的工作。受训者的上级管理者通常在决定这种工作安排时起着关键作用。应用的机会还会受到受训者是否愿意承担起个人责任的影响，即他们是否愿意积极地去寻找允许他们发挥新获得的那些技能的工作任务。事实上，应用所学技能的机会（执行机会）受工作环境和受训者主动性的双重影响。一方面，上级所安排的工作是否需要新的技能，会直接影响到所学技能的应用机会；另一方面，受训者能否主动寻求机会来应用新技能，也关系到成果转化的机会。应用机会涉及适用范围、活动程度和任务类型。适用范围指所培训内容中可用于工作的数量。活动程度是指在工作中运用被培训内容的次数和频率。任务类型指在工作中执行培训内容的难度和重要性。有实践机会的受训者要比没有实践机会的受训者更有可能保持所获得的能力。

（四）技术支持

电子执行支持系统是一种计算机应用系统，它能够按要求提供技能培训、信息资料和专家建议。电子执行支持系统向受训者提供一种电子信息资源，作为工作应用所学技能的仿真基础，可促进培训成果的转化。

（五）企业文化

所谓企业文化，是指弥漫在企业各方面、各层次的价值观念、思维方式和行为习惯，是组织的风气和风格。它是以企业基本目标和价值观为核心形成的，是包括员工思维方式和行为方式在内的一整套观念–行为体系。企业文化是与企业相伴而内生的。企业文化对企业的运转是一种必不可少的润滑剂，它能够创造良好的组织氛围和组织环境，从观念、信念层次调动组织成员的工作积极性和忠诚度，具有其他管理手段所无法替代的作用。在有着良好企业文化的企业中，员工有着共同的行为目标和价值取向；组织文化对员工有着强烈的激励作用；企业的凝聚力很强，每个员工都有着强烈的认同感和归属感，对企业的发展前途充满责任感和自信心，积极地参与到企业的各项活动中，主动将个人利益与企业利益联系在一起，与企业结成了命运共同体；员工能够为实现自我价值和企业目标而勇于献身，不断进取。在这种情况下，企业员工就能够自觉地把培训中学到的知识和技能，应用到实际的工作当中去，从而大大提高了培训转化的效率。

另外，培训方法与培训内容以及一些与工作相关的因素也会对培训成果转化的效率产生不利影响，多数培训只是根据一些共性问题，统一授课，统一资料，统一方法，培训形式比较单一、枯燥，缺乏多样性。这就使受训员工学习虽然培训内容宽泛，但是培训重点不够突出且偏重理论培训，对理论的运用重视不够，而且实际操作和实践锻炼方面的培训比较少，这会使培训的实用性大打折扣。企业的日常工作中往往会面临时间紧迫、资金短缺、设备匮乏等现象，让受训者难以应用新的技能。

第四节　促进培训成果转化的途径

前文已经系统地分析了培训成果转化的内涵、培训成果转化的相关理论以及影响培训成果转化的因素。通过前文的阐述分析，最终希望得到的结果是有效地推进培训成果的转化。为此，我们可以从以下三个方面来着手。

一、做好培训阶段的支持和准备工作

（一）争取组织内各个方面的支持

随着培训潮流逐渐在世界范围内的兴起，许多企业越来越重视员工培训。但是，面对琳琅满目的培训课程，一些企业毫无头绪，不知从哪里培训，也有一些企业虽然开展了培训活动，但还是无法避免一些盲目性。因此，首先应该争取得到多方支持，这对于培训成果转化有着重大作用。

一个完整高效的培训首先需要获得组织各层面的支持。第一，培训要获得受训者的理解和支持。如果受训者对培训本身持怀疑态度，那么他们就不会把培训的内容实施到工作中。第二，培训要获得高层管理者在政治和财务上的支持。如果培训要取得预期的效果，就必须有高层的态度和财务的支持，以减少在培训推进过程中的不必要的阻力。第三，培训的过程中要考虑在企业内营造学习的氛围。对于学习在培训转化过程中的作用，我们已经有所认识。

营造一个良好的、互助的学习和复习氛围，就是为培训工作创造一个有利于培训转化的外在环境。第四，培训要选择一个最佳的时机。一项工作的成功，离不开天时、地利及人和等因素的影响。而一个企业的最佳培训时机应该是其运营处于良好状态时、在进行流程再造之时、培训经费充足和培训氛围较好之时。在这些时机展开培训，可以减少培训及其成果转化的阻力。

（二）做好应对新情况的准备

培训往往是为了改变受训者原有的做法和观念，而这样的改变其实会遇到一些困难。这就要求受训者要做好以下应对变化的准备。第一，要对受训者进行全方位的评估，向他们提供恰当的反馈。这是动员员工接受培训至关重要的一步。受训者只有在明确了自己的不足之后，才会愿意接受培训，从而才会有后续的培训转化行为。第二，要明确受训者所处的心理阶段。人们在决定变化之前，一般要经历四个阶段，分别是拒绝变化阶段、迷茫丧气阶段、准备变化阶段和采取行动阶段。事实上，大部分的培训失败是因为培训的管理人员没有清楚地认识到受训者所处的心理阶段，结果也没有找到正确的应对措施所致。因此，培训管理者必须明确受训者所处的阶段，并帮助他们顺利实现阶段转化。第三，要帮助受训者设立清晰、有意义、能实现的目标，并对受训者表现出积极的期望。这些目标要与个人价值相联系，与明确可行的步骤相联系，还要具体可行，并且具有适度的挑战性。这样就可以提高受训者参与培训的积极性，并且为培训转化工作打下坚实基础。

（三）做好培训过程中的组织和沟通

培训过程对培训转化效果有着决定性的影响。如果在培训过程中，培训管理者采取了有效的培训方式，进行适时和恰当的指导，并且与受训者进行了密切的沟通，那么培训的效果就能大大地提高，也就能够推进成果转化成效的最大化。

做好培训过程中的组织和沟通可以从以下三个方面做起：第一，与受训者之间建立起良好关系。良好的关系是双方实现相互信任并接受对方思想观点的前提。在培训过程中，培训师是受训者的学习对象。因此，培训师应该真诚、热情地对待受训者，这样才能获得受训者的信任，也才可能收到最佳的传授培训知识和技能的效果，从而为培训转化创造条件。第二，给受训者创造参与体验的机会。培训的目的是要提高受训者的技能。但是，技能的获得不能从培训的讲授环节中得来，通过培训的讲授环节只能让受训者知道技能的理论层面，要想使其真正地理解并自如地应用到今后的工作实践中去，就要求培训者在培训过程中提供实践模拟的机会。在身临其境的条件下，受训者不仅可以加深对所学知识、技能的理解，而且可以实现培训成果在工作岗位上的快速转化。第三，给受训者提供有针对性的建议，并帮助受训者了解自己的进展，实现受训者的进步和成长。

（四）做好培训后的跟进工作

培训后的跟进工作对于企业的培训活动的效果尤为重要，然而，往往企业在培训结束后，就认为培训已经结束，采取一个不闻不问的态度，导致的结果是培训中所要求的知识、技能并没有在工作实践中得到运用，培训所花费的大量的资金和辛苦的努力没有换来应有的成效。

因此，培训结束之后的跟进措施对于培训成果转化是很重要的。我们平时可能都有过这种感觉，在接受培训学习的课堂上，觉得收获很明确、很清晰，但是在学习结束后不久就很快淡忘了。这是因为，学习课堂之外的环境是一种缺乏相应练习的环境。所以，我们在培训结束之后，应该为员工营造一种支持学习的氛围，鼓励其练习所学技能，从而为培训成果的转化提供了更多的可能。总之，对培训效果进行及时评估、及时改进。另外，培训效果的好坏与培训方式有直接关系。当培训效果不理想时，可以通过及时的评估来发现培训手段的不足，促使培训手段的及时改进，使以后的培训工作更富有成效。

二、培育有利于成果转化的工作环境

自从美国麻省理工学院教授彼得圣吉的《第五项修炼》问世后，建立学习型组织已被普遍认为能激发受训者的学习动机和有效推进培训。培训转化作为整个培训工作的重要部分，当然不能离开学习型组织这一环境，许多企业已经深刻地认识到该事实，努力促进自身向学习型组织转变，为培训及其成果的转化创造条件。为此，我们应该做好以下工作。

（一）建立有利于培训成果转化的学习型组织文化

1. 把个人职业生涯的发展作为培训的一个重要目标

众所周知，培训的目标是为了改变员工的思维方式和行为习惯，从而提高组织绩效，建立部门的竞争优势。但是，这个目标并不是培训的全部。我们一直主张个人利益与组织的集体利益的统一，因为只有实现两者的有机统一才可能最大限度地调动员工投入工作的积极性。然而，现实中的许多培训却忽视了这一点，只是把培训当成一种工作的需求，而没有把它与员工的个人职业发展结合起来，因此造成了受训者对待培训的积极性不高。所以，我们要把个人职业生涯的发展作为培训的一个重要目标，把培训同时当成员工的事业来看待，将培训与员工职业生涯管理结合起来，与其薪酬和福利挂钩，与职位和荣誉相连。这样才能从制度上调动员工参加培训的积极性。

2. 建立准确的组织文化

近年来，组织文化的建设越来越受关注和重视。积极向上、追求发展的组织文化，能够保持员工激情，激发员工的学习和创新热情。基于此，每个组织在创建自己的文化时，都应该将学习型文化的塑造放在一个突出的位置上，这样不仅可以从观念上要求和号召全体员工投入到学习型组织的建立，同时为组织培训转化氛围的培育提供土壤，对培训成果的转化有着积极的促进作用。

3. 企业领导为员工树立榜样

榜样的示范作用是巨大的，而在一个企业中，员工总会不自觉地和管理人员做比较，因此，企业领导在各个方面的优秀表现无疑是对员工最大的鼓舞和激励。另外，建立学习型组织本身就是一项由领导主持、领导重视的系统工程，所以企业领导的积极参与对于学习型组织的创建有着重大的促进作用，领导除了制定组织的发展战略，自己也要投入到学习之中。因此，领导同志在培训中树立标杆，保持行动与观念相一致，对于企业员工有很好的示范和带动作用。

4. 注重学习型组织的作用

在实践工作中，活动的开展，很难能收到长期的实际效果。有许多企业的部门在创建学习型组织的时候，常常是带有活动的性质在内，从而导致不论是企业领导还是普通员工都在应付，建立起学习型组织反倒成了一个口号。创建学习型组织对于一个组织来说，应该是长期的工作，创建工作要有科学的长远规划，还要有可行的近期目标，分步骤循序渐进、梯次布局，针对需要解决的问题分层次实施战略的规划，防止急功近利的行为，只有这样才能收到良好的效果。

（二）培育有利于培训成果转化的工作环境

1. 企业给员工提供尽可能多的实践机会

一般而言，有实践机会的受训员工要比没有实践机会的受训员工更有可能维持所获得的能力。一方面，实践的机会来自管理者的提供。来自管理者的实践机会可以使受训者明确地感受到企业领导的关注和重视，能够进一步提高员工参与培训的积极性。对培训成果转化来讲，这是最有利的工作环境因素之一。另一方面，实践的机会来自受训者的主动寻找。为了保证培训中实践机会达到一定的水平，培训单位可以对实践机会进行测量，通过测量已应用于工作之中的培训内容的数量、频率来对培训转化的效度进行及时地了解，并在此基础上给予适当的管理调节，为培训成果的转化创造良好的条件。

2. 管理者对培训转化保持较高的支持度

在一个企业内部，人力资源的开发是管理层和普通员工的互动过程。但是，在开发的过程中，这两个群体的作用和地位是不一样的。一般而言，人力资源开发中的大部分关键性问题都需要各个部门的管理者来处理，普通员工不能起到决定性的作用。因此，一项培训工作的效度首先取决于管理者的态度、行为。也就是说，要确保培训成果的转化，管理者的支持尤为重要。管理者支持程度越高，越有可能发生培训成果的转化。要想确保培训成果的转化，就需管理者对转化保持较高的支持度。具体可以从以下四个方面着手：首先，管理者要积极地倡导和鼓励受训者将培训中学到的新技能和行为应用到工作之中。在员工应用培训成果中遇到设备和资源方面的困难时，管理者应该积极提供帮助。其次，管理者应该正确地对待员工在应用培训内容过程中出现的失误和不足。多采用理解和鼓励改进的态度，增加员工实现培训成果转化的信心。再次，管理者要对那些刚接受过培训，并积极运用培训成果的员工进行指导，与他们共同讨论如何将培训成果应用到工作当中，制订具体的行动计划。最后，管理者要多采用积极的强化手段，对那些刚受过培训就将新技能应用于工作中的员工，给予赞扬和物质奖励，推动受训者的培训转化。

3. 培训的管理部门要加强对培训成果转化的督导

培训管理部门的主要职责首先是让管理者了解下属所参加的培训项目的内容，以及它与企业经营目标和经营战略的关系，并把管理者应做的以促进培训转化的有关事项的备忘录发给他们；其次，应鼓励受训员工将他们在工作中遇到的工作难题带到培训课程中，作为实践练习材料或将其列入行动改进计划，同时建议受训员工与管理者一道去发现和解决各种问题；再次，与管理者交流分享在培训班上收集到的反馈信息，以引起管理者足够的重视，并对管

理者进行培训,然后赋予他们培训自己下属的责任;最后,培训项目中应布置一些需要学员和他们的管理者共同完成的课后作业,如让受训者与他们的上司共同完成一份行动改进计划书,增加管理者的使命感和参与感,为培训成果的转化提供更好的条件。

4. 企业为受训者搭建交流的平台

不同的受训者在应用培训内容的时候会有不同的经验和感受,如果在部门内设有一个相互交流经验的平台和机制,那么员工就可以在相互的沟通和碰撞中形成一系列成熟的培训成果转化模式,这对于培训工作无疑是非常重要的。当然,这种部门内的交流平台既可以是面对面的直接沟通,也可以是虚拟小组形式的研讨。这种交流平台的建立能够使受训员工讨论应用进展,共享成功经验,不断推进培训成果的转化。

三、保持员工对培训工作的持久热情

通过对各种形式的培训实践的观察,我们可以发现一个共同的规律:受训者往往在培训工作的起始阶段热情高涨,但是,随着培训工作的深入,这种热情在逐渐消退。这种现象的发生极大地影响了培训的效果。因此,对于培训部门来说,员工持续热情的培养是一道很难跨越的障碍。我们要想防止培训失败现象的发生,实现培训成果的有效转化,就必须从保持员工工作热情这方面下手。在实践当中,针对不同的情况,我们可以采取不同的应对方法。

(一)管理人员要了解员工的真实想法

确定一个课程的内容和时间不应该是人力资源部门和单位领导拍拍脑袋就可以完成的,员工的参与必不可少。因此,在确定培训方案之前,企业对员工进行需求信息的收集和分析是非常必要的。同样,在培训过程中,同样需要及时关注员工反馈的意见,只有这样,培训管理人员才能根据受训者的意见和建议进行培训内容的调整,维持员工学习兴趣。在培训成果转化期,员工的情绪、状态也同样需要管理者给予足够的关注,这一阶段热情维持的主要措施是激励和鞭策。

(二)在培训过程中注重理论与实践相结合

在分析影响培训成果转化的因素中提到过,培训的形式和内容也会影响培训成果的转化。一般来说,单纯的理论知识的培训是枯燥的,不少培训与岗位实际结合不够紧密,不仅培训内容面面俱到,培训重点不够突出,而且偏重理论培训,但是却对理论的运用重视不够,实际操作和实践锻炼方面的培训比较少,使培训的实用性大打折扣,同样长期的理论学习也会容易使受训者产生厌倦感。然而如果在理论学习的过程中穿插必要的实践活动,则能不断刺激受训者进一步学习理论,从而使受训员工一直处于积极状态。与此同时,适当的实践课程也有利于受训员工更加深刻理解和掌握所习得的理论,为培训的转化创造条件。

(三)企业要设计出有特色的培训方案

在培训的过程中,培训的形式也会影响培训的效果,众所周知,没有员工会对枯燥、重复的培训课程感兴趣。在实施培训的时候,生动的培训方案往往最能吸引受训者的注意力。因此,培训管理人员要真正理解受训者的需求,从各个方面进行分析,设计出能产生预期效

果的有特色的培训方案。这也是维持员工学习热情的一个基本因素。

习　题

一、单选题

1. 认为培训开发转化只有在受训者所执行的工作与培训开发期间所学内容完全相同时才会发生的是（　　）。

　　A. 同因素理论　　　　　　B. 激励推广理论

　　C. 认知转换理论　　　　　D. 自我管理战略

2. 认为培训开发转化问题的方法是建立一种强调最重要的一些特征和一般原则的培训，同时明确这些一般原则的适用范围的是（　　）。

　　A. 同因素理论　　　　　　B. 激励推广理论

　　C. 认知转换理论　　　　　D. 自我管理战略

3. 自我管理战略的受训者的转换行为和技能水平，要比没有应用自我管理战略的受训者转换行为和技能水平（　　）。

　　A. 高　　　　B. 低　　　　C. 一样　　　　D. 不确定

4. 以信息加工模型作为理论基础的是（　　）。

　　A. 同因素理论　　　　　　B. 激励推广理论

　　C. 认知转换理论　　　　　D. 自我管理战略

5. 受训者将所学技能准确运用于工作上的能力指（　　）。

　　A. 应用力　　　　B. 学习力　　　　C. 执行力　　　　D. 转化力

二、多选题

1. 培训成果转化的层面包括（　　）。

　　A. 依样画瓢　　　　　　　B. 举一反三

　　C. 融通记忆　　　　　　　D. 融会贯通

　　E. 自我管理

2. 培训成果转化的障碍（　　）。

　　A. 缺乏管理人员的支持　　B. 缺乏同事支持

　　C. 培训方法比较单一　　　D. 与工作本身相关的因素

3. 影响培训成果转化的因素有（　　）。

　　A. 培训成果转化氛围　　　　B. 管理人员和培训团队的支持

　　C. 管理人员和培训团队的支持　D. 应用的机会和技术支持

　　E. 企业文化

4. 促进培训成果转化的方法有（　　）。

　　A. 做好培训阶段的支持、准备工作

　　B. 培育有利于成果转化的工作环境

　　C. 保持员工对培训工作的持久热情

D. 管理者职权越大越好

5. 对于培训部门来说，员工持续热情的培养是一道很难逾越的障碍。保持员工工作热情的方法有（　　）。

A. 企业要设计出有特色的培训方案

B. 企业满足员工的任何要求

C. 企业在培训过程中要注重理论与实践相结合

D. 培训管理人员要了解员工的真实想法

三、简答题

1. 简述培训开发成果转化的内涵。
2. 简述同因素理论。
3. 简述影响培训成果转化的因素。
4. 简述促进培训成果转化的途径。

四、案例分析

一家房地产企业开展了连续2天的"MTP管理技能培训"，培训管理者意识到，评价一个培训好坏的主要指标是看学员在课程结束之后有多少的"行为转变"而不仅是看老师讲得好不好。因此，培训结束后，培训管理者设计了一系列的"训后转化方案"，包括训后总结会议、训后行动计划、训后案例分享会等。本以为这样的方式能够有效推动训后的知识运用与效果转化，让培训效果"显现"出来，结果却遭遇了各种阻碍：大多数参训员工纷纷反映不会运用，不知道怎么去运用，没有办法运用。在培训管理者苦口婆心地劝导之下，有些部门的参训学员按要求提交了所谓的"训后知识运用案例"，但都不是真实案例，而是为了完成任务，现编现造的案例。培训管理者为此大伤脑筋。

讨论题：

1. 为什么培训后应用效果不佳？
2. 怎样可以增强培训效果？

习　题　解　答

一、1. A　　2. B　　3. A　　4. C　　5. D

二、1. ABDE　2. ABCD　3. ABCDE　4. ABC　5. ACD

三、1. 培训开发成果转化，就是指受训者持续而有效地将其在培训中获得的知识、技能、行为和态度运用于工作当中，从而使培训开发项目发挥其最大价值的过程。当人力资源开发成为企业人力资源管理的核心环节时，培训开发如何转化成业绩就成了关键问题。当个人的知识、技能、行为和态度的转变与组织的需求紧密地联系在一起时，培训开发成果转化就成为核心问题。因此，如果企业要想通过培训开发提高员工和组织的整体业绩，就必须了解如何实现企业中的培训开发成果转化。

2. 同因素理论认为培训开发转化只有在受训者所执行的工作与培训开发期间所学内容完全相同时才会发生。能否达到最大限度的转换，取决于任务、材料、设备和其他学习环境特点与工作环境的相似性。一个有关同因素理论的应用是培训飞行员使用的模拟器。飞行员的培训是在一个模拟器中进行的，这个模拟器类似一个喷气式飞机的驾驶舱，它与真正的飞机在各个方面（如计量器、仪表、照明）相差无几。运用心理学的术语就是，学习环境与工作环境完全吻合。如果飞行员是在模拟器中学习飞行、起飞、降落和处理紧急情况的技能，那么他们就会将这些技能转换到工作环境中（商用飞机上）。人们还利用同因素理论来开发衡量工作相似性的测量工具。工作相似性指衡量雇员接受的针对一种工作所需的知识和技能的培训开发适用于另外一种工作的程度。受训者必须学习解决冲突的一般原则，以便在不同环境要求下能够变通使用（如对待一位怒气冲冲的顾客与一位缺乏产品知识的顾客）。

同因素理论被用于许多培训项目的开发，尤其是那些与设备应用相关或包含特定程序的培训。同因素理论特别关注"转化力"的发生。转化力指受训者将所学技能准确运用于工作上的能力。按照同因素理论设计项目应考虑的一个重要问题就是培训和实际执行当中的行动、行为方式或知识之间的关系。即培训项目中强调的行为方式或技能是有益于还是会干扰工作绩效的有效性。

3. 在培训成果转化的过程中，整个转化工作会受到诸多的工作环境因素的影响，这其中主要包括培训成果转化氛围、管理人员和培训团队的支持、应用的机会和技术支持，以及企业文化等。培训成果转化氛围是指，促进或阻碍受训者将培训中学到的技能或行为方式应用到实际工作中的各种环境因素所共同组成的气氛和情调。这些因素包括管理人员和团队成员的支持、应用技能的机会以及应用所学技能的结果。

4.（1）做好培训阶段的支持和准备工作。第一，争取组织内各个方面的支持；第二，做好应对新情况的准备；第三，做好培训过程中的组织和沟通；第四，做好培训后的跟进工作。

（2）培育有利于成果转化的工作环境。第一，建立有利于培训成果转化的学习型组织文化；第二，培育有利于培训成果转化的工作环境。

（3）保持员工对培训工作的持久热情。第一，管理人员要了解员工的真实想法；第二，在培训过程中注重理论与实践相结合；第三，企业要设计出有特色的培训方案。

四、1. 原因与企业培训成果转化有关。第一，员工没有意识到自己存在的问题，因此没有意愿参加相应的培训；不知道自己哪方面做得不好，就没有动力去改进。第二，培训时间太短，只有一天或两天，要想在这么短的时间之内，让员工掌握一个大的知识点或者精通一些管理技能，只能停留在表面，很难深入贯彻与实践。第三，员工在培训现场，也许是有感觉有收获的，但由于时间太短，讲师需要把很多知识点浓缩提炼以后进行灌输，导致培训的内容多而浅，很难给员工留下深刻的印象。第四，员工不知道应该怎样做，才能把培训所学的知识和技能应用于工作中。第五，培训讲师在培训结束之后就走了，员工在转化运用的过程中出现问题也不知道向谁请教，如何反馈。第六，员工不知道把培训中学到的知识或技能运用到工作中，对自己有什么好处。

2. 增强培训效果的有以下几种途径。

（1）周期化开展培训。比如，针对"MTP 管理技能培训"，可以设定为期三个月或六个月的培训周期，每期开展两天的培训，通过持续性的、系统性的相关知识培训，不断巩固和强化所学知识，保证培训内容有条不紊、循序渐进地输入，有助于所学内容的吸收和升华。

（2）合理安排培训课程的实施方案。比如，每期开展两天的培训，第一天讲述课程的知识或技能要点，第二天引导学员进行实操练习或通过情景模拟、角色扮演等方式演绎如何在工作中运用，从而让员工活学活用。

（3）训前作业与训前评估齐头并进。训前作业和训前评估能够让员工清楚地意识到自己的差距、自己的问题、自己需要改进的地方，从而产生培训的欲望和动力；同时，训前作业也能够让讲师了解学员需要补充哪些知识、有待提高之处，还能为讲师提供培训的相关素材和案例，强化了培训的针对性和实用性。

（4）训后作业与训后评估双管齐下。训后作业一定是理论与实践相结合的作业形式，这样的训后作业和训后评估能够让员工重温课堂内容，促进员工深入思考培训所学知识并在训后运用的过程中举一反三；同时，每一期培训课程开始之前，都留出一段时间，让讲师对上一期的训后作业进行点评，减少学员在课堂知识吸收方面的误差，同时，学员也可以借这个时机反馈训后运用过程中的问题，从而解决"学了就忘"和"训后转化难"的疑难杂症，让培训更有可实施性。

（5）界定清楚员工运用培训所学之后，需要输出的成果，并与绩效考核相结合。比如，参加"MTP 管理技能培训"之后，根据课程的内容及重点，需要输出"部门团队任务分解导图、部门考核方案、团队成员 DISC 性格分析表"三个成果，事先设定好这些成果的评估标准，将这些成果的完成质量与绩效考核相结合，就能让参训员工在培训中重点关注相关知识点。

（6）规划好每个职位要晋升所必修的课程，让培训与晋升相结合。各岗位各职级的员工，晋升的条件之一就是修完该职位所对应的学分。员工申请晋升的时候，要做述职报告，述职报告中，必须罗列出自己参加过的培训课程及考试成绩，人力资源部随机抽取员工参加过的某一项课程，对员工进行该课程相关知识的面试或笔试考核，考核通过才能晋升。

（7）班级化管理，社交化学习。建立班 QQ 群或微信群，学员有任何问题或者感悟都可以在群里探讨和分享，还可以通过行动学习的方式促进学习效果的转化，让班级和班级之间进行 PK，并对培训转化效果最优的班级进行奖励。

HAPTER 11

第十一章 职业生涯管理

[内容提要]

员工个人的职业生涯管理是以实现个人发展的成就最大化为目的,对个人的生存质量和发展机会来说至关重要。本章从职业生涯的基本概念入手,阐述了职业生涯发展阶段理论和职业选择理论,并对常见的职业生涯管理实践——职业高原现象和个人职业生涯发展通道的选择理论进行了论述。

[学习要点]

1. 了解职业生涯和职业生涯管理的基本概念和影响因素;
2. 理解几种不同的职业生涯发展阶段理论;
3. 掌握常见的几种职业选择理论;
4. 理解职业高原现象产生的不同原因和相应的化解对策;
5. 了解个人职业生涯发展通道的选择理论。

培训与开发

开篇案例：银行员工的职业高原现象

长期雇佣制度是我国银行业传统人力资源管理的一个重要特征，在我国银行业曾经延续多年。在这种用工制度下，员工缺乏危机感，对外部环境变化反应迟钝，与市场竞争脱节，工作缺乏进取心，对银行贡献将逐年呈递减状态，其根本原因在于长期雇佣制度的"逆向调节"作用。

由于这是职业环境主导下产生的现象，可能员工自身缺乏察觉，但组织将其推入了"高原"状态。

工龄型工资制度。工龄型工资制度是我国银行业薪酬制度的主要表现形式之一，它是以员工个人的年龄、工龄、学历和专业年限等因素作为基本要素的薪酬制度，其中，工龄是具有代表性的因素——它与长期雇佣制度相联系，员工的工资随着工龄的增加而上升。工龄型工资制在客观上体现了员工的生产效率与工作经验的关联性，工龄越长，熟练程度与工作经验也越丰富，生产率自然就越高。然而，实际经营中的结果是有些员工到达一定年龄（如45岁）之后，劳动生产率开始出现下降，但此时其工资却仍然继续上升。这就意味着该员工年轻时得到的报酬低于他对银行做出的贡献，而年老时则相反。

因此，经验研究和日常观察表明，我国银行年轻员工的"职业高原"出现时间要早于国外普遍认同的5年时间，队伍不稳定，离职倾向明显。

垂直晋升制度。银行的体制是一个由多个不同等级的工作岗位组成的组织，从下而上各个岗位的员工数量依次递减，形成金字塔形。通常，员工实现自我价值的通道只能沿着这个垂直路线进行，缺少横向（跨部门、跨技能）和中心化（向组织核心靠近）的实现途径。单一晋升通道问题是导致"职业高原"的一个主要原因。

案例分析

对怎么如何跨越职业高原现象，具体来说，可以从员工个人、银行管理者和组织三个方面制定应对的行动策略。

（1）员工个人。员工个人必须对自身的现状、潜能做出清醒的分析，认清自身的优劣势，通过多种渠道开发自我潜能，广泛摄取各类新知识与新技能，为自己的职业发展争取更多的主动性。

（2）银行管理者。银行管理者可通过工作重新设计、充实工作内容、承担多种角色等途径让员工尽量避免职业高原。

工作重新设计有三条途径：工作轮换、工作丰富化和工作项目化，这样可以满足从业人员不断拓展个人职业经验的要求，使某些因为银行组织结构或组织成熟度原因造成的"职业高原"现象得到缓解。

充实工作内容是在工作中通过尝试新方法和新技术、更新工作流程、拓展工作范围、承担更大责任、增加工作挑战性等赋予更多的工作意义，给从业人员以更强的成就感，引导他们在现实岗位上精益求精，寻找到工作成就感。

对于在技术领域达到顶峰或失去进取心的从业人员，可更多地针对员工个人尊重和自我完善的需要，利用其经验和智慧，赋予其良师益友角色，让其担任新员工的指导人员。通过承担多种角色，让从业人员在新的角色中找到成就感及被尊重和被需要的感觉。

（3）组织。发展和重组企业、重塑企业文化、实行提供员工帮助计划（EAP）制度、制定双晋升通道机制、制定个性培训体系等都有助于员工跨越职业高原。银行业只有发展、壮大、科学设计组织结构，才能为从业人员的职业发展提供更多的成长空间和机会，有效提高员工的工作积极性和主动性，让员工看到个人的发展前景。企业重组对原有的组织结构进行重新调整，对原有的管理格局重新布置，企业按从业员工的工作业绩和能力重新选择管理干部。不断进行企业重组和调整，能让从业人员更加关注自身能力和素质的提高，以争取未来更大的发展机会而不会沉溺于眼前职位的得失。

重塑企业文化，主要是提倡成功标准多元化，让从业人员认识到职业成功的标准，不仅是晋升还有工作本身带来的乐趣、工作经历的多样性及不断自我完善。

EAP是通过专业人员对组织的诊断、建议和对组织成员及家属的专业指导、培训和咨询，帮助解决从业人员及家属的心理和行为问题，以维护组织成员的心理健康，并协助员工制订切实可行的职业生涯发展计划，提高其工作绩效，达到改善组织管理的目的。

制定双晋升通道机制，实行宽带薪酬，多样化的奖励方式。晋升通道即组织为员工提供的职级提升的路径。通常的晋升通道只是纯粹的职务晋升这条单通道。而双晋升通道包括职务通道和技能通道。实行双晋升通道一方面能增加从业人员的职业路径；另一方面使不适合做管理人员但有研究或技术特长的从业人员有机会继续上升，避免遭遇晋升瓶颈。宽带薪酬是对多个薪酬等级及薪酬变动范围重新组合，变成只有相对较少的几个等级和较宽的变动范围。实行宽带薪酬后，决定员工在组织中角色的不是职位变动而是员工拥有的技能和自身的工作绩效，绩效工资和技能工资在整个薪酬中占据较大比例，淡化了对职位晋升的需求，使一些员工降低了遭遇"职业高原"的可能性。对银行员工的绩效与工作努力程度进行认可的手段可采用多种形式进行奖励，如给员工提供带项目团队的机会、带薪休假等。奖励措施的灵活运用必然会对从业人员产生正面的激励效果，使更多的企业员工获得工作成就感、自我认同感及自尊感，从而淡化对职位晋升的关注程度。

制定个性培训体系，建立有助于从业人员职业发展的流动机制。一般而言，一个企业的员工大致可以划分为复合型、专业型、操作型、欠缺型四种类型。针对不同类型的员工，组织要注意对不同类型的员工分别采用不同的培训方式以提高员工满意度与工作绩效。

一是对操作型、欠缺型员工，企业应注意关注员工的心理、生活，并通过职业培训的方式提高操作型、欠缺型员工的岗位胜任能力，也可鼓励其进行横向流动，谋求发展。

二是对专业型人才，可以鼓励他们以"一专多能"为目标，进行跨专业、跨技能的培训，并给他们提供可选择的流动方向。

三是对复合型人才，安排他们参加金融行业最前沿业务知识与管理技能的培训，并安排

他们靠近决策中心,即向中心化方向发展,赋予他们更多的责任。

制定富有个性的培训体系,一方面可提高组织的工作绩效和增加组织的灵活性;另一方面可以让从业人员接触并掌握金融业最新的业务,提高从业人员的工作技能、拓宽就业面、增强自我认同感、增加工作满意度。

资料来源:林长华. 银行从业人员职业高原现象的成因与应对管理. 经济导刊, 2007, 10: 63-64

第一节 职业生涯理论概述

一、职业生涯与职业生涯发展的内涵

(一)职业生涯

职业生涯是人生中最重要的历程,是追求自我实现的重要人生阶段,对人生价值起着决定性作用。一个人要想实现自己的价值,得到社会的认可,一定要为所在的社会做出贡献,这是成功的必要条件。因此,我们可以说人生的成功依赖于职业生涯的成功。

至今为止,对职业生涯的含义还没有形成统一的认识,不同的学者从不同角度对职业生涯进行了界定。

学者韦伯斯特指出,职业生涯是个人一生职业,社会与人际关系的总称,即个人终生发展的历程,一个人的职业生涯是一个漫长的过程。一个人可以遵循传统观念,一生只从事一种职业,持续而稳定地在该岗位上晋升、增值;也可以根据个人的兴趣、能力、价值观及工作环境的变化而经历不同的岗位、职业甚至行业,当然,大多数人还是希望从事一种相对稳定、适合自己的职业。

施恩则将职业生涯分为外职业生涯和内职业生涯。外职业生涯是指经历一种职业的过程,包括招聘、培训、晋升、解雇、退休等各个阶段;内职业生涯更多地关注于所取得的成功或满足主观感情以及工作事务与家庭义务、个人闲暇等其他需求的平衡,也就是内心的自我实现感。

美国著名职业问题专家萨帕(Donald E. Super)给出了"职业生涯是指一个人终生经历的所有职位的整体历程"的定义,之后又进一步指出:"职业生涯是生活中各种事件的演进方向和历程,是统合人一生中的各种职业和生活角色,由此表现出个人独特的自我发展组型;它也是人自青春期以迄及退休之后,一连串有酬或无酬职位的综合,甚至包括了副业、家庭和公民的角色。"

台湾学者林幸台指出:职业生涯包括个人一生中所从事的工作,以及其担任的职务、角色;同时也涉及其他非工作或非职业的活动,即个人生活中衣食住行各方面的活动与经验。

综上所述,职业生涯是指人的职业生活内容和发展历程,它存在于人的行业归属、职业类别、从业地域和一定的社会环境中,在一定意义上是人生发展境遇最主要的内容。

人的职业生涯,有着种种不同的可能:有的人从事这种职业,有的人从事那种职业;有的人一生变换多种职业,有的人一辈子委身于一个岗位上;有的人不断追求、事业成功,有的人穷困潦倒、无所作为；有的人以某种职业为荣、以某种职业为乐，有的人以某种职业为耻、以某种职业为苦；同样一个人，从事同一个职业，由于其工作内容、职场环境及社会认同度等的不同，可能该职业既有辛劳也有欢愉，既包含着荣耀也存在着苦衷；等等。

（二）职业生涯发展

职业生涯发展简称职业发展，是指个体经过努力，遵循一定的道路或途径，不断制定和实施新的职业目标，逐步实现其职业生涯目标的过程。

职业生涯发展是员工在自己职业理想的追求中，所经历的一系列不同阶段构成的整体过程，员工和组织在每个阶段都有不同的开发任务、开发关系和开发活动内容。它实质上是在个人和组织的共同作用下，员工个人追求理想和抱负，在职业生涯中不断进步，提升个人地位和价值，获得事业发展与成功的相关活动内容。它包括了一个人在一生中从首次参加工作开始依次从事的所有工作活动与经历的全过程。职业生涯发展的形式多种多样，但是主要有职务变动发展和非职务变动发展两种基本类型。

职业生涯是一个漫长的过程，评价个人的职业生涯发展是否成功时，应该综合考虑个人、家庭、组织、社会等多方面评价要素。如果一个人的职业生涯发展状况在自我评价、家庭评估、组织评估和社会评价等四类评价体系中都得到肯定，则其职业生涯就已取得了成功。

二、职业生涯的意义及影响因素

（一）职业生涯的意义

孔子在《论语·为政》中提到："吾十有五而志于学，三十而立，四十而不惑，五十而知天命，六十而耳顺，七十而从心所欲，不逾矩。"即"我"十五岁时有了明确的学习目标；三十岁时略有建树；四十岁时能明辨是非，不受迷惑；五十岁时已能掌握客观事物发展的规律；六十岁时无论听到什么都能冷静思考而不冲动；七十岁时已能做到按照是非和道德标准而从容应对，言论和行动都不逾越规矩。作为一位刻苦好学、积极进取的人，这是孔子对自己一生治学、修养和人生历练的概括阐述。

人的成长发展存在着特定的规律性，职业生涯的发展也同样可以用科学的方法和手段去探索发现其中规律性的东西。人生价值的实现和对社会、组织和家庭所做出的贡献主要是通过一个人的职业生涯反映出来的。随着社会的不断进步，人们在越来越自觉地探索个人职业发展的问题，无论是工作或者专业选择、岗位和职务的更换都会给个人带来许多新的问题。如何才能更好地实现个人的价值，提高个人的生活质量成为人们共同关注的问题。

（二）影响职业生涯的因素

职业生涯被看成一个完整的逐步发展的个人成长路径，必然受到个人因素、组织因素和社会因素等方面的影响。

（1）个人因素。从个人角度出发，个人的兴趣、爱好、价值观、需求及就业动机之间会有较大的差别。在现代社会中，职业生涯选择已经成为一种生存型技能。不同的人会选择不同的职业，甚至相同职业的人们也会根据个人的爱好选择适宜自身的发展路径。家庭是个

职业生涯的重要影响因素之一。个人由于受到家庭成员的影响和帮助，在生活态度、生活方式、价值观和行为模式等方面区别于其他人，从而影响到他的职业兴趣和爱好，对于个人职业技能的获得和职业风格的养成也产生重要影响。

当今社会，教育对个人的成长变得更加重要。从受教育的程度来看，受教育水平越高，劳动生产能力就越强。联合国教育、科学及文化组织进行的一份调查报告显示，不同文化水平的人提高劳动生产的能力不同，小学为43%，中学为108%，大学为300%。教育赋予每个人知识和能力的同时，还塑造了人的性格，引导他们选择个人成长的职业类别。教育水平的高低，直接关系到个人工作能力高低和职业适应性程度。

（2）组织因素。作为组织的成员，个人的成长发展无法脱离组织提供的环境条件。职业生涯是由个人选择决定，也是在组织提供的环境条件中加以实现的。组织为个人提供的工作岗位、工作条件和培训开发机会，以及相应的工作评价和工资报酬等直接影响到个人职业发展，可以认为组织为个人的职业生涯发展提供了平台。因此，组织因素在职业生涯发展中常常被看成是个人发展的机遇。在不同的组织中，成员将会获得不同的发展机会，个人的发展构成组织整体的发展。因此，个人的职业生涯如果缺少了组织所提供的平台将无从谈起。

（3）社会因素。职业生涯发展从微观角度关系到个人的发展，从宏观角度则关系到社会就业，关系到社会生产和生活的稳定，关系到一个国家和地区社会经济的发展。常见的各种社会问题，如经济增长、衰退、企业重组、并购、人员流动、休假等，关系到现代社会中的每个人。因此，许多国家和地区都将个人就业问题看成是影响社会稳定的基本问题。政府通过出台各种积极促进就业的政策，在促进社会经济发展的同时，为人们安居乐业创造条件。

社会的政治经济形势、管理体制、社会文化与习俗、职业的社会评价等都会影响到人们的职业选择，影响人们职业生涯的发展。因此，社会在提供了大量机遇的同时也形成了种种的限制和制约。

三、职业生涯发展阶段理论

（一）金斯伯格的职业生涯发展阶段理论

美国著名的职业指导专家金斯伯格（Eli Ginzberg），对职业生涯的发展进行过长期研究，他将职业生涯发展分为幻想期、尝试期和现实期三个阶段。

1. 幻想期

幻想期是11岁之前的时期。这一时期正是儿童时期，儿童们对大千世界，特别是对于他们所看到或接触到的各类职业工作者，充满了新奇、好玩的感觉。此时期职业需求的特点是：单纯凭自己的兴趣爱好，不考虑自身的条件、能力水平和社会需要与机遇，完全处于幻想之中。

2. 尝试期

尝试期是11~17岁的时期。这是由少年儿童向青年过渡的时期。此时期，人的心理和生理在迅速成长发育和变化，有独立的意识，价值观念开始形成，知识和能力显著增长和增强，初步懂得社会生产和生活的经验。在职业需求上呈现出的特点是：有职业兴趣，但不仅限于此，更多地和客观地审视自身各方面的条件和能力；开始注意职业角色社会地位、社会意义，以及社会对该职业的需要。

3. 现实期

现实期是 17 岁以后的时期。这一时期即将步入社会劳动，能够客观地把自己的职业愿望或要求，同自己的主观条件、能力，以及社会现实的职业需要紧密联系和协调起来，寻找适合于自己的职业角色。此时所需求的职业不再模糊不清，已有具体的、现实的职业目标，表现出的最大特点是客观性、现实性、讲求实际。

（二）萨柏的职业生涯五阶段理论

萨柏（Donald E. Super）是美国一位有代表性的职业管理学家。他根据布尔赫勒（Buehler）的生命周期和列文基斯特（Lavighurst）的发展阶段论，创立了一个诠释职业发展的概念模型。他提出 12 项基本主张：

（1）职业是一种连续不断、循序渐进又不可逆转的过程。

（2）职业发展是一种有秩序且有固定形态，可以预测的过程。

（3）职业发展是一种动态的过程。

（4）自我观念在青春期就开始产生和发展并于成年期转化为职业概念。

（5）自青少年期至成人期，随着时间及年龄的增长，现实因素（如人格特质及社会因素）对个人职业的选择更加重要。

（6）父母的认同。其会影响个人正确角色的发展和各个角色间的一致及协调，以及对职业计划及结果的解释。

（7）职业升迁的方向及速度与个人的聪明才智、父母的社会地位、本人的地位需求、价值观、兴趣、人际技巧及经济社会中的供需情况有关。

（8）个人的兴趣、价值观、需求、父母的认同、社会资源的利用、个人的学历及所处社会的职业结构、趋势、态度等均会影响个人职业的选择。

（9）虽然每种职业均有特定要求的能力、兴趣、人格特质，但颇具弹性。所以允许不同类型的人从事相同的职业，或一个人从事多种不同类型的工作。

（10）工作满意度视个人能力、兴趣、价值观及人格特质是否能在工作中得到适当发挥而定。

（11）工作满意的程度与个人在工作中实现自我观念的程度有关。

（12）对大部分人而言，工作及职业是个人人生的重心。虽然对少数人而言，这种机会是不重要的。

萨柏以美国白人作为自己的研究对象，把人的职业生涯划分为五个主要阶段：成长阶段、探索阶段、确立阶段、维持阶段和衰退阶段，具体如表 11-1 和表 11-2 所示。

表 11-1 萨柏职业生涯五阶段理论

阶段	成长阶段 （0~14 岁）	探索阶段 （15~24 岁）	确立阶段 （25~44 岁）	维持阶段 （45~64 岁）	衰退阶段 （65 岁以上）
主要任务	认同并建立起自我概念，对职业的好奇占主导地位，并逐步有意识地培养职业能力	主要通过学校学习进行自我考察、角色鉴定和职业探索，完成择业及初步就业	获取一个合适的工作领域，并谋求发展。这一阶段是大多数职业生涯中的核心部分	开发新的技能，维护已获得的成就和社会地位，维持家庭和工作的和谐关系，寻找接替人选	逐步退出职业和结束职业，开发更广泛的社会角色，减少权利和责任，适应退休后的生活

表 11-2 萨柏职业生涯五阶段理论中的前三个阶段的子阶段

主阶段	子阶段		
成长阶段	幻想期（10岁以前） 在幻想中扮演自己喜欢的角色	兴趣期（11~12岁） 以兴趣为中心，理解、评价职业，开始作职业选择	能力期（13~14岁） 更多地考虑自己的能力和工作需要
探索阶段	试验期（15~17岁） 综合认识和考虑自己的兴趣、能力，对未来职业进行常识性选择	转变期（18~21岁） 正式进入职业，或者进行专门的职业培训，明确某种职业倾向	尝试期（22~24岁） 选定工作领域，开始从事某种职业，对职业发展目标的可行性进行实验
确立阶段	稳定期（25~30岁） 个人在所选的职业中安顿下来，重点是寻求职业及生活上的稳定	发展期（31~44岁） 致力于实现职业目标，是富有创造性的时期	中期危机阶段（44岁至退休） 个人在所选的职业中安顿下来，重点是寻求职业及生活上的稳定

第二节 职业选择理论

一、帕森斯的人职匹配理论

帕森斯的人职匹配理论又称特质因素理论，是创立最早的职业辅导理论。1909年美国波士顿大学教授弗兰克·帕森斯（Frank Parsons）在其著作《选择一个职业》中提出，人与职业相匹配是职业选择的焦点，每个人都有自己独特的人格模式，每种人格模式的人都有与其相适应的职业类型，并明确阐明选择职业的三大要素。

一是评价求职者的生理和心理特点。通过心理测量及其他测评手段，获得有关求职者的身体状况、能力倾向、兴趣爱好、气质与性格等方面的个人资料，通过会谈、调查等方法获得有关求职者的家庭背景、学业成绩、工作经历等情况，并对这些资料进行评价。

二是了解职业选择成功的条件、所需知识，以及在不同职业岗位上所具有的优势、劣势和补偿、机会及前途。

三是人职匹配。指导求职者在了解自身的特性和职业的各项指标的基础上，进行比较分析，选择一种适合其个人特点、有可能获得并能取得成功的职业。

帕森斯提出人职匹配的两种类型：一种是特性匹配（人找职），如具有敏感、易动感情、不守常规、个性强、理想主义等人格特性的人，宜从事审美性、自我情感表达等艺术创作类型的职业；另一种是因素匹配（职找人），如需要有专门技术和专业知识的职业与掌握该种技能和专业知识的择业者相匹配，脏、累、苦等劳动条件很差的职业，需要能吃苦耐劳、体格健壮的劳动者与之匹配。

人职匹配理论强调个人所具有的特性与职业所需要的素质与技能之间的协调和匹配。该理论首先提出了在职业决策中进行人职匹配的思想，奠定了人才测评的理论基，推动了人才测评在职业指导中的运用和发展。总体上看，人与职业相匹配理论为人们的职业设计提供了最基本的原则，各种心理测量工具和美国出版的大量的职业信息书刊也为之提供了良好的支持。由于该理论具有较强的可操作性，所以被人们广为采用。但也应该看到理论中的静态观点和现代社会的职业变动规律不相吻合，它忽视了社会因素对职业设计的影响和制约作用。

二、霍兰德的人业互择理论

约翰·霍兰德是美国约翰·霍普金斯大学心理学教授，美国著名的职业指导专家。他于1959年提出了具有广泛社会影响的人业互择理论，人业互择理论又叫"职业规划理论——霍兰德六角形理论"，职业选择也是人格的表现。

霍兰德提出了四个基本假设：其一，人的个性大致可分为六种类型，即实际型、研究型、艺术型、社会型、企业型和常规型；其二，所有职业均可划分为相应的六大基本类型，任何一种职业大体都可以归属于六种类型中的一种或几种类型的组合；其三，人们一般都倾向于寻找与其个性类型相一致的职业类型，追求充分施展其能力与价值观，承担令人愉快的工作和角色，职业也充分寻求与其类型相一致的人；其四，个人的行为取决于其个性与所处的职业类型，可以根据有关知识对人的行为进行预测，包括职业选择、工作转换、工作绩效及教育和社会行为等。在这四个前提的基础上，霍兰德提出了六边形模型。他强调：个人的人格与工作环境之间的适配和对应是职业满意度、职业稳定性与职业成就的基础。在我们的文化里，大多数人可以分为六种人格类型，这六种类型可以按照固定顺序排成一个六角形。

（一）霍兰德人职六类型

霍兰德提出的人格与职业类型，包括如下具体内容。

1. 实际型——R 型

现实型也称实际型。属于现实型人格者，喜欢从事技艺性的或机械性的工作，能够独立钻研业务、完成任务，长于动手并以"技术高"为荣。其不足之处是人际关系能力较差。

属于该类型的职业主要有：工程师、技术员、机械操作员、维修安装工人、矿工、木工、电工、鞋匠、司机、测绘员、描图员、农民、牧民、渔民等。

2. 学者型——I 型

调研型也称调查型、研究型或思维型。属于调研型人格者，喜欢从事思考性、智力性、独立性、自主性的工作。这类人往往有较高的智力水平和科研能力，注重理论。其不足之处是不重视实际，考虑问题偏执与理想化，且领导他人、说服他人的能力较弱。

属于该类型的职业主要有：科研人员、技术发明人员、计算机程序设计师、实验员、科学报刊编辑、动物学者、物理学者、化学家、数学家等。

3. 艺术型——A 型

艺术型人格者，喜欢通过各种媒介表达自我的感受（如绘画、表演、写作），其审美能力较强，感情丰富且易冲动，不顺从他人。其不足之处是往往缺乏文书、办事员等普通行政人员谨慎细致的工作能力。

属于该类型的职业主要有：作曲家、画家、作家、演员、记者、诗人、摄影师、音乐教师、编剧、雕刻家、室内装饰专家、漫画家等。

4. 社会型——S 型

社会型也称服务型。属于社会型人格者，喜欢与人交往，乐于助人，关心社会问题，常出席社交场合，对于公共服务与教育活动感兴趣。其不足之处是往往缺乏机械能力。

属于该类型的职业主要有：社会学家、福利机构工作者、社会工作者、咨询人员、心理治疗医生、社会科学教师、学校领导、导游、精神病工作者、公共保健护士等。

5. 企业型——E 型

企业型也称决策型或领导型。属于企业型人格者，性格外向、直率、果敢，精力充沛，自信心强，有支配他人的倾向和说服他人的能力，敢于冒险。其不足之处是忽视理论，自身的科学研究能力也较差。

属于该类型的职业主要有：厂长、经理、营销员、采购员、饭店经理、律师、政治家、市长、校长、广告宣传员、调度员等。

6. 常规型——C 型

常规型也称传统型。属于常规型人格者，喜欢从事有条理、有秩序的工作，按部就班、循规蹈矩、踏实稳重，讲究准确性（如数字、资料），愿意执行他人命令，接受指挥而不愿独立负责或指挥他人。其不足之处是为人拘谨、保守、缺乏创新精神。

属于该类型的职业主要有：记账员、会计、银行出纳、法庭速记员、成本估算员、税务员、校对员、打字员、办公室职员、统计员、计算机操作者、图书资料档案管理员、秘书等。

显而易见，每一种类型的人都有自己的特点和长处，也有一定的短处。从全社会的角度来看，以及从人的心理差异的角度来看，无所谓哪一种好、哪一种差，而只有与职业类型是否协调、匹配的问题。但是，社会中的人是复杂的，往往不能用一种类型来简单概括，而是兼有多种性质，即以某一类型为主，但同时具备他种类型的特点。因此，职业问题专家进而提出若干种中间类型或同时具备多种类型特性的职业类型群的划分方法。

（二）人与职业的互相适应

为了直观地说明自己的思想，霍兰德设计了一个平面六边形，如图 11-1 所示。

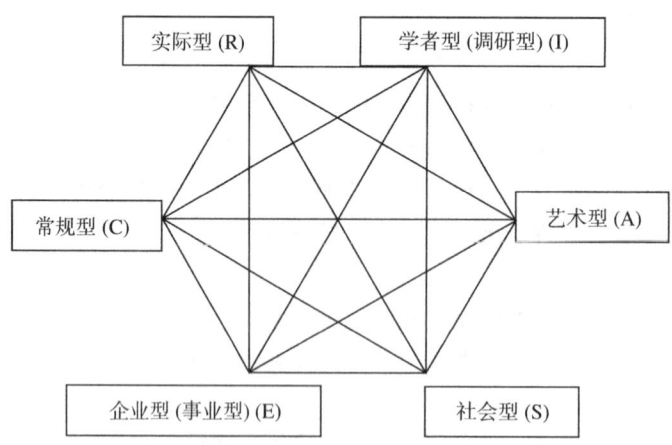

图 11-1 霍兰德人职六类型

图 11-1 中，六边形的六个角分别代表霍兰德所提出的六种类型。六种类型之间具有一定的内在联系，它们按照彼此间相似程度定位，相邻两个维度在各种特征上最相近，相关程度

最高。距离越远,两个维度之间的差异越大,相关程度越低。每种类型与其他五种类型存在三种关系:相近、中性和相斥。实际型与调研型、常规型相关程度较高,与艺术型、企业型相关度次高,与社会型相关度最低。其余类推。

霍兰德认为,当同一类型的劳动者与职业互相结合,如社会型劳动者从事社会型职业,结果是互相适应。社会型劳动者喜欢为他人服务,社会型职业恰恰都是与人打交道的工作;社会型劳动者不擅长使用机器,而社会型职业并不需要这种能力。因此,人职匹配能够实现劳动力资源最优化配置。当某一类型的劳动者从事与此类型低度相关的职业,如常规型劳动者从事艺术型职业,结果是互相排斥。常规型劳动者乐于按计划办事,但在艺术型职业环境中往往都是一些没有严格计划的活动;他所具备的处理日常事务的能力,在艺术型职业环境中没有用武之地。他所具有的良好品质,如遵守纪律、自我约束等在艺术型职业环境中并不为他人所欣赏。他的保守态度也与艺术型劳动者激进而开放的价值观念相冲突。因此,他会显得格格不入。总之,劳动者类型与职业类型相关系数越大,两者的适应程度就越高,相关系数越小,两者适应程度就越低。

根据六边形模型来理解,最为理想的职业选择就是个体能找到与其个性类型重合的职业类型,即人职协调。这时,个人最可能充分发挥自己的才能并具有较高的工作满意感。如果个人不能获得与其个性相重合的职业,则寻找与其个性类型相近的职业。由于两种类型之间有较高的相关系数,个人经过努力和调整也能适应职业环境,达到人职次协调。最差的职业选择是个人在与其个性类型相斥的职业环境中工作。在这种情况下,个人很难适应工作,也不太能感到工作的乐趣,甚至无法胜任工作,是人职不协调的匹配方式。总之,个性类型与职业类型的相关程度越高,个人的职业适应性越好;相关程度越低,个体的职业适应性越差。因此,六边形模型有助于人们更好地理解和进行职业选择。

三、施恩的职业锚理论

职业锚理论是美国管理学家施恩(E.H.Schein)提出的,是职业生涯发展理论中一个很重要的内容。它反映人们在有了相当丰富的工作阅历以后,真正乐于从事某种职业,并把它作为自己终身的职业归宿的原因。施恩等对美国麻省理工学院的一批管理系毕业生进行长达十几年的追踪研究,进行了大量采访、面谈和态度测量,并根据这些资料进行研究分析,结论是这批人在毕业时所持有的就业动机与职业价值观,与十多年后的实际状况——就业动机、职业价值观和与之相关的实际岗位——都有一定的出入。前者与后者的差异原因在于大学毕业生对自己的认识和对外界的认识有盲目之处、不准确之处,经过相当长的事件后受到客观实践的矫正。施恩将这一"人们终身所认定的、在再一次职业选择中(假定的或实际的)最不肯舍弃的东西"称之为"职业生涯系留点"。

职业锚(career anchor)就是指当一个人不得不做出选择的时候,他或她无论如何都不会放弃的职业中的那种至关重要的东西或价值观。正如"职业锚"这一名词中"锚"的含义一样,职业锚实际上就是人们选择和发展自己的职业时所围绕的中心。一个人对自己的天资和能力、动机、需要、态度和价值观有了清楚的了解之后,就会意识到自己的职业锚到底是什么。施恩根据自己在麻省理工学院的研究指出,要想对职业锚提前进行预测是很困难的,这

是因为一个人的职业锚是在不断发生着变化的，它实际上是一个不断探索过程所产生的动态结果。有些人也许一直都不知道自己的职业锚是什么，直到他们不得不做出某种重大选择的时候，如到底是接受公司将自己晋升到总部的决定，还是辞去现职，转而开办和经营自己的公司。正是在这一关口，一个人过去的所有工作经历、兴趣、资质等才综合成一个有意义的模式（或职业锚），这个模式或职业去告诉此人，对他或她个人来说，到底什么东西是最重要的。施恩根据自己对麻省理工学院毕业生的研究，提出了以下五种职业锚。

1. 技术/功能型职业锚

具有较强的技术或功能型职业锚的人，往往不愿意选择那些带有一般管理性质的职业。相反，他们总是倾向于选择那些能够保证自己在既定的技术或功能领域中不断发展的职业。

2. 管理型职业锚

管理型职业锚的人会表现出成为管理人员的强烈动机。职业经历使得他们相信自己具备提升到那些一般管理性职位上去所需要的各种必要能力以及相关的价值倾向。承担较高责任的管理职位是这些人的最终目标。当追问他们为什么相信自己具备获得这些职位所必需的技能的时候，许多人回答，他们之所以认为自己有资格获得管理职位，是由于他们认为自己具备以下三个方面的能力：①分析能力（在信息不完全及不确定的情况下发现问题、分析问题和解决问题的能力）；②人际沟通能力（在各种层次上影响、监督、领导、操纵及控制他人的能力）；③情感能力（在情感和人际危机面前只会受到激励而不会受其困扰和削弱的能力，以及在较高的责任压力下不会变得无所作为的能力）。

3. 创造型职业锚

麻省理工学院的有些学生在毕业之后逐渐成为成功的组织家。在施恩看来，这些人都有这样一种需要："建立或创设某种完全属于自己的东西，一件以他们自己的名字命名的产品或工艺，一家他们自己的公司或一批反映他们成就的个人财富，等等。"比如，麻省理工学院的一位毕业生已经成为某大城市中的一个成功的城市住房购买商、维修商和承租商，另外一位麻省理工学院的毕业生则创办了一家成功的咨询公司。

4. 自主与独立型职业锚

麻省理工学院的有些毕业生在选择职业时似乎被一种自己决定自己命运的需要所驱使着，他们希望摆脱那种因在大组织中工作而依赖别人的境况，因为当一个人在某家大组织中工作的时候，他或她的提升、工作调动、薪金等诸多方面都难免受别人的摆布。这些毕业生中有许多人还有着强烈的技术或功能导向。然而，他们却不是到某一个组织中去追求这种职业导向，而是决定成为一位咨询专家，要么是自己独立工作，要么是作为一个相对较小的组织中的合伙人来工作。具有这种职业锚的其他一些人则成了工商管理方面的教授、自由撰稿人或小型零售公司的所有者等。

5. 安全型职业锚

麻省理工学院还有一少部分毕业生极为重视长期的职业稳定和工作的保障，他们似乎比较愿意去从事这样一类职业：这些职业应当能够提供有保障的工作、体面的收入及可靠的未来生活。这种可靠的未来生活通常是由良好的退休计划和较高的退休金来保证的。对于那些对地理安全性更感兴趣的人来说，如果追求更为优越的职业，意味着将要在他们的生活中注入一种不稳定或保障较差的地域因素的话，迫使他们举家搬迁到其他城市，那么他们会觉得在一个熟悉的环境中维持一种稳定的、有保障的职业，对他们来说是更为重要的。对于另外一些追求安全型职业锚的人来说，安全则是意味着所依托的组织的安全性。他们可能优先选择到政府机关工作，因为政府公务员看来还是一种终身性的职业。

四、佛隆的择业动机理论

美国心理学家佛隆（Victor.H.Vroom）通过对个体择业行为的研究认为，个体行为动机的强度取决于效价的大小和期望值的高低，动机强度与效价及期望值成正比，1964年在《工作和激励》一书中，他提出了解释员工行为激发程度的期望理论。期望理论的公式为

$$F = V \cdot E$$

式中，F为动机强度，是指积极性的激发程度，表明个体为达到一定目标而努力的程度；V为效价，是指个体对一定目标重要性的主观评价；E为期望值，是指个体对实现目标可能性大小的评估，即目标实现概率。

员工个体行为动机的强度取决于效价大小和期望值的高低。效价越大，期望值越高，员工行为动机越强烈，即为达到一定目标，他将付出极大努力。如果效价为零乃至负值，表明目标实现对个人毫无意义，甚至带来负效应，因此在这种情况下，即使目标实现的可能性较大，个人不会产生追逐目标的动机，不会表现出积极性也不会为此付出任何的努力。如果目标实现的概率为零，那么无论目标实现意义多么重大，个人同样不会产生追求目标的动机。

佛隆将这一期望理论用来解释个人的职业选择行为，具体化为择业动机理论。该理论的应用，即个人如何进行职业选择，分两步走：第一步是确定择业动机。用公式表示为

$$择业动机 = 职业效价 \times 职业概率$$

式中，择业动机表明择业者对目标职业的追求程度，或者对某项职业选择意向的大小。

职业效价是指择业者对某项职业价值的评价，取决于：①择业者的职业价值观；②择业者对某项具体职业要求，如兴趣、劳动条件、工资、职业声望等的评估。即

$$职业效价 = 职业价值观 \times 职业要素评估$$

职业概率是指择业者获得某项职业可能性的大小，通常主要决定于四个条件：

（1）某项职业的需求量。在其他条件一定的情况下，职业概率同职业需求量呈正相关。

（2）择业者的竞争能力，即择业者自身工作能力和求职就业能力，竞争力越强，获得职业的可能性越大。

（3）竞争系数是指谋求同一种职业的劳动者人数的多少。在其他条件一定的情况下，竞争系数越大，职业概率越小。

（4）其他随机因素。

因此，职业概率的公式为

$$职业概率 = 职业需求量 \times 竞争能力 \times 竞争系数 \times 随机性$$

择业动机公式表明，对择业者来讲，某项职业的效价越高，获取该项职业的可能性越大，择业者选择该项职业的意向或者倾向越大；反之，某项职业对择业者而言其效价越低，获得此项职业的可能性越小，择业者选择这项职业的倾向也就越小。

第二步是比较择业动机。择业者对其搜寻与作为考虑对象的几种目标职业，进行价值评估及获取该项职业的可能性进行评价，横向比较集中职业，以最终确定选择的职业。一般来说，择业动机分值较高的职业确定为最终职业选择的概率更大。

第三节　职业生涯管理

一、职业生涯管理的概念

职业生涯管理是企业人力资源管理的重要内容之一，是指组织开展和提供的、用于帮助和促进组织内正从事某类职业活动的员工实现其职业发展目标的行为过程，其内容包括职业生涯设计、规划、开发、评估、反馈和修正等一系列综合性的活动与过程。其目的是通过员工和组织的共同努力与合作，使每个员工的生涯目标与组织发展目标相一致，使员工的发展与组织的发展相吻合。

职业生涯管理强调组织要给予员工适当的训练、协助和机会，使员工能够配合组织发展目标和经营理念，制定切实可行的个人生涯发展目标，并努力促进其实现。所以，员工职业生涯管理也就包括对员工个人状况的深入了解和对组织的深入了解。只有在深入了解的基础上，才能有针对性地确定员工的职业生涯规划目标，以及实现这一目标所需要的各种管理方法与手段。

除了重视组织的发展外，现代化管理的重点应考虑员工个人的发展需求。因此，每个组织都应该尽可能地把这两个目标融合到一起，作为组织自身追求发展的指南，并作为组织确定经营理念与制定工作策略时的依据。

因此，职业生涯管理包括以下两个方面。

（1）员工自我职业生涯管理。因为员工是自己的主人，所以自我管理也就是其职业生涯成功的关键。就员工个人来说，需要尽可能多地了解组织的目标、经营理念，以及组织所能提供的发展、训练、升迁机会与晋升渠道等，同时全面了解自己的性格、兴趣、能力、工作动机、价值观、态度、优缺点等。

（2）组织对员工职业生涯管理。组织协助员工规划其生涯发展，并为员工提供必要的教育、训练、轮岗等发展的机会，促进员工职业生涯目标的实现。就组织方面而言，则应详细了解自身过去的发展及未来的目标，预测外在政治、经济、社会、文化等环境可能发生的变化及可能产生的影响，为自身规划出一个具有长远性、前瞻性的发展方向；同时应尽可能地深入了解员工们的个别差异性及绩效表现、发展目标等。组织应该主动向员工提供各种信息，强化彼此之间的回馈、沟通、信赖与支持，使员工了解个人在组织中的发展方向，以提高员工的工作积极性和凝聚力。

二、职业生涯管理的内容

职业生涯管理有一般管理和延伸管理两个方面，具体内容包括设定职业生涯目标、帮助职业适应、及时评估绩效、关注员工健康、员工退休管理等。

（一）职业生涯一般管理

1. 设定职业生涯目标

职业生涯目标是指个人在选定的职业领域内未来时点上所要达到的具体目标，包括短期目标、中期目标和长期目标。职业生涯目标一般都是在进行个人评估、组织评估和环境评估的基础上，由组织里的部门负责人或人力资源部负责人与员工个人共同商量设定。注意职业生涯目标要具体明确、高低适度、留有余地，并与组织目标相一致。

2. 帮助职业适应

任何个体从学校步入社会，都会经历一个过渡期，即适应期。为了帮助新人尽快度过适应期，组织要先做一些工作，如招聘时就把有关工作内容和工作环境描述尽可能多地展现给应聘者，管理人员多给新员工提出希望和给予信任，提供具有挑战性的初始工作，同时进行一些心理疏导等。

3. 及时评估绩效

每一个员工都希望自己的工作状况能有一个反馈，以便从中看到自己的优势和不足。对于组织来说，通过评估，可以发现员工个人工作绩效好在哪里，绩效差的原因是什么，是态度问题还是能力问题，以便有针对性地进行反馈和调整。

4. 轮岗与升迁

轮岗与升迁是职业生涯管理的重要内容，也是促进员工职业发展的一个主要的手段。所以组织要建立和完善员工的轮岗与升迁制度，要研究开辟多种升迁渠道，如行政管理系列、技术职务系列、实职领导岗位、非领导岗位等，促进员工职业生涯目标得到实现，调动员工的工作积极性。

5. 提供培训机会

随着知识经济时代的到来，终身教育已成为促进每个人职业发展的一把金钥匙。任何员工从一个层次上升到一个更高的层次，由于知识和能力要求的不同，都需要进行相应的培训。所以，从职业发展的角度来说，制订一个与生涯计划相配套的培训计划是一个不错的选择。

6. 修改职业生涯计划

由于环境等各方面因素的不断变化，在职业发展过程中，不适应的情况也时有发生。如果遇到这种情况，组织要给员工个人提供修改生涯计划的机会，以选择新的发展道路。

（二）职业生涯延伸管理

1. 关注员工健康

健康对于每个人来说都是非常重要的。没有健康就不会有良好的工作状态。在当今充满竞争和压力的时代，人们都非常关注自己的健康。人的健康包括身体健康和心理健康，从某种程度上来说，心理健康比身体健康显得更为重要。关注员工健康，首先要给员工提供有利于健康的工作环境。关心员工因心理紧张或压力所造成的各种疾病，帮助员工进行健康教育和心理调适。只有当员工处于一种健康的状态下，提高其工作效率才会有一个好的基础。

2. 协调工作和家庭关系

（1）工作和家庭平衡计划。组织中的员工除了职业生活外同时还在经历家庭生活，家庭对员工本身有重大意义，也会给职业生活带来许多影响。工作和家庭平衡计划是组织帮助员工认识和正确看待家庭同工作的关系，调和职业和家庭的矛盾，缓和由于工作和家庭关系失衡而给员工造成的压力的计划。

（2）协助员工寻找工作和家庭生活的平衡点。工作和家庭计划的目的在于帮助员工找到工作和家庭生活的平衡点。要达到这一目的，组织必须了解家庭各阶段的需求、工作境况对家庭生活的影响，然后给予员工适当的帮助。

（3）参考家庭发展周期理论，了解员工的家庭需要。一般来说，单身成年人的主要问题是寻找配偶和决定是否结婚组建家庭。婚后初期，适应两人生活，决定是否生育，做出家庭形式和财务要求的长期承诺变为当务之急。子女出生后，体验为人父母的经验，担负起抚养和教育子女的责任成为首要任务，而且又要开始为自己的父母提供衣食和经济上的照顾。这些需要形成的压力有的会影响员工的工作情绪和精力分配，有的则形成强烈的职业方面的需要和工作动机，最终影响员工对工作的参与程度。

3. 帮助再就业

在企业发展的过程中，总会因为各种各样的原因而进行一些裁员工作，特别是在经济结构大调整和世界经济发展不景气的大背景下，裁员会更多。裁员并不是简单地把员工踢向社会，任何一个以职业生涯管理为导向的组织，都会重视这项工作。在员工离开单位之际，帮助其设计再就业方案，甚至提供就业培训，或和其他有关部门建立合作就业机制等，这会有效激励在职员工，增强组织的向心力。

4. 员工退休管理

随着员工年龄的增长，任何一个组织都会面临着员工离退问题。所以从职业生涯管理的角度来说：一是要帮助员工进行退休前的准备，如心理适应、老年健康和联谊等；二是要同时关注已经退休的员工，对他们给予关心和提供发挥余热的机会，或组织一些慰问等。

第四节　常见的几种职业生涯管理实践

一、职业高原现象

职业高原是指员工在职业阶梯上继续上升的可能性非常小的情况。绝大多数的员工都会经历职业高原现象，帮助员工克服职业高原现象是组织职业生涯管理的重要内容。

产生职业高原现象的原因是多方面的，不同的原因需要不同的方式来化解。国内外不少职业管理专家研究了职业高原现象产生的根源，并提出了相应的解决思路。我们把产生职业高原现象的原因分为五大类型：组织结构和职位系统的问题；组织人力资源管理的问题；工作性质的原因；员工知识、技能水平和结构的问题；员工的职业价值观和职业动机问题。

（一）组织结构和职位系统

组织结构和职位系统是产生员工职业高原现象的常见原因。传统的金字塔形的组织结构及其日益扁平化的发展趋势，使纵向的职务晋升概率对大多数员工来说都是很小的，且随着组织层次的提高，晋升的机会越来越小。在一个组织中，如果员工的职位上升到了顶点，那么，就会使员工感到在该组织中自己的职业发展已经没有了空间，从而产生离开组织追求更大发展的想法。如果一个组织的职位系统中只有管理岗位的晋升阶梯，没有专业发展的级别通道或阶梯和通道的等级较少，那么由此而产生的职业高原现象就会更加普遍。对于这种情况，一方面，组织可以通过结构和职位的重新设计，尽可能地为每一名有职业发展潜力和动力的员工提供职业发展的空间。另一方面，可以通过职业成功观的教育，帮助员工打破官本位的思想，倡导专业提升和专业扩展的新型的职业成功理念，创新职业发展新思维，开拓职业发展新途径。当然，组织为员工提供职业发展空间的能力是相当有限的，它受制于组织及其所在行业本身的成长性。组织的成长和员工的发展空间具有很强的正相关性。

（二）组织的人力资源管理

组织人力资源管理的不科学、不完善也会成为员工职业高原形成的助长因素，如绩效反馈系统缺乏或扭曲、甄选体系无效、报酬体系的不公平等。没有良好的绩效反馈体系，员工无法知晓自己的工作态度、行为和结果是否令组织满意，以及满意到何种程度，久而久之，员工就会失去努力的方向，无法与组织的要求保持一致，导致职业成长缓慢或低效。绩效评估指标体系的不科学和人员选拔中的人际干扰等均会使组织失去有效的甄选体系，使组织的晋升决策失去客观公正的基础，使真正有职业潜力和职业进取心的员工对在现有组织中的发展失去信心，或者放弃努力，或者另谋它就。报酬、福利、待遇如果与岗位工作的责任轻重、知识技能要求不一致，甚至相反，员工就没有理由和必要去开发自己的职业能力，因为职业能力和实际从事的职位与回报没有关系。另外，组织在人力资源管理中，尤其是晋升管理中的歧视、偏见也是导致一部分员工，如女性职工、少数民族职工、某些宗教信仰者职工陷入职业高原的重要原因。克服这类职业高原现象的可选方法主要是改进组织的人力资源管理机制，特别要做好一些基础性的工作，如建立在科学工作分析基础上的绩效评估和甄选体系，完善各类职位的胜任力模型和薪酬福利计划。另外，要反省和克服人力资源管理中有意无意形成的、各种形式的、人为制造的"玻璃天花板"等。

（三）工作的性质

有些职业高原现象是工作本身的性质决定的。一些工作需要长期工作经验的积累，相应的知识、技能也必须循序渐进地提升。此类工作职业发展的速度比较慢但持续时间长久，可能终身努力也很难到达职业阶梯的顶点。也有些工作则比较容易上手，或者经过较短一个时期的磨炼后就能从容应对。工作缺乏挑战性使人产生的倦怠，甚至会使人的工作绩效进入下滑的通道。对于这类职业高原现象，可以考虑工作丰富化和扩大化等工作设计，或者考虑轮岗方式以激发工作兴趣。

（四）员工知识、技能水平和结构

形成职业高原现象也有员工自身的原因。其中一种原因是员工的身体、知识技能水平以及进一步学习和适应的能力已经无法承受更多的工作责任和绩效要求。这种情况在接近退休年龄的员工中比较普遍。对于这类职业高原现象，仅仅依赖简单的培训、激励是不解决问题的。可行的方法是让员工勇敢地承认现实，认识到这是职业生涯发展过程中的正常现象，以减轻内疚和挫折感。同时在工作安排上做一些调整，尽量发现和发挥其积极的因素，安排一

些力所能及的工作，尽可能保持已有的工作绩效。对于员工因为个性特征与工作性质的较大错位导致的职业高原现象应该及早处理，帮助员工重新进行职业定位。

（五）职业价值观和职业动机

缺乏职业发展的动机是形成职业高原现象的员工内在的综合性因素。职业动机包括职业适应性、职业洞察力和职业认同感三个方面。职业适应性也称职业弹性，指员工对影响自己工作的障碍、破坏因素或不确定性的抵制与应变能力；职业洞察力也称职业远见，指员工对自己和职业性质了解的准确程度，以及对组织和行业职业机会预见的准确程度；职业认同感是指员工对工作、组织的认同和参与程度。职业动机较高的员工，设定的职业发展目标比较现实，具有克服职业发展障碍的心理准备和实际能力，并将做好组织的具体工作为自己职业发展的体现。这样的员工较易避免和克服职业高原现象。相反，缺乏职业动机的员工，或者因职业定位不切实际而遭遇挫折，或因暂时的职业发展困难而改变方向，或因自身的价值观与组织使命的不一致而无法提高工作热情和绩效，这些都增加了职业高原形成的可能性和持续性。组织的职业生涯开发活动，如提供员工自我评价手册、组织职业生涯咨询研讨、提供组织职位信息等对于提高员工的职业动机都有一定的积极作用。

二、个人职业生涯发展通道的选择

职业生涯发展通道选择是人生发展的重要环节之一。按照我国学者张再生的理解，个人在进行职业生涯发展通道选择时主要考虑三个方面的因素：一是个人希望向哪一条道路发展，主要考虑自己的价值观、理想、成就动机，确定自己的职业目标取向；二是自己适合向哪一条道路发展，主要考虑自己的性格、特长、经历、学历等主观条件，确定自己的能力取向；三是个人能够向哪一条道路发展，主要考虑自己所处的社会环境、组织环境、家庭环境等，确定自己的机会取向。职业生涯发展通道选择的重点就是要对职业生涯选择要素进行系统分析，在对上述三个方面的要素进行综合分析的基础上确定自己的职业生涯路线。

在个人职业生涯路线选择中，首先必须了解组织内部职业生涯阶梯设置的模式。一般而言，组织内部职业生涯发展轨道越多，个人的发展机会就越多，对个人的发展就越有利。因此，在进行职业生涯路线选择时，要尽可能选择那些职业生涯阶梯较多的组织，并在选定的路线上尽量朝着目标前进。组织职业生涯发展阶梯是组织为内部员工设计的自我认知、成长与晋升的管理方案，是决定组织内部人员晋升的不同方式、条件和程序的政策组合。职业生涯阶梯可以显示出组织内人员晋升的方式、晋升机会的多少、如何争取晋升等，从而为员工指明努力的方向，提供平等竞争的机制。通常职业生涯阶梯包括职业生涯阶梯宽度、速度和长度三个方面。职业生涯阶梯的模式主要包括单阶梯模式、双阶梯模式和多阶梯模式三种。传统的组织职业生涯发展阶梯只有一种行政管理职位，因此也称为单阶梯模式。例如，在政府部门管理岗位中，职业生涯阶梯一般为科员、副科长、科长、副处长、处长、副局长、局长等。单阶梯模式只在一些性质比较单一的组织中实行。

目前组织中实行的职业生涯阶梯模式是双阶梯模式，是组织为摆脱传统职业阶梯的局限，在组织内部同时提供两种职业生涯阶梯的形式。一是管理生涯阶梯，沿着这条道路个人可以达到较高的管理职位;二是专业技术人员生涯阶梯,沿着这条路线个人可以达到较高的技术职位。两个阶梯同一等级的人员在职位上是平等的。个人可以根据自己的意愿选择其中一条路径作为自己的发展方向。例如,海尔集团就分别设置了管理职务和技术职务的升迁轨道。多职业生涯发展路径是顺应组织扁平化趋势的产物,又叫网状晋升路径。它以水平晋升路径为基础,是纵向发展的工作序列与横向发展机会的综合交叉。这一路径承认在某些层次的工作经验的可替换性,规定在向上一级职位晋升之前必须首先进行同职位等级岗位的工作调动,即水平晋升,使个人在纵向晋升到较高层职位之前拓宽本层次知识和丰富本层次工作经验。这种路径比传统的单阶梯晋升路径更现实地代表了员工在组织中的发展机会。纵横向交错选择一方面大大减少了晋升职位的堵塞,缓解了组织晋升空间的压力;另一方面,一定程度上对消除员工"职业高原"症状有积极的作用。

其次,个人在进行职业生涯路径的选择时,还需要综合考虑自己的专业背景、经历和知识能力等综合因素,尤其是需要对自己的价值观进行分析。下面一些问题可以促使个人思考将某个职业作为自己职业发展方向时对自己的价值观进行分析。例如,"你能说出对你的工作满意度最为重要的 3 件事情吗?你在工作中真正追寻的是什么?你对帮助他人和改变世界有热情吗?你想严格地遵守指导,还是愿意自己决定重要的任务?"诸如此类的问题,是为了全面了解自己对职业和职业发展的认识。

最后,个人应该认识到,职业生涯路线不是固定不变的,可能在一定时期出现交叉与转换。例如,个人可以先走专业技术路线,到一定程度后再走管理路线。相反的路线选择也存在合理性。事实上,个人职业生涯发展路线远远不止这三种,每个人在恰当的时候都可以进行职务的转换或工作的变动。同样,个人职业生涯的转换存在一定的困难,这是因为以往积累起来的工作经验、人际关系及知识等都或多或少地存在刚性特点,可能不会在短期内迅速被利用起来,所以会阻碍个人的职业发展进程。从此意义上说,个人需要谨慎地对待自己职业生涯发展路线的设计,当然也可以采取一些措施来不断积累自己的知识和培养自己多样的能力,以便减少职业转换时的痛苦和阻力。

习 题

一、单选题

1. 下列哪项不是职业生涯的影响因素(   )。
   A. 个人因素   B. 组织因素   C. 社会因素   D. 家庭背景
2. 下列哪项不属于萨柏的职业生涯发展阶段理论的职业发展阶段(   )。
   A. 现实阶段   B. 成长阶段   C. 探索阶段   D. 衰退阶段
3. 下列有关帕森斯的人职匹配理论论述错误的是(   )。
   A. 人与职业相匹配是职业选择的焦点
   B. 动态地阐述了现代社会的职业变动规律
   C. 强调个人所具有的特性与职业所需要的素质与技能之间的协调和匹配
   D. 忽视了社会因素对职业设计的影响和制约作用

4. 下列哪项不是施恩提出的五种职业锚（ ）。

   A. 技术型职业锚　　B. 管理型职业锚　　C. 现实型职业锚　　D. 安全型职业锚

5. 下列关于佛隆的择业动机理论的论述错误的是（ ）。

   A. 个体行为动机的强度与效价及期望值成正比

   B. 如果效价为零乃至负值，表明目标实现对个人毫无意义

   C. 某项职业的效价越高，获取该项职业的可能性越小

   D. 职业概率=职业需求量×竞争能力×竞争系数×随机性

6. 下列哪项不属于张再生提出的个人在进行职业生涯发展通道选择时主要考虑的因素（ ）。

   A. 个人希望向哪一条道路发展

   B. 哪一条道路发展成功可能性最大

   C. 自己适合向哪一条道路发展

   D. 个人能够向哪一条道路发展

二、多选题

1. 下列哪几项属于金斯伯格的职业生涯发展阶段理论的职业发展阶段（ ）。

   A. 成长期　　　B. 幻想期　　　C. 尝试期　　　D. 现实期

2. 下列关于霍兰德的人业互择理论的论述正确的是（ ）。

   A. 将人的个性分为：实际型、研究型、艺术型、社会型、企业型和常规型

   B. 认为人们一般都倾向于寻找与其个性类型相一致的职业类型

   C. 劳动者类型与职业类型相关系数越大，两者的适应程度就越低

   D. 社会中的人是复杂的，一个人往往兼有多种个性类型

3. 下列关于施恩的职业锚理论论述正确的是（ ）。

   A. 职业锚是一个人无论如何都不会放弃的职业中的价值观

   B. 职业锚实际上就是人们选择和发展自己的职业时所围绕的中心

   C. 管理型职业锚的人会表现出成为管理人员的强烈动机

   D. 安全型职业锚的人重视长期的职业稳定和工作的保障

4. 员工职业生涯管理包括（ ）。

   A. 员工的职业生涯自我管理　　B. 员工继续接受教育

   C. 组织结构的升级　　　　　　D. 组织协助员工规划其生涯发展

5. 职业生涯一般管理包括（ ）。

   A. 帮助再就业　　　　　　　　B. 设定职业生涯目标

   C. 帮助职业适应　　　　　　　D. 员工退休管理

6. 下列属于产生职业高原现象的原因类型的是（ ）。

   A. 组织结构和职位系统

   B. 组织的人力资源管理

   C. 客观环境的变迁

   D. 员工知识、技能的水平和结构

三、论述题
1. 论述萨柏的职业生涯五阶段理论。
2. 论述霍兰德的人业互择理论。
3. 论述施恩的职业锚理论。
4. 论述几种常见的职业高原现象和化解对策。
5. 论述个人职业生涯发展通道的选择。

习 题 解 答

一、1. D　　2. A　　3. B　　4. C　　5. C　　6. B
二、1. BCD　2. ABD　3. ABCD　4. AD　5. BD　6. ABD

三、1. 萨柏以美国白人作为自己的研究对象。把人的职业生涯划分为五个主要阶段：成长阶段、探索阶段、确立阶段、维持阶段和衰退阶段。成长阶段的主要任务是认同并建立起自我概念，对职业的好奇占主导地位，并逐步有意识地培养职业能力；探索阶段的主要任务是主要通过学校学习进行自我考察、角色鉴定和职业探索，完成择业及初步就业；确立阶段的主要任务是获取一个合适的工作领域，并谋求发展，这一阶段是大多数职业生涯中的核心部分；维持阶段的主要任务是开发新的技能，维护已获得的成就和社会地位，维持家庭和工作的和谐关系，寻找接替人选；衰退阶段的主要任务是逐步退出职业和结束职业，开发更广泛的社会角色，减少权利和责任，适应退休后的生活。

2. 约翰·霍兰德是美国约翰·霍普金斯大学心理学教授，美国著名的职业指导专家。他于1959年提出了具有广泛社会影响的人业互择理论，人业互择理论又叫"职业规划理论——霍兰德六角型理论"。

霍兰德提出了四个基本假设：其一，人的个性大致可分为六种类型，即实际型、研究型、艺术型、社会型、企业型和常规型；其二，所有职业均可划分为相应的六大基本类型，任何一种职业大体都可以归属于六种类型中的一种或几种类型的组合；其三，人们一般都倾向于寻找与其个性类型相一致的职业类型，追求充分施展其能力与价值观，承担令人愉快的工作和角色，职业也充分寻求与其类型相一致的人；其四，个人的行为取决于其个性与所处的职业类型，可以根据有关知识对人的行为进行预测，包括职业选择、工作转换、工作绩效以及教育和社会行为等。在这四个前提的基础上，霍兰德提出了六边形模型。他强调：个人的人格与工作环境之间的适配和对应是职业满意度、职业稳定性与职业成就的基础。在我们的文化里，大多数人可以分为六种人格类型，这六种类型可以按照固定顺序排成一个六角形。

根据六边形模型来理解，最为理想的职业选择就是个体能找到与其个性类型重合的职业类型，即人职协调。这时，个人最可能充分发挥自己的才能并具有较高的工作满意感。如果个人不能获得与其个性相重合的职业，则寻找与其个性类型相近的职业。由于两种类型之间有较高的相关系数，个人经过努力和调整也能适应职业环境，达到人职次协调。最差的职业选择是个人在与其个性类型相斥的职业环境中工作。在这种情况下，个人很难适应工作，也不太能感到工作的乐趣，甚至无法胜任工作，是人职不协调的匹配方式。总之，个性类型与职业类型的相关程度越高，个人的职业适应性越好；相关程度越低，个体的职业适应性越差。

因此，六边形模型有助于人们更好的理解和进行职业选择。

3. 职业锚理论是美国管理学家施恩提出的，是职业生涯发展理论中一个很重要的内容。它反映人们在有了相当丰富的工作阅历以后，真正乐于从事某种职业，并把它作为自己终身的职业归宿的原因。

职业锚就是指当一个人不得不做出选择的时候，他或她无论如何都不会放弃的职业中的那种至关重要的东西或价值观。正如"职业锚"这一名词中"锚"的含义一样，职业锚实际上就是人们选择和发展自己的职业时所围绕的中心。一个人对自己的天资和能力、动机、需要以及态度和价值观有了清楚的了解之后，就会意识到自己的职业锚到底是什么。施恩根据自己对麻省理工学院毕业生的研究，提出了以下五种职业锚。

（1）技术/功能型职业锚。具有较强的技术或功能型职业锚的人，往往不愿意选择那些带有一般管理性质的职业。相反，他们总是倾向于选择那些能够保证自己在既定的技术或功能领域中不断发展的职业。

（2）管理型职业锚。管理型职业锚的人会表现出成为管理人员的强烈动机。职业经历使得他们相信自己具备提升到那些一般管理性职位上去所需要的各种必要能力以及相关的价值倾向。承担较高责任的管理职位是这些人的最终目标。

（3）创造型职业锚。麻省理工学院的有些学生在毕业之后逐渐成为成功的组织家。在施恩看来，这些人都有这样一种需要："建立或创设某种完全属于自己的东西，一件以他们自己的名字命名的产品或工艺、一家他们自己的公司或一批反映他们成就的个人财富，等等。"比如，麻省理工学院的一位毕业生已经成为某大城市中的一个成功的城市住房购买商、维修商和承租商，另外一位麻省理工学院的毕业生则创办了一家成功的咨询公司。

（4）自主与独立型职业锚。麻省理工学院的有些毕业生在选择职业时似乎被一种自己决定自己命运的需要所驱使着，他们希望摆脱那种因在大组织中工作而依赖别人的境况，因为，当一个人在某家大组织中工作的时候，他或她的提升、工作调动、薪金等诸多方面都难免受别人的摆布。这些毕业生中有许多人还有着强烈的技术或功能导向。然而，他们却不是到某一个组织中去追求这种职业导向，而是决定成为一位咨询专家，要么是自己独立工作，要么是作为一个相对较小的组织中的合伙人来工作。具有这种职业锚的其他一些人则成了工商管理方面的教授、自由撰稿人或小型零售公司的所有者等。

（5）安全型职业锚。麻省理工学院还有一少部分毕业生极为重视长期的职业稳定和工作的保障，他们似乎比较愿意去从事这样一类职业：这些职业应当能够提供有保障的工作、体面的收入及可靠的未来生活。这种可靠的未来生活通常是由良好的退休计划和较高的退休金来保证的。

4. 产生职业高原现象的原因是多方面的，不同的原因需要不同的方式来化解。国内外不少职业管理专家研究了职业高原现象产生的根源，并提出了相应的解决思路。我们把产生职业高原现象的原因分为五大类型：组织结构和职位系统的问题；组织人力资源管理的问题；工作性质的原因；员工知识、技能水平和结构问题；员工的职业价值观和职业动机问题。

（1）组织结构和职位系统。组织结构和职位系统是产生员工职业高原现象的常见原因。

传统的金字塔形的组织结构及其日益扁平化的发展趋势，使纵向的职务晋升概率对大多数员工来说都是很小的，且随着组织层次的提高，晋升的机会越来越小。对于这种情况，一方面，组织可以通过结构和职位的重新设计，尽可能地为每一名有职业发展潜力和动力的员工提供职业发展的空间。另一方面，可以通过职业成功观的教育，帮助员工打破官本位的思想，倡导专业提升和专业扩展的新型的职业成功理念，创新职业发展新思维，开拓职业发展新途径。

（2）组织的人力资源管理。组织人力资源管理的不科学、不完善也会成为员工职业高原形成的助长因素，如绩效反馈系统缺乏或扭曲、甄选体系无效、报酬体系的不公平等。克服这类职业高原现象的可选方法主要是改进组织的人力资源管理机制，特别要做好一些基础性的工作，如建立在科学工作分析基础上的绩效评估和甄选体系，完善各类职位的胜任力模型和薪酬福利计划。另外，要反省和克服人力资源管理中有意无意形成的、各种形式的、人为制造的"玻璃天花板"等。

（3）工作的性质。有些职业高原现象是工作本身的性质决定的。一些工作需要长期工作经验的积累，相应的知识、技能也必须循序渐进地提升。此类工作职业发展的速度比较慢但持续时间长久，可能终身努力也很难到达职业阶梯的顶点。也有些工作则比较容易上手，或者经过较短一个时期的磨炼后就能从容应对。工作缺乏挑战性使人产生的倦怠，还会使人的工作绩效进入下滑的通道。对于这类职业高原现象，可以考虑工作丰富化和扩大化等工作设计，或者考虑轮岗方式以激发工作兴趣。

（4）员工知识、技能的水平和结构。形成职业高原现象也有员工自身的原因。其中一种原因是员工的身体、知识技能水平以及进一步学习和适应的能力已经无法承受更多的工作责任和绩效要求。这种情况在接近退休年龄的员工中比较普遍。对于这类职业高原现象，仅仅依赖简单的培训、激励是不解决问题的。可行的方法是让员工勇敢地承认现实，认识到这是职业生涯发展过程中的正常现象，以减轻内疚和挫折感。同时在工作安排上做一些调整，尽量发现和发挥其积极的因素，安排一些力所能及的工作，尽可能保持已有的工作绩效。对于员工因为个性特征与工作性质的较大错位导致的职业高原现象应该及早处理，帮助员工重新进行职业定位。

（5）职业价值观和职业动机。缺乏职业发展的动机是形成职业高原现象的员工内在的综合性因素。职业动机包括职业适应性、职业洞察力和职业认同感三个方面。组织的职业生涯开发活动，如提供员工自我评价手册、组织职业生涯咨询研讨、提供组织职位信息等对于提高员工的职业动机都有一定的积极作用。

5. 职业生涯发展通道选择是人生发展的重要环节之一。按照我国学者张再生的理解，个人在进行职业生涯发展通道选择时主要考虑三个方面的因素：一是个人希望向哪一条道路发展，主要考虑自己的价值观、理想、成就动机，确定自己的职业目标取向；二是自己适合向哪一条道路发展，主要考虑自己的性格、特长、经历、学历等主观条件，确定自己的能力取向；三是个人能够向哪一条道路发展，主要考虑自己所处的社会环境、组织环境、家庭环境等，确定自己的机会取向。职业生涯发展通道选择的重点就是要对职业生涯选择要素进行系统分析，在对上述三个方面的要素进行综合分析的基础上确定自己的职业生涯路线。

HAPTER 12

第十二章 培训开发与组织发展

[内容提要]

人力资源的培训开发对组织的发展起着重要作用。本章论述了组织发展的基本概念,介绍了常见的组织结构,并且重点介绍了本尼斯的组织发展理论,最后阐述了人力资源开发与组织发展之间的关系。人力资源开发促进组织的发展,同时,组织的发展也要求相应的人力资源开发。

[学习要点]

1. 了解组织发展的基本概念、发展阶段和影响因素;
2. 掌握常见的组织结构形式;
3. 理解本尼斯的组织发展理论;
4. 掌握组织发展与人力资源培训开发之间的关系。

开篇案例 某公司组织构架变革

Q开发投资有限公司是经市人民政府批准,于2001年4月设立的市直属综合性投资公司。主要承担政府重大建设项目的投融资;接受政府授权持有并运作国有股权;自主开展资本运营,促进资产跨地区、跨行业、跨部门、跨所有制的流动和重组。公司成立以来,以建立完善的法人治理结构、科学的运作机制、一流的员工队伍为目标,初步构筑了以专家咨询评审制、投资退出机制、激励约束机制、风险防范机制为主要内容的经营管理机制。

Q开发投资有限公司采用集团公司的组织形式,各个部室可以划分为职能部门、投资研发及资本运营部门,以及专家委员会三类,职能部门包括总经办、人力资源部和财务部,投资研发及资本运营部门包括研究发展部、资本运营部和投资开发部,专家委员会包括项目专家组和专家咨询委员会。

目前,Q公司的一把手被调离,新任的汪总进入公司后并没有马上进行大刀阔斧的改革,而选择了"深潜"的管理方式,深入基层详细了解了公司当前的组织构架、内部管理、人力资源及财务状况等。他发现,公司在资产运营模式及人员配备方面具有很大的政府背景和地方优势,但是就目前而言,企业的组织构架及管理模式存在着一些问题,使得其政府背景和地方优势难以发挥,甚至变成了公司治理中的劣势。

根据公司情况的分析,汪总决定从内部管理抓起,首先对公司的组织构架进行重新设计和调整。考虑到公司内部人力资源管理人才缺乏,而组织构架的调整涉及复杂的人事变动和利益调整,公司决定聘请专业的人力资源顾问公司来指导进行。专业的人力资源顾问公司对公司内部管理存在的问题进行了初步的分析。

1. 组织构架的问题

(1)集团公司对下属子公司管理力度较弱。Q开发投资公司采用集团公司的组织形式,实际运行中开发投资公司对下属公司监控管理,依靠子公司总经理的特定角色实现,因此集团总公司各职能部门对下属子公司管理力度较弱。

(2)公司大多数部门实际执行职能和规划职能差距甚大。人力资源部门仍然停留在人事管理层面,离现代人力资源管理还有一定差距;研究发展部门的项目论证职能模糊、经营管理改善职能未充分执行;财务融资部则主要执行会计核算和部分的财务分析执行,审计、融资、下属公司财务监控职能都未充分执行。

(3)项目专家组和专家咨询委员会、投资开发部与资本营运部职责模糊,界线不清。Q开发投资公司的专家委员会由两个临时的部门构成——项目专家组和专家咨询委员会,两个临时组织的职责范围模糊、界限不清,经常会造成两个部门工作相互重叠的现象。两个业务部门,投资开发部和资本运营部在规划初期界线不明确,造成争夺项目资源的潜在可能,通过实际工作磨合,已初步划分明确。

(4)总公司资本运营部管理职能弱化。资本运行部和资产管理公司合署办公,资本运营

部仅仅承担某一个项目组的职责，总公司资本运营部的管理职能弱化。

2. 人力资源管理与开发的问题——部门人员配备不足，部分人员专业素质与承担职能不匹配

负责公司主要业务的投资与资本运营的部门一共有27名，其中有12人是公司从外部招聘的高级投融资人才，其他一半以上的关键岗位都是由那些掌握政府背景和关系的人员构成的，这些"关系户"的业务专业能力仍然有待提高。总体而言，该公司核心关键岗位缺乏人才的问题已经严重的制约公司的战略发展。另外，由于该公司在人才引入机制不健全，外部优秀人才的进入壁垒过高，该公司缺乏人才的现象难以解决，公司现有的专业人才和中高层管理人才无法满足公司的长远发展的需求。

解决方案：人力资源顾问公司在对Q开发投资公司内部管理进行认真分析与研究后认为，影响该公司业绩不佳的主要原因是该公司组织构架不合理，但是再完美的组织构架、再优越的地方政府资源背景，如果没有优秀的人才去很好的运作与管理，这些优势也只能荡然无存。该公司只有从人力资源管理与开发的根源入手，建立良好的人才引进机制和内部人才与淘汰机制，才能够不断吸引优秀的人才，壮大公司核心专业人才队伍和中高层管理团队。

因此，顾问公司首先为该公司的组织构架设计了改革方案，同时对该公司关键专业人才岗和中高层管理岗位进行了梳理与分析，提出了"组织架构设计+关键岗位人才开发与管理"双管齐下的解决方案。

（1）组织设计方案说明。首先，强化集团公司管理模式，明确通过业务、人力资源、财务进行对下属公司的管理。例如，资产管理公司和创业投资业务管理由投资银行部执行；中山置业业务管理由投资开发部执行；中辉物业业务管理由总经理办公室执行；四个子公司高层人员的人事任免和奖惩考核通过人力资源部进行监控管理；财务部通过建立内部结算中心，执行内部审计，对子公司从财务角度进行监控管理。其次，明确各个部门的权责。此方案为改良方案，组织结构和岗位变动不大，改革风险比较小；充分体现集团公司中总公司职能，通过组织管理而非人事管理对总公司进行监控管理，为将来公司扩张奠定基础；是对过去部门职责完善的结果。

（2）人力资源管理与开发方案。组织构架设计完成后，Q开发投资公司将原有的人员安置到位后，我们发现仍然有两项人力资源管理与开发的工作必须进行。

一是为新岗位设计岗位职责。由于构架调整和流程的改变，需要对过去岗位的岗位要求进行重新修订，因为随着部门职责的变化使调整后的新的岗位要求都起了变化，有的甚至是根本性的改变。由于许多人员是到新的岗位工作，或者增加了新的工作职能，所以有必要让他们接受相关岗位技能和适应性的选拔、考核与培训。

二是制定核心关键岗位的晋升淘汰机制。由于公司原来就存在人岗不匹配、核心关键岗位人员胜任力不足的问题，趁着组织构架变革的机会，为核心关键岗位构建胜任素质模型，并在公司内建立科学的岗位晋升淘汰机制与人才引进机制，通过外部招聘与内部竞聘等方式，促进关键核心岗位的人员优化配置。

企业组织构架的变革不是一蹴而就的事情，组织构架方案设计本身就是一个系统性的工程，调研、设计、试运行及调整，再到最终的落地，是组织构架方案一步步完善的过程。从另外一个方面而言，组织构架方案的真正落实还应该与企业其他的制度、体系相结合。在本案例中，Q公司特殊的公司背景及人员构成情况注定了组织构架设计方案落地的难度，所以顾问公司在完成组织构架设计方案后，又结合该公司人力资源管理现状，提出了与组织构架相适应的人力资源管理与开发的进一步改革方案。否则，组织构架方案设计的再完美、公司资源优势再明显，没有优秀的管理人员和核心技术人员，这些优势也只能是客观存在而毫不起作用的摆设而已。

因而，组织构架设计要有预见性，要兼顾短期目标与不远的将来目标。例如，随着组织构架的变革，与之相应的人员配备需求也发生变化，所以公司应该对不远的战略目标所需的人员有所预期，尤其要对企业的关键核心人才——建立长远的人才储备与开发计划，不要等到组织构架变革后，需要扩充优秀人才的时候又捉襟见肘了。

资料来源：根据华恒智信人力资源顾问有限公司有关材料修改整理

第一节　组织发展理论

一、组织发展的概念

组织发展是一个通过利用行为科学的技术和理论，在组织的中进行有计划的变革过程。组织发展主要指在外部或内部的行为科学顾问，有时指在变革推动者的帮助下，为提高一个组织解决问题的能力及其外部环境中的变革能力而作的长期努力。组织发展也指的是一个有计划的、涵盖整个组织范围的、同时有高层管理者控制的努力过程，它利用行为科学知识，以提高组织效率和活力为目的，在组织的"进程"中实施有计划的干预。

组织发展是一个数据收集、诊断、行为规划、干预和评价的系统过程，致力于增强组织结构、进程、战略、人员和文化之间的一致性；开发新的创造性地组织解决方法；发展组织的自我更新能力。这是通过组织员工之间及其与使用行为科学理论、研究和技术的变革推动者之间进行合作来达到的。进行组织发展，往往要在一些专家的指导和帮助下，运用管理心理学和其他学科的理论和技术，以实现预定的组织变革计划和目标。组织发展比较强调正式的工作群体的作用，它的主要对象是工作群体，包括管理人员和员工。这一点不同于传统方式的组织改进活动，传统的办法集中于个别管理人员，而不是群体。全面的组织发展还包括群体间的相互关系以及整个组织系统的问题。

二、组织发展的阶段

对于组织发展阶段的研究，不同的学者对组织的成长做了不同的阶段划分，并在各自研究成果的基础上提出了不同的成长模型，归纳起来有几十种，其中著名的有斯坦梅茨的四阶段模型、葛雷纳的企业成长模型、丘吉尔和刘易斯的五阶段模型、爱迪斯的十阶段模型和弗

莱姆兹的七阶段理论,本书重点介绍葛雷纳的企业成长模型。

哈佛大学教授拉瑞·葛雷纳(Larry E. Greiner)提出的五阶段模型主要描述企业成长过程中的演变与变革的辩证关系,很好地解释了企业的成长,进而成为研究企业成长的基础。他利用五个关键性概念(组织年龄、组织规模、演变的各个阶段、变革的各个阶段、产业成长率)建立了组织的发展模型。他提出了两个关键的概念:演变(evolution)与变革(revolution)。其中"演变"反映企业的平稳成长过程;"变革"反映企业组织的动荡过程。他强调组织的成长阶段,把组织成长分为五个阶段。在不同的阶段,企业管理的重点、组织结构、高层管理的风格、控制体系和管理人员的报酬重点也有所不同。具体参见表12-1。

表12-1 拉瑞·葛雷纳组织发展五阶段模型不同阶段的组织特点

范畴	第一阶段	第二阶段	第三阶段	第四阶段	第五阶段
管理部门注意的焦点	创造和销售	经营效率	扩展市场	组织的巩固	解决问题革新
组织结构	非正式的	集权的 职能的	分权的 地区的	协调中心	工作矩阵
上层管理部门风格	个人主义及创业	指挥式	分权式	监察	实际参加
控制系统	销售市场	标准费用中心	报告和收入中心	计划和投资中心	相互规定目标
奖励形式	所有权	工资和加薪	个人奖金	分享利润	团体奖金

1. 创业阶段

第一个阶段是创业阶段。在创业的初期,企业有个非常明显的特点,就是更多地依靠创业者的个人创造性和英雄主义。此阶段重点是强调研发,重视市场,第一重要是怎么把新产品迅速销售出去,企业能迅速成长,因此不需要太复杂的管理和战略,透过创业者本人就可以控制整个团队。在此阶段,企业通过创造而成长。

经过1~3年的发展,随着员工日益增加,企业出现剧烈振荡。企业可能进入一个危险期,即领导危机。企业也更需要一个职业化的领导来进行科学的指导和管理控制,所以这个时候要么是创业者成长为职业化的领导,要么他找到一个更职业化的经理人,委派其进行控制。这时比较困难的是,需要我们的创业者自我变革、有足够勇气放弃很多东西。同时他会发现,要继续监控发展这个企业还需要掌握更多的信息并且有必要制定可行的发展战略。

第一个阶段侧重生产和销售,组织结构是非正式的、简单、灵活而集权的,高层管理风格崇尚个人主义和创业精神,管理控制体系以追求市场结果为导向,这时管理人员的报酬很简单,就是创业者拥有所有权。

2. 集体化阶段

第二个阶段是集体化阶段。所谓集体化,是指企业透过很多专业化的经理人去管理若干部门,建立一个管理团队去指导员工工作,引导员工执行决策层的决定,企业通过领导而成长。企业发展到一定程度,又会出现一次振荡,即自立危机。主要原因是员工需要获得自主权,中、基层经理希望增加自主权。指导作用和员工的具体实践使其工作经验和水平不断提升,企业规模扩大、管理层次增加,都会刺激员工对自主权的渴求,从而导致企业发展出现新的鸿沟,此时就需要授权,并建立一个更为规范的管理体系。

第二个阶段管理的重点是强调经营的效率，组织结构由创业初期的松散结构转变为正规、集权的集中式或职能型结构。指导型风格成为高层管理的普遍特征，控制体系通过建立责任中心和成本中心来实现，管理人员报酬的重点是进行薪金和绩效的挂钩考核。

3. 规范化阶段

第三个阶段是规范化阶段。这一阶段的重点是授权，通过分权而成长。这时大多数企业高速成长，产品转向更为广泛的主流市场。随着员工人数迅速膨胀，部门快速分拆，销售地域和网络越来越分散，此时需要更多的授权。但企业经过1~3年的高速发展后，同样又会遇到新的问题，被新的危机所困扰，即控制危机。这个危机需要通过加强控制来解决，但依靠过去传统的控制手段不能解决危机，那用什么样的方法呢？授权过多就会导致自作主张，出现本位主义，控制过多就会出现不协调、合作困难的现象，因此协调是跨越第三个发展鸿沟的主要手段。

企业发展到规范化阶段，市场开始快速扩张，组织衍变成一种分布式和以地域为责任中心的结构，高层管理人员通过广泛授权，并采取定期述职报告和利润中心的手段来考核下属机构，此时管理人员报酬的重点是强调个人绩效奖金。

4. 精细化阶段

第四个阶段是精细化阶段。企业需要通过更规范、更全面的管理体系和管理流程，或者说是更多、更先进的管理信息系统来支撑，通过协调而成长。但官僚主义的出现又会引发新的危机，即烦琐公事程序危机。管理层次过多，决策周期拉长，人员冗余，因此企业在面对新的鸿沟时，需要加强合作，这时要更多采用项目管理的手段，建立很多团队，通过按产品、地域设立适宜的部门和团队来增强市场竞争的快速应变能力。

在精细化运作阶段，组织的重新整合，把基层人员分成若干产品组，按产品设立适宜的部门，高层管理者在广泛授权后，又重新开始强调监督，企业的控制体系是通过新型的计划中心、责任中心、利润中心、成本中心和投资中心来组成，管理人员更加融入到企业，参与利润分享，并拥有股票期权。企业的经营进入多元产品和跨地区市场，分权的事业部制结构可能更为适益。组织会越来越庞大，也越来越分散，企业需要有一种整体感，需要员工把自己当成企业的主人，所以我们看到，国外很多公司都是通过股票期权这种长期利益方式来增强员工主人翁意识的。

5. 合作阶段

第五个阶段是合作阶段。企业的规模通过合作成长，迅速壮大，也许已经进入国际市场，成为一个全球性的公司了。

这一阶段管理的重点是要解决复杂化问题和进行创新，要有小公司思维。企业进一步发展，不同领域之间的交流与合作以及资源共享、能力整合、创新力激发问题日益突出，这样，以强化协作为主旨的各种创新型组织形态便应运而生。组织结构更多强调团队和矩阵式管理，高层管理者的风格是参与式的，与下属共同制定目标，过程中不过多干预，合作的方式一般是充分协商，管理人员报酬的重点是团队奖金。

三、组织发展的影响因素

影响组织发展的因素多种多样，一般来讲，可以将其归纳为两大类：外部因素和内部因素。

1. 外部因素

（1）外部环境的不确定性加剧。一个组织的环境是由组织外部所有可能影响组织的多重机构和因素构成的。随着知识经济时代的到来，竞争全球化，企业组织调整、人员精简、组织变革等都受到了全球大环境的影响。这样使得那些高度集权专制的组织难以适应社会发展的需要，必须对组织的结构以及管理方式进行改变才能适应不断变化的外部环境。于是我们看到，越来越多的组织开始实行战略联盟、业务外包及组织扁平化。

（2）科学技术的高速发展。随着现代科技的高效快速的发展，新的生产工艺、新的研发技术和新的管理方法层出不穷。组织的结构、管理层次、管理幅度及运行要素等方面都受到了不小的冲击，对组织发展的要求更是日新月异。比如，网络技术的快速普及和大量运用使得组织内部的管理流程和管理方式产生了重大变化，组织也随着这些变化不断向前发展。

2. 内部因素

（1）组织目标的选择和修订。组织的目标决定了一个组织发展的方向和范围。但是，组织目标并不是一旦确定下来就不再改变。随着各种因素的变化，组织的目标会有不同的选择和修订，而这也使得组织变革和调整有了指向。通常来说，存在三种基本情况：一是组织的目标无法完全适应当前的组织环境，那么就要在实施过程中对原定目标进行相应的修订；二是组织原有目标根本就没有实现的可能，这个时候就要及时转换目标，寻求突破；三是组织的目标即将或者已经实现，那么就需要寻找新的目标。以上三种情况都可能在组织发展中出现，而一旦出现就要求组织进行相应的变革和调整。

（2）组织结构的改变。组织结构的改变主要指的是组织内部的权责体系、控制跨度等的调整。这种组织结构的调整必然带来组织各方面的变革。同组织目标一样，组织结构如果设计的不合理或者现有的结构不适应新的环境，都需要进行调整和变革。

（3）组织职能的变化。现代经济社会在不断地向前迈进，组织职能也随之发生着变化，这种变化成了组织发展的内部因素之一。组织职能从最开始的模糊混淆到如今的逐步细化，组织的权责体系也做着相应的调整，组织的管理幅度与管理层次也逐步趋于合理和明确。比如，现代组织越来越重视自身的社会责任，而由此带来的组织职能的转变，使组织也要做出相应的变革和调整，才能发展和生存。

（4）组织员工的内在需求的转变。员工内在需求的转变也是影响组织发展的重要因素。按照马斯洛的观点，需要是分层次的。当员工满足了最低的生存需要之后，就会向更高层次的需要前进。而此时，组织就需要根据员工不同的需求，通过变革和调整激励环境、改善工作条件、丰富工作内容、提高福利水平等手段，以使得到满足的员工能为组织做出所需的贡献。这就是因员工需求的转变而导致的组织的变革和发展。

四、常见的组织结构

随着社会经济的发展、组织规模的扩大，在组织工作以及整个管理工作中，组织结构的作用日益重要。组织结构的基本形式主要有以下七种。

1. 直线型组织结构

直线型组织结构是一种简单的、集权式结构形式，又称单纯型或军队式组织结构。该种组织结构形式是在统一指挥原则下建立的，其特点是：组织中各职位按照垂直直线排列，自上而下形成指挥链；各层次管理人员接受上级的统一指挥，同时对下级进行统一领导；在组织中不进行管理分工，不设专门职能机构。其结构形式如图 12-1 所示。

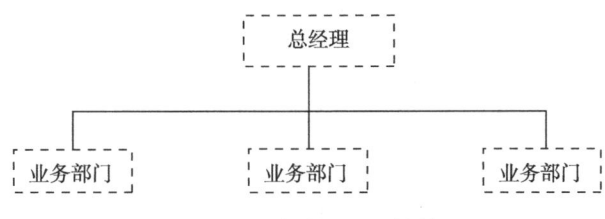

图 12-1　直线型组织结构

直线型组织结构形式的优点是：遵循统一指挥原则，避免了令出多门、多头领导现象；结构简单，信息传递迅速，利于决策；权力集中，责任明确。其缺点是：没有设置职能机构，权力过于集中，管理者受个人能力、精力限制，往往难于应付繁杂事务；各部门关心本部门利益，相互之间缺乏协调。因此，直线型组织结构比较适合于规模较小、管理简单、不需要进行管理分工的小型组织或者是用于现场管理。

2. 职能型组织结构

职能型组织结构又称多线型组织结构。这种组织结构形式的基本指导思想是进行管理分工，其特点是：在各级直线主管人员之下设置职能部门，这些职能部门一方面受上级主管领导做好参谋工作，另一方面在自己业务范围内有权向下级部门下达命令；下级部门受上级直线主管人员和职能部门的双重领导。其结构如图 12-2 所示。

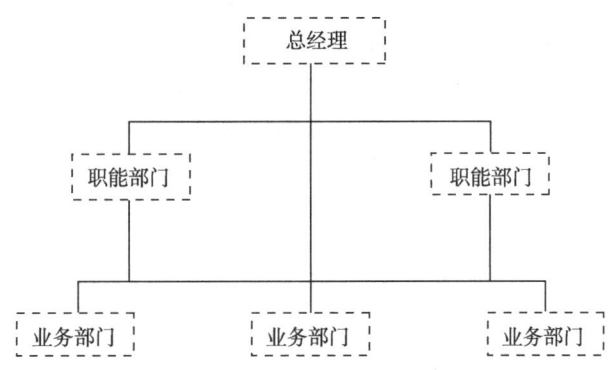

图 12-2　职能型组织结构

职能型组织结构形式的优点是：实现了管理专业化分工，适应现代生产、技术日益复杂的特点；利于高层领导者进行例外管理。其缺点是：违背了统一指挥原则，形成了多重领导，当出现命令冲突时下级将无所适从；职能部门之间缺乏联系，权责不清；等等。职能型组织结构在实际中应用较少，但是这种形式所体现的管理专业化分工思想却得以贯彻。

3. 直线参谋型组织结构

直线参谋型组织结构是直线型和职能型组织结构的有机结合，吸取了两者的优点。其特点是：以直线型组织结构为基础。在各级直线主管下设置职能部门；直线主管在职权范围内对下级进行指挥，并负有全部责任；职能部门对上级直线主管负责提供信息和建议，对下级管理部门无权直接指挥和命令，只是进行业务指导和监督。其结构如图 12-3 所示。

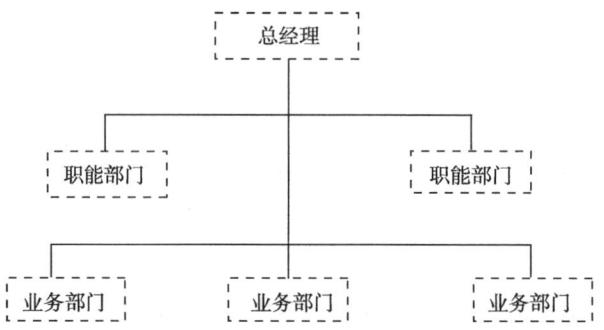

图 12-3　直线参谋型组织结构

直线参谋型组织结构形式的优点是：既保证了统一指挥，又进行了管理专业化分工，较好地符合现代组织特点的需要；领导集中，权责清晰，管理有序；能够发挥职能部门参谋作用，有利于管理效率的提高。其缺点是：职能人员积极性的发挥受到一定限制；随着规模扩大，职能部门之间的联系与协作更加复杂；决策缓慢，难于应付紧急情况；不利于培养熟悉全面情况的管理人才。该种组织结构形式在现代企业中应用广泛，但不适宜于大规模组织。

4. 直线职能型组织结构

直线职能型组织结构也是一种以直线型结构为基础设置职能部门的一种结构形式，但又与直线参谋型结构形式有着区别。其特点是：在坚持直线主管统一指挥的前提下，上级主管在某些任务上将一部分职权授予职能部门行使；职能部门一方面对上级主管负责，向其提供建议，另一方面在自己授权范围之内对下级行使决策权、控制权等。其结构如图 12-4 所示（——表示完全指挥权力，-------表示部分指挥权力）。

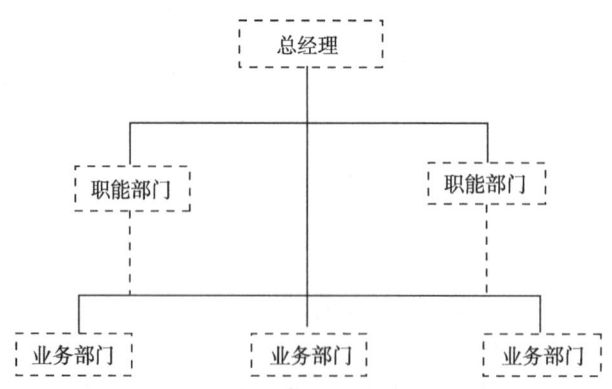

图 12-4　直线职能型组织结构

直线职能型组织结构形式的优点是：职能部门在权限范围内拥有部分权力，能够较快地进行决策、采取措施等，提高了管理效率；适合现代社会变化迅速的特点，组织能够迅速应对变化，适应环境发展。其缺点是：如果职能部门行使权力不当，则会形成多头领导现象；职能部门之间会出现不协调情况。因此，采取直线职能型组织结构形式的关键是职能部门与上级直线主管之间、职能部门之间的职权范围一定要分清。

5. 矩阵制组织结构

矩阵制组织结构是将职能部门与项目部门结合起来的一种结构形式。其特点是：为实现某一任务（如开发新产品等），从相关职能部门抽取人员组成项目小组；项目小组成员既受小组领导，又受原职能部门领导；职能部门和项目小组受共同上级领导；项目完成后，成员回到原职能部门工作。这种组织结构的职能部门系列与项目小组系列纵横交叉，形成矩阵形式，所以称为矩阵制。其结构如图12-5所示。

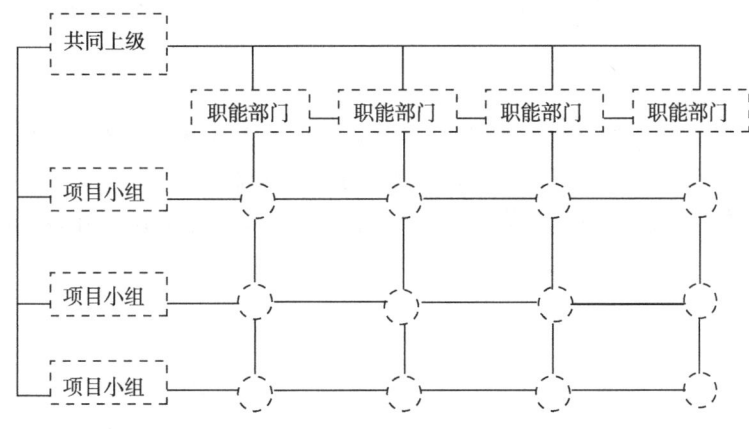

图 12-5　矩阵制组织结构

矩阵制组织结构形式的优点是：各职能部门共同组成项目小组，便于互通情报、集体攻关，有利于任务的完成；项目小组的建立与解散非常灵活，增强了组织对外部环境的适应性和灵活性；可以组建多个项目小组，同时进行多项工作。其缺点是：项目小组成员受双重领导；项目小组具有临时性，易使成员产生应付观念。矩阵制组织结构适合于环境复杂多变、创新性强、工作任务需要多种技术的组织。

6. 事业部制组织结构

事业部制组织结构是一种分权式的现代企业组织结构形式，最初是由通用汽车公司总裁斯隆在20世纪20年代提出，又称"斯隆模式"。事业部制的基本特点是：集中政策，分散经营，即政策制定集权化、业务经营分权化。企业按照产品、地区或市场划分成不同事业部，各事业部拥有较大的权力，自主经营，独立核算。企业总部是最高决策机构，负责研究和制定重大方针政策，并通过掌握人事、监督等大权及规定价格变动幅度、制定利润指标等手段控制事业部。其结构如图12-6所示。

事业部制组织结构形式的优点在于：事业部制具有较大权利，因此能够发挥积极性和主动性，有利于开拓区域市场或专业市场；增强了企业的适应能力；高层领导从繁杂事务中解脱出来，便于集中精力从事重大问题的研究与决策；事业部高度专业化，权责明确，增加了责任感。其缺点是：各事业部利益相对独立，易产生本位主义而忽视整体利益的现象；组织

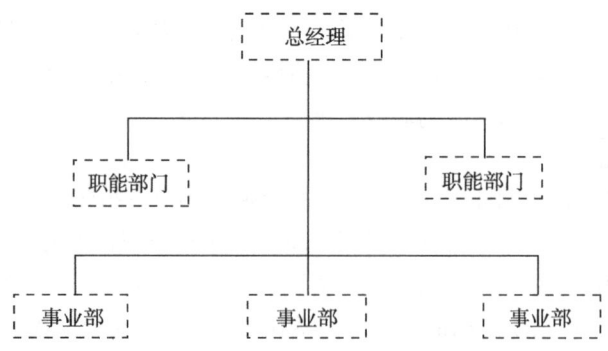

图 12-6 事业部制组织结构

结构重叠,管理人员过多,管理费用增加。事业部制组织结构一般适用于规模大、环境复杂、业务较多的企业。

7. 网络式组织结构

网络式组织结构是一种最近出现的新型结构形式。严格说来,这种形式更像是组织之间的协作形式。其特点是:组织只保留从事关键业务的机构部门,其他职能则以合同为基础交给协作单位,以便于组织集中精力做最擅长的工作。其典型结构形式如图 12-7 所示(------表示合同关系)。

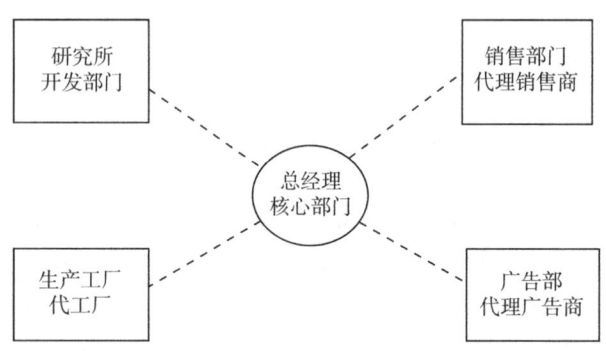

图 12-7 网络式组织结构

在图 12-7 所示的结构中,组织将产品生产、销售、广告业务等通过合同关系交与其他协作组织,自己只保留很小的中心部门。这种组织结构形式能够使管理者集中精力从事主要业务,具有高度的灵活性;另外由于人员较少,费用支出降低。但是因为与其他组织的协作关系较为复杂,所以从一定意义上讲,管理者的主要工作是进行协调和控制这些外部关系。这种形式既适合于大型组织,也适合于小型组织。

第二节　本尼斯的组织发展理论

组织发展理论的倡导者和发起者是美国著名组织与领导理论家沃伦·本尼斯(Warren G. Bennis,1925—)。本尼斯是麻省理工学院博士,美国当代杰出的组织理论、领导理论大师。

他曾是四任美国总统的顾问团成员，1993 年及 1996 年两度被《华尔街日报》誉为"管理学十大发言人"，《金融时报》最近则誉他是"使领导学成为一门学科，为领导学建立学术规则的大师"。

一、组织任务和完成任务的途径

本尼斯认为组织必须完成两项互相关联的任务才能生存下去：一是协调组织成员的活动和维持内部系统的运转；二是协调组织与外部环境的关系。第一项任务要求组织经由某种复杂的社会过程使其成员适应组织的目标，而组织也适应成员的个人目标。这一过程也被称之为"互相适应"或"内适应"。第二项任务要求组织与周围环境进行交流和交换，称之为"外适应"或"适应"。

本尼斯认为，在当代社会里，无论是营利组织（如企业）还是非营利组织（如政府），用以实现上述任务的工具正是官僚制——这个后来被韦伯高度理论化了的金字塔般的层次体系。这个组织工具在产业革命时期被用来组织和指导企业的生产经营活动，并日趋完善。虽然，从纯粹技术意义上讲，官僚制的确是到目前为止最有效、最成功和最流行的组织工具，但是只要想起"官僚"这个在社会领域中还具有贬义的词，就能认识到它还具有非常无效率的一面。然而，现在该是从理论上和实践上向官僚制体系提出挑战的时候了，虽然它在此前给我们提供了"理想"而实用的组织形式，今后却不可能继续成为人类组织的主要形式了。原因很简单，因为官僚制体系组织用来对付内部环境（协调）和外部（适应）的方法及社会过程已经完全脱离了当代社会的现实。

二、官僚制体系在组织内部协调时的弊端

组织的内部协调或内适应问题可以追溯到 160 多年前就发端了的历史悖论：现代民主个人主义和现代工业文明这一对孪生兄弟。现代民主个人主义强烈要求宪法保护个人权利并非常看重个人感情和个人成长；而现代工业文明却要求组织活动的理性化和机械化。由此，技术的进步和企业的发展蚕食着刚刚赢得的个人自由，它让个人服从铁面无私的工厂纪律。随着理性和技术的高扬，人的热情和解放被压抑了。随着组织效率的改进，人的工作却变得无意义和非人性化了。矛盾的一方面是个人的需求、动机、目标和成长；另一方面是组织的目标和利益。

在此背景下，官僚制体系成为将人的需要同组织目标联系起来的唯一工具。实现这种联系的哲学基础是法规和理性而不是个人权威。它的逻辑在于被统治者同意服从是因为上司掌握正式职位的权力和具备相应的专长和能力。官僚制体系依靠着理性和逻辑，批判和否定了产业革命初期依靠个人专制、裙带关系、暴力威胁、主观武断及感情用事进行管理的做法。尽管官僚制体系有效地解决了组织的内部协调和外部适应问题，它的弊端却相当明显，因而对官僚制度批评从未停止过。韦伯后来也批评官僚制这一组织工具。他感到官僚制虽然不可避免，但它确实可能扼杀企业家精神和资本主义精神。他说："早晚有一天世界上会充满了齿轮和螺丝钉式的芸芸众生，他们紧紧地抓住自己的职位，处心积虑、不顾一切地渴望沿着官僚化的等级层次阶梯往上爬，一想到这种可怕的前景就令人不寒而栗。"

对待个人需求与组织目标之间的内部协调问题，有三种不同的态度。第一种是尽力缩小或否认问题本身，断言它们之间不存在任何根本性矛盾。第二种是承认存在矛盾和利益冲突，但明确站在某一方的立场上要求对方彻底服从和投降（如个人利益服从组织利益原则），这实际上依然是逃避矛盾，因为它否认互相适应和协调的必要性，企图排除或消灭矛盾。

本尼斯对上述两种观点都持否定意见，因为第一种态度忽略了组织内部的基本矛盾。第二种则企图走极端，用矛盾的一方完全制服另一方。但是矛盾是无法回避的，它反映在一系列组织的两个元命题中：个人与组织、个性与金字塔结构、民主与专制、参与式与等级层次、理性与自然、正式与非正式、机械论与有机论、人际关系与科学管理、外向与内向、关心人与关心生产等。因此不能回避矛盾，只能正视矛盾，分析矛盾，解决矛盾，这就是第三种态度。

最近几十年来，许多研究组织问题的学者包括巴纳德、西蒙、梅奥、利克特、德鲁克等都认识到这一两难问题，并从理论和实践两方面提出各种解决办法，大幅度地修改甚至重塑了官僚制体系的基本特性。本尼斯分析认为这些修正理论都表现了对于某些人道和民主价值观念的倾向性态度，他们在判断组织效能的时候，不满足于单纯。

从经济指标去看问题，力图将员工满意度和员工成长等人的因素、人的标准补充进去。本尼斯接着分析认为这些学者都着眼于组织的内部系统及其人性方面，不考虑外部关系和环境问题。对官僚制体系的批评必然要涉及伦理、道德、态度及其社会构造根源，但真正给官僚制体系以致命一击的却是来自环境，因为官僚制没有能力适应环境的迅速变化。

三、官僚制体系在组织外部适应中的弊端

官僚制体系在适应外部环境方面似乎并没有问题，因为它是将人类活动纳入常规轨道的理想工具。即使是在竞争性很强的环境，只要稳定和无差异，组织的任务非常规范化，金字塔形的官僚结构和高层"精英"人物集权体制便能适应环境条件使组织有效地运转。但是，目前情况已经发生了变化，三个环境方面的进展正在深刻地影响着组织环境的结构和面貌。它们分别是科学的飞速发展、智能技术的发展、研究开发活动的增长，这些新进展重塑了环境。

首先，环境变革的速度在加快。由于环境的复杂程度急剧增长，一向稳定的大型组织也开始让人捉摸不定，它们不再能随心所欲地取得成功，并被迫开始系统化地研究环境所能提供的机会，否则就无法实现组织的目标。其次，各类企业组织的经营"边界条件"开始发生变化。经理人员现在必须同八个相关的环境要素——政府、分销商、顾客、股东、竞争对手、原料供应商、劳动力市场、工会组织和企业内各种团体——建立复杂而积极的联系，其间的关系模式与以前完全不同。最后，各种环境力量之间的因果关系变得越来越不稳定和具有扰乱性。上述八种要素是相互作用、相互影响和相互依存的，社会的经济方面和其他方面，如法律、公共关系等也千丝万缕地联系在一起。同时因为科学技术领域进步的加速，研究开发领域的重要性也日益提高了。企业与企业之间不再各自为战，它们之间的合作正在加强，因为它们面临的命运基本是相同的。

所有这些动态因素都使得以往的官僚制体系组织陷入严重的问题之中。官僚制体系是在竞争和确定性条件下发展起来的，那时候环境是稳定和可预见的。现在的环境结构却经常处于变动状态，各种力量之间的因果机制变化无常，一切都无法预期。环境的变化给官僚制带来的问题是不可逾越的，这预示着它的末日来临。

通过分析官僚制在组织的内部协调和外部适应中的弊端，本尼斯认为对官僚制的挑战将会来自两个方面。第一，官僚制无法解决个人目标和组织目标的矛盾冲突，找不到协调的办法。虽然有许多人从人的成长和人的满足等伦理道德出发来充实组织，纠正那种只注重生产效率的偏向，但也只是起缓解作用。第二，更严重的挑战来自环境，科学技术革命引起的环境变革要求组织具有很强的适应能力，其结果必然是官僚制的逐渐崩溃。

四、对未来组织的展望

本尼斯对1966年之后的25~50年的组织生活从环境、人口特征、价值观念、企业的任务和目标、组织结构、自由结构等六方面进行了具有一定前瞻性的展望。

（1）环境。企业之间合作范围将扩大，企业巨头对抗和政府控制的格局导致大企业的优势地位和不完全竞争。

（2）人口特征。人员流动的频率将加快，在职管理人员培训教育会蓬勃发展，企业的成功很大程度上取决于对人员智力的开发。

（3）价值观念。人们在工作中希望更全面地参与和授权。

（4）企业的任务和目标。企业的任务将变得更加复杂，更难于事先计划。企业领导人重要的不是行使权力，而是认识问题和解决问题的能力。企业的目标将变得更加多元化和更加复杂，达到目标将有赖于适应性、创造性和革新性精神。

（5）组织结构。未来的组织结构将是有机–适应型组织。它会具有下列特征：一是临时性，组织将变成适应性极强的、迅速变化的临时性系统；二是围绕着有待解决的各种问题设置机构；三是解决工作问题要依靠由各方面专业人员组成的群体；四是组织内部的工作协调有赖于处在各个工作群体之间交叉重叠部分的人员，他们身兼数职，同时属于两个以上的群体；五是工作群体的构成是有机的，而不是机械的，谁能解决工作问题谁就发挥领导作用，无论他预定的正式角色是什么。在有机–适应型组织里，工作任务变得更有意义，更具有专业性，也更令人满足，专业人员能得到更多的激励，从而导致组织目标和个人目标的吻合。从根本上解决内部协调问题。

（6）自由结构。当人们由于充分认识自然而得以理性地驾驭自然时，没有必要时时提醒他们自省和自我控制。所以，限制和压制不再是未来组织的特征，科学和理性的成就将人们的奇思妙想变成合理和正常的个性表达。

本尼斯认为有机–适应型组织结构不仅解决了组织适应环境的问题，而且解决了组织目标和个人目标的矛盾冲突问题。官僚制以压抑和控制为主要管理手段，虽然它在利用强制权力方面确实是一项伟大发现，但其逻辑的必然却是令组织成员被迫自我约束。

第三节 人力资源培训开发与组织发展

人力资源培训及开发应以组织的可持续发展为基础,力求突破组织的局限性,实现组织生存能力的持续化、组织效率与适应能力的互动。组织应构建全面系统的人力资源培训开发体系,实现可持续发展。

一、人力资源培训及开发对组织发展的重要作用[①]

1. 人力资源培训及开发对组织具有系统连接作用

培训与开发是两个既相联系又相区别的概念。培训与开发的目的都是通过提升员工的能力实现员工与组织的同步成长。人力资源培训及开发不仅是对员工技能与能力的培养,更是深化组织发展、推行组织行为与组织文化的重要方式。进入知识经济时代,组织的生存环境变得更加复杂与快速多变,组织经历着来自全球化、信息网络化、知识与创新、组织的快速与变革等多种力量的共同作用。每一种力量都对人力资源培训与开发提出了需求。这些需求要求组织以全球化的视野、组织可持续发展、支持组织核心竞争力的角度去构建人力资源培训开发体系。人力资源培训及开发对组织具有系统连接作用。培训与开发系统是组织行为的重要方面,是人力资源管理体系的子系统,也是该系统的重要组成部分,与组织各个系统模块之间存在紧密的联系。组织要想保证组织可持续发展、组织战略的有效实施,保证并持续加速员工的技能和能力的形成,就必须建立有效的培训开发系统,使组织战略与个体相衔接,形成有效的协同。

2. 人力资源培训及开发能培育一种持续的组织认同

根据科尔曼的理性选择理论,宏观现象影响个人的价值观,个人的价值观将影响到个人的行为,个人层次上的行为又导致了宏观现象的产生,微观个体层面的人力资源培训及开发将积极影响宏观层面的组织可持续发展。从社会学角度看,组织认同是个体定义自我,组织成员对组织使命、愿景和战略的认同,从而归属组织的一种过程,它是个体和组织之间的联结与心理纽带。在人力资源培训及开发作用下,组织认同以一种方式与对组织可信任性的积极期望相联系,组织成员与组织拥有共享的价值观,他们就会构成紧密的结合,接受组织的价值观,并能超越个人通过组织的形式而存在。

从宏观层面来说,人力资源培训及开发是一种集体行动,有助于组织效率化、凝聚化,促进组织发展。协作是人类集体行动的核心,通过人力资源培训及开发形成的个体对特定群体及组织所奉行的目标的认同,在这种情况下,其引导协作行为更多地在组织中发生。对于环境、社会变迁引起的变革能超越个人通过组织而存在,也就是人力资源培训及开发能培育一种持续的组织认同,构筑了一种学习型的组织。

二、人力资源培训及开发与组织的可持续发展的相关分析

1. 人力资源培训及开发弥补组织的局限性

组织结构与组织设计不可能完美无缺,对工作任务进行正式分解、组合和协调的方式不

[①]甘佳荫,李桂平. 构建人力资源培训及开发体系与组织的可持续发展研究. 企业家天地下半月刊(理论版),2008,8:10-11.

可能界定得绝对清晰。在权变的组织环境中，更加需要组织的创新、灵活以及对变化的环境快速做出反应，对工作与环境不断更新信息，传统的职位分析与职位评价、个体素质能力等经常要发生改变，在这个过程中，涉及各个层次的人力资源培训及开发就显得更加重要。

组织表现出对过去经验、历史轨迹的依赖性，避免创新、保持稳定是组织的内在机制。而市场竞争的淘汰威胁和资本的内在冲动力迫使组织创新。这就潜伏了一种危机，一旦社会环境发生变化，组织有可能无法组织内部的变革适应新的环境。建立面对普通员工与管理人员的人力资源培训及开发体系能加强组织的变革适应能力，弥补组织存在的局限性。首先，人力资源培训及开发中培育的组织成员间的、组织与个人的合作关系，有助于克服信息不完备引起的交易成本增加，促进组织内合作稳定的进行。其次，人力资源培训及开发带来的新的信息和思维方式，将提高组织和个人的两者的效率与适应能力，跟进时代变革与社会变迁。

2. 人力资源培训及开发促进组织的可持续发展

经济发展的不确定性、市场经济竞争的激烈性以及技术更新的快速性远远超出了个人，或者是庞大的组织结构所能理解、预测的。在有限理性和未来环境变化的不确定下，组织的可持续发展问题就是组织对未来环境变化的长期适应能力问题。人力资源培训及开发可以帮助建立一种"学习型组织"，也就是组织可以在自己发展过程中通过边干边学来不断提高自己。组织都面临着可持续发展的挑战，面临着不断自我修复、不断变迁的挑战。也就是组织在效率与适应能力间存在内在矛盾，组织固有的知识技能、信息沟通方式与渠道稳定难变，组织在追求效率的同时降低了对未来环境变化的适应能力。人力资源培训及开发能协调适应与效率间的矛盾，以一种持续渐进的方式使组织不断处于发展变化之中，促进了组织的可持续发展。

3. 组织的可持续发展需要人力资源的培训与开发相配合

由于激烈的社会变迁，变幻莫测的社会发展、技术突破等因素形成的新的形态，将融入组织特征之中。组织必须面对快速变化的社会环境，调整组织适应能力，致力于组织的变革和发展，保持组织可持续发展。

人力资源培训及开发扮演组织内部变革代理的角色，培训及开发的质量在高速变革的环境中，对组织至关重要。因此，人力资源培训及开发的系统设计和管理决策要面对社会变迁的动态过程，加强组织适应能力，有利于企业的长远发展。

首先，培训及开发可以在社会层面利用组织的社会资本，在组织的社会网络关系中更新信息和培训开发技术。其次，培训及开发要注重组织和个人的同步发展结合，同时培育组织和个人的适应变化的能力，在变革中适应和调整，形成良好的心理契约与组织文化，建立组织可持续发展的长效机制。

习 题

一、单选题

1. 下列有关组织发展的论述，错误的是（　　）。

A. 是一个数据收集、诊断、行为规划、干预和评价的系统过程

B. 主要对象是非工作群体

C. 致力于增强组织结构、进程、战略、人员和文化之间的一致性

D. 比较强调正式的工作群体的作用

2. 下列有关拉瑞·葛雷纳提出的组织发展的五阶段模型论述错误的是（   ）。

A. 提出了两个关键的概念：演变与变革

B. 在创业的初期，更多地依靠创业者的个人创造性和英雄主义

C. 集体化阶段的重点是强调研发，重视市场

D. 规划化阶段的重点就是授权，通过分权而成长

3. 下列哪项不属于常见的组织结构（   ）。

A. 直线型组织结构　　　　B. 职能型组织结构

C. 直线参谋型组织结构　　D. 直线联合型结构

4. 下列关于本尼斯的发展理论论述错误的是（   ）。

A. 官僚制在一定程度上解决了个人目标和组织目标的矛盾冲突

B. 认为组织必须完成两项互相关联的任务才能生存下去

C. 在当代社会里，无论是营利组织还是非营利组织都采用官僚制的组织形式

D. 认为真正给官僚制体系以致命一击的却是来自环境

5. 下列关于人力资源培训及开发对组织发展的重要作用论述错误的是（   ）。

A. 是深化组织发展、推行组织行为与组织文化的重要方式

B. 组织的可持续发展应以人力资源培训及开发为基础

C. 对组织具有系统连接作用

D. 能培育一种持续的组织认同

二、多选题

1. 下列属于拉瑞·葛雷纳提出的组织发展的五阶段模型的是（   ）。

A. 创业阶段　　B. 发展阶段　　C. 集体化阶段　　D. 规范化阶段

2. 下列属于组织发展的影响因素的是（   ）。

A. 外部环境的不确定性加剧

B. 科学技术的高速发展

C. 组织目标的选择和修订

D. 组织员工的内在需求的转变

3. 下列有关常见的组织结构类型论述正确的是（   ）。

A. 职能型组织结构中职能部门对下级管理部门无权直接指挥和命令

B. 直线职能型组织结构中，下级部门受上机直线主管人员和职能部门的双重领导

C. 矩阵制组织结构是将职能部门与项目部门结合起来的一种结构形式

D. 事业部制组织结构是一种分权式的现代企业组织结构形式

4. 下列关于本尼斯的发展理论论述正确的是（   ）。

A. 企业巨头对抗和政府控制的格局导致企业之间力量的平衡和完全竞争

B. 科学技术革命必然导致官僚制的逐渐崩溃

C. 未来企业的任务将变得更加清晰明朗

D. 人们在工作中希望更全面地参与和授权

5. 下列关于人力资源培训及开发与组织的可持续发展的相关分析中论述正确的是（ ）。

A. 组织的可持续发展应以人力资源培训及开发为基础

B. 人力资源培训及开发弥补组织的局限性

C. 人力资源培训及开发促进组织的可持续发展

D. 组织的可持续发展需要人力资源的培训与开发相配合

三、论述题

1. 简要论述组织发展的影响因素。

2. 简要论述本尼斯的组织发展理论。

3. 论述人力资源培训及开发对组织发展的重要作用。

4. 论述人力资源培训及开发与组织的可持续发展的关系。

习 题 解 答

一、1. B　　2. C　　3. D　　4. A　　5. B

二、1. ACD　2. ABCD　3. CD　4. BD　5. BCD

三、1. 影响组织发展的因素多种多样，一般来讲，可以将其归纳为两大类：外部因素和内部因素。

外部因素包括：

（1）外部环境的不确定性加剧。随着知识经济时代的到来，竞争全球化，企业组织调整、人员精简、组织变革等都受到了全球大环境的影响。这样使得那些高度集权专制的组织难以适应社会发展的需要，必须对组织的结构以及管理方式进行改变才能适应不断变化的外部环境。

（2）科学技术的高速发展。随着现代科技的高效快速的发展，新的生产工艺、新的研发技术和新的管理方法层出不穷。组织的结构、管理层次和管理幅度及运行要素等方面都受到了不小的冲击，对组织发展的要求更是日新月异。

内部因素包括：

（1）组织目标的选择和修订。组织的目标决定了一个组织发展的方向和范围。但是，组织目标并不是一旦确定下来就不再改变。随着各种因素的变化，组织的目标会有不同的选择和修订，而这也使得组织变革和调整有了指向。

（2）组织结构的改变。组织结构的改变主要指的是组织内部的权责体系、控制跨度等的调整。这种组织结构的调整必然带来组织各方面的变革。同组织目标一样，组织结构如果设计的不合理或者现有的结构不适应新的环境，都需要进行调整和变革。

（3）组织职能的变化。组织职能从最开始的模糊混淆到如今的逐步细化，组织的权责体系也做着相应的调整，组织的管理幅度与管理层次也逐步趋于合理和明确。

（4）组织员工的内在需求的转变。员工内在需求的转变也是影响组织发展的重要因素。按照马斯洛的观点，需要是分层次的。当员工满足了最低的生存需要之后，就会向更高层次的需要前进。而此时，组织就需要根据员工不同的需求，通过变革和调整激励环境、改善工作条件、丰富工作内容、提高福利水平等手段，以使得到满足的员工能为组织做出所需的贡献。这就是因员工需求的转变而导致的组织的变革和发展。

2. 本尼斯认为官僚制在组织的内部协调和外部适应中存在很大的弊端，他认为对官僚制的挑战将会来自两个方面。第一，官僚制无法解决个人目标和组织目标的矛盾冲突，找不到协调的办法。虽然有许多人从人的成长和人的满足等伦理道德出发来充实组织，纠正那种只注重生产效率的偏向，但也只是起缓解作用。第二，更严重的挑战来自环境，科学技术革命引起的环境变革要求组织具有很强的适应能力，其结果必然是官僚制的逐渐崩溃。

本尼斯对1966年之后的25~50年的组织生活从环境、人口特征、价值观念、企业的任务和目标、组织结构、自由结构等六方面进行了具有一定前瞻性的展望。

（1）环境。企业之间合作范围将扩大，企业巨头对抗和政府控制的格局导致大企业的优势地位和不完全竞争。

（2）人口特征。人员流动的频率将加快，在职管理人员培训教育会蓬勃发展，企业的成功很大程度上取决于对人员智力的开发。

（3）价值观念。人们在工作中希望更全面地参与和授权。

（4）企业的任务和目标。企业的任务将变得更加复杂，更难于事先计划。企业领导人重要的不是行使权力，而是认识问题和解决问题的能力。企业的目标将变得更加多元化和更加复杂，达到目标将有赖于适应性、创造性和革新性精神。

（5）组织结构。未来的组织结构将是有机-适应型组织。它会具有下列特征：一是临时性，组织将变成适应性极强的、迅速变化的临时性系统；二是围绕着有待解决的各种问题设置机构；三是解决工作问题要依靠由各方面专业人员组成的群体；四是组织内部的工作协调有赖于处在各个工作群体之间交叉重叠部分的人员，他们身兼数职，同时属于两个以上的群体；五是工作群体的构成是有机的，而不是机械的，谁能解决工作问题谁就发挥领导作用，无论他预定的正式角色是什么。在有机-适应型组织里，工作任务变得更有意义，更具有专业性，也更令人满足，专业人员能得到更多的激励，从而导致组织目标和个人目标的吻合，从根本上解决内部协调问题。

（6）自由结构。当人们由于充分认识自然而得以理性地驾驭自然时，没有必要时时提醒他们自省和自我控制。所以，限制和压制不再是未来组织的特征，科学和理性的成就将人们的奇思妙想变成合理和正常的个性表达。

本尼斯认为有机-适应型组织结构不仅解决了组织适应环境的问题，而且解决了组织目标和个人目标的矛盾冲突问题。官僚制以压抑和控制为主要管理手段，虽然它在利用强制权力方面确实是一项伟大发现，但其逻辑的必然却是令组织成员被迫自我约束。

3.（1）人力资源培训及开发对组织具有系统连接作用。培训与开发系统是组织行为的重要方面，是人力资源管理体系的子系统，也是该系统的重要组成部分，与组织各个系统模块之间存在紧密的联系。组织要想保证组织可持续发展、组织战略的有效实施，保证并持续加速员工的技能和能力的形成，就必须建立有效的培训开发系统，使组织战略与个体相衔接，形成有效的协同。

（2）人力资源培训及开发能培育一种持续的组织认同。根据科尔曼的理性选择理论，宏观现象影响个人的价值观，个人的价值观将影响到个人的行为，个人层次上的行为又导致了宏观现象的产生，微观个体层面的人力资源培训及开发将积极影响宏观层面的组织可持续发展。从社会学角度看，组织认同是个体定义自我，组织成员对组织使命、愿景和战略的认同，从而归属组织的一种过程，它是个体和组织之间的联结与心理纽带。在人力资源培训及开发作用下，组织认同以一种方式与对组织可信任性的积极期望相联系，组织成员与组织拥有共享的价值观，他们就会构成紧密的结合，接受组织的价值观，并能超越个人通过组织的形式而存在。

从宏观层面来说，人力资源培训及开发体现的是一种集体行动，有助于组织效率化、凝聚化，促进组织发展。协作是人类集体行动的核心，通过人力资源培训及开发形成的个体对特定群体及组织所奉行的目标的认同，在这种情况下，其引导协作行为更多的在组织中发生。对于环境、社会变迁引起的变革能超越个人通过组织而存在，也就是人力资源培训及开发能培育一种持续的组织认同，构筑了一种学习型的组织。

4.（1）人力资源培训及开发弥补组织的局限性。组织结构与组织设计不可能完美无缺，对工作任务进行正式分解、组合和协调的方式不可能界定得绝对清晰。在权变的组织环境中，更加需要组织的创新、灵活以及对变化的环境快速做出反应，对工作与环境不断更新信息，传统的职位分析与职位评价、个体素质能力等经常要发生改变，在这个过程中，涉及各个层次的人力资源培训及开发就显得更加重要。

（2）人力资源培训及开发促进组织的可持续发展。错综复杂的技术进步和停滞现象以及长远发展的趋势远远超出了个人，或者是庞大的组织结构所能理解、预测的。在有限理性和未来环境变化的不确定下，组织的可持续发展问题就是组织对未来环境变化的长期适应能力问题。人力资源培训及开发可以帮助建立一种"学习型组织"，也就是组织可以在自己发展过程中通过边干边学来不断提高自己。

（3）组织的可持续发展需要人力资源的培训与开发相配合。由于激烈的社会变迁，变幻莫测的社会发展、技术突破等因素形成的新的形态，将融入组织特征之中。组织必须面对快速变化的社会环境，调整组织适应能力，致力于组织的变革和发展，保持组织可持续发展。人力资源培训及开发可以扮演组织内部变革代理的角色，培训及开发的质量在高速变革的环境中，对组织至关重要。所以，人力资源培训及开发的系统设计和管理决策要面对社会变迁的动态过程，加强组织适应能力以生存发展。

主要参考文献

德斯勒. 2012. 人力资源管理. 12版. 刘昕译. 北京：中国人民大学出版社
丁栋虹. 2007. 企业家能力管理. 北京：清华大学出版社
雷蒙德·A·诺伊. 2007. 雇员培训与开发. 3版. 徐芳译. 北京：中国人民大学出版社
林枚, 李隽, 曹晓丽. 2010. 职业生涯开发与管理. 北京：清华大学出版社
刘帆, 李前兵. 2006. 人力资源开发与管理. 北京：北京师范大学出版社
罗纳德·伊兰伯格, 罗伯特·史密斯. 2011. 现代劳动经济学理论与公共政策. 10版. 刘昕译. 北京：中国人民大学出版社
乔治·鲍哈斯. 2010. 劳动经济学. 3版. 夏业良译. 北京：中国人民大学出版社
石金涛. 2009. 培训与开发. 北京：中国人民大学出版社
宋斌, 鲍静, 龙朝双. 2007. 政府部门人力资源开发案例研究. 北京：清华大学出版社
苏列英. 2010. 人力资源管理概论. 西安：西安交通大学出版社
孙柏瑛. 2006. 公共部门人力资源开发与管理. 北京：中国人民大学出版社
王淑珍, 王铜安. 2010. 现代人力资源培训与开发. 北京：清华大学出版社
徐芳. 2005. 培训与开发理论及技术. 上海：复旦大学出版社
颜世富. 2007. 培训与开发. 北京：北京师范大学出版社
姚裕群. 2011. 职业生涯规划与管理. 北京：北京师范大学出版社
赵国忻, 钱程. 2011. 人力资源管理实务. 北京：北京大学出版社
赵曼. 2008. 公共部门人力资源管理. 北京：清华大学出版社